U0559443

1986 年（五十三岁）

上海文艺、文化、音乐出版社总部，社牌左侧为出版社刊物铭牌，
分别为：《小说界》《故事会》《艺术世界》《咬文嚼字》《文
化与生活》《旅游天地》《上海象棋》《音乐爱好者》《吉他之友》
《多来咪》

1985 年 12 月作为中国出版代表团成员访问香港，左一为作者

1985 年 5 月，黄菊（右五）、夏征农（右四）、陈沂（右三）、茹志鹃（左五）、谌容（左四）、孙颙（左一）、江曾培（左二）等在《小说界》第一届优秀作品授奖暨创作座谈会上

1986 年 3 月，出版社主办中国民族文化讲习班，（左起）郑硕人、乌丙安、徐华尤、江曾培、何承伟

1987 年 6 月听取汪道涵（左）对出版工作的意见

1987 年春，作者（左二）与陆文夫（左一）、王安忆（中）等在上海文艺出版社笔会上交谈

1988 年 9 月，美国作家、出版家访问团造访（右一为江曾培，左三为郑煌）

1990 年 9 月于陈沂（左二）家中

1990 年 11 月与王蒙（右一）在周庄

1991 年 5 月与许杰（左）、赵超构（右）在一起

1991 年 5 月作者（左一）向钱君匋（左二）祝寿

1991 年作者（二排右七）与参加淀山湖笔会的王蒙（一排左六）、陆文夫（一排左七）、李国文（一排左八）、高晓声（一排左二）、叶文玲（一排左四）、王安忆（一排右三）、王小鹰（一排右四）、陆星儿（二排右八）等合影

1992年春节向巴金（左）拜年

1992年5月，在上海文艺出版社建社四十年座谈会上，左起龚心瀚、孙颙、作者

1993年作者（右二）在鹿特丹与荷兰出版界人士会晤，左为陈鸣华

1992年5月与王元化（左）在座谈会上

1993年5月，在荷兰桑斯卡门斯村

1993年与叶辛（右一）、谢泉铭（右二）于青浦

1993 年 6 月与黄宗英（右）、秦怡（中）在大风车茶社

1993 年与左泥（右一）、冯苓植（右二）、陆文夫（右二）、高晓声（右四）、邓刚（右五）、郏宗培（左一）等在一起

1994 年冬，与张炜（右）、丛维熙（中）合影

1994 年 4 月，作者（右一）与（左起）吴芝麟、丁法章、柯灵、陈国容在泰州

1994 年 12 月在新加坡出席首届世界华文微型小说研讨会

1994 年 4 月与柯灵在泰州梅兰芳纪念馆

1995 年 1 月作者（中）在曼谷机场受到泰华作协主席司马攻（左）等欢迎，右为左泥

1995年暮春与邵燕祥（右二）、鲁彦周（左一）、李晓燕（右一）在黄山

1995年与赵丽宏（右）在一起

1995年作者在上海文艺、文化、音乐出版社的"读者活动日"上

1996 年在上海锦江饭店宴请龙应台（右）、席慕蓉（左）

1996 年 12 月在人民大会堂出席中国作协第五次代表大会，第一排宗福先（左一），第二排孙颙（左一）、江曾培（左二），第三排沙叶新（左一）

1996 年 9 月在巴黎罗浮宫前

1997 年 5 月，与杨澜、徐保卫在淀山湖上

1997 年 10 月在墨尔本市郊戏鹦

1997 年 7 月与扎拉嘎胡（右二）、冯苓植（右一）
在成吉思汗陵

1998 年 11 月，在香港金庸办公室与金庸交谈

1998年初夏，作者为千岛湖作家楼题词，右为殷慧芬、沈扬

1998年夏与徐中玉（右二）、唐静恺（左一）在殷慧芬（右一）作品研讨会上

1998年春向巴老介绍由他题写校名的"上海文艺石关希望小学"建筑图

1999年5月在《周冰倩真的好想你》新书首发式上，右起为费维耀、周冰倩、作者、王秦雁、陈学娅

1999年9月在奥斯陆雕塑公园

1999年9月在哥本哈根安徒生塑像前

1999年秋在安徽岳西县出席上海文艺石关希望小学开学典礼

2001年10月在第五届国家图书奖评委会上，与季羡林（前排右二）、屠岸（前排左二）、张炯（前排左一）、陈建功（后排右一）、郑法清（后排左二）等合影

2001年12月，与石楠（左）在中国作协第六次代表大会联欢会上

2002 年 9 月在首届上海出版人奖颁奖大会上，右起为李新立、陈昕、作者

2003 年 9 月作者（左一）在首届上海出版新人奖颁奖大会上授奖，右为哈九如

2004 年 1 月在全国作协五次代表大会上与史铁生在一起

2005 年 5 月在全椒吴敬梓纪念馆题词

2005年7日，出版同仁在上海新闻出版局与来沪的于友先（前中）会后合影，前左曹培章，前右江曾培，后右起庄智象、岑久发、陈和、贺圣遂、吴士余等

2005年8月作者（前排右三）在中国作协北戴河创作之家时合影，中排右二为黄影虹

2006年2月与魏心宏（后排右一）修晓林（后排左二）在上海瑞金宾馆接待内蒙古作家

2006 年 8 月与邓伟志
（右）交谈

2008 年 4 月与郭志坤（左五）、雷群明（左二）、
楼耀福（右六）等于千岛湖作家楼

2010 年 1 月在《话说官场》研讨会上听取意见

2011 年 7 月在中国作家协会杭州创作之家与墨白
（左）合影

2012 年 7 月在中国作协雾灵山创作之家

2012 年 11 月，上海出版界同仁祝贺作者八十寿诞，（前排右起）曹培章、孙颙、作者、巢峰、赵昌平、吴志仁，（后排右起）沈剑毅、马加、郭志坤、陈和、吴士余、吴莹、李国章、徐志伟、邓明、翁经义、张瑞芝，（后排左一）岑久发

2012 年 11 月，书画家邓明（中）贺赠江曾培先生"八旬肖像"，右为赵昌平

2012 年 11 月，在八十寿宴上吹蜡烛（左起分别为陈保平、巢峰、马加、江曾培、吴莹、李国章）

2015 年 5 月在韩国济州岛

2017 年 1 月与老同事聚餐，前排左起袁银昌、郝铭鉴、作者、徐保卫，后排左起吴志刚、黎玉兰、费维耀、陈鸣华、修晓林

2018 年 2 月在上海与文友相聚，（前左起）吴兴人、作者、戴平，（后左起）汪长纬、过哲峰、严宝康、司徒伟智、徐裕根

2021 年 5 月 29 日，在作者新书《文品与人品》座谈会上，前排左起赵书雷、曹培雷、楼耀福、郏国义、胡国强、作者、赵丽宏、殷慧芬，后排右起曹元勇、修晓林、刘观德、曹阳、马加

2022 年 1 月 31 日，江曾培、黄影虹、江红、陆立明、江南、蔡美琴、江枫、张晨晨、陆天翔、江天晨等四代同堂，欢庆辛丑除夕

鸿爪屐痕

——我与出版

江曾培 著

上海文化出版社

序

"岁老根弥壮，阳骄叶更阴"

——《鸿爪屐痕——我与出版》先睹为快随感

姜逸青

在好风如水的日子里拜读江老师的新书校样，快意欣然自是绵绵不绝。

先是，作者在把书稿交付我们出版时曾风趣道，此书是他收官之作，是一部对他而言颇有纪念意义的别集。那时我暗忖，身体与笔力甚健，常年耕耘不辍的老先生似不可轻易搁笔，纵使悬车采菊，悠然望山，但明有所见、聪有所闻，汩汩于笔端宜有其径，岂可言停？

在我看来，写作是个人悟道的狂欢，而那既成之作便是尊敬并喜爱他的读者闻道的福地——记忆与经验的纷纷重重，知性与感悟的丰富深刻，在有限却也无穷的时间之下淬炼、沉淀、凝构；由此，自我与他者的生命意义也因之灼灼其华，"以其昭昭，使人昭昭"，恒道也。及至将全稿拜读一过，"收官"之意似也了然：正仿佛那部感动了无数编辑人的小说《编舟记》中所喻示的，凡信任并执著于文字力量的人——正如江老师那般——是无所谓止步的，因为"舟"才是永恒鹄的。"编"也者，无非过程、手段、范畴……诸般实践约束的合成与变迁，前者若学，后者如术；学之砥砺无期，术之习用有常。这些开卷之后的点滴领悟（也是心有所请吧），不知江老师以为然否？

与近几年作者出版的其他作品集不同，本书不仅收录了作者睿智博闻、合为时而著的杂文新篇，对当代文化现象犀利而深刻的评论、序跋，以及对出版事业审慎思考与研究的文章，更编入了以"经历"为总题的 29 篇文章组成的回忆录。

荀子有言，"是是非非为知"。这一朴素的认知判断同样也可应用于对具体回忆录内容质量的评价。窃以为，一部好的回忆录，其文心必然在个"诚"字，所谓铺陈叙事，当以是为是，以非为非；凡臧否陟罚，则温柔敦厚，不溢美、不隐恶。即使篇中记忆有缺，细节未全，也无碍于读者对作品之中岁影华痕往事的饱满打量、移情认同。可以肯定，眼前的这部回忆录便有着上述的璞玉浑金之好。它以素朴而富于思考的文字、平实而毫不巧饰的叙事打动读者，以散点透视、浓墨淡彩的笔触绘出那代被理想与信仰所感召的知识分子，为追求国家光明未来而投身革命、矢志奋斗、初心不移的奋斗历程。其间作者的求学之道、求真之缘，以及新中国成立之后投身火热的社会主义建设时期的激情奋发、波谲云诡运动时节的无奈惘然、改革开放时代的振作精进……无一不在历史那庄严普遍的旋律和空间里，演绎出作者个体生命的微弱而又强大的吟哦与雕琢。值得一提的是，文中涉及当代文坛人士的片语、故事也颇夥，对当代文学的研究者以及一般读者而言，这些文本的可贵与耐读自不待言。记得孟德斯鸠曾说过，一个写得好的人，"并不像别人那样在写，而是像他自己那样在写"，阅读江老师的回忆录时也有此感慨。只有情怀不变，将周遭世界始终纳入经验习得的范畴，并不断在实践中提取智慧，在字句中赋予生活以意义的写作，才真正称得上是"自己那样写的"佳构。

江老师是出版大家、杂文名家、文化学者，也是慧眼独具、出手不凡的文化企业家，其杂文和论述文章的妙笔所及、论述要义每每契合于当下国家文化建设发展的需要，而旨归大义终在出版。关于全民阅读、选题优化、策划选题、出版战略，办好出版社，做好出版工作……这些在作者相关文章中时有出现的关键词、关键议题，都是作者在出版管理实践中长期探索、持续研究的内容。其间，科学的辩证方法论是作者分析、处理问题所始终秉持的，在不少文章中他通过大量实践及经验总结，深入浅出地分析问题，论证观点；所据因实，所论存真，如古人所谓"诚然者然后允得所从"，由此获致业内的高度认同也实属必然。例如本书中言及的早在20世纪90年代作者便提出的编辑工作"三十字诀"（多层次，高质量；多样化，主旋律；长命书，重积累；双效益，重方向；讲认真，争一流）便是一例。这是作者担任上海文艺出版社社长时，针对出版工作核心内容（编辑工作）所反复推敲撰写的概要。二十多年过去了，这份既体现党和国家出版规制要求，又强调辩证方法、科学实践，尊重出版客观规律的三十字箴言，现在看来依然是编辑人"知者行之始，行者知之成"的操作指南。尽管世易时移，市场变化多端，但为国人出好书的编辑工作者若视之以圭臬，自然为者常成。书中类似的"善教者使人继其志"的文章颇多，读者自可领会其妙而学以致用。

全书拜读一过，深深钦佩耄耋之年的江老师。我深信他不会放下手中的如椽之笔，更不会失去敏思宽厚的品格与胸怀，惟愿老人家妙思如常翻涌，佳作依旧示人。行文至此，忽然想起王安石的诗句"岁老根弥壮，阳骄叶更阴"。毫无疑问，对一切心有秉持者而言，时光之箭的最大馈赠是那臻善尽美的智慧与尊严，一如百尺竿头，当全十方世界，信哉！

（作者系上海文化出版社社长、总编辑，上海市政协委员）

出版路上的长跑者

——访出版家、评论家江曾培

吴志刚

　　2021 年夏，江曾培老师把他的又一部著作《鸿爪屐痕——我与出版》交上海文化出版社出版，本人有幸成为了此书的责任编辑。

　　认识江老师已近 36 年，我是在 1986 年进上海文艺出版社工作，当时江老师担任上海文艺出版社的总编辑。 那时文艺社是一套领导班子，出书是三块牌子（文艺、文化、音乐）。 可以这么说，20 世纪八九十年代是上海文艺出版社历史上最辉煌的时期，而江老师正是这一辉煌时期的主要领路人。 作为文艺社的一员，江老师在《鸿爪屐痕——我与出版》中写到的许多往事，让我深有感触。 同时，在责编本书时，我还有一些想进一步了解的情况。 由于疫情封控在家，我无法去江老师府上拜访，于是便对江老师作了一次电话采访。

　　吴：江老师，我在拿到您的这部书稿后，用了两天时间，一口气读完了。 读完后仍感到意犹未尽，深感这本书对出版从业者来讲，具有很好的启发和借鉴意义，完全可以当作青年编辑的辅导读本。 请问这是您已出版的第几本专著？ 您的这么多专著中，自己最为喜欢的是哪一部？

　　江：我是在 1959 年出版了第一本书，那年 26 岁，接下来"文革"期间就停了，没写什么。 到了上世纪 80 年代就又开始写作出书，平均下来每年一本，到现在的这本《鸿爪屐痕——我与出版》应该是第 44 本了。 我的这些书主要分四类：杂文、文艺评论、书评、散文。 这些书中，要说自己最喜欢哪一本还比较难说，但相对来说，2019 年出版的《江曾培六十年杂文选》对我来讲，更有代表性，一是时间跨度长，最早的一篇杂文是 1959 年 5 月写的，最晚的一篇是 2019 年 2 月写的，前后跨越 65 年；二是较为全面地反映了我杂文写作的情况，同时这些文章大多折射出了社会的发展变化。

　　吴：您在担任文艺社领导时，不论是在出版观念创新、出版管理创新方面，还是在出版人才创新、出版品牌创新上，推出了许多新的举措，回过头来看这些举措都取得了很好的效果，印证了您改革创新的魄力和方向的正确。 您当初在酝酿那些举措时是怎么考虑的？

江：改革创新是事业发展的必然要求，出版社也不例外。 当年我们有针对性地推出的一些举措，主要是要为了统一职工的思想，聚集人心，发挥全体员工的工作积极性和创造性。 同时，出版社当时在体制上和制度上也有不少被动的方面，我当时的思想是要根据实际情况推行改革。 那时从 1997 年开始全国出版业提出要"造大船出海"，组建出版集团，以行政手段，用聚变的方式来完成。 我当时审时度势，从实际出发，认为文艺社应以裂变的方式为好，在上级部门的同意下，我们成立了上海文艺出版总社。 我记得在一年后的《文汇报》上就有一篇文章，提出上海文艺出版社的改革取得显著实效，成为全国同行中的佼佼者。 当时文艺社在社会效益和经济效益两个方面都取得了较好的成绩。

吴：我听您说过的让我印象最深的一句话，是上世纪 90 年代的中期，您在一次全社大会上宣布：从今年开始，员工的工资力争每年增长不低于 10%。 您的这句话当时在职工中引起了很大的反响，大家的工作干劲高涨，对未来充满了期盼。 事实上，后来在您任上的几年，员工的工资每年都实现了较大幅度的增长。 您当初作出这样的承诺，是基于哪些考虑？

江：我有一个基本的观点，事业的发展最根本的就是要依靠人，任何单位都一样。 所以单位要搞好，就要调动全体职工的工作积极性和创造性，要爱护员工。 我们一方面要大立加强职工的政治思想工作，使大家在工作中要有事业心；另一方面，就是要积极关心员工的生活，不能够既要马儿好，又要马儿不吃草，特别是在上世纪80 年代末 90 年代初，出版社员工的收入都还不高。 当时文艺社发展比较快，在全国的出版社当中，两个效益都比较好。 那时的财政政策也允许出版社在经济效益增长的前提下，工资总额也可扩大。 所以当时我就根据文艺社的发展情况，提出了为职工每年都能增加收入的方案，还提出了要加快改善职工的居住条件。 这些举措既调动了员工的工作积极性，又促进了全社各项工作的发展，呈现出一个良性发展的局面。

吴：编辑是杂家，既要有较为专业的知识，也要具备广博的知识结构，同时更要有一种"为人作嫁衣"的奉献精神。 您在上海的出版第一线工作了将近半个世纪，有着极为丰富的阅历与经验，对在新时期如何做一个合格的出版人有深入的思考和清晰的阐述。 尤其是对进一步弘扬好韬奋精神，也有精彩的论述。 您认为：韬奋精神有着丰厚的内涵。 出版人本质上是文化人，而不是商人，要注意出版的经济效益，更要钟情出版的文化价值。 在您的这本书中，有两篇文章专门谈了如何继承好韬奋精神，分别是《造就韬奋式的出版家》和《高高举起韬奋的笔》，对我们做一个合格的出版人具有积极的启示和鞭策作用。 您觉得目前在弘扬"韬奋精神"方面，国内的出版界还可以做点哪方面的工作？

江：韬奋是我国新闻出版界的一面旗帜，国家还是很重视这面旗帜的，比如说北京有韬奋基金会，上海有韬奋纪念馆。 在当下，我们更要造就一些当代的韬奋式的出版家，因为出版社同其他任何企业一样，都需要品牌。 讲到出版的品牌，我们谈到韬奋，就会与生活书店联系起来，讲到商务印书馆就会与张元济、王云五联系起来，讲到中国新文学大系就要和赵家璧联系起来，讲到《小说月报》就要和沈雁冰联系起来，讲到《中学生》就要和叶圣陶联系起来，品牌有企业品牌、有产品品牌，更有人的品牌，韬奋就是出版人的优秀品牌。 当前，我们要努力造就韬奋式的出版家，争做韬奋式的出版人，这样就能在学习韬奋精神的基础上，提升我们出版事业的品质。 几年前，韬奋的女儿在编她父亲的《韬奋年谱》，我就写文章，称赞她是"循着父亲的足迹，衷心于出版事业"。 现在有关韬奋的读物越来越多了，我们出版界，特别是年轻编辑一定要好好学习韬奋的著作，更好地发扬他的精神，使我们的出版界出现一些新的出版人、出版家，从而提升我们出版业的品位和影响。

吴：您在这本书中有着对出版是什么、如何做出版、做好出版人等一系列出版理念的思索。 依据实际情况的发展，对做好出版工作应有的文化意识、质量意识、品牌意识、创新意识、策划意识、改革意识、服务意识等，都是联系出版实际在褒优贬劣、抑浊扬清中进行生发论述，富有新意。 您对当前我国的出版状况有什么评价？

江：我自己离开出版界已好多年了，在相当的程度上，我自称是"桃花源中人"，所以不敢对当前的出版状况妄作评价，但是我有一个感觉，首先就是出版界应当在从业人员中大力弘扬爱岗敬业精神。 因为出版业不是靠机器，主要是靠人，靠编辑，我们的出版事业需要有较强事业心的人，需要有创造力的人才。 书不是在流水线上就能生产出来的，它不是同一个产品，每本书都是一个新产品，所以都希望有创意的投入，才能出新的让人满意的产品。 因此，编辑要有一种创新精神就显得尤为重要。 其次是出版有一个特别之处，有些图书项目需要几年、十几年甚至几十年才能完成，你看，像《辞海》《新华字典》《中国新文学大系》等，这些书都是要经过很长时间才能抓出来的，这样就需要出版人要有长期从事出版工作的毅力和决心。而我们现在是"过客"太多，不少年轻人把出版社作为一个跳板，不断转业，有些干部到了出版社也只是作为一个过渡。 这些人都没有把出版业作为自己的长期的事业看待，对于这种情况，我觉得应加以改变。

吴：作为一个出版家、杂文家、文艺评论家，您打过交道的、熟悉的作家有太多太多，同时您看过的书也是太多太多，如果请您为青年编辑推荐几本书的话，会是哪几本？

江：我认为，作为出版业的编辑，首先应该是个读书人，就是出版社的编辑首先要有读书习惯。读书的选择，要广泛地涉及，这样可以增加各方面的知识储备。当然，广泛中也要有重点地读些东西，比如各种经典著作，经典作品它的社会意义是最大的。但是话又说回来，现在的中外经典作品是太多了，这样就要求不同的编辑就要根据自己的不同需要、不同兴趣选择相应的书籍。所以我觉得一般的书单是没有多大的意义，因为书单你开得太少，就缺乏系统性，开得太多，又来不及看。所以，我希望出版社的编辑都能成为书迷，这样读什么的问题也都能解决了。

吴：多年前您曾在中央电视台"东方之子"栏目做过节目，听说当年对上这个节目嘉宾的各方面条件要求是非常高的。您能给我们透露一点具体情况吗？

江：据我所知，中央电视台的人物访谈节目"东方之子"早在1993年就已开播，被邀请参加的嘉宾都要求是所在领域的领军人物。采访我是在2010年的3月，那时我已离开文艺社，在上海市出版工作者协会工作，是文艺社办公室的同志通知我，说"东方之子"节目要采访我。后来节目组的人还告诉我，这次在上海他们一共要采访三个人，另两位，一个是复旦大学的原校长杨福家，另一个是同济大学的校长吴启迪，名单都是有关的组织部门选定，并得到中宣部同意的。那天采访我的主持人是张泉灵，采访的录像是在4月份播出的，播出以后反响也比较大，当时的报纸上刊出了两篇采访我的文章，都是用"东方之子"来称呼我的，一篇是《从襄河边走来的"东方之子"》，一篇是《"东方之子"江曾培》。

吴：您今年已是年届九旬，但仍然思路清晰、写作不止，让我们十分敬佩！能否介绍一下您的养生方法？

江：我的身体其实并不好，40多岁就患了高血压，后来又动过两次手术，一次是切除了胆，人家开玩笑说我现在是一个"无胆英雄"了。还有一次切除了一个肾，所以我现在是"五脏不全"的。对于保养有三点体会，一是我在40多岁得了高血压以后，就开始打太极拳，是一种八十八式的太极拳，一套拳法20分钟。除了打太极拳，我还每天坚持慢跑10分钟，这样每天我都要锻炼半个小时，成为我40多岁以后每天的必修课，而且是风雨无阻，雷打不动的。 就是这次疫情期间，已两个多月没出过门，但我在家里每天早上仍坚持锻炼半个小时。 另外，我还有自己坚持做的三个"一"：一把牛骨梳，每天早晚梳几百次，可以健脑；一个健身棒，每天敲腿、敲背，通筋脉；一对矿泉水瓶做的哑铃，每天举个几分钟，减缓肌肉萎缩。 这些运动量都不大，但坚持下来就有效果，我觉得这样做对我的身体健康很有好处。 二是我退休以后，就有严格的生活规律，每天中午睡半个小时到一个小时，晚上 10 点前上床睡觉，也可以说是雷打不动，就是大年三十全家团聚，也不例外。 三是我的心态还比较好，我今年已虚岁九十岁了，名利对我已没什么影响，现在对我的影响是生死问题。 从一个人来讲，都希望自己能长寿，但到了九十岁的年纪，基本是来日无多了，有些事随时都可能发生，但我对死亡的问题，内心并没有什么阴影在笼罩着我，我持着"生者乐生，死者乐死"的态度。 我对自己唯一的希望是，在走向死亡时不要有严重的病痛，看到有些老人去世前被病魔折磨的样子，十分痛心，所以我是同意有些国家已经在实行的安乐死的做法。 我有一个想法：年轻时要正确对待名利，老年时要正确对待死亡。

吴：江老师，您在本书中说，您是在 1972 年由新闻单位转到出版系统工作的，这样算来今年已是足足有 50 年了。 您是"韬奋奖"获得者，又是新中国 60 年百位优秀出版人物，在出版这条道路上，您一直在孜孜以求，一直跑到现在，是什么力量让您一直在坚守？

江：之所以到现在我对出版的热情、对写作的热情还不退，是因为我觉得人作为万物之灵，不但要争取有较好的物质生活，还要追求一种丰富的精神生活，就像《钢铁是怎么炼成的》里的名言：不因虚度年华而悔恨，不因碌碌无为而羞耻。 所以，我觉得能在工作上有所贡献，在精神上有所愉悦，是一件很好的事情。 记得爱因斯坦讲过，如果不让他继续工作，他就不想活下去了。 我当然没有他这么伟大，但我觉得，我的工作、我的写作，如果停下来，我就觉得没有了乐趣。 所以退休后东方网聘我任评论员写点东西，我马上就答应了，我觉得这有益于我精神的寄托，那时几乎是每天写一篇文章。 几年前我在出席《江曾培文集》的新书研讨会上，有记者问我，你已八十多岁了，为什么还在坚持写作？ 我的回答是"我思故我在"。 假如我失去了思考，那就说明我失去存在的意义了。 我觉得享受生活的一个重要内容，就是享受工作，享受生命的价值。

听完电话里江老师那思路清晰、充满睿智的回答，眼前立马浮现出他那目光炯炯、亲切慈祥的形象。 抬头看到窗外那勃勃然的一片春意，我突然想起星云大师这么说过：春天，不是季节，而是内心；生命，不是躯体，而是心性；老人，不是年龄，而是心境；人生，不是岁月，而是永恒。江老师用他的亲身经历为我们诠释了生命的意义。

衷心祝愿接受我采访的这位尊敬的长者、老领导，这位在出版路上已经长跑了半个世纪的出版家，一直能带领我们长跑下去！

2022.5.20

目　　录

第一部分

经　历

1. 十七岁弃学入伍

1933 年 10 月 27 日，我出生在安徽省全椒县城。全椒历史悠久，距今七八千年以前，人类就在这块土地上生息劳作，创造文明。现已探明的古文化遗址有 18 处，其中原始社会文化遗址 7 处，商周文化遗址 7 处，秦汉到明代遗址 4 处。西汉时即设县，为安徽的少数几个古县之一。位于长江北岸，东距南京市仅 48 千米，与南京联系密切，著名"南京板鸭"的鸭源大多来自全椒，如今是长三角城市群中南京与合肥间的中间节点。明代"四大高僧"之一的憨山大师和古典名著《儒林外史》作者吴敬梓，都是全椒人。

我家是"大户人家"，其时由祖父江益斋当家，在县城经营一家大布店，同时拥有一些土地和房产，祖父还担任全椒县救济院院长和县商会常务委员等职。几个叔叔都在学校深造，唯安排我的父亲江元祺继承祖业，10 多岁时就到布店做学徒，后协助祖父进行管理。后来，两位叔叔都读到大学毕业，当时全椒只有一座初级中学，连中学生都很稀少，一家出了两个大学生，引起全城瞩目。我是长房长孙，备受宠爱。幼时也较聪颖，三岁开始识字，四岁入荷花塘小学读一年级。荷花塘风光旖旎，为全椒城区一处名胜，古称放生池。1920 年版《全椒县志》记载："放生池，城南三百步袤延三里。其水澄碧，深不可测。"相传公元前 202 年，项羽兵败于垓下，一路向南撤退，经凤阳、定远到达全椒，汉将灌婴带五千骑兵追到，项羽在急速逃跑中，扬马从城墙上跃下，石板路上留下了两个马蹄印。这两个马蹄印我小时还见过。灌婴未追到项羽，大队人马就地休息，口干舌燥的马儿一起围着荷花塘饮水，此后荷花塘也被人称为饮马池。1701 年诞生于全椒的伟大小说家吴敬梓，其曾祖辈兄弟五人，四位进士，他的亲曾祖吴国对殿考中一甲三名，他家的"探花第"位于河湾街，离我家不远。少年吴敬梓常在荷花塘周围盘桓踯躅，欣赏那"接天莲叶无穷碧，映日荷花别样红"的景致。《儒林外史》第一回，描写王冕在七柳湖放牛，学画荷花，就取材于这里。耳濡目染，使我从小受到一些历史文化的熏陶。

1937 年"七七"事变后，日寇大举侵略我国，全椒县城于 1938 年春沦陷，我家布店货物全部被抢。祖父母与几个叔叔逃至赤镇乡亲戚处暂住，父母亲则带着我和姐弟到马厂乡二湖冲村外婆家避难。二湖冲村山清水秀，鸟飞鱼跃，多有古树、古建筑，是个美丽雅致的乡村。我 14 岁离开全椒，几十年来它一直牵动着我的"乡愁"。2013 年春我回全椒，特地乘车去二湖冲村寻"梦"。可惜，生态环境已严重破坏，面目全非，碎了我的"梦"，"乡愁"成了"乡痛"。回沪前，县电视台在访谈中，要我对家乡工作提点意见，我着重谈的一点，就是要保护古村落。二湖冲村有重教传统，抗战时仍设有私塾，我虽在逃难中，得以继续读书，学业未有荒芜。那时，国共合作，村上有新四军驻扎，一些战士喜欢逗我玩，向我讲抗日战争故事，带我看宣传抗日的戏，使我小小的脑袋生发比较强烈的民族意识。当时日寇不时下乡扫荡，配以飞机轰炸扫射，我们生活极不安定，经常要"跑反"，更增添我对日本侵略者的仇恨。1939 年秋，我随父母迁至赤镇，与祖父母一道生活。其时，家中带出的钱财差不多用尽，生活有了困难，父亲看到不少商人已经回县城营业，不久也和母亲、姐弟一道回城摆布摊去了。我则留在赤镇大陈乡，跟随在当地做塾师的祖父读书。祖父施教以鼓励为主，一次我写了一篇日记体小文，对风、浪一类自然现象有些想象，受到祖父不断表扬，促进我学写文章的兴趣。1940 年夏，祖父因身体有病不再收徒授课，我即回到县城父母身边，此时我 7 岁，父母亲不愿把我送入日寇控制下的小学，仍把我送进一家私塾。塾师姓金，问我读过什么书，并叫我背诵几段作为测试，然后就开始教我读《论语》。第一天，他用红笔点了"学而"篇，简单地讲解了一下，要我去读，放学时要背熟。说实在话，六七岁的孩子，对书中的内容不甚了了，所谓背熟，只是死记硬背，自然兴趣不大。但是，老师是严厉的，背不熟就要挨他的戒尺。我们只得像"小和尚念经"那样反复不断地苦读。这样一天又一天，《论语》乃至《孟子》《古文观止》等书，也就一页又一页地翻过去了。现在看来，这种囫囵吞枣、强记硬背的读书法，有许多不科学的地方，但其中也不乏合理成分。当时熟读的一些内容，似乎慢慢化为自己的血肉，随时都会在脑海中浮现出来，在我以后的成长中，不断发挥作用。我没有在大学读过文学，却走上文学写作与文学编辑的道路，就与儿时背诵了一些古文名篇有关。所谓"熟读唐诗三百首，不会作诗也会吟"是也。由此我觉得，儿时记忆力强，能熟读一些诗书，会起着打"基础"的作用，将终生受用。

1942 年秋，为了应对初中入学考试，需要学些语文之外的知识，我跳级进入全椒第二小学六年级读了一年。1943 年夏，我考进全椒中学，其时该校已于 1938 年县城沦陷后迁到陈家市镇，我又离开父母，寄居在该校任英文教师的五叔家里。五叔家在乡下，我每天上学要来回跑十二里路，中午靠带一点干粮充饥，生活十分艰苦，有点像现在偏僻山区孩子读书一样。寒暑假回县城父母处，要步行五六十里路，由于要通过敌伪区和国统区，这样风险就很大。一次，我从县城返校，是跟一些贩盐人走的，经过两区交界的"阴阳界"，敌伪和平军下炮楼抢盐抓人，一行人顿时乱成一锅粥，纷纷作鸟兽散。 我跑进附近一农家，好心的婆婆把我藏在锅灶间，黄昏时见事情过去，又热心送我到几里路外的一个亲戚家，住了一晚，第二天再步行到位于陈家市的学校。 生活的动荡不安，我热切盼望把日本鬼子尽早赶出中国去！

　　1945 年 8 月，终于迎来了抗日战争的伟大胜利，万民欢腾。 全椒中学由陈家市迁回县城，由此到 1947 年夏，我在全椒中学读了初二、初三。 这时，人已十三四岁，除读书外，对社会现象也逐渐产生一些看法，开始参加一些社会活动。 初二下时，和朱之和等同学筹办一个壁报，我写的一篇稿子，说一个在敌伪时期为日本人做过事的教员，不配做我们的先生。 壁报需要送审，未获通过，计划中的壁报也就吹了。 这激发了我的反叛意识，经常在周记上吐露不满。 学校紧邻孔庙，庙门两旁的石碑刻有"军政人员到此下马"的字样。 而当时驻扎在庙内的国军，把庙前庙后搞得乱七八糟，我在周记上写感想，说军队不但不尊重今人，连古代圣贤也不尊重了，哀哉！"国民党税多"，各种苛捐杂税压得老百姓喘不过气来，我家就被敲诈多次，生活水平不断下降，我曾借《捕蛇者说》发了牢骚。 校长马德黎为此找我个别谈话，他说："你这样写是不好的，在家乡没有多大关系，因为大家了解你，如果到外面还这样乱写，是会招来麻烦的。"谈话对我并没有产生多大影响，因为我当时并不懂得政治斗争，不领会他谈话的告诫意义。 我觉得周记上有"生活感想"一栏，为什么不可以写写自己的想法呢？ 当时的年龄正进入少年反叛期，接着我写了一篇题为"从盲从到自觉"的稿子，刊在同学办的壁报上，意思是说过去老师怎么讲，我就怎么做，现在感到一个人还应当独立思考，不要只会跟着别人的屁股转。 初三上时，一个外地人任全椒中学校长，能力不强，同学有所不满，学生的情绪为地方教育界所利用，很快把他逼得辞职走了。 缺乏政治自觉的"自觉"，实际上在社会问题上还是免不了"盲从"。 初三下时，从南京来了一位年轻的老师，虽然教的是物理，却常常和我们谈内战，谈国民党腐败，谈国统区的学生运动，开启了我们这些初三学生的政治意识。 后来知道，他是一个进步大学生，为逃避政治迫害而来全椒避风的。

　　全椒中学没有高中部。 1947 年夏，我到南京考高中。 当时家庭经济已十分窘迫，身带盘缠很少。 我与母亲的一位侄孙结伴去南京，开始住在他的表姐夫家，没有几天，主人流露出不欢迎的情绪，我不愿吃"嗟来之食"，遂搬到安徽会馆去住。 会馆位于夫子庙与水西门之间，原为李鸿章的公馆，民国时期变为安徽会馆，带有社会救济性质，到南京一时有困难的安徽人，可以在那里暂时落脚。 我买了一条草席，晚上在没人住的戏台上一铺即成床，早上草席一卷寄存在内中的人家，就跑到公园里温课。 为了节省饭钱，一般不吃早餐，上午 10 点过后，我即到小饭馆吃客饭。

客饭比较便宜，菜有定量，饭却不限。我吃客饭，就是要一顿饭当两顿吃，因而每次常常要吃四五碗饭。为了避免小饭馆老板的不悦冷淡，我一般不在同一饭馆吃几次，而是"打一枪换一个地方"，以至附近的小饭馆我都光顾过。当时中考可以同时报考多所学校，我报考了中大附中、市立一中、市立二中，最后进了二中。我是住读，生活十分清苦。睡的是双层床，吃的是粗糙米。八人一桌，菜不够吃，我常用酱油泡些花生米代菜下饭，而且每碗饭限吃3粒。饭桶放在食堂四周，一般只够一人添一次饭，想再添一次的，则需要第二碗添得少些并赶紧吃完，以争取时间，否则就只能望空桶而兴叹了。正处在长身体阶段，我常常"饥肠辘辘"。二中位于中央门筹市口，附近有中央大学农学院与东方语言学院等高校，其时民主爱国学生运动如火如荼，口号是"反饥饿、反内战、反迫害"，在全国形成了反对国民党统治的"第二战场"。1947年5月在南京发生的震动全国的"五二〇"事件，中央大学有多名学生受到迫害。压迫愈盛，反抗愈烈，中央大学校园里经常有民主集会，诸如1948年纪念"五二〇"事件大会，我常去参加，看过"醉打蒋门神"的活报剧，高唱过"山那边是好地方"。同时，对抗议浙江大学学生于子三被害等事件，我都持同情支持态度。受进步学生运动的影响，1948年下半年，与同班同乡同学汪珂（他1948年年底被发展为地下党员）合办了一个名叫"筹市口"的壁报，对当时召开的"国大"种种徇私舞弊现象以及物价飞涨、民不聊生的时弊进行抨击。学校的训导主任给了我警告，加之经济困难，再买不起办壁报用的纸墨，出了7期后夭折。这时，我的政治思想明显"左"倾，回忆起儿时接触到新四军的爱民亲民、艰苦朴素的形象，内心完全寄希望于"山那边"了。

　　1949年4月25日南京解放，南京市军管会派军代表彭亮进驻二中，在学校开展了庆祝解放和接管活动，我作为积极分子参加了一些工作。经彭亮介绍，我被聘为《新华日报》通讯员，积极向报社提供学校信息，我的文字由此第一次变为铅字印出。7月暑假，南京一批进步的中学生，被吸收到中学生暑期学习团学习，我有幸成为一员。学习团对我们进行了革命教育，提高了我们对共产党和革命的认识。在这以前的三个月，1949年4月，在北京召开了中国新民主主义青年团第一次全国代表大会，正式成立了新民主主义青年团，中共中央书记处书记任弼时任团中央名誉主席。学习团依据团章在南京发展第一批团员，由于是第一批，介绍人找不到团员，首批入团的人按规定由共产党员作介绍人。7月29日，经第四大队长、共产党员叶绪孝介绍，我被吸收为新民主主义青年团团员，候补期三个月。秋季开学后，我一边读书，一边参加学校的建团工作，并担任《新华日报》二中通讯组长和学生会黑板报主编。由于表现积极，加之团的工作开展需要，我于9月1日提前转为正式团员。

1950 年 2 月，南京又举办中学生寒假学习团，团组织安排我出任学习团第九大队团组织委员，负责团的发展工作。 学习结束时，团市委通知我，调我与其他二十多位同学到华东团校学习，正式脱产参加革命工作。 那时，我 17 岁，高中还有一个学期未读。 我原想由高中而大学，成为一个学有专长的人，现在要我弃学入伍，成为革命队伍的一员，尽管感激组织的信任和器重，内心仍免不了有所踌躇。 团市委看到我思想有点波动，向我说明当时解放事业的快速发展，亟须补充大量青年干部，华东团校是培养团县委一级干部的学校，我应服从革命需要，在革命洪流中学习成长。 当时，社会革命气氛高涨，我的政治热情也很高，经过短暂"鱼与熊掌"的掂量，我很快愉快地接受了组织的决定。 时间很紧，我没有来得及回全椒老家向父母打个招呼，即乘车到上海报到。 是年 3 月开始享受解放区实行的供给制待遇，衣、食、住、行、学、医等生活必需品，都由公家供给，每月还有一元零用钱。 这使我这个穷学生一下子进入了"衣食无忧"，还略有余钱的美好生活。

2. 从华东团校到《新民晚报》

华东团校创办于 1949 年 10 月，至 1950 年年初已办过一期，我参加的是第二期。校址位于虹口区四达路，离鲁迅故居和鲁迅公园不远，解放前是一所中学，一圈三层楼房围成环状，中间嵌着一个精致小花园，后面是一个带有游泳池的大操场，东面则有礼堂与食堂，建筑设施相当完善。 第二期学员有三百多人，来自华东各省市，共编了五个班，南京市与福建省学员组成第二班。 负责班里工作的正副班主任和辅导员，都是二十出头的年轻党员干部。 校长由华东团委书记李昌兼任，实际主持学校工作的是教育长边春光，他后来曾任过中国青年出版社社长和国家出版局局长，当时也只有 25 岁。 团校聚集着一群优秀的年轻革命者，如同刚刚诞生的新中国一样，校园里弥漫着蓬勃发展的朝气，团结、奋进、和谐、活跃，我置身其中，自然而然地受到一种精神熏陶：向前，向前！ 向上，向上！

我们学习了 7 个月，主要学习社会发展史、中国革命史和团的基础知识。 学习方法除看书听课外，还要讨论、记笔记、写心得，眼、耳、口、手、脑并用，印象特别深刻。 除了懂得"猴子变人""劳动创造世界"等有关知识外，最重要的是从社会发展的规律中，明确要树立共产主义的世界观、人生观，从中国现代革命的发展史中，认识到党的光荣、伟大、正确，增强了跟着共产党、毛主席革命到底的决心与信心。 9 月学习结束，大多数学员都按计划回原省市分配工作，我因学习成绩较好，被留校工作。 当时我 17 岁，恋乡情结颇重，要求回南京。 组织科长回答得很干脆："你是不是团员，是不是在争取入党，要服从组织分配！"一句话断了我的期待，只得暗暗地落泪。 不过，组织处理还是人性化的，在我正式投入工作以前，特别安排我回南京与全椒一次。 留校后，先后任教育科干事、校刊编辑，以及中共党史教研室教研员。 团校三、四期加强了马列主义基本理论的学习，为适应辅导学员学习的需要，促使我加紧"职业的读书"。 我起早摸黑，将马克思主义哲学、政治经济学和科学社会主义的一些著作，诸如《共产党宣言》《反杜林论》《哥达纲领批判》和《实践论》《矛盾论》等，作了比较系统的学习。 这一学习，不仅使我对马克思主义的三个组成部分有了一定的了解，更重要的是从中感受到马克思主义研究人类社会、分析社会问题的观点与方法。 这就是辩证唯物主义和历史唯物主义的观点与方法。 我以为，观点与方法比结论更重要。 在教学相长中，团校对我最大的训练，就是帮助我较好地掌握了观察问题的观点与方法，使我以后面对各种社会现象，有一把较好的"解剖刀"。 人的知识的增多，多读一些书就能达到；人的能力与水平的提高，则需要通过读书获得一种观察问题的观点与方法。

1950 年 10 月，抗美援朝战争爆发，为挖掉帝国主义在中国的社会基础，华东局决定加快华东地区的土地改革，华东团校全体学工人员编入土改工作队，参加浙江、福建和上海郊区土改工作。 经过短暂的学习，12 月底，我被分配到浙江省金华市兰溪县兰西区，负责温塘乡大路口行政村的土改。 兰溪县是国民党的模范县，旧势力盘根错节，政治情况比较复杂。 土改工作队配有枪支，我在赴兰溪途中路过杭州，住宿旅馆时一同志手枪走火，子弹从我头顶飞过，险遭不测，我不会使用枪支，为避免事故，没有领取枪支。 在区里听取情况介绍后，与另一位同志背着背包，踏着积雪，走了近二十里的土路，来到村里。 村干部比较热情，安排我俩住在一间空草屋里，地面上已经铺上一些稻草，作为我们的床铺，并告诉我们在一农户家搭伙。 开始，情况不了解，我们记住领导要提高警惕、注意安全的嘱咐，处处小心。 头几次吃饭时，我俩暗暗地将少许饭粒撒在地上，见散放的鸡吃了没有异样反应，才真正动箸。 经过访贫问苦，政策宣传，较快形成了一支以贫雇农为主的基本队伍，工作有了依靠，局面逐渐打开。 我说话有较重的全椒口音，与当地农民语言交流有"隔"，在宣传土改政策时，我提到"二地主"，当地农民听成"矮地主"，感到疑惑：地主的高矮还要不同对待吗？ 此后，我请了当地一个较有文化的青年做翻译，误听误解现象方才减少。 依靠党的政策威力与上级的坚强领导，花了一个多月时间，按计划完成了大路口村的土改工作。 离村时，农民在村头热情相送，依依惜别，给我留下一份难忘的感动。 回到兰溪县城集中，我头一件事是找浴室，两个月没洗澡，身体又脏又痒，急盼一次大清洗。 沐浴后获得的那种全身的痛快劲，是经常洗澡的人不会体味的。 这也印证着"有苦才有甜"的道理吧。

随即，华东团校土改人员全部到金华集中总结，教育长边春光宣布，按照上级指示，团校人员暂不返沪，由浙入闽继续参加土改。 1951 年 2 月，我们乘车经衢州、上饶、建阳等地，翻过武夷山脉，抵达南平。 过赣闽分界岭时，天下大雨，路上不断出现滑坡险情。 一次我乘的车子刚过一道弯，大量泥石流从山头滚滚而下，把公路切断，我们的车子如果稍晚一两分钟，一车人可能都去见马克思了，想想颇为后怕。 司机说，这条公路连接福建前线，具有战略地位，按照陈（毅）老总的意见，已经在扩建整修了。 果然，沿途后来见到不少筑路军民在劳动。 到南平后，边春光参加南平地委会为地委委员，在地委统一领导下，团校的这支土改队伍由他负责指挥，这样，需要相应建个办事机构，我即被留在南平城区做联络与材料整理工作，没有再下到农村基层。南平环城皆山，山泉众多，居民当时都享用着真正的"自来水"，就是用一根根毛竹接成水管，将山泉水引入千家万户。我们吃的用的也都是这样的"自来水"，天然方便，还特别纯清甘冽。几十年后，我还怀念它，20 世纪 90 年代初我路过南平特意去找过这样的"自来水"，当时"不多矣"，这一大自然的馈赠，由于人们对大自然的过度开发，现在恐怕早就绝迹了。应当记住恩格斯的话："我们不要过分陶醉于我们人类对自然界的胜利，对于每一次这样的胜利，自然界都报复了我们。"解放初期的南平地区，深山老林里还流窜着一股股残军土匪，有个村开展土改后，要对地主进行清算斗争，被斗的地主却被残匪劫走了。当地的土改要与剿匪斗争相结合。有一个县为追捕一个躲在山中的罪大恶极的匪首，发动近万名农民上山搜捕，终于将他逮捕法办，大长了革命的士气，大灭了反革命的气焰。我虽然没在土改基层第一线，但因经常参加地委有关会议，接触大量信息，也深深受着阶级斗争的教育。

1951 年 5 月，团校全体人员结束了在福建的土改工作回到上海，我继续供职于教育科，但不时被华东团委调去参加一些临时工作。1951 年 11 月到 12 月，我参加了婚姻法贯彻执行情况华东检查组，作为组员前往芜湖、合肥、巢湖、和县等地，检查1950 年公布的婚姻法贯彻情况。这是新中国颁布的第一部具有基本法性质的民事法律，废除了男尊女卑、家长专制、强迫婚姻、包办婚姻、买卖婚姻、一夫多妻等内容的封建主义婚姻制度，确立了婚姻自由、一夫一妻、男女权利平等、保护妇女和子女合法利益的新民主主义婚姻制度。婚姻法引来民众的欢迎和社会的巨大变革，但也遇到一些阻力和抵触，检查组的任务是要发现问题，提出意见，进一步推进婚姻法的贯彻落实。这次的实地调查，看到不少封建婚姻制度造成的家庭痛苦和人生悲剧，让我对"旧社会是黑咕隆咚的井，妇女在最底层"有了深切的体味，从而进一步加深了对革命必要性和正义性的认识，提高了革命觉悟。1952 年 8 月到 10 月，参加大学思想改造运动，在东吴法学院学区研究组任组员。是年 12 月到次年 1 月，参加华东团委工厂检查组，我被分配在国棉十七厂做了两个月的调查。十七厂位于上海杨浦区，是个老厂、大厂，"文革"中冒出来的王洪文出自该厂。协助我调研的是一位女团总支书记，她解放前是该厂的养成工，有着强烈的翻身感，工作热情极高。在频繁的接触中，我俩不知不觉地生了爱意，互表了心曲。我回团校后，仍继续联系一段时间，无奈毕竟相处时间不长，爱情根基不深，加之十七厂的休息日不是星期天，而为星期三，两个单位距离又远，难于经常相见，半年后，这个"一见钟情"式的交往自然解体，我俩友好地互告再见。这是我的初恋，尽管是昙花一现，未成正果，但由此开启了我的恋爱之门，这时我二十岁。

　　一年后，我终于跌进了爱河，与后来成为我终身伴侣的黄影虹确定了恋爱关系。黄影虹是团校第四期学员，来自无锡市女子中学，团校学习结束后，与我一样留在教育科工作。尽管工作在一起，开始并无多大感觉。1953年夏，教育科同事利用休假制度一道去无锡度假，住在黄影虹的家里，朝夕相处，同吃同住同游，深感她的文雅闲静，热情谦良。一天游太湖，见她穿着一袭花裙，忙碌地招呼着同事，我顿时萌发一种奇异而甜蜜的恋意，我想，这是让丘比特的箭射中了。不过，当时只是我的单相思，我克制着自己没作任何表露。回团校后，利用各种接触机会加紧"进攻"，于年底赢得了她的点首。1954年夏，她作为调干生考入同济大学，读工业与民用建筑专业。1956年夏毕业后，分配到上海建筑科学研究所工作，1987年在上海科技系统首批职称评定中，被评为高级工程师，发表过多篇关于建筑材料的论文，所著《建筑装修材料手册》一书1993年由上海科学技术出版社出版。我俩于1956年8月11日结婚，其时我已在《新民晚报》任记者，当天因一项重要采访活动延误了时间，待赶到黄浦区民政局进行结婚登记时，已到下班时间，工作人员要我俩"明日请早"，我们好说歹说，才破例加班为我们办了证。婚房就是我在团校住的一间房间，除买了一张大床和一个竹书架外，桌椅均为旧物。没有举办仪式，没有请客吃饭，只是婚前拍了一张结婚照（也不是婚纱照，就是普通的双人照），婚后请同事同学吃了几粒喜糖。结婚如此简单简朴，如今看来似不可思议，但在当时却自然而然，"理所当然"。

　　华东大行政区，是与东北、华北、中南、西南、西北等几个大区一起于1949年建立的，当时是为了更好地全面管理新解放区的工作，随后情况有了变化。1954年10月，华东与其他几个大区均宣告撤销，华东团校于1955年1月改为中央团校华东分校，当月我与教育科同事去中央团校学习办校经验，这是我第一次去北京。北京的古朴大气给了我很深的印象，迥然不同于上海的现代洋气。当时的城市多有鲜明个性，不像现在这样的"千城一面"。这年12月4日，经傅道慧、周志勇同志介绍，我被吸收为中共党员。我自1950年初脱产工作后，即提出入党申请，开始因为年龄不到法定的18岁未予考虑，1951年后则因我的家庭成分被定为商人兼地主，尽管商人仍属于人民范畴，但因为还兼"地主"，支部一些党员觉得对我要进行较长时间的考验，因而加长了考验期。1955年年底，中央团校华东分校也宣布撤销，分校的干部除少数调中央团校外，大多交由上海市委宣传部分配，我于1956年2月，被分配到《新民晚报》。

3. 由"五七"干校转入出版部门

《新民晚报》是我国著名的私营报纸，历史悠久，当时刚刚公私合营，社内党员很少，我是作为新生力量充实进来的，开始任政法记者。由于当时的很多政法活动，都要求报道的记者是党员，《新民晚报》这方面是"短板"，我去了，正好作了弥补，因而一上任，就忙得不亦乐乎。当时的好多重大政治外事报道我都是冲在第一线。晚报报道要求快速，上午的消息要求在下午见报，如此也锻炼了我快写的能力，常常是边采访边写稿，采访完成稿子也基本写好了。1956年6月，苏联太平洋舰队访问上海，由司令员切库洛夫海军中将率领，包括巡洋舰"德米特里·巴热尔斯基"号和驱逐舰"智谋"号、"启蒙"号，官兵有2 183人。这3艘军舰都是20世纪50年代初期苏联建造的新型军舰，在苏联服役海军舰艇序列里均属于主力舰。这是上海解放后首次接待外国军舰来访，加之当时中苏友谊合作的大背景，中苏双方均极为重视，上海市与东海舰队进行了隆重的接待。6月19日晚，上海一行记者，在时任新华社上海分社社长穆青的带领下，随同东海舰队旗舰"南昌"舰从黄浦江码头出发，前往东海迎接。20日清晨，在海上举行了隆重的迎接仪式，预计下午2点左右抵达上海外滩。因为要提前发稿，我与舰队同志讲好，10点左右先行搭乘一艘快艇返回市区，谁知联系上一时出错，回返的快艇忘了带我。我发觉后，担心稿子不能及时发到编辑部，急得像热锅上的蚂蚁，东海舰队同志见状，又临时调来一艘快艇送我到吴淞口，然后跳上等在那里的报社汽车赶回，时间未过12点。稿子小样排出后，苏联舰队到了吴淞口，我又通过电话了解了当地的欢迎情况，将其补充到稿子里。待苏联舰队在"南昌"舰的陪同下缓缓驶进到黄浦江外滩码头，刊登有欢迎舰队最新消息和现场特写的当天《新民晚报》已在街头叫卖了。1957年4月23日，苏联的伏罗希洛夫主席到上海访问，专机下午2点左右飞抵龙华机场。按晚报的常规，当天只能发预告，这样新闻性就差些。为了把预告新闻变成已经发生的新闻，我动了一点脑筋，将开头的导语写成了正在进行式，大意是：亲爱的读者，当您拿到今天的晚报时，伏罗希洛夫主席的专机已降落在龙华机场，他正向欢迎人群走去……为充实这条新闻内容，我上午就到形成"十里长街"的欢迎队伍和龙华机场采访，中午过后，在机场我惊喜地看到周总理和欢迎群众在交谈。在这前后我多次在采访中见到总理，他"既是高山仰止的伟人，又是平易近人的亲人"，我在一篇"忆总理"的文章中，这样说过我对总理的感受。1959 年 9 月下旬，召开了第二届全国人民代表大会第一次会议，会议选举刘少奇为国家主席。当时会议报道主要靠新华社和中央媒体，地方报纸极少有记者参加。晚报与日报有个时间差，为了能及时报道大会情况，经过多方争取，大会同意《新民晚报》派一名记者参加。我衔命前往，住在《文汇报》驻京办事处。当时人民大会堂建造尚未完工，会议在中南海怀仁堂举行。我整天泡在会场与代表住宿地，除在上午及时发了当天的许多新闻，还访问了多位代表，写了多篇专访。当时没有电脑等数字通信工具，大多稿件都是跑到西单通过电报局发回上海的。《新民晚报》有重视培养人才的传统，历史上出过有名的"三张一赵"（张恨水、张友鸾、张慧剑、赵超构），当时的晚报版面上不断出现"本报特派记者江曾培"的字样，也意在培养青年人才。

我在采访之余，也学写杂文随笔，以"晓江""田晨""虹菁""南虹"等笔名发表。杂文虽然在敏锐地反映现实上，与新闻有天然的血缘联系，但它毕竟不等于新闻，它是"文艺性政论"，半是时评，半是文学。因此，它就不但要求敏锐、敏捷，而且要求有形象，有感情。我开始写杂感一类文字时，多"言论老生"式的面孔，呆滞，干瘪。社长赵超构系杂文名家，他给了我指点，说要力求"杂"而有"文"。当时他以"林放"笔名，每天写一篇杂文，思想锋利，行文活泼，"嬉笑怒骂，皆成文章"。我总是反复研读，吸取教益。朝夕相处，耳濡目染，自己得以稍有长进。他开设的专栏"未晚谭"，因公外出不能写时，我就临时替补写几篇，因而被人称之为"小林放"，渐渐有了一点社会影响，向我约稿的报刊也逐渐多了起来，较多的是上海的《文汇报》《解放日报》《青年报》以及北京的《人民日报》《光明日报》《中国青年报》。

我比较爱读书。1956 年国家形势很好，"八大"提出了以经济建设为中心，在"向科学进军"的口号下，为更多地培养人才，有些大学提出了建立副博士学位制，校外青年也可参加考试。受其鼓舞，我有计划地读了一些哲学的书，准备两年后考哲学副博士和新闻副博士。然而好景不长，翌年开展的反"右"派运动，还是纸上的副博士学位制，也被这场疾风暴雨式的斗争彻底扫荡。我的"副博士"梦虽然碎了，但我仍坚持阅读，不过，不再读哲学而是更多地读文学，并且边学边写，学写一些文艺评论。那时正出现建国后第一个长篇小说出版高潮，《红旗谱》《青春之歌》《林海雪原》《上海的早晨》等相继问世，《红日》《创业史》等也将付梓。上海文艺出版社为了帮助青年阅读这些作品，打算编辑一套"读书运动辅导丛书"。该社理论组组长周天找到了我，希望我写一本。我一方面觉得自己根基不够，难于应命；另一

方面又感到这是促进自己学习的一次好机会，舍不得放弃，遂答应考虑考虑，

这时我读到《人民文学》上发表的长篇小说《山乡巨变》，这是作家周立波的一部力作。它反映的是农村建立初级农业合作社的情况，所写的主要是一个村子里的事情，时间发展不过一个月，但描绘得相当深刻、生动、细腻。特别使我喜欢的，是它塑造了盛佑亭、陈先晋、刘雨生等一批鲜活的人物，还有那独特的艺术风格。它写的虽是农村的社会主义革命，却是通过对日常生活和人物心灵深处的微妙活动的细致刻画来展现的。整个作品笼罩着一股诗意浓郁、风趣盎然的气氛。对这部作品，似乎有点话可说。我遂向出版社表示，试试这部作品看。接着就是苦斗。首先是阅读了一些东西，其次是反复思索。时当夏天，气候十分炎热。其时不但没有空调，连电风扇也没有，只能用芭蕉扇驱热。我每晚在一间斗室里挑灯夜战，常常是忙到东方之既白。好在当时年轻，25岁，身体熬得起。经过二十多个夜晚的奋斗，终于写出一个粗糙的东西。编辑提了一些意见，再进行一些修改，小册子以"《山乡巨变》变得好"为名，当年出版了。

1961年，周立波又在《人民文学》上发表了《山乡巨变》的续篇，表现的是农业高级合作化后的生活，成功地将"正篇"中出现的故事和人物推向前进。出版社要我也进行续评。又是热天，又是花了二十几个夜晚，完成了我的续评。续评除了论述"续篇"中展现的新情况新问题外，重点讲了我上次没好好讲的艺术风格，专设了"阴柔之美"一节。出版社将它和初评合在一起，仍以原名于1961年出版，只是在扉页上注明"谈《山乡巨变》及其续篇"。周立波看到后，大概还认可吧，他于1962年在人民文学出版社出版这本书单行本的时候，写了一封信给我，希望将我的书评作为附录，收在他的书后。我当然同意，这是对我这个"小人物"的极大鼓舞，鼓舞我从此进一步去打开文学之门。

这就是我第一本书的情况。今天看来，这本书是十分粗糙幼稚的，但我不悔这幼稚的第一步，有了这幼稚的第一步，才有我以后的第二步第三步。当然，这本书也使我受到灾难。正是这本书，在"文革"中我被戴上"修正主义文艺黑线吹鼓手"的帽子。

1958年后，我先后任政法文教组（部）副组长、组长。晚报姓"晚"，特别强调要与其他报纸"求同存异"。求同，是求政治思想之同，求人民性之同；存异，则是要发扬自己的特色。社长赵超构说，晚报不同于日报，地方报纸不同于中央报纸。《新民晚报》是一张晚报，是上海市委领导下的报纸，这与其他兄弟报纸性质相同；但作为晚报，它的任务、做法、形式、内容应与别的报纸有所不同。要标晚报之新，立晚报之异，要有强烈的时间性、浓郁的文化娱乐性和广泛的社会性，并提出了

"广、短、软"的口号。 毛泽东知道后，虽然对于"软"的提法，要赵超构"再考虑一下"，应该"把'软'和'硬'两个东西统一起来，也就是说，'软'中有'硬'"，但总的说来，这些意见是吻合晚报规律的。《新民晚报》因此具有不可替代性，受到读者欢迎。 从解放初期的几千份发行量节节上升，到60年代初达到30多万份，发行量居全国报纸前列。 在我所负责的政法文教报道范围，特别要求对社会新闻有所开拓。 所谓社会新闻，主要是涉及人民日常生活的社会事件、社会问题和社会风貌，多来自民间，来自基层，不具有某方面的专业属性，却涉及人们的共同情趣。这类社会新闻在解放前的报纸上是有的，但对新中国的报纸要不要社会新闻，当时是有争议的。《新民晚报》从它的"广泛社会性"特点出发，为了"飞入寻常百姓家"，坚持这方面的探索开拓。 政法文教组在这方面发了大量稿件，受到读者欢迎。 1961年，我在《新闻业务》上发表一篇题为《漫谈社会新闻》的文章，介绍拓展社会新闻的经验体会。 1964年秋，我正在松江泗泾参加"四清"运动，为起草一份移风易俗的宣传总结，因为我对这方面最为熟悉，报社又特将我提前调回。 1963年秋，我被评为上海市文教先进工作者，我所负责的政法文教组荣获上海市文教先进集体的称号。

1956年年初我进《新民晚报》时，按国家统一安排，已由供给制改为低薪制，行政21级，每月薪金65元。 进晚报后。 因表现突出，所定的新闻级较高，合行政18级，连跳3级，随后一年又提一级，为17级，月薪104元，进入三位数，这在当时算较高的工资了。 三年自然灾害期间，月薪100元以上的党员干部要减工资1%，这一直保持到改革开放后。 1956年后我又有稿费收入，当时一篇杂文稿费5至10元，远远高于现在的标准。 从1956年年底到1966年年初，与物价比，是我一生收入最高的时期。

"文化大革命"的序幕，是1965年11月《文汇报》发表姚文元的《评新编历史剧〈海瑞罢官〉》揭开的，1966年5月公布的"五一六通知"，则是全面发动的标志。被称为"庙小妖风大，池浅王八多"的《新民晚报》，在"横扫一切牛鬼蛇神"的号召下，社长赵超构、副社长程大千及编委冯英子、唐大郎等一批老报人，很快被戴上"反动学术权威"的帽子，总编辑、党组书记束纫秋则作为党内走资派被揪出，先后关进牛棚。 开始一段时间，我虽被称为"保皇派"，但还在工作。 除继续采访报道外，有时还帮助看报纸大样，加强把关以免出错。 当时有两类词语像集束手榴弹似的在版面上大量出现，一类是毛主席、毛泽东思想、毛主席无产阶级革命路线；一类是走资派、牛鬼蛇神、资产阶级反革命路线。 这两类性质截然相反的词语，如用作标题在一张报纸的两面相遇，如一面是"高举毛泽东思想伟大红旗"，另一面恰好印的是"彻底粉碎资产阶级反革命路线",那就成了严重政治事故。 因此,编辑排版特别小心,将正反两面的大样反复对照。 实际上,正常看报,是不会看到报纸另一面的字的。 但是,当时有"革命警惕性"特高的人,拎着报纸对着亮光看,举报过这样的"反革命事件"。 为防止出现这样的事故,当时我们看大样,也是拎着报纸大样对着亮光看,这可作为新闻界前所未有的奇景。

　　1966 年 8 月 18 日毛泽东第一次接见红卫兵后,大批红卫兵冲向社会,冲向文化教育机关和党政机关,社会混乱进一步加剧,晚报也有多个红卫兵组织进驻,揭批我的大字报猛增。 有说我写的一篇"空孕"文章,与邓拓的"一个鸡蛋的家当"异曲同工,都是否定"大跃进"的;有说我的一组爱老济贫的社会报道,是抹杀阶级界线和阶级斗争,宣扬资产阶级人性论。 有揭发我在三年自然灾害时,讲述家乡饿死人,攻击党和社会主义。 大字报上也先后给我戴上"刘少奇新闻黑线黑干将""修正主义文艺路线吹鼓手"和《新民晚报》党内第四号走资派"的帽子,一时使我有着"黑云压城城欲摧"的感觉。 一天早上,我照例早早地到了报社,突然看到办公室的门上贴着一张造反派的勒令:"江曾培,从今天起滚出办公室!"我知道,这意味着我已成了被审查的对象,但还未正式列入牛鬼蛇神名单,处于半靠边状态,按当时晚报的通行叫法,是"羊",而当时出版系统对此的叫法,则是"马"。 当时晚报只有"牛棚",并未设"羊棚",办公室不能进,我到哪里安身呢? 回家、外出是不允许的,报社的一些公共房间也都为外来的红卫兵所占,我遂到工厂参加排字,将排字房作为栖身之所。 然而排字房每天上午要学习读报一个半小时,像我这样不是革命群众的"羊"必须回避离开,又搞得我一时走投无路。 在走廊里无所事事地来回踯躅,会引起造反派的训斥。 天无绝人之路,最后我找到一个避难所:厕所。 由于厕所内的坑位是一间间隔开的,我坐上一间里的马桶,就把小门一关,苦等学习时间的过去。可谓是"躲进厕所成一统",可我却不能"管他冬夏与春秋",面对滚滚乱世,我极度迷惘,不知怎样自处。 坐马桶的时间长了,待起身时,两腿往往麻得站立不起来。

　　虽然是"羊",但"牛羊"同类,都是受审查对象,都是失去公民权利的人,都是贱民,毫无人的尊严可言。 只要手臂上套一个红袖章的人都可以训斥你,支使你,要你为他抄大字报,为他捣浆糊,为他磨墨汁。 你只能唯唯诺诺,低头哈腰,否则,就说你"翘尾巴,想翻天",就要批斗你。 1966 年冬,《新民晚报》的多个造反组织,经过"群雄纷争",形成两大派:一个简称"井冈山",一个简称"指挥部",双方对立得很严重。 我要按时向他们分别送交检查交代和思想汇报,我现在还留有当时交代的草稿两份:一是关于我贯彻反革命修正主义新闻路线的检查;一是关于我写的杂文目录的交代及自我批判。 此外,还不时被传唤,要我说出对方组织成员的政治历史问题，作为他们互相攻击的炮弹。这使我十分苦恼而无奈。一是我虽为报社中层干部，是党支委，但很少参与人事管理，也没有看过职工档案，无法说出他们需要的东西；二是我即使知道一些，也绝不会乱抛材料。因而每次谈话，都是不欢而散。有一次，一个年轻的工人造反队员斥责我不老实，狠狠地刮了我一个耳光，打得我头昏眼花，半边脸出现一条深深的血痕。原来他的白纱手套内藏着一根排字的铅条。此人本来表现不错，在无法无天的混乱浊世中很快被熏染得丧失了人性。

当时，晚报有职工食堂，中午用餐要让造反派先吃，我们这些"牛羊"要待革命群众吃过以后方能进入食堂，首先要面对墙上的毛主席像低头屈腰请罪，口中还要念着"凡是反动的东西，你不打，他就不倒"一类的语录，然后方能买到一点残渣剩饭。吃饭时，还会受到外来的红卫兵点点戳戳，说这个是某某某黑帮，那个是某某某牛鬼，就像动物园的猴子任人围观。这种"嗟来之食"倒不是"吃下去肚子要痛"，而是精神上有着剧痛，吃中饭成了我每天十分难过的坎。有时，我宁可饿肚子也不到食堂吃饭。然而"人是铁，饭是钢"，一两天不吃可以，长期不吃不行，大多数时间还是要低着头到食堂去接受侮辱。《新民晚报》社址在圆明园路，属上海外滩源地区，紧靠黄浦江，我曾在江边徘徊，感叹失去尊严的"牛羊"处境，又不知"春花秋月何时了"，内心极度痛苦而迷惘，几次闪过纵身入江、一了百了的念头，但一双年幼无助的儿女形象随即强烈闪现在脑海里，终于克制了走绝路的冲动。

在一批"牛羊"被揪出来以后，《新民晚报》这一历史悠久富有民主传统的报纸，也被称为"封资修黑报"而砸烂。先是于1966年8月，报社大门口的《新民晚报》招牌，被造反派当众摘下焚毁，将报名改为《上海晚报》，字体也不再用原来的孙中山手迹，改为长仿宋。后在1967年"一月革命风暴"中，被勒令停刊。张春桥、姚文元下令：上海要办两报一刊，即文汇、解放两报和《支部生活》一刊。《上海晚报》停刊，房屋设备由新成立的"上海人民公社"接管。印刷厂交新成立的《工人造反报》使用。这样，创建于1929年历史悠久的《新民晚报》就在"文革"中被"革"掉了，直到改革开放后才得以起死回生。

不过，报虽没，人还在。《新民晚报》原有的职工与揪出来的"牛羊"，一道被迁移到上海教育学院，在工军宣队领导下，进行"斗批改"。其时，大多数文教单位，留有小部分人员从事业务工作，称"小班子"，大部分人员专门参加运动。称"大班子"。晚报已停刊，无业务可言，大家"一锅端"地进了"大班子"，整天就是开会学习，批斗靠边人员。对于我这只油水不大的"羊"，虽然已经榨不出什么东西，管制相对放松，但我被审查的身份没变，还是不能像革命群众一样参加运动。我除了从事卫生劳动外，就是按规定背诵《南京政府向何处去？》《敦促杜聿明投降书》一类文章。要我们这些靠边人员读这类文章，本意是要我们触及灵魂，早点"投降"，选对"道路"，可是反复不断地读，在我早就成了和尚念经，有口无心了。此时解放干部的工作已经展开，只是时冷时热，反复不定。我整天"盼天亮"，"想解放"，由"羊"变人，回到革命群众队伍中去。工军宣队团部出了一张小报，指导下属单位"斗批改"，每期刊发一篇时评论述运动走向，按当时习惯，文章前面都要摘引一句毛主席语录，显示文章的主旨所在，我是每期必看，从中推测运动的风向。当看到引用的是"政策和策略是党的生命"一类语录，我的心情会放晴，宽松兴奋，而当看到"阶级斗争，一抓就灵"一类的语录，我的心情会转暗，忧郁紧张。就在这种忽紧忽松、忽暗忽明、忐忑不安的状态下，终于在 1969 年 3 月获得解放。

宣布解放的会议，由上海新闻出版系统工军宣队团部主持，在陕西北路的《辞海》编辑所内进行。大概是为了迎接"九大"的召开，这次解放的干部较多，有新民晚报总编辑束纫秋，解放日报总编辑王维，新华社上海分社社长杨瑛，以及上海出版局局长马飞海等，我是其中级别最低、资格最浅、年纪最轻的一个干部。4 月的一天，为庆祝党的第九次代表大会的举行，上海市革委会在人民广场召开全市庆祝大会，我和一些刚刚获得解放的干部，被通知前去参加。这样全市的大会，靠边人员过去是没资格出席的，就是单位里的一些群众会议，也常常不让参加。记得有一次，广播通知全体人员开会，我也跟着去了，谁知这次会议是传达一个什么文件，开会前会议主持者厉声喝道："不是革命群众不能参加，靠边对象快出去！"我灰溜溜地低着头离开。这种"贱民"处境，常成为一种锥心的痛。如今却能以革命群众身份去参加全市庆祝"九大"召开的大会，心中涌动着长久所没有的欢欣。那天，我跟着队伍早早来到人民广场。感到天似乎特别蓝，风似乎特别柔，不想会议开到一半，天空突然阴暗下来，一会竟飘起毛毛细雨，参加大会的人群开始有人退场。随着雨点越来越大，退场的人越来越多，待到大会结束时，留在场上的人大约只剩下一半。不过我们这些刚刚获得解放的人员，一个个都老老实实、认认真真地在广场上坚守到最后。坚守并非是没有感到淋雨之苦，而是陶醉于自己不再是"贱民"另类，在庆祝广场上多站一会，能多证明自己已经重新回到革命队伍，是拥有公民权利的人，不再是"牛羊"了。后来想，自己本来就是人民群众一分子，理应拥有公民的一切权利，在非正常的暴力下被打成"羊"，成了靠边者，被剥夺了公民一切应有的权利，这是对人性正义法制的严重侵犯和破坏，当这种侵犯破坏停止时，让你去重新做人，自己对近三年被侮辱被损害的种种，没有表现出任何不平之意，反而对获得解放有着一种感恩戴德之情。这种自慰自贱、自欺欺人的心态，是不是在政治高压下出现的一种特有的阿Q精神？有人说，在极端暴政之下只有顺民，没有公民，信哉此言。

　　未几，到了 1969 年 8 月 18 日，我即被作为"五七"干校"尖刀连战士"，在工军宣队带领下，前往靠近杭州湾的奉贤海边，为刚宣布成立的上海新闻出版"五七"干校建造校舍。 当时，我爱人不时要参加单位的封闭式学习班，晚上不能回家，两个小孩，一个读初中，一个刚进小学，只能以"穷人的孩子早当家"自勉，让他们去学习独立生活了。 其时酷暑，荒漠的海边无遮无拦，冒着毒辣的太阳，在一望无垠的盐碱地上砍除野生的田菁，辟出一块块平地，用粗竹作梁作柱，用细竹作檩作墙，上面铺以油毛毡，就成了迎接大批学员前来入住的校舍。 海边没有淡水，饮水要拉着装水车到五六里外的海堤内去取。 遇到刮风下雨，道路泥泞不堪，拉一车水回来人都变成"泥猴"。 是年冬，干校校舍基本建成，同时也造了一座简陋的自来水塔。上海新闻出版系统大量干部陆续到这里"走五七道路"，一边劳动，一边斗批改，整天忙于斗天、斗地、斗人。 1971 年 9 月"林彪事件"发生后，干校初期进来的学员陆续上调回原单位，我虽然是干校"元老"，已在干校度过三个春秋，但由于《新民晚报》已被"砸烂"停办，成了无栖可枝之人。 1972 年秋，为了落实政策，将我调到上海出版系统。

4. "文革"中的上海文艺出版

　　当时，上海原有的十几家出版社的建制，如上海人民、上海文艺、上海教育、上海人美、上海科技等，都在"文革"中被撤销，全上海的出版社共同组成一家出版社，以上海人民出版社作共名，简称"大社"。 由于上海市出版局也在运动中被"砸烂"，新牌的上海人民出版社也代行出版局的职责，彻底的"政事不分"。 我被分配到文艺编辑室，文艺编辑室的党支部书记由进驻的工宣队长担任，原少儿出版社编辑室主任、作家任大霖为编辑业务负责人。 我开始做小说编辑，半年后补进支委会，协助任大霖抓出书工作。 由于出书工作基本上已停顿了几年，市面上除了"红宝书"和一些学习资料外，其他图书很少。 长期的书荒，引来群众的不满。 1971 年夏，国务院出版口在北京召开全国出版工作座谈会，讨论今后两三年的图书选题计划。 周恩来总理两次接见会议代表，批判极"左"思潮，指示不要把"十七年"的书统统报废、封存、下架，并指示把《辞海》（未定稿）列入国家出版计划。 随后，上海将《红楼梦》《三国演义》《水浒》《西游记》四部古典小说开封上市。 1972 年 6 月 19 日，在上海最大的新华书店南京东路书店首发，尽管事先保密，消息还是漏了出去，清晨 5 点钟就有人开始排队，人越聚越多，相互推挤，现场出现混乱。 鉴于"粥少僧多"，为了让多一点人能买到，书店宣布每人限购其中的一部。 可就是这样，还是有人因争购而打了起来。 为了维护安全，书店不得不将铁门关闭，以免事态扩大。 读者在买书过程中，还不断问起有什么新书，营业员的回答都是"没有，没有"。 面对这一情况，当天在书店劳动的编辑雷群明说，"这对一个出版工作者真是一个极大的痛苦"。 基于周总理的指示与读者的渴望，上海人民出版社加强了出版业务。 1972 年 7 月，设立了辞书编辑室，开始了对《辞海》（未定稿）的全面修订工作，正是有了这一起步，才能有 1979 年《辞海》的正式出版。 同时为了抓好新创作的小说，加强了文艺编辑力量，我就是在这一背景下调进文艺编辑室的。

　　在我进入文艺编辑室前后，创办于 20 世纪 60 年代初、深受读者欢迎的两个群众文艺刊物《故事会》和《小舞台》已经恢复出版，只是为了与"十七年"划清界线，刊名都加上了"革命"二字，成了《革命故事会》与《革命小舞台》。 短篇小说和诗歌也出了一些小册子。 当时要求文艺编辑室集中力量抓长篇小说。 因为，长篇小说是"文学重武器"，最具影响力。"十七年"中出版的文艺图书不少，首先被提及的则往往是《红岩》《红旗谱》《红日》《创业史》《林海雪原》《山乡巨变》这些长篇小说。我到文艺编辑室前几个月，即当年2月，文艺编辑室按照"文革"要求抓出了一部名叫《虹南作战史》的长篇小说，此为"文革"中上海出版的第一部长篇小说。 该小说反映的是农业合作化中的两条路线斗争，其生活原型取自上海县七一公社号上大队。号上大队原系新泾区虹南乡，为强调路线斗争的激烈性与不可调和性，故称"虹南作战史"。 小说是"学习了样板戏的宝贵经验"，由干部、业余作者和专业人员"三结合"小组创作的。 按照张春桥、姚文元在创作过程中的"指示"，要把作品写成反映农业合作化中两条路线斗争文学教科书的要求，以贫下中农与各种力量的斗争为纵线，以党内路线斗争为横线，作品就是图解这一意图。 小说出版后，被列为重点图书向全国推荐。 11月，在上海市委写作组直接部署下，《文汇报》辟出专栏组织讨论，历时3个半月，以扩大小说的影响。 至1974年年底，小说印行190万册，其中100万册为外地6省租型印刷。 根据小说绘编的连环画《虹南作战史》，也印行了100万册。 这么大的发行量，自然是由于利用行政力量进行了推销，但也反映了当时作品稀少，读者饥不择食。

当时文艺编辑室就是按照《虹南作战史》的经验组织小说创作，主要是三条：一、内容要表现两个阶级、两条路线的斗争，特别是要突出路线斗争；二、人物形象塑造要"三突出"，即所有人物中突出正面人物，在正面人物中突出英雄人物，在英雄人物中突出主要英雄人物；三、提倡集体创作，组织形式要发展"三结合"。 我报到时，室内已分别在工业、农场、航运、卫生等系统，组建了好几个长篇小说创作组，室领导要我去联系国棉一厂创作组。 之所以把国棉一厂选为创作点，是因为1957年反"右"派运动开始时，毛主席到这个厂看过大字报。 以这个厂为原型，可以较好地体现毛主席革命路线与刘少奇反革命路线的斗争。 可是这个组的两位本厂的业余作者和一位外来的作者，虽然经过多时的访问调查，所得的生活素材，难于构成一个反映路线斗争的长篇，一个完整的写作提纲也拿不出来。 我开始还是和他们认真研究，鼓励他们坚持就是胜利，但三位作者都缺乏天马行空的能力，或者说都不习惯于胡编乱造，我感到"强扭的瓜不甜"，在征得编辑室和厂方同意后，让这个"三结合"创作组写了几篇短篇小说交差完事。

这期间来稿不断增加，有短篇，也有长篇。 这与大量知识青年下放农村有关。他们在农村滚了几年后，有些人要把自己的所见所闻所思所感化为文字，抒发胸怀，排泄苦闷，并希冀依此找到一条新的出路。 当时的来稿是分给编辑看的，我读到一部描写20世纪50年代农村小学教育状况的长篇小说，寄自安徽歙县，作品生活气息浓郁，地方特色突出，语言生动别致，只是结构不大完整，人物形象不够鲜明，有点散文化。 我特意跑到歙县，得知作者是西南溪的一位小学教师，已任教多年，我请他在结构和人物上再作些努力。 一个月后，作者将改稿寄来，改动不大，更由于当时强调"十七年"的教育是修正主义路线统治，作品对此缺乏批判，甚至有所美化，也没有突出的英雄人物，按当时的政治要求最后未能出版。

我参与编辑出版的第一部长篇小说是克非的《春潮急》。 这部书稿作者在"文革"前已基本写好，并约定交给上海文艺出版社，后因"文革"开始而搁浅。 到了1972年，出版业务逐步恢复，遂与克非重新联系上，书稿责任编辑是邹嘉骊、李济生。 上海文艺出版社成立于1952年，起初叫新文艺出版社，是由郭沫若、巴金等文坛前辈分别主持的平明、新群、文化生活等多家私营出版社合并组建而成，第一任社长为刘雪苇，总编辑为王元化，文化名人和名人后代不少。 邹嘉骊是邹韬奋的女儿，李济生是巴金的弟弟，两人都是资深文艺编辑，克非很高兴由他们做责编。 为了编好这部有上下两册的作品，我与邹、李一道到四川绵阳与作者商谈作品的修改加工问题。 随后，又请克非到上海来定稿。 克非原名刘绍祥，长期在农村工作，生活底子深厚，熟谙世故人情，学识丰富，善摆"龙门阵"，你和他在一起，根本不用开口，只听他滔滔不绝，天文地理，民俗民风，无所不谈，无所不及。《春潮急》泥土气息浓郁，以诙谐幽默的语言生动地勾勒了川西北农村在建国初期的变革图。 小说于1974年4月出版后，深受读者欢迎。 这部作品虽然写成于"文革"前，但成书于"文革"中，不可避免地也打上了"文革"的印记，但与那些政治图解的小说不同，保持了自己的文学创作个性，它后来被文学史家称为"是十年浩劫中多少可以填补这段空白的难得之作"。 它与《海岛女民兵》《闪闪的红星》等几部作品一起，"在十七年文学和新时期文学之间形成了一个独特的历史性桥梁"。 后来克非又写了《山河颂》《满目青山》等长篇小说，并且在红学研究方面取得了独创性成果。 1979年3月与2005年1月，我先后接到他的赠书《红楼雾障》与《红学末路》。 2001年1月，在中国作家协会第六次全国代表大会期间，我与他同住京西宾馆，曾作了一次长谈。他时任四川省作协副主席，编制在城里，却把家安放在绵阳的一个叫青义镇的乡下，他说，他喜欢"采菊东篱下"的田园生活，他喜欢与农民"同呼吸，共命运"。

《春潮急》的出版，使我们感到在发展"三结合"创作的同时，也要重视个人创作的作品。 文学创作，特别是长篇小说创作，个人精神劳动的特点很突出，是很难由多人"结合"得好的。 只要作者没有什么政治问题，作品不直接违背当时的政治要求，即使是老作家的作品，也应当抓。 随后，出版了孙景瑞的《难忘的战斗》（1959年出版的《粮食采购队》的修改本），杨大群的《族之鹰》，周良田的《飞雪迎春》，李良杰的《较量》等作品。 与此同时，在北京的人民文学出版社也出版了浩然的《金光大道》《艳阳天》，黎汝清的《万山红遍》等长篇小说，虽然书还是不多，但图书市场长篇新作的空白状态在 1972 年后有了一些改变。

然而，当时上面的要求，还是要重点抓"三结合"创作，要"走上海机床厂从工人中培养技术人员的道路"，从工农兵中培养作者。 鉴于上山下乡的知青写稿热情较高，其中一些人颇富文学才华，是一个潜在的文学作者库，室内决定在这方面多用力，但要这些作者一下子写出长篇，是不现实的，"万丈高楼平地起"，先组织他们写短篇。 于是，成立了两个短篇小说的"三结合"创作组，一个是上海国营农场组，一个是上海国营工厂组，在农场和工厂的支持下，分别选了一些知青参加，由编辑郭卓等负责联系指导。 各人的稿件，经过多次讨论修改，最后结集为两本短篇小说集：写农场的叫《农场的春天》，写工厂的叫《小将》。 书的内容自然是按着当时的政治要求，讴歌"文化大革命"，讴歌知识青年上山下乡，不足道哉，但这次的写作，却成为促进一批热爱文学的知青起步进入文学殿堂的重要平台。 书中的多位作者，如王小鹰、王周生、孙颙、肖关鸿、杨代藩等，后来都成为新时期文学的中坚力量。

在组织短篇创作的同时，对露出的具有创作长篇能力的新人，更是如获至宝似的抓住不放。 1973 年年底，编辑谢泉铭从来稿中看到在贵州插队的上海知青叶辛的一部长篇，认为基础不错，即请作者春节来沪商讨如何修改加工。 见面后，谢泉铭详细谈了修改意见，意见之全面而具体，按叶辛回忆，"连一些细节、一些对话的语气，都谈到了"。 叶辛先在家里改，后来为了能与老谢及时交换意见，遂与合作者鲍正衷（因腿疾留在上海的知青）一起住进出版社作者宿舍。 为了帮助他俩扩大眼界，增强文学营养，老谢特意为他俩办了借书卡，让他俩从资料室借阅当时在社会上根本看不到的中外名著。 改稿的时间，远远超过叶辛原来的请假时间，我们又以出版社的名义，替他向插队的公社续假。 粮票不够，老谢与编辑室同志纷纷用节省下来的一点粮票予以支援。 经过长时间的反复修改，叶辛和鲍正衷合作的第一部长篇小说《岩鹰》终于问世，成了新时期出现的知青长篇创作热的先声。

在北大荒农场的杭州知青张抗抗，在创作上同样受到谢泉铭的倾心扶持。1974 年年初，张抗抗的长篇小说《分界线》提纲，由任大霖转交谢泉铭后，老谢先就如何写提出了建议，继而去杭州看张抗抗的初稿，然后又请她到上海修改。 修改期间，老谢和另一位编辑陈向明（原少儿出版社社长），与张抗抗轮流作业，抗抗改完一章，他俩就看一章，编一章。 每天晚上，几乎都工作到 9 点左右。 尽管由于时代的局限，这部小说以路线斗争为"分界线"，不可避免地打上那个时代的烙印，但这个第一部长篇，却是作者走上文学之路的重要一步。 张抗抗后来说："我是在写完长篇之后，才明白什么叫作长篇小说，没有老谢和老陈这么高水平而尽心尽责的编辑，我一个初学写作者，怎么能够在那么短时间内完成艰难的修改，而那本书的版权页上，当时却连责任编辑的名字也不许印上的。"

在那"万花纷谢一时稀"的"文革"时期，谢泉铭以他的热情与才华，充分发挥了编辑所能发挥的能量，发现培养了不少文学人才，除叶辛、张抗抗外，王安忆、赵丽宏、王小鹰、沈善增、彭瑞高、王周生、杨代藩、田永昌、季振邦、刘绪源、张重光、陆萍、姚忠礼、鲍正衷、宗廷沼，以及徐刚、汪雷、龙彼德，等等，他们最初的文学之步，都是在老谢的扶持下迈出的，他们最初的习作，都得到过老谢的具体指导。老谢宵衣旰食，为他们指点迷津，修改作品。许多人的稿件上，都留有老谢秀丽工整的笔迹。长时期来，老谢每天上班以后，都是连续作业，除了午餐，中午休息时也是在伏案工作。1995 年 2 月 10 日，这些已经成为文学名流的当年文学青年，特意在上海举行"谢谢老谢"的文学聚会，向老谢表示衷心的感激，祝老谢健康长寿，永葆文学编辑的青春。谁知 5 年以后，2000 年 3 月 31 日下午，老谢突然病逝于一个文学出版座谈会上，为文学出版事业真可谓"鞠躬尽瘁，死而后已"。2010 年 3 月16 日，清明时节，我与上海一批作家到青浦福寿园，举行老谢去世十周年祭奠活动。在老谢墓前，叶辛、王安忆、王小鹰等十多人以深深怀念之情，献花、燃香、默哀、鞠躬，陆萍、姚忠礼、鲍正衷还伏地叩拜。王小鹰说，她本没有当作家的愿望，是老谢的鼓励与帮助，使她在黄山茶林场写了第一篇小说，从此走上创作的道路。叶辛说，"永远记得最初叩响文学之门的那些日子"。田永昌是在当兵时开始写诗的，是老谢深入到部队给予了支持，才使他顺利地向前走了下去。他说："没有谢泉铭老师，就没有我的今天。"王安忆的第一篇习作，得到过老谢的肯定和指导，她说："师恩如山。"赵丽宏说："老谢在我们心里点燃了不熄的灯。"彭瑞高说："也许我们不能说，如果没有老谢，我们至今还将在黑暗中摸索。但是，我们可以肯定，在把我们带出文学隧洞的人中，老谢手里的火把是最亮的；也许我们不能说，如果没有老谢，文坛会整整缺少一个师团。但是人们可以肯定，一个文学编辑旗下聚起那么多青年，老谢这一生本身就是奇迹。"

这些感恩的话，使我感动。我自 20 世纪 50 年代中期开始和老谢同事，先是在《新民晚报》，后是在上海文艺出版社。我说，四十多年的相处，我觉得，老谢是位出色的"为他人作嫁衣"的编辑家。他自己不是不能创作，而是把全部精力和心血，都用在为作者"作嫁衣"了。他完全没有那种"苦恨年年压金线"的艾怨情绪，而是以看到别人能穿上新"嫁衣"为乐，为荣。他无私地把自己的聪明才智融注到作者的心血之中，促使一个个"丑小鸭"蜕变为"白天鹅"。当今文学天空中的一些"白天鹅"的璀璨，内中也闪耀着老谢这位编辑家的光彩，老谢是在"丛中笑"呵。

1974年年初，在"批林批孔"运动中，上海人民出版社为了让知识分子进一步接受再教育，组织了四个下基层小组，分别到工厂、农场深入生活。我参加的小组到上海"小三线"所在地皖南，小组计6人，由美术编辑室负责人、画家钱大昕任组长，我任副组长，另有3位编辑，他们是杨根相、李万年、郁椿德，还有一名工宣队员督战。上海"小三线"，又称上海后方基地，是为了贯彻"备战、备荒、为人民"的方针，于上世纪60年代建立的，计有50多家工厂，主要生产军工产品，除浙江临安有一家工厂外，其余都在皖南地区。后方基地指挥部设在屯溪，我们由基地工会管理，先后在一些工厂参加劳动与学习。为了防止外来敌人的轰炸破坏，这些厂都建造在深山里，而且分散在歙县、绩溪、休宁、黟县、贵池、东至、祁门等地，互相距离很远，周围居民也很少，职工每天碰见的都是厂里的百来个熟面孔，生活极度单调寂寞，"文革"开始后进来的上海知识青年，更有着强烈的文化娱乐要求。见到出版社编辑来了，希望我们能帮助他们学习写作，我们也想在培养工人作者上做点工作，基地指挥部也想能有作品反映"小三线"建设的新风貌，这样，三方一拍即合，决定组织一个短篇小说"三结合"创作组，工会负责从各厂选调业余作者，我们负责业务指导。不久，共推荐来20多名业余作者，他们大多热爱文学，也有写作经历，不过，写过的都是公文报道一类，没有人写过小说。怎么帮他们呢？采用了开学习班的办法。第一次学习班，是在绩溪雄路办的，由我讲了文学的基本知识，并按照当时的要求，强调写作要反映现实斗争特别是路线斗争，要歌颂毛主席无产阶级革命路线，歌颂"文化大革命"，要着重塑造正面英雄人物，要"三突出"。当时，这些业余作者并没有写成的初稿，就请他们各自讲生活故事和生活感受，互相交流切磋，从中确定写作的内容，然后由他们回厂去写。一个月后，在岩寺举行第二次学习班。岩寺在抗战期间曾为新四军军部所在地，大家带着初稿在这里相互阅读，相互提出修改意见，最后由我们确定修改方案。再过一个月，大家带着修改稿相聚于屯溪后方基地机关，在第三次学习班上定稿。这些业余作者不像叶辛、张抗抗他们，已经具有一定的文学修养和文字功力，最后的稿件虽然把故事编圆了，但文字上的破绽还不少，我还特意请编辑室内文字功底好的编辑朱建平到屯溪来帮助作文字的加工润色。最后，从20多篇稿件中选了13篇，编了一本集子，于1975年5月出版，书名原拟《映山红》，因为皖南山区春夏时节开遍绚丽多彩的映山红，以此比喻"小三线"的红红火火，后经斟酌，觉得不足以显示经过"文革"洗礼后的山区之新，遂改为《忻山红》。此书内容谈不上有什么大的价值，只是年轻作者从写作中得到一定的锻炼，促进了他们亲近文学和文化，徐梦梅、张一鸣、陶象卿、吴仲翔等知青后来在文化研究、创作或编辑方面，都取得不俗的成就。 其间还发生一个插曲：尽管我们向作者灌注的创作理念，都是"文革"时的"左"的一套，但基地工会打听到我们还讲了文学创作要注意写情，不能总是干巴巴的政治口号，在向市总工会的一份报告中，说我们这些知识分子"思想回潮"。 这一信息，是组内的工宣队员悄悄透露给我们的，吓得我们当时不知如何是好，生怕再次受到批判，只得立即向出版社党委书记贺汝仪汇报说明，贺当时叫我们不要过于当心。 后来听说，此事涉及到王洪文与张春桥、姚文元间的矛盾，工会方面想找一些发难的碴子，就像当年发生的《朝霞》"红卫兵战旗"事件一样，此事不知上层是怎样摆平的，后来再未提起。

1975 年秋，毛主席在一次谈话中提到：现在诗歌、小说、散文、评论缺少，要经过一年、二年、三年逐步繁荣起来。 党的文艺政策要调整一下。 要调动一切积极因素。 最高指示一下，各级领导都积极抓起文艺创作和文艺评论，而上海的文艺出书，当时都落到文艺编辑室头上。 此时，任大霖已调《朝霞》任支部书记，文艺编辑室的业务主要由我在管，深感压力，害怕做不好，会被指责为在"十七年"中肯为修正主义路线卖命，而在"文革"中对毛主席革命路线则缺乏热情。 因此，我积极地与编辑室同志一起，按照出版社党委的要求，制定了一个中长篇小说出版规划，得到肯定。《文汇报》为此要我写一篇"文艺创作也要大干快上"的文章，我在此文中表示，1976 年的长篇小说，要"突破几年徘徊不前的五部大关"。 同时，诗歌、散文、评论、故事、曲艺、音乐、舞蹈等图书的出版，也有新的跃进。 由于党的文艺政策作了调整，一些获得解放的老作家又拿起了笔，加上知青作者不断涌现，书稿逐渐多了起来，此后我们相继推出了《飞雪迎春》《征途》《剑河浪》等长篇以及《五七干校散文集》《他们来自好八连》等作品集。《他们来自好八连》是本报告文学集，10 多位主人公都是好八连复员退伍战士，他们回到地方后继续发扬艰苦奋斗精神，像一颗颗红色种子在当地生根发芽开花结果。 我为了写一位复员到海南岛的战士，在五指山下的农场里蹲了一个多星期，深感种胶工人的艰辛。

政治风云又起变幻。 1975 年 11 月开始的"批邓、反击右倾翻案风"，要求文艺积极配合，把矛头对准"靶心"，写"大走资派"，写"死不改悔走资派"，写"还在走的走资派"。 1976 年 3 月，北京召开创作座谈会，专门讨论如何写与走资派的斗争，参加会议的上海作者回来作了传达。 出版社党委要求文艺编辑室在这方面迅速作出反应。 4 月底，徐景贤在上海召开了文艺创作座谈会，大力鼓吹写与死不改悔走资派的斗争。 按照布置，电影《春苗》、小说《分界线》等编创人员，以及市属文艺单位负责人，先后作了发言。 媒体大力报道了这个座谈会，我的发言也被《解放日报》以"文艺创作的重要课题——谈表现无产阶级与走资派的斗争"为题加以发表，扩大了错误影响。 然而，尽管舆论造得很足，要求很急，短篇故事之类可以很快炮制一些，而那些按照这一要求炮制的长篇，还未来得及完成，"四人帮"就于 10 月 6 日覆灭了，自此，文艺出版进入了拨乱反正的新时期。

5. 两部"十大"古典戏剧集与《重放的鲜花》

　　1978年1月1日，中共上海市委决定，上海出版系统恢复原来建制，撤销大社，重建上海市出版局，下设人民、文艺、教育、古籍、科技、少儿等10个专业出版社，我任上海文艺出版社戏曲编辑室主任。戏曲编辑室的出书范围，包括戏剧、曲艺、电影、电视和群众文艺，涉及面较文学编辑室要广，我并不十分熟悉，好在室副主任顾伦，系"文革"前的戏曲室负责人，室内几位编辑江俊绪、孟涛、李国强、张治远、项纯丹，都是上海戏剧学院的科班出身，依靠大家的努力，业务开展较为顺利，及时地出版了当时一些优秀新作，如沙叶新的《陈毅市长》，宗福先的《于无声处》，以及赵丹的《地狱之门》等。赵丹一生都献给了电影艺术，是我国影坛巨星，但由于江青的迫害，他在五六十年代白白失去了十余年的艺术生命，粉碎"四人帮"后，他多么想把失去的时间夺回来，再为人民多演几部电影呵！他想在银幕上塑造周恩来同志的艺术形象，未能如愿，他想塑造李白、闻一多的艺术形象，也未能实现，他在心中酝酿了20年之久的鲁迅形象，也没有得到塑造的机会。希望一次次落空，他闲不住。他带着画笔到了柳州，经常彻夜不眠，作了大量的画。他到了北京，担任了话剧《鉴真东渡》的艺术顾问，常常工作到深夜或凌晨。随后，就在上海赶写《地狱之门》，意在总结电影创作经验，为他一心想建立的中华民族表演体系贡献力量。责任编辑孟涛积极促进了此书的出版。1980年年初，我去拜访赵丹，他当时寓居上海淮海中路新康花园，紧邻我的住处上方花园。他的夫人黄宗英与菡子、茹志鹃、哈华、卢芒、鲁山等作家的组织关系，在"文革"中由上海作协转到文艺编辑室，我们也就成了同事，互相比较熟悉。那天，我们对他取的书名有过一番斟酌，最后还是决定用"地狱之门"这四个字。他说，马克思说过，"在科学的入口处，正像在地狱的入口处一样，必须提出这样的要求：'这里必须根绝一切犹豫，这里任何怯懦都无济于事。'"他还表示，他还要写一本关于我国表演艺术体系的著作，可惜壮志未酬身先死，在《地狱之门》出版不久，他就病逝于北京。《地狱之门》中所显示那种绝不蹈故袭旧，敢于蔑视陈规陋习，大胆探索革新的精神，成了处于拨乱反正中的文艺界一把锋利的精神之剑，这本书当时在一些文艺单位几乎人手一册。

　　为适应读者的需求，戏曲室当时更多的是整理出版了大量过去的优秀之作。

20 世纪 70 年代末出版的蔡东藩的《中国历代通俗演义》，始于前汉，终于民国，计 11 种，此书是一种演义小说，兼有历史与小说的长处，为读者所喜爱，成为当时的热销书。 从 1979 年到 1985 年重印多次，每本印数都在 20 万册以上，高的达 50 万册。 全国有 10 家出版社或租型、或打招呼、或不打招呼，重印了这套书。 此书于解放前出版，错漏不少，责任编辑金名毕业于北京大学中文系，文史根基深厚，他与华东师大专家一起，花了很大气力，对原书中有关年号、地名、人名、官职名，以及明显的错字作了校勘，并请历史学家吴泽撰写了一篇"蔡东藩与《中国历代通俗演义》"的长文，置于《前汉演义》卷首，扼要介绍了蔡东藩的生平，精辟地分析了此书的成就与局限，有力地辅导了读者的阅读。 重版旧书，并非是简单地拿来重印，而是要用精准的眼光去选择，要花功夫去校勘整理，要有扼要的说明分析，重版重印的书也是打着编辑的烙印的，显出编辑的工作态度与治学水平。

与此同时，我们还编选了《中国话剧选》《外国戏剧选》《外国独幕剧选》，以及《滑稽戏选》等地方戏曲的优秀剧目选本，都受到欢迎。 这时，我们的目光由近现代伸向古代，想对中国古典戏剧也进行编选。 在讨论编选方案时，江俊绪提出是否不再按时间顺序精选，而按悲喜剧分类编选。 这在当时颇有一点"一石激起千重浪"的味道。 因为我国古代文学论著中没有出现过悲剧的概念，也没有系统探讨过悲剧和喜剧的不同艺术特征，悲喜剧是西方流传的理论，我国古典戏剧是按不同时期戏曲特点的艺术形态来划分，诸如"杂剧""南戏""传奇"等类别和称谓，因而在讨论中有些同志觉得对此要慎重。 而江俊绪、张治远等同志则认为，我国宋元以来的舞台演出与戏剧创作实践，表明悲喜剧是存在的，只是有着自己的特点，没有像欧洲那样总结出一套完整的悲喜剧理论，"前人未了事，留与后人补"，我们正可以通过这套书，开拓一种新思路，促进这方面的研究，对戏曲创作实践和理论的发展可能有积极的意义。 我是赞同"闯一闯"的，但我建议大家回去看一看有关悲喜剧的论述，联系中国古典戏剧的实际，好好思考一下再议。 一星期后的再次讨论，基本上都持赞同态度，但认为还要广泛听听专家学者的意见。 为此，除由室内同志分别拜访市内外一些专家外，我在上海主持召开了一次"中国古典悲喜剧研讨会"，参加者 20 余人，几乎囊括了当时在上海的最富名望的古典文学、古典戏剧以及美学专家。 对中国古典戏剧能否按悲喜剧进行分类，虽然也有否定意见，但大多人认为，中国古代戏剧是古代中国人民生活的反映，生活中本来存在着悲剧性和喜剧性现象，这就决定了中国古代戏剧必然有悲剧和喜剧存在。 近代以来，随着外国戏剧理论的引入，也有人试用西方悲喜剧的美学概念来论述中国古典戏剧，像王国维就曾说过，《窦娥冤》《赵氏孤儿》"即列之于世界大悲剧中，亦无愧色"。 自然，中国古典悲喜剧，有着自己的民族特征，借鉴西方戏剧理论也不能生搬硬套。随后，座谈会又对哪些剧目可以入选进行了讨论。由于我国戏剧史长，优秀作品多，大家觉得用习惯的"四大悲剧""四大喜剧"的数量，是框不住的，但也不能选得过多，比较理想的是悲喜剧各选十部，组成两个"十大"。我当场表示接受这一意见，至于具体选哪些剧目，由于"仁者见仁，智者见智"，众说纷纭，需要更多地听取意见再定。这次座谈会，坚定了我们编选《中国十大古典悲剧集》和《中国十大古典喜剧集》的决心和信心，同时也促进了学界对中国古典悲喜剧的研究。著名美学家蒋孔阳表示，这次学术讨论会给予他颇多启发。他后来在一篇文章中说到："中国和外国，都有悲剧和喜剧，它们有相同的地方，也有不相同的地方。过去，我们只知其然，而不知其所以然。经过这次讨论以后，我有意识地注意这个问题。因此，两年前，为《美学论丛》写悲剧性和喜剧性的时候，我还参考了上次讨论中的一些意见。"

选题确定后，重点工作是要落实编选班子，经比较研究，觉得请中山大学教授王季思担任主编为宜，这不仅因为王季思是卓越的戏曲史论家和文学史家，而且当时正在中山大学主办一个戏曲史师资培训班，学员是来自全国高校的戏曲教师，正可以调动这一力量加强编选工作。经过联系，王季思教授欣然接受主编任务。1980年年初，江俊绪、张治远特赴广州，向王季思介绍上海座谈会的情况和个别征求到的意见，提出编选要求。此后，出版社与主编主要就两个"十大"的选目，进行了反复斟酌推敲，最后才确定下来。主编王季思教授与两位副主编李悔吾、萧善同副教授（师资培训班的两位班长），兢兢业业地为编好这两个"十大"作了极大的努力。两书前面都有一篇前言，对中国古典悲、喜剧分别作出概括论述，使读者对其特征、风格和历史发展有个总体了解。各剧末尾均列后记，对该剧的题材来源、历史沿革、艺术特点、舞台演出及其对后世的影响有所介绍。版面直排，有眉批和绣像插图，装帧设计古色古香，形式内容高度和谐，令人喜爱。

悲剧集最后所收的十个剧目为：《窦娥冤》《汉宫秋》《赵氏孤儿》《琵琶记》《精忠旗》《娇红记》《清忠谱》《长生殿》《桃花扇》《雷峰塔》。喜剧集的十个剧目为：《救风尘》《墙头马上》《西厢记》《李逵负荆》《看钱奴》《幽闺记》《中山狼》《玉簪记》《绿牡丹》《风筝误》。两书于1982年先后出版受到读者欢迎，初版合计印了6万册，此后多次重印，累计达到40万册。戏剧图书的发行量一般不高，而这两套既是"戏剧"又是"古典"的冷门书，所以能形成购书热，就在于编选思想出新，编出了新意。而在学界的影响则更深远一点，如同人们公认莎士比亚有四大悲剧一样，许多人也逐渐公认这两个"十大"的选目，就是中国的十大古典悲剧和十大古典喜剧。1988年，捷克有位汉学家特意到上海找我，要我介绍两个"十大"的编选情况，作为她研究中国古典悲喜剧的重要材料。 而上海戏剧学院的年轻副教授谢柏梁受这两套书的影响，将他的科研课题定为世界古典悲剧史。 经过几年努力，完成了40万字的论稿，他以博大的视野，丰富的材料，对全球各国悲剧作了比较研究，既述其同，又论其异，其中谈到西方悲剧主角一般是帝王将相，而中国悲剧主角，则多为普通百姓。 这一课题为国家社会科学规划资助项目，我被邀请参加最后的评审。 评审专家称此书为第一部包括中国、印度、日本等东方国家在内的世界范围的悲剧史著作，而两个"十大"的问世有助推之功。 这期间，有关悲喜剧的研究峰起，报刊不断有文章出现，我们择其佳者，编选了一本《中国古典悲喜剧论集》，记录了这方面的研究成果。

两个"十大"编选的成功，说明编辑在学术上要有胆识，方能"不踩别人的脚印走路"，"不吃别人嚼过的馍"，编出富有新意的书、推陈出新的书、具有独特光彩的书，以开拓性成果为出版王国增添"新的版图"。

编辑的胆与识，还应当表现在政治上。 1979年年底，粉碎"四人帮"虽然已经三年多，但是"凡是"思潮还在，政治气候"乍暖还寒"。 资深文学编辑左泥于上世纪五六十年代在《收获》《上海文学》杂志工作过，对当时被批判为"右"派的作品有所了解，他根据十一届三中全会提出的"解放思想，实事求是"的方针，萌生了将过去批判错了的作品重新出版的念头。 由于我管过小说，相互关系也较好，他来征求我的意见，我说这样的作品很多，需要精选。 他说，先将1957年反"右"期间被打成"毒草"的作品选编出版，室内讨论后决定，选收的范围限于发表在中央和省市级刊物上，并被公开批判具有全国影响的作品。 我以为好。 选题得到社领导同意后，左泥即着手联系作者。 一些已经平反并从下放劳动地方调回原单位的作者，很快接上了头，而有的只摘帽不平反，仍就地工作。 还有的更不知下落，如向《人民文学》编辑部了解《改选》作者李国文，编辑部只告知"原属全国总工会系统，好像是铁路方面的"，然后经多方查询，才与李国文联系上。 向四川省文联了解《草木篇》作者流沙河，省文联转向流沙河的家乡金堂县了解，方知他只摘掉"右"派帽子，其时并未平反。 方之则因为受不了折磨病逝了。 不过，只要接到左泥电话或信件的作者都很振奋，要知道自从1957年被打成"右"派以后，他们中的大部分人都失去了用笔的权利，更不要说能将写的文章印成铅字公开发表了。 所以后来这些作家们都和左泥成了非常要好的朋友，像李国文、陆文夫等人在新时期创作的作品，很多都交给上海文艺出版社出版。

在选择入选哪些作品时，是颇经斟酌乃至犹豫的，特别是流沙河的《草木篇》，按体裁论，是散文诗，本属于可选可不选之列。 但这篇东西，在反"右"运动中，轰动全国，家喻户晓。 当时被它株连的人很多，发表它的诗刊《星星》编辑部的 4 名成员全都成了"右"派，刊物也被停了。 四川大学有个教授写了篇文章给它辩护，说"诗无达诂"，结果也成了"右"派。 主要是因为毛泽东 1957 年 2 月间一次谈话，点了《草木篇》的名。 这可是钦定的"毒草"，能碰吗？经过反反复复研究，认为《草木篇》并没有寄寓着什么"反骨"，而是歌颂高尚品德和不屈不挠的顽强精神，立意是健康积极的。 如果《重放的鲜花》不收《草木篇》，那就是认为它还是毒草，不能给予平反，那就说明我们还没有冲破"两个凡是"的束缚，这本书的拨乱反正意义就要大打折扣了。 权衡再三，最后还是把《草木篇》选进了。 当然，也有该选而没有选入的。 发表于《解放军文艺》上的李岸小说《戒指》，因为情节与"苏修"电影《第四十一》近似，由于当时还未能从"人性论""修正主义"的紧箍咒中完全解放出来，从选目中拉掉了。 后来此书再版时，才补选进去。

书名在编辑室内也讨论了很久，一开始打算叫《迟开的鲜花》，但是觉得不好，后来采用了文学室负责人吴真的意见，定为《重放的鲜花》。 封面设计大胆而有特色，一片黑色里面一支红色的花冲了出来，表现了"寒凝大地发春华"的意境。 一开始，左泥和美术编辑方昉讨论出这个方案时，有人提出不要用黑色，担心过分渲染突破禁区的效果会招来非议，建议改用红色，但左泥和方昉坚持未改。

《重放的鲜花》共选用了 17 位作家的代表性作品，其中有王蒙的《组织部来了个年轻人》，刘宾雁的《在桥梁工地上》，陆文夫的《小巷深处》，李国文的《改选》，邓友梅的《在悬崖上》，刘绍棠的《西苑草》，秦兆阳的《沉默》，流沙河的《草木篇》，宗亚的《红豆》，公刘的《太阳的家乡》，南丁的《科长》，方之的《杨妇道》，白危的《被围困的农庄主席》，阿章的《寒夜的别离》，方之的《入党》，丰村的《美丽》，以及李崖的《戒指》等计 21 篇，都是 1957 年反"右"期间被批判为"毒草"的作品，其中不少作者因此被扣上"右"派帽子，它的出版为这些作品和作者正名，成为出版界解放思想的一个重要象征。《重放的鲜花》这一书名，成了当时拨乱反正的代名词。 这本书的出版，不仅在当时文化极度饥渴的状况下，为人们提供了一本好的读物，更是在多年禁锢以后，表达了人们要求深入批判极"左"路线的渴望。 在 1979年年底举行的全国第三次文代会上，巴金发言两次提到《重放的鲜花》的出版。 文代会和文化部合编的《六十年（1919—1979）文艺大事记》，特别将它列入了条目。《重放的鲜花》既是当时拨乱反正与思想解放的产物，又推动了当时的思想解放与拨乱反正。 此后出版的几部当代中国文学史，都提到了《重放的鲜花》的出版。

2008 年 5 月，上海电视台为纪念改革开放三十周年，特意为《重放的鲜花》做了一个专题，由于左泥已于 2004 年逝世，编导许盈盈特意要我讲了情况，并问了一个问题：收了《草木篇》后，有没有什么不同声音？ 我说，当时四川确有人对这本书收了毛泽东点名过的《草木篇》而不满，表示要"状告"编辑出版者。 据说还有一位地位相当高的人士曾经责问："重放的鲜花"是不是都是鲜花？ 意思也是指《草木篇》不能算"鲜花"。 但是，拨乱反正的形势发展很快，《重放的鲜花》出版不久，《星星》刊物得到了复刊，他们在复刊词上专门刊登了党给他们落实政策的话，彻底给《草木篇》翻了案。 这样，"状告"和指责也只得偃旗息鼓了。 新时期开始，在我国文坛上，有两支特别显眼的劲旅，一是知青作家群，一是"五七"作家群。"五七"作家群的主力，就是收入《重放的鲜花》作品中的那些作家，他们在改革开放的新时期发出了璀璨的光芒。

上海文艺出版社于 20 世纪七八十年代之交，出版了《重放的鲜花》和两个"十大"等书，显示了它政治上的敏锐和学术上的识见，赢得了作者和读者的信任，在新时期迈开了新的步伐。

6. 创办《艺术世界》与《小说界》

　　1979 年 5 月，我负责创办了《艺术世界》杂志。在戏编室工作中，深感经过"文革"灾难，我国的艺术园地一片荒芜，不少人特别是年轻人在艺术上往往表现出无知与愚昧。当时，经拨乱反正之风的吹拂，封闭已久的维纳斯像重新在社会上流传。维纳斯是希腊神话中爱与美的女神，古代艺术家都以最匀称最优美的人体来表现她，以显示人性的伟大与可爱。像《米洛的维纳斯》，端庄恬然，充满生命活力。屠格涅夫赞美她在人性方面显得坦荡、自尊且有力量，如同法国大革命的《人权宣言》一样毋庸置疑。而《入睡的维纳斯》与大自然浑然一体，天地之灵和万物的生机，都化入了女神的超俗之美。面对这样的艺术杰作，长期受到禁锢的人，不见艺术美，看到的只是女性人体，因而斥之为黄色下流。与此同时，当时的地摊上真的也出现了一些黄色照片，有些人却又当作心爱之物买了回去。这里，把美当作丑，把丑当作美，就有点美丑不分。还有一次，我到剧场看话剧《雷雨》，当演到周朴园给被他糟蹋而遗弃的鲁妈一笔钱时，坐在我一旁的小青年说，"周朴园还是有良心的"。而当有骨气的鲁妈拒绝接受这笔钱，并当场撕碎了周朴园送过来的支票，小青年又称鲁妈是"寿头"。这是在艺术鉴赏中的善恶不分。此外，对作品中的英雄人物看法，一些人认同用"三突出"模式编造的"完美无缺"人物，而对基于生活真实塑造的内心丰富的形象，总觉得有点"那个"。这就有点真假不分。凡此种种，让我感到有必要在普及艺术知识、提高艺术鉴赏力方面做点工作，帮助读者在艺术鉴赏中分清真善美与假恶丑。

　　为此，多出一些艺术图书是必要的。但是，由于图书出版周期过长，难于根据社会需要迅速做出反应，同时，每本书的内容比较单一，也难于照顾艺术鉴赏中的方方面面，由此萌发了办一本艺术杂志的想法。杂志是一种连续性出版物，内容比较"杂"，一期中可以刊登多篇不同内容的文章，有着与图书不同的特点与优点。我国出版界有着办杂志的优良传统。商务印书馆和中华书局，在创办初期，就分别办了《小说月报》《学生杂志》和《大中华》《中华教育界》等有影响的刊物，与优秀图书一起，成为带动这两个老牌出版机构飞腾的两个翅膀。恰好，戏编室有两位编辑吴承惠、武璀，是我《新民晚报》的老同事，两人都是资深文艺记者，有较高的艺术素养，与艺术界有较广泛的联系，也都积极主张办一本艺术杂志，大家志同道合，一拍即合。当时期刊很少，报批手续比较简单，获准后即以吴、武两位同志为主，组织了一个筹办小班子，议方针，议内容，议版式，议栏目，议作者。总的说来，杂志借鉴了《新民晚报》的"广、短、软"的提法，首先，内容要求广泛，涉及各个艺术门类，举凡文学、戏剧、曲艺、电影、电视、音乐、舞蹈、绘画、书法、篆刻乃至雕塑、建筑、园林等，都在杂志的视野以内，而且以"通感"的观点，将它们联系起来，进行相互比较。就是说，这是一个艺术类综合性刊物，故而定名为"艺术世界"。其次，着眼于开阔艺术眼界，增强艺术素养，提高艺术鉴赏水平，陶冶艺术情操，主要栏目设"艺海漫游""艺术欣赏""艺术家一瞥""艺术比较谈""美与艺术""作家谈艺""艺坛拾趣""艺术风情"等。第三，文章要求短小精悍。杂志3个印张，48页，用小5号字，每页可排2 000多字，总共10万字，除去标题和插图的地位，大约可容纳8万字，为保持内容的丰富多彩，每期杂志要有10个左右的栏目，30多篇的文章，因而大多数文章的篇幅都限在一个页面2 000字以内，少数被称为"地主"的文章，一般也只占3个页面。文章要求生动活泼，有益有趣，拒绝学究式和教科书式的文字。第四，版面要求图文并茂，除文中的附图外，每期有8个彩色版，刊登古今中外各种艺术精品的图像。为了让读者欣赏理解维纳斯，记得有一期用彩色版专门辟了"维纳斯画廊"，集中刊登了相关名作，如提香的"乌比诺的维纳斯"，鲁本斯的"梳妆的维纳斯"，波提切利的"玛斯和维纳斯"，柯勒乔的"马丘利在维纳斯面前教训丘比特"等，同时配了一篇题为"理想的美神"的文章，谈如何欣赏维纳斯。当时彩印条件不是很好，决定每期用8个彩色版，是下了一点决心的。

在筹备过程中，一旦大政方针议定，编辑就立即开始组稿。吴承惠、武璀到北京，从早到晚马不停蹄地走访文艺名家，大家对创办《艺术世界》都表示极大的赞同，并允诺写稿支持。我与江俊绪则在上海拜师访友，同样受到鼓励与支持，比较难的，是彩色版用的美术作品不易找到，最后还是上海图书馆同志帮忙，从馆藏书库中选出一些著名画册，供我们翻拍。不到半年的准备，《艺术世界》就诞生了。我在卷首话中讲到，刊物意在提高艺术鉴赏力，如马克思所指出的，努力培养我们具有"欣赏音乐的耳朵，感到形式美的眼睛"。第一期印20万册，虽然没有出现争购潮，但没有积压，陆续都销售出去。第二期涨了10多万份，第三期又降下来一些，有涨有跌，逐渐形成了一个固定的读者层，显示《艺术世界》不是那种一时热销的流行书刊，而是为特定读者所喜爱的艺术鉴赏读物，它不轰动，但有长劲。一位名叫章琦的读者，工科大学生，却十分欢喜艺术，《艺术世界》成了她的挚爱，为补齐一次因为期终考试而没能及时购买的刊物，她说，"累我跑了多少条马路，问过多少大大小小的邮局、书亭"。 别的藏书她可以任朋友借阅，唯有《艺术世界》不行，她由此成了同伴们眼里的"小气鬼"。 原因在于她这方面教训深刻，"借出后被辗转借阅，有的回到我手里已残缺不全，有的索性被'好客'的同伴'挽留'下来"。 据调查，购买《艺术世界》的读者，大多不是看后就丢，而是成套地加以保存。 1988 年《艺术世界》创刊五十期时，美学家蒋孔阳以一个读者的身份，赞扬《艺术世界》让艺术渗入社会生活的每一个角落。 他说，读《艺术世界》里各种各样短小精悍、生动活泼的文章，都有一种说不出的陶醉与喜悦，好像暮春时节，漫步在山阴道上，杂花与丛树，鸟鸣与泉泻，不期然而然地向我们走来。 读者的爱戴与支持，是刊物的生命之源，《艺术世界》由此得以屹立于杂志之林，以其不雷同的独特风姿显示它的独特价值。

由于在向大众传播艺术上具有较大影响力，文艺名宿与新秀都很乐意为《艺术世界》撰稿，王朝闻、汤晓丹、谢晋、丁善德、秦瘦鸥、郑小瑛、黄海芹、舒巧、李国文、邵牧君、余秋雨、白桦、高晓声、徐昌霖、徐刚、刘心武、蒋子龙、洪丕谟，等等，都常赐佳作。 鉴于《艺术世界》的文章受到欢迎，后来我们又用书刊结合的办法，出了一套"艺术世界丛书"，内中有《艺海见闻录》《慕尼黑女子肖像》《美丑纠缠与裂变》与《审美的敏感》等。 我在编辑过程中，边干边学边写，写下了一批有关文艺鉴赏的随笔，从中选了 20 多篇，如"创作离不开鉴赏""偏爱与偏见""谈艺术鉴赏中的'共鸣'""诗中有画与诗不是画""关于人体艺术"及"歌曲软硬谈"等，集为一本小册子，书名《艺术鉴赏漫笔》，1981 年由浙江人民出版社出版。 这是我"文革"后出版的第一本书。 由于当时这类图书很少，加之叙述上的深入浅出，颇受欢迎，次年重版。 艺术理论家王朝闻评价说，这是一本对文艺鉴赏"说出什么是好什么是不好的理由的书"。 2008 年 6 月，在上海市网宣办、东方网等单位举行的"江曾培网络评论作品研讨会"上，曾任《新民晚报》总编辑的丁法章在发言中，提到《艺术鉴赏漫笔》问世时受到大学生的欢迎，他说，他家中现在也还保存一本。

上海文艺出版社出书重点是现当代文学，其中小说地位突出。 党的十一届三中全会以后，我国文学创作开始走上复兴之路，老作家重返文坛，新作者不断涌出，一时间佳作纷呈，尤其是中篇小说异军突起，引人注目。 为了适应和推进这一形势，各地纷纷创办大型文学期刊。 大型文学期刊在"文革"前只有《收获》一家，三中全会后的两三年间，一下发展到二十多家。 其中除文联主办的几家外，大多是出版社办的，像人民文学出版社办了《当代》，北京出版社办了《十月》，广东人民出版社办了《花城》，江苏人民出版社办了《钟山》。 出版社在"文革"前很少办刊物，特别是办这种大型刊物。现在办了，这些出版社由此加强了与作者、读者的联系，明显地变"活"了。上海文艺出版社手中没有这样一个刊物，就感到信息不通，周转不灵。于是，决定也办一个大型文学刊物。1980年秋，我调任文学编辑室主任，负责刊物的筹建。由于我们起步较晚，如何不踏着别人的脚印走路，办出自己的特色，就成了需要首先考虑的问题。经研究，确定刊物专发小说，不发其他文学品种，取名"小说界"。当时大型文学期刊都是综合性的，小说、诗歌、散文都发，专发小说的刊物后来虽然多了起来，但在当时尚属首创，独此一家，别无分号。不过，专发小说，品种单一，特别需要在单一中求多样，以适应读者多样化的需求。为此我们决定在小说上做足文章，提出四个"主"与"兼"：以发表中篇小说为主，兼发长篇小说、短篇小说、微型小说；以发表当代小说为主，兼发一些优秀的现代、近代、古典小说；以发表我国小说为主，也兼发一些外国小说；以发表现实主义小说为主，兼发其他流派的小说；以发表小说创作为主，也兼发一些小说理论；在小说园地上形成一种百花怒放的局面，努力办成一座"小说百花园"。在创刊号的"编后记"中，我们对此的告白是："比起一些早已蜚声文坛的兄弟刊物来，《小说界》是一畦开拓较迟的新圃。我们虽然没有什么雄图大略，但也应急起直追，俾使置身在这姹紫嫣红的大花园里，能有一点自己的特色。迟开的花朵不独具个性美和幽异香，如何引来穿花蛱蝶和采蜜金蜂呢？"

1980年年底，在镇江召开了全国大型期刊座谈会，我与左泥、谢泉铭前往参加。在会上一方面学习听取兄弟刊物办刊的经验体会；另一方面将我们办刊的设想征求大家的意见，其中特别是准备开辟专栏刊载刚刚兴起的微型小说，率先提倡这一文体，不知是否恰当。得到的回应令我们兴奋，许多编辑家、文学家都认为，倡导微型小说，有利于文学迅速反映现实生活，有利于文学新人的培养，有利于文风的精练，积极支持我们的创意。孟伟哉表示会后要写一篇微型小说给《小说界》，他回北京不久，我们果然收到他寄来的一篇题为"在远离北京的地方"的作品，后在创刊号上发表。

自然，《小说界》的重头戏是中篇小说。我们特别瞩目于思想上和艺术上具有新意的作品，重视英国诗人杨格所讲的"要为文艺王国增添新版图"的作品。创刊后陆续发表的《苦夏》《普通女工》，获得全国第二届优秀中篇小说奖；《市委书记的家事》和《星河》，获得上海市首届优秀文学作品奖。长篇小说《彩虹坪》和短篇小说《狭弄》等，也都闪烁着创新光芒，给读者带来新的启迪，新的享受。

《小说界》在以主要篇幅发表当代小说的同时，也精选了一些当时少见的近现代名篇，以利于人们的欣赏借鉴，批判继承。创刊号发表了沈从文的早年代表作《边城》，曾经受到多年禁锢的读者纷纷反映"开了眼界"。作家峻青拿到刊物后也连声赞扬选得好，"做了一件有意义的事"。1984年第一期选发了台湾老作家杨逵的成名作《送报夫》，也受到读者的欢迎。但是，随着时间的推移，过去被禁锢的名作大多陆续重版问世，刊物再这样选载，就有点"马后炮"了。这时，我们特约请严家炎同志，按照现代小说发展的轨迹，着重从流派、风格的角度作分析介绍，附录相应的作品。比如，介绍"五四"时期的"问题小说"，附冰心的《斯人独憔悴》；介绍"早期乡土小说及其作家群"，附彭家煌的《怂恿》；介绍"太阳社与后期创造社的革命小说"，附楼适夷的《盐场》；介绍"三十年代现代派小说"，附施蛰存的《梅雨之夕》与穆时英的《上海狐步舞》，这就使人耳目一新。《文汇报》对有些内容特作了摘要转载。我们认为，当前的小说创作、鉴赏、研究均日益发展，人们在对当代小说创作给予关注的同时，也把探询的眼光投射到小说创作发展的历史中去，作为"小说百花园"的《小说界》，选好角度，适当地评价一些近现代以至古典小说，是有益的。

《小说界》为了扩大读者的眼界，也经常刊登一些外国的优秀中篇小说。其中德国19世纪作家施托姆的《溺殇》与苏联当代作家普罗斯库林的《正午梦》等作品，都引起较大的反响。但是，对《小说界》来说，翻译作品毕竟不能登得太多，在这方面需要走出自己的路来。后来，我们感到采用比较文学的方法，选刊一些在题材、主题或表现形式等方面相似的中外小说，配一篇比较分析的文章，将创作与理论结合起来，有利于丰富人们的见识，启迪人们的智慧，领略与探索小说发展规律的多样性与同一性。1985年第二期，我们摘要发表了俄国作家库普林的《亚玛》与清末韩邦庆的《海上花列传》，这两本小说成书的时间相隔不久，同是写妓女题材，但由于作者视角不同，展现的却是两种世界。由于作了这样比较，带来了一种诱人的新鲜感。作品与文章发表后，《文汇报》很快摘要转载。随后，我们刊载了新译的巴尔扎克的中篇小说《女妖魅人案》，作品中塑造了一个名叫杜布许的欧洲中世纪商人形象，与《金瓶梅》中开药铺的蒋竹山形象相比，很能反映出西欧与中国资本主义萌芽所遇到的不同命运，我们特请人写了一篇文章一道发表，很启人思索。

《小说界》立足当代，服务于当代，要有强烈的当代性，这除了体现在以发表当代小说创作为主，还表现在敏锐地面对"开放""搞活"而带来的各种文艺思潮，有胆有识地追踪文学发展的趋势。头几年突出地介入了两次较大的文艺思潮。一是关于现代主义思潮。上世纪80年代初，文坛上对此颇有一番热烈的争论。褒者认为它代表文学的未来，也是我国文学的方向；贬者则认为它是一些灾难性的"冲击波"。我们认为，现代派文学是西方垄断资本主义时代的产物，它反映着西方现代社会的矛盾，表现着某些人的精神危机，"世界是荒谬的，人生是痛苦的"，既不满于资本主义社会，又不同意社会主义共产主义。其思想根源是现代各种非理性主义的哲学思潮。这些非理性主义既是对资产阶级上升时期理性原则的否定，也是对马克思主义世界观的对抗。因此，把现代主义说成是"我国文学的方向"，显然是不妥的。但是，现代派文学本身又是很复杂的，其中某些较好的作品，比较深刻地揭露、抨击了资本主义社会的黑暗，其思想内容也不是完全不值得借鉴的。至于艺术上，他们重主观感受、重艺术想象、重形式创新的观点，则是应该加以借鉴的。事实上，近年来一些作家的成功借鉴，丰富扩大了现实主义的表现力。在这方面，我们应持宽容的态度。因此，说它是灾难性的"冲击波"，也是缺乏分析的。我们主张按鲁迅的"拿来主义"办，首先是坚持开放，坚持把它"拿来"，了解它，研究它，对其合理的因素加以融合，用来丰富我们的创造，同时，又是"运用脑筋，放出眼光，自己来拿"，划清两种文学的界限，防止它的腐朽的哲学思想和世界观的侵袭。为此，我们联系创作实际，有针对性地发表了几篇文章，论述了现实主义的心理描写与西方意识流小说的联系与区别，现实主义的讽刺、幽默与西方黑色幽默的联系与区别，颇受读者欢迎。

反响最大的，是以相当重的分量刊发了一组关于存在主义的文稿。当时，存在主义在一部分爱好文史哲的青年中颇有市场。在文学创作中也显露其影响。北京的一家刊物上有篇文章曾经这样指出："一种以存在主义为指导思想的文学流派，已经在社会上（主要是青年中）的存在主义思潮的影响下出现了。"我们觉得这样的判断有些过头，但并不否认，当时的某些文学作品确实有存在主义的倾向。对此，需要积极地有分析地加以引导。于是，我们专门召开了座谈会，就这一问题作了调查研究。在此基础上，组织了一篇文章，就存在主义在我国文学创作中的反映作了具体分析，该文最后指出："今天虽然出现了一些具有存在主义思想倾向的文学作品，但还没有形成很大的势头。而且，存在主义虽然在我国有滋生的土壤，但并没有促其生根、开花、结果的合适的条件和气候。因为解决中国的现实问题，无疑不能靠存在主义，只能靠马克思主义，解决中国当今的文学问题，也不能靠存在主义文学，仍然要靠革命现实主义的深化和发展。"同时，我们约请两位专家，分别就存在主义哲学和存在主义文学作了简单介绍，并附录了存在主义代表人物萨特的名作《墙》，供大家鉴赏。这一记敲准和敲响当时关心文艺的人，特别是一些文学青年的心弦，他们说，很有点"解惑"作用。

此外，对"改革小说"的争论，我们也表示了自己的态度。我们认为，改革的浪潮在全国城乡激荡，改革是我们社会的主旋律，当代文学应该进一步加强对改革的反映。 但要深刻地、文学地反映出改革的复杂性，丰富性，要不断写出新意来，不能简单化，模式化。 因此，"改革文学"这一口号，是值得商榷的。 它虽然有着促进文学反映改革的积极作用，但它是从改革着眼向文学提出要求，对文学的自身特点、规律有所忽视。 作为一个文学口号，似不够科学、贴切。 同时，当前的文学除了要大力反映改革，还应该多方面地反映丰富多彩的生活。 生活的多样化，作者创作个性的多样化，读者鉴赏要求的多样化，要求文学多样化。 多样化，才能带来文学的繁荣。 几年来，我们奉着这一指导思想组织稿件、组织版面，因而改革的气息是浓的，1984、1985 年的头条作品，几乎都与改革有关，但系多角度、多侧面、多方法的切入，并不简单、雷同。 其他内容、题材的作品，也总有所搭配。

由于坚持正确方向与鲜明特色的统一，《小说界》这"一畦开拓较迟的新圃"，也以其"个性美和幽异香"，赢得读者的喜爱，影响力日益增大。 1981、1982、1983 年是季刊，1984 年扩展为双月刊。 创刊时，销数在全国同类期刊中居第六位，后一度升为第四位，仅次于《十月》《当代》与《收获》。

7. "五角丛书"与"文艺探索书系"

　　1985 年 6 月，上海文艺出版社调整领导班子，孙颙任社长，我任总编辑，聂文辉、郝铭鉴、何承伟任副总编辑，陆季明任副社长。 其时实行社长、总编分工负责制，我负责图书业务。 新班子感到，出版社的根本任务，是多出好书。 出版社的荣枯盛衰，归根结底是和出什么样的图书联在一起的。 而出书的基础，是选题。 有了好的选题，才可能出好书，如同好的庄稼，首先依赖于好的种子。 当时各编辑室都有一批选题备用，但看下来有些属于平庸的"种子"，难于结出优良的果实。 我们向全社提出"优化选题"的要求，发动大家一方面提出新的选题，一方面对已有选题进行比较、鉴别、论证。 为此，社领导召开了几次作者、读者座谈会，广泛听取专家和读者的意见。 在一次文化界知名人士座谈会上，谈到出版社也要重视文化普及，出一些价廉物美的读物，满足大众的阅读需求，老出版家赵家璧讲了他于 20 世纪 30 年代初在良友图书公司主编过"一角丛书"，深受读者欢迎，这启发我们编一套普及性丛书的想法。 为更好地学习赵家璧前辈的编书经验，会后我趋赵府拜访。 赵老住虹口山阴路，紧邻鲁迅故居，这一带解放前有多位文化名人居住。 赵老说，他当年编辑"一角丛书"，也是源于西方一套"蓝皮小丛书"的启迪。 当时他在上海西书铺看到这套小丛书，一本书一个专题，涉及各门学科，薄薄一册，售价一律美金 5 分，买的人很多。 他所以将自己所编的书叫作"一角丛书"，不仅仅是源于每本售价一角，也意在它各自触及知识的一"角"。 他说，编好这样的书，要做到以最低廉的价格，给平民大众以最好的精神食粮。

　　按照当时市场的需求，根据"一角丛书"的经验，我们决定编一套普及性、综合性的文化知识类丛书，长 32 开，简装骑马钉，3 个印张，五六万字，以当时价格计算，有一万本印数，三角钱一本即可保本，最初拟取名"三角丛书"。 在听取意见中，有同志认为"三角"不妥，会被误为是有关三角恋爱的书。 随后我在向上海市委宣传部副部长龚心翰汇报出书选题时，提到"三角丛书"，他也认为不妥，不过，他提出的理由更出我的意料之外，他说，叫"三角丛书"，会让读者以为是一套关于数学类的读物。 经斟酌，最后定名为"五角丛书"，随着价格提高了 2 角，每本的印张和字数也相应放宽，可到 4 个印张和七八万字。 同时，也赋予"五角"以内在的涵义，喻意该丛书包括文学、艺术、生活、体育、娱乐等五个方面，拥有五彩缤纷的内容。

其时，作为上海文艺出版社的副牌上海文化出版社已经恢复出书，我们即以文化社的名义出这套丛书，由办公室的戴俊专职负责编辑，何承伟分工管理。"五角丛书"以一辑十本的形式次第推出，题材广泛，叙述生动，知识性与实用性并重，开放性与民族性并重，具有鲜明的质优、价廉、雅俗共赏的特点，1986 年出版后一炮打响，一时形成排队争购的热潮，媒体称之为"五角丛书热"。头 5 年共出版了 12 辑 120 种，发行量达 4 000 万册，每本平均 33 万多册，获得"全国图书金钥匙奖"和"全国优秀青少年读物奖"等多种奖励。

随着社会阅读需要的发展，有些读者对这类综合性文化读物，希望在普及本的基础上有所提高，据此，从 1989 年开始，"五角丛书"出版了豪华本。内容厚实，图文并茂，装帧考究，印刷精美，每本都有 20 多个印张，字数多在 50 万字以上。像《中国一绝》《中国禁书大观》《国宝大观》《世界文学名著妙语大全》《世界幽默艺术博览》《世界博物馆珍品大展》等，很受读者欢迎，印数都在 10 万册以上，读者买了或作为藏书保留，或作为礼品馈赠亲友。豪华本的价格自然不再是每本 5 角了，只是它还是综合性普及性的文化读物，"五角丛书"这时已发展成为这类图书的一个品牌了。

"五角丛书热"推动了当时的社会文化热，表明通俗文化读物只要切中读者需求，坚持质量至上，力求把有益有趣的精神食粮献给读者大众，也是大有可为的。

在编选"五角丛书"的同时，我们重点抓了一套具有文化学术创新品质的丛书，即"文艺探索书系"。其时，在改革开放浪潮的推动下，文艺领域正发生着急剧的变化，从题材内容到表现手段，从文艺观念到研究方法，出现了"全方位的跃动"，在创作和理论方面，都出现了不少探索之作。探索，是向未知领域的前行，尽管有些作品难免幼稚、粗糙，乃至于失误，然而，有了探索，才有对旧观念、旧模式的反叛与突破，才有艺术的拓展与发展。巴金在他的《随想录》中说："文学的路就是探索的路。"艺术上的探索精神，是艺术的生命所在。基于这样的认识，我们觉得有责任以鲜明的态度，从出版角度积极支持这股探索之风。经研究确定，从当时发表的大量作品中，选择一些探索色彩比较鲜明而又确实在某些方面有所突破和超越的作品加以出版，用以积累和交流探索的成果，满足读者阅读需求，并以此进一步发扬探索创新精神，推动社会主义文艺向前发展。

"文艺探索书系"由郝铭鉴担任总策划，文学一室、文学二室、戏曲室、理论室分别编选有关作品,我与孙颙参与决审。 经过大家共同努力,"文艺探索书系"于1986年开始出书,第一批推出5种,即:《探索小说集》《探索诗集》《探索戏剧集》《探索电影集》以及文艺理论著作《性格组合论》。《探索小说集》收有莫言、韩少功、王安忆、刘索拉、谌容、孔捷生、王蒙、刘亚洲等人的中短篇小说,这些作品的共同特色,就是突破了既定的模式与框框,浮动着新鲜活泼的艺术气息,每篇作品都有自己的色香味和自己独有的审美特征。《透明的红萝卜》主观性特强,《小鲍庄》以客观性见长。《一夕三逝》趋于诗化,《你别无选择》则走向音乐化。《人间一隅》充塞着灵气,《中国童话》富有童话色彩。《泥沼中的头颅》多象征味,《张三、李四、王二麻子》具幽默感。《冬天的话题》显得奇异,《西藏:系在皮绳扣上的魂》更为荒诞。《爸爸爸》纵向地在"文化寻根",《废墟》则横向地借鉴域外。 总之,如王蒙在该书的序中所说,"各具特色,互不相同","这就是全书的统一性所在",也就是全书的价值所在——人们从这部书中,可以观照到,我国小说方面的那种"大锅饭"式的制作,正易为"小锅菜"式的创作了。《探索电影集》收的《一个和八个》《黄土地》《良家妇女》《青春祭》《黑炮事件》等影片完成台本,《探索戏剧集》收的《绝对信号》《车站》《野人》《一个死者对生者的访问》等剧本,以及《探索诗集》中所收的北岛等人的诗作,都富有鲜明的创作个性,闪烁着革新的光彩,作品内涵由单一走向多义,显示一种形而上的超越性,作品形式呈现一种兼容并蓄的包容性,探索着多种艺术方法的交融交汇,总之,也多是"风格各具的'小锅菜'"。

　　《性格组合论》,提出了人物性格二重组合的原理。 由于"左"的长期影响,最复杂最瑰丽的人,被看得那么简单,英雄像天界中神明那么高大完美,"坏蛋"像地狱中的幽灵那样阴森可怖,这种人为地把人自身贫乏化,导致了文学的贫乏化,也导致了民族精神世界的僵化。 这种情况促使了作者刘再复的思考,提出了"性格组合论",指出要塑造出具有较高审美价值层次的典型人物,就必须深刻揭示性格内在的矛盾性,即人在自己性格深层结构中的动荡、不安、痛苦、搏斗等矛盾内容,通过这种揭示才能把握人物灵魂深处的真实和社会的真实。"性格组合论"深化了对人的研究,特别是对审美世界中的人的研究,引起学界广泛注意。 刘再复这一观点是先在《文学评论》上一篇文章中透露的,郝铭鉴看到了,意识到这篇文章代表着一种新的文艺观念和研究方法,立即向作者约一部书稿,并与作者商量了写作提纲,促进刘再复较快地完成了这部50万字的著作。 出版后反响强烈,在上海文艺会堂举行的新书发布会上,会场爆棚。 刘再复讲话后进行签售,读者队伍排到会场外,一些性急的年轻读者差点把签名的桌子挤倒。 在争购中,虽然也有少数读者误认为这本书是讲男女的"性格组合"的,但绝大多数读者都想看看作者怎样对"文革"的历史浩劫进行反思，如何研究人物性格的丰富性、复杂性，如何探索文学艺术自身的规律。由于购书者众多，上市的书供不应求，《人民日报》也以"一抢而空"作了报道。为了读者的需要，我们连续印了6版，发行量达40万册，成为1986年十大畅销书之一。刘再复说，这本书让他"暴得大名"。1986年10月当钱锺书知道《性格组合论》印数已超过30万时，特意告诫刘再复要"知止"，说"显学很容易变成俗学，不要再印了"。刘再复把这一意见转告我们，为表示对他们的尊重，此书也就止于第六版，没有再印了。

此后，出版了"四川鬼才"魏明伦的探索性戏剧集《苦吟成戏》，收入当时颇有影响的《易胆大》《巴山秀才》《静夜思》《岁岁重阳》和《潘金莲》等剧本。同时陆续推出了多本探索性的文艺理论著作，其中余秋雨的《文艺创作工程》一书引起社会热烈反响。此书论述的不是某一个或某几个问题，而是全面探寻文艺的基本规律，研讨文艺这一"工程"的奥秘。这方面，过去的论著、教材并不少见，但大同小异，基本框架是一个模式。具体内容一般都是这样三大块：一是关于文艺与社会生活的关系，包括文艺与政治、经济以及上层建筑其他部分的关系；二是关于文艺本身的特征和内部结构，包括形象、典型、方法，等等；三是关于文艺的鉴赏与评论。《工程》的著者无意再"重复或摹拟这样的工程"，他"奇想异设"，灵思飞扬，活泼洒脱地构建了一个新的框架。他抓住艺术生命凝铸的契机，在于艺术家的心灵与客观世界的各种奇异的遇合，由此作探讨"艺术创造工程"的入口，考察了"遇合"的层次，由"人事之法天"——真，到"人定之胜天"——善，再进到"人心之通天"——美；剖析了"遇合"的曲折性，由"随物宛转"，做自然的奴隶，到"与心徘徊"，做自然的主人，点出了"遇合"的最佳状态——一种明净、澄澈的混沌：主体心灵安息在客观世界之中。接着，面对着主客两方"遇合"的产儿——艺术作品，他突出地论证了作品的意蕴，是作品的精神内核。他说："意蕴在作品中如同能源，层层散发开来，层层体现出来；凭借着形象，凭借着情节，凭借着结构，凭借着语汇，凭借着各种外部呈现方式，渐次获得实现。对于意蕴来说，其他一切都是形式——不同层次的形式。"他由此机敏睿智地纵论了作品中的艺术眼光、人生意识、哲理品格、开发精神、深层心理。随后，他又着眼于内容和形式的不可分割性，"走向形式"，就感性直觉、象征、结构等问题作了独创性的发挥。这样，《工程》就以"深刻的遇合""意蕴的开掘"和"形式的凝铸"三章，组成了不同于以前这类理论著作的那种面面俱到、平行推进的结构框架。自然，这种框架也只是"这一个"，与其他框架可以互补，不必互斥，但是，可贵的也就在于它是从一般模式中脱颖而出的"这一个"，其特点是对艺术作了整体的而不是零碎的、立体的而不是平面的、创造性的而不是因袭的分析，体现着一种值得发扬的宏观眼光、现代意识和开拓精神。

值得注意的是，著者意犹未尽，更特设了"宏观的创造"一章作结，集中地、酣畅淋漓地论述了艺术创造的意义、要求、目标，将前三章的内容又概括地"拎"了一下。他认为，适应并不永远是一个积极的概念。"创造，从根本意义上说，就是对适应的打破，改变和谐而又停滞的黏着状态，把动态过程往前推进。"因此，艺术创造需要向人们已经习惯了的审美系统挑战，拓宽人们的心理结构，创造一种新的心理适应的人。一部优秀的艺术史，是一部人类精神的开拓史。"艺术创造工程，实在是创造人、创建民族心理素质和精神品貌的巨型工程。"以往的许多文艺理论著作，对文艺的创造性品格都有所认识和阐述，但少有认识得如此深刻，阐述得如此透彻的。著者由此提纲挈领，抓住了"牛鼻子"，把艺术创作当作"艺术创造工程"来论述，并别开生面地用它作为书名，这是极富创造性的。1988 年 5 月 24 日，我在《人民日报》著文指出，《艺术创造工程》一书，在理论探索上，有着突破性的开拓。这种突破性的开拓，既表现在它对早已发现的真理，作了新的延伸与扩大，还表现在它对一些传统的认识，作了有力的诘难与反拨。这部书，充溢着恩格斯所赞扬的那种"艺术家的勇气"。捧读它，给人的感受不止是一般的新鲜，而是一种精神的变革与腾飞。其探索创新精神有利于打破文艺理论研究中那种"汉儒讲经，不求新知"的僵化、保守的隋性。

从 1986 年到 1990 年，"文艺探索书系"共出版了二十多本书，此后由于形势变化，文艺探索的势头日益减弱，这套"书系"就没有再编下去，虽然寿命不长，但因其内容新、质量高被学界称为具有历史文化价值的出版遗存。

8．"小说界文库"与"中国留学生文学大系"

　　我们在规划选题时，要求各编辑室除抓单本书的选题，要重视套书、丛书的策划。套书、丛书有利于连续出书，发挥整体作用，形成品牌效应。上海文艺出版社于1958年推出的"中国现代文学研究丛书"，除"文革"期间中断组稿外，多年来一直坚持出书，形成很大影响，成为我国现代文学研究成果的重要检阅阵地，作者写出这方面的高质量论著，都希望列入这套丛书出版，由此也提升了我社在现代文学研究和传播中的地位。在创作方面，也出版过"萌芽丛书"，虽然延续时间不长，但也推出了一些文学新人，在社会上留下了记忆。新时期开始后的几年，我们也出版了不少小说作品，有的质量还是比较高的，但总体上给人印象不是很深，究其原因，小说一本本地出，比较分散，虽然有一定数量，但由于创作水平不太一致，其中优秀作品难于呈现出来。我们由此生发了在小说方面出一套丛书的想法，变分散部队为集团军。这个"集团军"的组成，不是"拿到篮里就是菜"，其成员必须是最优秀的"部队"。就是说，这套丛书以出版当代高水平高质量的小说为目标，有些达到出版要求的小说可以出版，但不一定能进入这套丛书。这样，它是"集团军"，较之单兵作战，能发挥"集束手榴弹"的作用，形成较大的影响，但它主要不是以量胜，而是以质胜，是思想和艺术上的上乘之作。经研究推敲，丛书名最后之所以定为"小说界文库"，表明丛书的眼界宽广，以整个小说界为目标，为当代作家的小说精品力作之"库"，集中反映当代中国小说创作所达到的实绩和水平。同时，名称与我们办的《小说界》同名，也能更好地实现书刊联动。

　　为了编好这套文库，特意成立了编委会，我任主编，当时的文学第一编辑室负责人邢庆祥、郑宗培任副主编。编委会决定"文库"分设5个系列：长篇小说系列；中短篇小说系列；年选系列；专题系列；微型小说系列。显然，它囊括了小说的各种样式。不过，重点抓的还是长篇小说。长篇小说，是文学创作的"重武器"，是文学领域中"巍峨灿烂的巨大纪念碑"，长篇小说所达到的成就，往往是一个时代文学水准的重要标志。收入"文库"的第一部长篇作品，是鲁彦周的《彩虹坪》。1981年夏，我和编辑张森去合肥组稿，住在稻香楼宾馆，鲁彦周正在那里参加一个全国性电影评选活动，听说我们来了，他主动先来看望我们。我与他是大同乡，都乡音未改，一见如故。 我们从当时的政治形势、文艺形势，一直谈到他家乡的巢湖，与我家乡的吴敬梓纪念馆，然后比较多地说起在安徽农村兴起的生产责任制的情况。鲁彦周出身农村，又在农村工作过，熟悉当时农村的贫困落后状况与农民强烈要求改革的呼声。 他说，围绕着实行生产责任制的斗争相当激烈，在乡村、省城乃至首都均有反映，他想就此写一部长篇小说。 我们知道鲁彦周是一个善于从现实斗争中汲取诗情的作家，写这样的题材，是他的所长，也是我们出版社所期盼的，可谓不谋而合，当即"拍板成交"。 一年以后，定名为《彩虹坪》的长篇脱稿，由张森做责编，先在《小说界》上发表，随即作为"小说界文库·长篇小说系列"的开卷之作推出，在社会上引起很大反响，被称为"改革题材文学的一道彩虹"。 随后，"文库"每年都要推出两三部长篇力作，如蒋和森的《风萧萧》、孙健忠的《醉乡》、韦君宜的《母与子》、李国文的《危楼记事》、张炜的《九月寓言》、邓刚的《曲里拐李》、王安忆的《流水三十年》、高晓声的《陈奂生上城出国记》、陆文夫的《人之窝》、殷慧芬的《汽车城》以及陆天明的《苍天在上》，等等。

其中需要说几句的，是黎汝清的《皖南事变》。 此稿是 1985 年冬，我与张森、邢庆祥在厦门参加中国作协举办的全国长篇小说创作座谈会上，与作者商定的。 其后虽然另有一家出版社向他约稿，一时争夺得还很厉害，最后他还是给了我们。 这是因为我们态度鲜明地肯定了这部作品在写革命悲剧上的大胆突破。 过去，我们的文学描写革命战争、革命历史，也有触及悲剧的，但往往是局部的。《保卫延安》《红日》这些名作，都是写胜利，写成功的，敢于表现"皖南事变"这样全军覆没的大失败、大悲剧，不能不说自《皖南事变》始。 更何况，对这一历史悲剧的不少史实，当时尚众说纷纭，把"皖南事变"看作是历史海洋中的百慕大三角，也许有些夸张，但它的确充满着险恶与迷雾，涉足它不仅需要勇气，需要史胆，而且需要才智，需要史识。 黎汝清的可贵，正在于他既勇敢地表现了这一悲剧，还正确地深刻地表现了这一悲剧。

黎汝清的初稿出来后，张森即赴南京黎的住处阅看，在与我通话后，即在总体上点头认可，并表示赞赏他的史胆与史识。 为便于他潜心修改，随后请他到上海住了一些时候。 黎汝清为写《皖南事变》，作了多年准备，并且立下了"不见艰险，难见新奇"的高标杆，他在上海最后冲刺时，也是心无旁骛地一字一句地进行反复推敲，日以继夜地进行修改润色。 我们几次打算用个车子带他到上海一些景点看看，让他紧张的神经得到一些调剂，他都以时间金贵婉谢了。 在上海的二十多天，他真可谓"足不出户"，一直伏在写字桌上笔耕，其勤奋精神也令人感佩。

《皖南事变》出版后，虽然开始也有人对其揭示的事变原因涉及我方人员的一些弱点有不同看法，但普遍认为，它在展现这一历史悲剧的成因时，未限于日寇和国民党顽固派的亡我之心（这属根本原因），而是进一步审视了我党我军内部的种种因素，特别是人的因素。这种创作视角的开拓与突破，不仅有利于更全面地反映这场"事变"，而且大大深化了这一悲剧的内涵。看了《皖南事变》以后，你会有一个突出的感觉，就是项英与叶挺，他们两人中有一个换成陈毅的话，这场悲剧也许就不会发生，至少也会减轻它的严重性。如果叶挺换成陈毅，他就会与项英直言抗辩，抵制他的错误，由于种种历史原因，项英也不得不默认陈毅这一"特权"。而叶挺则不行，他除了一怒之下"出走"之外，别无他法。如果项英换成陈毅，那他定会很好地尊重与团结叶挺，叶挺后来在石井坑守备战中的"死守硬拼"以至全军覆没的打法，也就可能避免。当然，"如果"只是"如果"，项、叶不和以及他们各自的弱点，促成了这场悲剧的形成，毕竟是严峻的历史了。由此可见，历史悲剧的形成，只诉诸一般的历史规律还不够，不可抹杀其中个人的作用。悲剧中有性格悲剧之说，像莎士比亚的《奥赛罗》和《哈姆雷特》等就是。有人不以为然，觉得此说忽视了性格形成的"社会和阶级的原因"。当然，首先要重视性格悲剧的社会和阶级的原因，但同时不可忽视的是，在相同的"社会和阶级"的条件下，个人的思想、性格并不总是相同的。在"皖南事变"中，就有性格悲剧的因子在。项英希望株守皖南，不愿北上，对中央的指令一再拖延执行，而在不得不走的时候，仍然不是向东、向北，而是向南，终于促成"事变"的悲剧，这其中有着他对时局的错误估计，有着他想在江南发展，不愿到江北交出指挥权的隐衷。黎汝清对他的心态发掘得淋漓尽致，说项英当时面对种种压力、刺激、批评，犹如吃下"一碗接一碗的药汤，时常翻胃，苦不堪言"，并由此生发了一句感慨："审视历史，不能忘了窥探人的感情。"这是画龙点睛的一句。他的笔在"审视历史"中，由于伸进人的思想、感情、性格中去，才使得这场"历史大灾难"，如叶挺当年所期望的，化为了"文学的不朽"。

当然，也应该看到，人的思想、感情、性格，尽管各有不同，但归根结蒂，还是由社会存在决定的。像项英这样一个悲剧主角，他的失败虽与他思想上，性格上的弱点、缺点有关，但这些弱点、缺点，几乎都打着旧世界的烙印，有着丰富的社会历史内涵。项英是、而且只能是一个为无产阶级事业，向旧世界冲锋陷阵，而又在自己思想上没能完全摆脱旧世界束缚，因袭着旧世界的重担，终于被旧世界所击倒的一个悲剧式英雄。他有性格上的毛病，但不是简单的性格悲剧。他有过失，也不是简单的过失悲剧。这里，重要的是要把人与历史、性格与社会结合起来剖析。拿前面提到的"将相不和"来说，两人思想性格形同水火，根本无法共事，这是导致"皖南事变"失败的一个重要原因。叶挺因有职无权而苦恼，"在军分会上，他的地位还不如一个参谋处长"，而大权独揽的项英也有苦恼，叶挺这样一个非党的"列席会议者，竟然在军分会上大发雷霆，置他军分会书记于何地"？这也是一种"横看成岭侧成峰'，各有各的道理。虽经周恩来亲自调解，两人的关系实际上并未能改善。或问，难道不能把他两人调开，换一个人吗？答曰：不能。项英不能调，新四军当时的政委只能是他，因为这支部队是他在三年游击战争中艰难缔造起来的。叶挺也不能调，因为当时新四军军长是要国民党任命的，唯有叶挺才是国共双方所能共同接受的人物。这样，虽明知他两人合作不妥，又非他两人合作不可。这种安排，是历史的安排，由历史上各种错综复杂的因素汇合而成的。这种安排所带来的错误，所促成的新四军全军覆没的悲惨之果，在很大程度上也就带着历史的必然，而不能简单地，孤立地归结为项、叶个人性格的不合。叶挺是意识到这一点的，他在失败后，曾感叹地说了一句："自古兴亡不由人。"这就是他感到"不由人"的历史在冥冥中左右着人生、事态，左右着这场"皖南事变"。当然，历史又是由人创造的。造成这样而不是那样的历史，人又有着极大的主动性。在"皖南事变"中，如果叶、项的缺点、弱点多克服些，优点、长处多发挥些，妨碍他们共事的人为制度少一些，促成他们合作共事的人为制度多一些，那么，局面也许会好些。对此，叶挺也是清醒地看到的。他在兵败后打给中央的电报中，称"此次失败，挺应负全责，实因处事失计、指挥失当所致"。这不是一般的自谦，而是沉重的自责。然而，如果仅仅这样说，他又难以克服内心的委屈之情。因为，他虽为一军之长，并无指挥全军之权，实难负起"全责"。他思索之后，特意又在电报上加了一句："但政委制之缺点实亦一因。"这样，叶挺实在又是说，"不由人"的"兴亡"，从另一角度上看，又是"由人"的了。《皖南事变》从人与历史的反复纠合、渗透中去表现这场"事变"，从而使这场历史悲剧深刻地融合了社会悲剧和性格悲剧的因子，内涵显得特别丰富。

《皖南事变》既从外部观察了这一"事变"，更深入内部作了独到的透视，从而全面展示了这一悲剧的成因。它所提供的内蕴，就不限于政治上的正义与非正义的是非，军事上战略战术的得失，而且铺展了人生哲理上的纷争，思想性格上的冲突。因而它的价值就在于用"悲剧"的方式，使人在美的感染与熏陶中，不仅得到政治上的启示，军事上的启示，而且得到哲理的启示，人生的启示。有人说，《皖南事变》是一部"大书"。我体味，这样说，主要不是因为它反映的"事变"是个大事件、大悲剧，而是因为它将这一大事件、大悲剧，表现得博大精深。这也就使这部作品在悲剧内涵上较以往同类作品，有着一种超越，一种突破。这样，这部长篇小说不仅突破了作者自己原有的创作水平，而且也突破了当时军事小说、历史小说以至整个长篇小说创作的某种胶结状态，引起广泛的反响。

"小说界文库"的中短篇小说集系列所收的作品，老中青作家都有，多是名家名作，如《柳堡的故事》作者石言的《秋雪湖之恋》，邓友梅的《烟壶》，王安忆的《小鲍庄》等。 年选系列所收的短篇小说年选本，开始出的是全国短篇小说评选获奖小说集。 当时每年一次的全国优秀短篇小说的评选工作，由中国作协委托《人民文学》杂志举办，实际负责人为作协书记处书记、《人民文学》副主编葛洛。 1979 至1982 年的每年获奖作品集，是由我们上海文艺出版社出版的。 为了做好这件事，1981 年春，我在北京拜访了葛洛同志。 那天晚上 8 时许，我与责任编辑赵继良同志来到他的简朴住所时，他刚刚回来吃晚饭，热情地招呼我俩坐下。 我说，获奖作品集每本都要印一二十万册，颇受读者欢迎。 感谢中国作协将获奖作品集交我们出版社出版。 葛洛同志谦和地摇摇手说："不，首先是我们要感谢你们。 你们的书出得又快又好。"随即，他详细地介绍了当年的评选情况，分析文学创作的态势，提出了如何进一步加强配合，把获奖作品集出得更快更好的意见。 他的谈话，很实在，很中肯。 我感到，他既是文学与编辑的内行，又燃烧着献身于文学与编辑事业的热情。 而这一切，丝毫没有一点炫耀与自夸，显得是那么谦逊与质朴。 我感到，他有一种人格力量在冲击着我。 后来，获奖集改到北京出了，我们先请《人民文学》另行编选小说佳作集，后又请作家、评论家、编辑家等"三家"共同推荐每年优秀短篇小说，并附推荐意见，受到读者欢迎。 专题选系列，出过《爱情小说集》以及反映与"四人帮"作斗争的小说集《神圣的使命》等，最富光彩的是《重放的鲜花》。 至于微型小说，则是由我们在 20 世纪 80 年代初首先大力提倡发展起来的，我国内地的第一本微型小说选集和第一本个人微型小说专集邓开善的《太阳鸟》，都是我们出版的。 我为《太阳鸟》作序，称其为"东方第一枝"。

20 世纪八九十年代，在改革开放形势的推动下，我国的文学创作有了飞速的发展。 拿长篇小说来说，那时一年的产量，已远远超过了"文革"前十七年的总和。这其中，不乏佳作。 但总的说来，质量尚不尽如人意。 有相当数量的作品问世后，少有问津者，人们在大声疾呼质量第一，要"一以当十"，不要"十以当一"。 为此，需要突破平庸，突破粗制滥造。 据此，"小说界文库"坚持质量第一，"宁肯少些，但要好些"。 当时，我社每年要出长篇小说七八部，但选入"文库"的不过三四部。 有些知名作家或当红作家给我们的作品不属上乘，我们也就未将其入"库"。"小说界文库"被称为当代最整齐、最富水平的文学创作丛书之一，生发出品牌的影响力，吸引作者和读者的关注，作者希望自己的作品能够入"库"，读者则更喜欢购买入"库"的图书。 1990 年，《小说界·长篇小说系列》获"庄重文文学奖"，11 月

6 日在北京人民大会堂举行的颁奖典礼上，我代表几家获奖者发言，除表示衷心感谢外，我说，社会主义出版社是发展社会主义文学的重要基地，这些年来，在党的方针路线指引下，在新闻出版署的组织领导下，在广大作者与读者的支持下，文学图书的出版，无论在数量上还是质量上，都有显著的发展。它在促进社会主义两个文明建设，满足广大读者的文化要求，造就壮大作者队伍方面，都起了积极的作用。但是，和时代与人民的要求相比，我们的文学出版工作，还存在很大的差距。这突出地表现在高质量的优秀之作出版得还不多。当前整个文艺图书市场的情况，是品种数量不少，而质量却不尽如人意。读者企盼的，也是社会主义文学建设所要求的，能多一点"一以当十"的优秀读物，少一点粗劣之作、平庸之作。这次获奖，对我们既是一种鼓励，更是一种鞭策。我们当进一步加强与广大作者的合作，加强文学与时代，与人民的联系，多出好书，多出思想性、艺术性结合得比较完美，受到读者欢迎的好作品，这其中，要争取有些作品能够长期流传下去，成为文学上的"保留节目"，为中外文学名著的宝库增添新的成分，作出我们这代人应有的贡献。我们出版工作者既要大力弘扬祖国灿烂的传统文化，又要积极推动当代优秀文化的创造。在某种意义上后者比前者更难。我们将与作家一起，与作协一起，为此作出更大的努力。

"小说界文库"于 1998 年增设了"旅外作家长篇系列"，推出了严歌苓、薛海翔、张士敏、刘观德等海外作家的新著。这是基于《小说界》率先对"留学生文学"的提倡，从创刊开始就不断发表一些有关留学生题材的作品，1988 年起更辟出专栏，挂起招牌，亮出旗号，鼓吹"留学生文学"。开始，有人对"留学生文学"的提法存疑，怀疑有没有这样的文学。我们认为，文学源于生活。实际上，自 19 世纪中叶，清王朝的闭关锁国政策被洋枪洋炮打破以后，随着我国出现留学生，也就出现了记述留学生生活的文字。自称"第一个中国留学生毕业于美国第一等大学"的容闳（1828—1912），就写过一本很有影响的《西学东渐记》。湖南出版的那一套厚厚的"走向世界丛书"，不少都是留学生"走向世界"的记录。自然，《西学东渐记》这类书多系记叙文，还难于说是文学作品，但其中不乏情文并茂的篇什，可视为留学生文学的滥觞。"五四"前后，我国留学生人数大增，其中还出现了一些现代文学的大作家。创造社的几位创始人，郭沫若、郁达夫、成仿吾、张资平等，当时就都是留日学生，他们始初的一些有影响之作，如《沉沦》《她怅望着祖国的天空》等，都是写留学生在异国他乡的见闻与感受的。可以说，"留学生文学"是形成中国新文学之河的一条重要支流。此后，老舍、巴金、许地山、钱锺书等名家，都曾以力作拓宽这条文学之流。 由于种种政治的社会的原因，这条文学之流并没有得到很好发展，相反，随着我们的国家重新趋向封闭，这条文学之流是越流越细，以至于断了。 从 20 世纪 80 年代开始，改革开放的政策带来了我国新的出国潮、留学热，大量人马冲出国境，泻向海外，形成一种前所未有的气势恢宏的"世界大串连"。 在这种情况下，"留学生文学"又悄然复萌，且进展甚快，迅速成为一种"气候"。 在美国纽约，由一批留美学者组成的文学团体晨边社，就曾专门座谈了"留学生文学"问题。 他们认为，"这类作品在现代中国文学中有相当数量，在海外的华文作品中，更是很重要的一个方面"，值得重视。 台湾对这类文学也有评价，在大陆的现当代文学的研究中，却很少有人专门涉及。 可是，从上述情况中可以看出，留学生与留学生文学，是与我国"走向世界"力求实现现代化紧紧联在一起的。"留学生文学"的盛衰，折射着我国"走向世界"、走向现代化的历程，它有着不同于其他文学的特殊意义，在总的文学筵席中，有意识地给它一个专门席位，是有益的。

有些同志对此有所踌躇，是因为觉得文学中过去还没有出现过这样一个"专门席位"。 我们以为，任何事情都是先有事实，后有概念。 拿新时期兴起的"知青文学"来说，有谁在过去能想到文学中会设这样一个"席位"呢？ 但是，当年"全国大串连"与"土插队"的结果，孕育了这样的文学，而且成了"气候"，它就自然而然地要占有"席位"了。 现在萌动的"留学生文学"，则可以说是当前"世界大串连"与"洋插队"所孕育的，并且开始形成自己的独立品格，它为什么就不能有"专门席位"呢？ 何况，"留学生文学"较之"知青文学"，往后看，要源远流长得多，向前看，来日方长得多。 自然，由于它过去没有"席位"，没有定论，今天对它的内涵与外延理解尚不一致，是正常的。 它的最后解决，不仅要靠讨论，还要靠实践。 我们觉得它不仅指写留学生的文学，而且应包括留学生以及"留学人"写的文学。 像苏炜在留学以后作访问学者所写的那些"西洋镜语"，也属此列。 不仅指写正在留学时的生活，而且可以上延至留学前的准备，下延到学成归国后的表现。 前者如戴舫的《牛皮"303"》，程乃珊的《签证》，后者如大名鼎鼎的《围城》。 总之，内涵宜宽泛一点好，不要仅仅限于正在留学时的一地一事，以至作茧自缚，当然，也不能"宽大无边"，与海外的华文文学完全相混，搞得失去了特点，失去了自我存在的价值。关键是抓牢"留学生"这一定语，向前后左右展开。

留学生是一种高层次的知识分子，处于中西两种文化、两种意识形态以至两个世界撞击、冲突、交流、交融的交界点上。 他们对西方文明的了解，是直接的，不是"二道贩子""三道贩子"。 他们大多数人出国，也是为了"窃火"，振兴祖国。 他们敏于思考，在思想文化观点的革新上处于先锋地位，因而反映他们的作品，往往率先体现我国改革开放之际的价值观、伦理观、人生观等方面的变动。然而，这个变动，并非简单地去"全盘西化"。西方的东西也不都是好的，就像《签证》中所描写的那块"青草地"一样，远远望去，你总会感到远方的草簇较自己脚下的来得翠绿、茂盛，但当你到了那里，又会失望地发现，它并不如你原先估计的那么美好。而且即使是好的东西，也不一定适合我们，即使适合了，也不一定能顺利地拿来为我所用。因而，在"留学生文学"中，往往凸显着人们在变革中那种追求与彷徨、兴奋与痛苦同时交织的复杂心态。加以留学生出国，在思想上、观念上、生活上无论如何努力适应国外环境，也难于彻底融入对方世界，而待他们归国后，又难于再彻底融入自己人的圈子。他们成了人们所说的"边缘人"。"边缘人"能"广角镜"式地看东西方世界，但对东西方世界又都有"隔"，因而留学生的内心一般都弥漫着激烈的矛盾冲突。《留美故事》《远行人》等作品所透露的那种接近与疏离、清醒与怅惘、获得与失落以及乡愁与乡怨等情感，从一个新角度，展现了现代人心灵深层的搏动。也正是这种着重写人，写人的内心的做法，使得当前许多留学生题材的作品成为文学，而非非文学，并以其不同于其他文学的独特内涵与价值，成为一种引人注目的新文学现象。

基于这样的认识，《小说界》经常约请留学生和海外华人作家写稿，并与纽约的华人作家、学者王渝、唐翼明等创办的留学生文学团体"晨边社"加强了联系，双方分别组织了留学生文学的专题讨论会，并在《小说界》与《美洲华侨日报》上发表了讨论记录，在海内外产生了广泛影响。此后，散布在美、日、澳、加、英、德、荷等国的留学生与华人华裔经常寄来稿件，涌现出不少有才华的作者，《我的财富在澳洲》《陪读夫人》等长篇发表后，被改编成话剧或电视剧。"旅外作家长篇系列"的建立，就是为了适应这方面的发展需要。

随着实践的发展，对留学生文学逐步取得共识，原来的一些疑虑被驱散，不少出版社也发表出版了这方面的作品。这时，我们的眼光由当代伸向近现代，想给留学生文学作一次总的整理，经研究，决定出一套《中国留学生文学大系》，内分小说卷、散文随笔卷和纪实文学卷，其中当代与近现代作品分别列卷，总共 6 大卷，从文学的侧面精选了自 19 世纪末以来的留学生写的留学题材的作品，计 300 多万字，为读者保留了一份真实的历史文学资料，也是对中国近代以来文学发展史的一个补充。大系由我任主编，组织工作主要是副主编郑宗培完成的。季羡林在序中说："上海文艺出版社，异想天开，编选这样一套留学生作品大系，实在是功德无量。"2011 年10 月，在第五届国家图书评委会上，评委先行分头参加社科、文学、教育、科技、艺术、少儿、辞书等几个分评委进行初评，我恰好是季羡林领导下的文学分评委成员，与他谈起这套大系，他说，中国历来就是文学大国，过去歌咏描绘异域风光者，颇多名篇。 到了今天，地球变小了，我们眼界扩大了，留学生的文学作品又为我们这个姹紫嫣红的百花竞放的文学大花园中增添了不少奇花异草。 这不但对我们文学创作有极大的好处，而且对中外文化交流，中国人民了解外国，促进国际上的安定团结，也会有极大的裨益。

9. 促进微型小说的"独立"

作为大型文学期刊的《小说界》特辟专栏刊载微型小说，出版社的重点丛书"小说界文库"特意设立微型小说系列，这在出版界都是前所未有的。这显示了我们对微型小说文体的大力提倡。"微型小说"这一名称，在我国内地虽然是改革开放后出现的，但微型小说——短小的小说，则是古已有之。而且可以说，小说这门艺术的发展，篇幅最初就是短小的，而后才有中篇、长篇。当然，在唐宋以前，如鲁迅在《中国小说史略》中引用桓谭之语所说，这些小说多系"残丛小语，近取譬喻，以作短书"。唐宋以后，短小的小说逐渐摆脱了粗放简略的状态，走向精悍凝练。到了清代，诞生了《聊斋志异》这样杰出的短篇小说集。它共收四百多篇作品，其中不少是不足一千字的"微型"，有的短至一二百字。然而，由于它进步的思想内容和高超的艺术技巧，使得它的作者蒲松龄与曹雪芹、吴敬梓这些长篇巨匠一起，同为我国文学史上的灿烂明星。"崇白话而废文言"的中国现代文学，伴随着大量短篇、中篇、长篇小说的问世，也诞生了不少微型小说。

在国外，短小的小说也是早已有之。阿·托尔斯泰在《什么是小小说》一文中指出："小小说产生于中世纪……是文艺复兴和资产阶级革命的第一批小鸟。文艺复兴时代的小说家赋予这种笑话以文学的形式。17世纪又把生活及政治的热血灌入了小小说。它还造成了18世纪戏剧创作的百花争妍的繁荣局面。"19世纪、20世纪的不少作家，在小说领域创作长篇、中篇、短篇的同时，也奉献出一些微型小说，其中有雨果、伯尔、马尔克斯这样以写长篇著名的作家，也有与我国蒲松龄一样以写短篇著称的作家，像契诃夫、欧·亨利等。无论在国内或国外，微型小说都可以说是源远流长。

不过，源虽远，流虽长，多少年来，微型小说只是依附于短篇小说之内，作为它的一个分支而存在，并不具有独立的文体意义。小说在体裁上历来只有长篇、中篇、短篇之分，而无"微篇"之名，人们或者叫它是"最短的短篇小说"，或者称它是"短篇小说的简化"。因而它尽管一直存在，有时甚至也被提倡，但因其"附庸"身份，不具备独立文体意义，在发展中每每受到约束和限制。在我国现当代文学史中，按照刘海涛教授的说法，微型小说就经历了"三起三落"。五四新文学运动时期，许多文学名家如鲁迅、郭沫若、冰心、叶圣陶等人，都创作过微型小说。郭沫若于1920年1月在《学灯》上发表的《他》，只有三百多字。这可视为中国现代微型小说的"一起"。但由于当时缺乏微型小说的文体意识，多用短篇小说的构思方法来写微型小说，"刚刚冒了一个头，就走进短篇小说里面去了"。因而未能形成气候，不久就"落"下去了。20世纪三四十年代，在左翼文艺运动和抗日战争中，一些进步报刊有过"墙头小说"等短小说的提倡和实践。夏衍、王任叔等作家写了《两个不能遗忘的印象》《河豚子》这样的有影响之作。这可看作是我国现代微型小说的"二起"。但同样由于缺少文体意识，新闻性纪实性强，随着政治军事文艺形势的变化，也很快"落"潮了。建国后的五六十年代之交，微型小说"三起"，形成一时创作热潮。茅盾发表了《一鸣惊人的小小说》文章，加以推波助澜。然而，此时的微型小说作品大多紧跟政治形势，"新闻特写化"，仍没有获得这种文体应有的本体意识，偏离了艺术轨迹而最终也是昙花一现，走向衰"落"。

微型小说"四起"于20世纪80年代。1980年，我们在筹办《小说界》过程中，发觉新加坡、泰国等东南亚国家微型小说作品颇多，几乎成为一种主要文学品种，其中一些优秀之作，甚为赏心悦目。台湾地区几次举办的微型小说征文活动，影响也很大。日本从20世纪70年代起也兴起超短篇小说，有《超短篇广场》等杂志，专门刊载这类小说。我们研究了微型小说在这些地方兴起的原因，是由于它适应于快节奏生活中的读者欣赏需求，同时它有利于反映现实生活，有利于文风的精练，有利于文学新人的培养。随着我国内地转入以经济建设为中心，现代化步伐加快，这一文体的"有利"之处，将会受到社会的欢迎，因而它有着广阔的发展前景。这坚定了我们倡导这一文体的决心。在《小说界》编辑方针中，第一次把微型小说作为一个独立文学品种，与长篇小说、中篇小说、短篇小说并列。在《小说界》创刊号的微型小说专栏里，除发表内地作家作品外，还特意转载了台湾地区作家陈启佑的《永远的蝴蝶》，这是一篇美文，七八百字的篇幅，展现出一种悲剧性的意境：情感美丽且绵长，生命短暂而无常。虚实相生，情思隽永，给读者留下丰富的审美想象空间。此文在台湾地区曾多次获奖。我们发表后，读者认为这也是打开了一个"窗户"。

由于微型小说顺乎世情、顺乎文情，20世纪80年代后发展很快，继《小说界》之后，有些报刊也陆续刊载起微型小说，或称之为一分钟小说、小小说、精短小说等。微型小说的数量猛增。不过，这到底是一种新兴的文学品种，发育尚不完全，人们对它的认识也存有疑义。有些人觉得它很难有什么独特的审美特点，如果有的话不过是把短篇小说的特点浓缩一下而已。在实践上，一些小故事、小新闻、小报告、小特写，也被作为微型小说推出。据此，遵照小平同志所说的"研究新情况，解决新问题"，我决心对微型小说作点理论上的探讨。 我集中看了一些资料，思索了一些问题，于 1981 年 8 月发表了《微型小说初论》一文。 此文共讲了四个问题：一，顺乎文情，应运而长；二，古已有之，今有发展；三，从小见大，以少胜多；四，纸短情长，言不尽意。 对微型小说的历史渊源、发展规律以及审美特征做了初步探讨。 由于是"初论"，理论上难免粗疏，长处可能是有点"开创性"。 作为新时期第一篇研究微型小说较有系统的论文，引来了大家对微型小说理论的关注，接着陆续出现了一批论文，其中有凌焕新的《微型小说探胜》，许世杰的《微型小说名实略论》等。 一些著名作家也为微型小说这一文体鼓与呼，其中有王蒙的《我看微型小说》，蒋子龙的《关于微型小说的沉思》等。

创作促进了理论的研究，理论研究反过来又推进了创作的发展。 到 1984 年，全国经常刊登微型小说的报刊达 400 余家，在江西省委和郑州市委的支持下，先后诞生了两家选刊：《中国微型小说选刊》和《小小说选刊》。 为了进一步吸引更多的人参加微型小说的创作，并促进创作质量的提高，在上海市委宣传部和市出版局的支持下，《小说界》于 1985 年、1987 年，先后举办了两次全国微型小说大赛，发现了一批优秀的作者和作品。 与此同时，《青春》《写作》《北京晚报》《中国微型小说选刊》《小小说选刊》等报刊，也分别举办了征文大奖赛，有的还结合召开了繁荣微型小说座谈会。 20 世纪 80 年代中期，全国各地的微型小说征文活动，使微型小说的浪潮一浪接着一浪。

从 1988 年开始，一些在微型小说创作中卓有成绩的作者，在当地党组织的关怀下，开始出个人专集。 第一个出书的，是湖南作者邓开善。 他的代表作《月照南窗》，是一篇饱含着意境美的微型小说，由《小说界》发表。 我给予了它很高的评价。 我以为，微型小说以小见大，结构上就要注意虚实相间，浓淡有致，为读者留下充分的想象空间，就要像《月照南窗》那样，含着"曲终人不见，江上数峰青"的韵味。 邓开善的结集《太阳鸟》，由上海文艺出版社出版，应他之约，我为此书作了序。 接着，其他一些在微型小说创作中冒尖的作者，如生晓清、沙电农、张记书、凌鼎年、孙方友等，也都出了微型小说集。 经过 10 年左右的操练，微型小说开始形成一批具有一定创作水平的作者队伍，他们中的一些人，对微型小说特有感情，自称"微型小说专业户"，愿为微型小说鞠躬尽瘁。

微型小说既有了较广的读者，又有了一批创作中坚力量，还有着众多的发表园地，应当说，到 20 世纪 80 年代末，已经完全从短篇小说中分离出来，成了一个独立文学品种。 在这种情况下，1989 年 11 月，经上海市委宣传部同意，《小说界》与《小小说选刊》《中国微型小说选刊》以及《解放日报》《文学报》《北京晚报》等

8家热心倡导微型小说的报刊主编和负责编辑聚会上海，就微型小说的成绩、现状、趋向以及各报刊的编辑工作，进行了研讨和交流。 会议决定成立全国微型小说学会筹委会，筹划学会的成立，以便更好地团结微型小说作者，更有力地促进这一文学品种的健康发展。

党和政府十分关心中国微型小说事业。 尽管当时对全国性学会协会的成立审批掌握很严，1992年6月，国家民政部还是批准了中国微型小说学会的成立。 学会挂靠中国作家协会，会址设在上海，我被选为会长，凌焕新、王保民、张志华为副会长。 学会的成立，标志着微型小说完全成为一种独立的文学品种，进入了一个新的发展阶段。 我国的小说格局，由传统的长篇、中篇、短篇的"三足鼎立"，变为长篇、中篇、短篇和微型的"四大家族"。

尽管如此，微型小说在"四大家族"中毕竟是很弱的一支，根不深、叶不茂，亟须加强理论和业务学习，加强作者队伍的培养。 为能在这方面提供一些教材，我们利用在出版社工作之便，先后主编了《中外名家微型小说大展》和《世界华文微型小说大成》二书。《大展》精选的100篇中外名作，从时间上说，上溯公元三四世纪，下迄当今。 从地域上看，包括世界5大洲28个国家和地区。 作家计90人，有雨果、托尔斯泰、鲁迅等被称为巨匠的作家；有泰戈尔、帕尔·拉奎斯特、海明威、斯坦贝克、辛格、川端康成、海因里希·伯尔、马尔克斯等获诺贝尔文学奖的作家；有现实主义、浪漫主义、现代主义等不同流派的作家。 我在"序"中对这些作品作了归纳分析，指出《大展》中作品的魅力和质量，最耀眼的一点，是有一种风格在。 我们要从中汲取教益，努力创作富有鲜明风格的作品，让微型小说能无愧为小说"四大家族"的一员。

《大成》选的则是世界华文微型小说的精粹，大量是当代的，反映这一文体在当代的兴起，同时也选了现代的、近代的、古代的一些优秀之作，表明这一文体的源远流长。 鉴于已出版的微型小说集，局限于作品，此书则既选作品，又选理论，并附有资料，比较全面地反映了这一文体的全貌，是故成了《大成》。 按柯灵先生的说法，它是"微型小说的百花园"。 我在序中对当时比较有争议的微型小说命名问题和大致字数问题，发表了个人看法。 全书60万字，是一部较有权威的选本，初版不久后即重版，不少地区举办的微型小说学习班、研讨班用它作教材。

学习班、研讨班都受到当地党委宣传部门的关心。《青春》在南京市委宣传部领导下办的学习班，全国各地有100多人参加，有效地培养了一批作者。 我在这个学习班上讲的课，后来《青春》杂志要我整理成文，以"微型小说讲座"为栏目，分12讲，在该杂志上连续刊载了一年。 由于这些"讲"是从写作的实际出发，结合中外微型小说名作，进行理论上的剖析和阐发，文字比较平实亲切，因而受到微型小说作者的欢迎。一些报刊有选择地进行了转载。后结集为《微型小说面面观》，由百花洲文艺出版社出版。此书销到东南亚后，泰国《新中原报》等报刊也予以分期连载。

这期间，1985 年 6 月，我被党组织任命为上海文艺出版社总编辑，在年底参加中国出版代表团访问当时尚未回归祖国的香港，1989 年又作为中国出版代表团的成员出访新加坡，组织上所给予的出访机会，使我实际接触了海外华文出版和华文创作情况。我感到，由于中国的改革开放和发展，也由于海外一些应用华文华语的国家和地区，有加强华文的趋势，华文出版世界出现"整合"的苗头。华文创作的国际间交流、交融日益增多。海外的华文创作，微型小说是个重要品种。在新加坡时，几位作家赠我的近著，大都均为微型小说集。马来西亚、菲律宾、泰国的华文报刊，近年也增添了微型小说。台湾地区有一篇文章叫作"人生处处极短篇"（"极短篇"即微型小说），表明这种文体已扎根在人们的生活之中。在这种情况下，我和学会秘书长郑宗培、副秘书长徐如麒商量，是否可在国内多次举行微型小说大赛的基础上，组织一次国际性的大赛，以促进世界华文微型小说的交流、整合和提高，从而更有力地扩大微型小说的影响，提升微型小说的品位。

恰好，新加坡作家协会会长黄孟文博士来上海访问，我俩在新加坡已经认识，对发展华文微型小说有着共同的认识。经磋商，决定由中国微型小说学会和新加坡作家协会发起，并征得泰国华文作家协会、英国华文作家协会、荷比卢华文作家协会、香港作家联会以及中华文学基金会、上海文化发展基金会的同意，在春兰公司的赞助下，于 1993 年 5 月 1 日至 1994 年 4 月 30 日，共同主办了"春兰·世界华文微型小说大赛"。此项活动得到了党组织和文化界前辈的大力支持。冰心、汪道涵、夏征农、施蛰存、萧乾任顾问，国际笔会上海中心会长柯灵任组委会主任，上海市委宣传部副部长徐俊西、中国作协书记处书记张锲、新加坡作家协会会长黄孟文、泰国华文作家协会会长司马攻、香港作家联会会长曾敏之、荷比卢华文作家协会会长林湄、英国华文作家协会会长陈伯良、《新民晚报》总编辑丁法章，春兰集团副总经理董木森和我等 10 人任副主任，郑宗培任秘书长，徐如麒、魏铮任副秘书长。海内外共有28 家报刊参赛，其中有《解放日报》《文汇报》《新华日报》《北京晚报》《新民晚报》《文学报》以及新加坡《联合早报》泰国《新中原报》，美国《中外论坛》等。一年中，有近万篇稿件参赛。参赛的作品除来自中国内地外，有新加坡、泰国、马来西亚、美国、比利时、荷兰、奥地利、澳大利亚、新西兰以及中国香港地区的华人、华侨、华裔。此次赛事规模之大，范围之广，时间之长，作品之多，影响之深，在世界华文文坛上实属少见。

1994 年 5、6、7 月间，参赛的 28 家报刊从发表的约 2 000 篇作品中，遴选出 300 篇交大赛评委会评选，经过初评、终评，最后评出二等奖 9 篇，三等奖 14 篇，鼓励奖 94 篇。它集中展现了当时世界华文微型小说创作成果，显示了华文微型小说世界的多姿多彩。不同国家和地区的华文作品，有着不同的特点，但都共同积淀着中华文化的基因，与中华民族的"根"联在一起。这次世界性的大赛，为大家相互比较作品，取长补短，为世界微型小说乃至整个华文文学的发展，起了促进作用。正如柯灵所指出的："海内外的华文作家踊跃参与了大赛，对这一文学老林中的小说新秀，无疑是一次有力的催化和推动。"获奖的作品，由上海文艺出版社结集出版，还分别在上海、新加坡、曼谷举行了颁奖仪式。泰华作家协会结合颁奖仪式，举行了盛大的泰华文学座谈会。我在会上代表大赛组委会为泰国获奖作者颁奖，并介绍了中国文学创作的发展情况。曼谷华文报刊对此作了大量报道，并选发了大赛的一些获奖作品，配上大赛评委所写的评语，向读者介绍。

在大赛的基础上，我与黄孟文博士感到有必要举行一次世界华文微型小说研讨会，进一步推动这一文学品种的发展。经协商，由新加坡作家协会出面，向有关国家和地区的文学团体发出邀请。经过一番筹备，研讨会于 1994 年 12 月 26 日至 30 日在新加坡国立大学举行。到会的有中国、日本、澳大利亚、马来西亚、泰国、菲律宾、印度尼西亚、文莱、加拿大、德国、新加坡以及中国台湾、中国香港等国家与地区的作家学者近一百人。我国参加的有郏宗培、左泥、李春林、刘海涛、凌鼎年、沈祖连、张记书、廖怀明、刘海涛等。大会共收到 60 多篇论文。30 位与会者在大会上就"世界各国微型小说的发展""微型小说的理论和技巧""微型小说和社会人生""微型小说作家及其作品研究"等专题进行了交流和探讨。这以后，每隔两三年举行一次研讨会，已先后分别在曼谷、吉隆坡、雅加达、文莱、上海、香港等地举行了九次。至此，世界华文微型小说创作基本上连在一起了，特别是东南亚地区，各国华文微型小说作者的交往十分频繁，互发对方的作品也日益增多。新加坡作协还出资在新加坡出了中国作者刘海涛的论著。香港也出版了我的《微型小说的特性与技巧》一书。

1996 年年底，由中国微型小说学会策划、徐如麒责编，上海文艺出版社出版了一套"世界华文微型小说名家名作丛编"，计有中国卷、新马泰卷、欧美卷和台港澳地区卷。各卷分别由当地微型小说的有影响的人物担纲主编。这套书展现了微型小说的兴起，成为一个世界的潮流。微型小说是世纪末文坛的一道亮丽的风景线。1999 年 11 月，在新加坡注册的世界华文微型小说研究会成立，黄孟文任会长，我任名誉会长。

2001 年 10 月中旬，中国微型小说学会与《微型小说选刊》，在南昌联合召开了"面向新世纪的微型小说"研讨会。会上反映出微型小说自 20 世纪八九十年代脱颖而出，从短篇小说分化出来独立成家以来，近年又有长足的发展，已成为深受读者青睐的一种文体。微型小说期刊的销量不断攀高。1984 年创刊的《微型小说选刊》，1994 年由双月刊改为月刊，1996 年又改为半月刊，尽管刊物定价提高，发行量却不断上升，期发行量由 1992 年的不足 10 万册上升到 35 万册，月发行量达 70 万册，在文学刊物中名列前茅。《小小说选刊》的期发行量也超过 30 万份。微型小说的图书也受到欢迎。据不完全统计，那些年来出版的各种微型小说合集或综合选集达百种，印数大多超过一般的文学作品集。微型小说逐渐形成了一支创作群。中国微型小说学会经过比较严格的审批，吸纳会员近 500 人，还不断有作者要求入会。其中有些自称"微型小说专业户"，痴迷微型小说，创作质量不断提高，写出一些有质量有影响的作品，如《立正》《餐厅里的爆炸》《剃头阿六》等。一些知名作家，不时也贡献出一些微型小说佳品。更可喜的是，微型小说已进入学校课堂。当时就有十多所大专院校，如四川大学、中国矿大等，开设了微型小说选修课，选修者颇众。还有不少微型小说作品进入了初中、高中、大专、大学的正式教材和高考试卷。凡此种种，说明根基不深的微型小说，尽管处于上世纪 90 年代文学不够景气的环境下，还是在茁壮成长。它因吻合时代的需要和读者的需求而拥有蓬勃的生命力，它是属于新世纪的"朝阳文体"。2001 年 12 月 15 日，中国作协党组书记、副主席金炳华向中国作家协会第六次代表大会作工作报告，报告在讲述了长篇、中篇、短篇小说取得的成绩后，接着指出："与此同时，微型小说的创作，也广受读者的欢迎。"这是微型小说第一次在中国作协工作报告中被正式提及，显示了这一文体进一步得到了文学界的肯定与支持。

2006 年，上海辞书出版社为了顺应读者阅读精品的需要，在其著名的"文艺鉴赏辞典系列丛书"中，约我主编一本《微型小说鉴赏辞典》，经过反复斟酌，按照"好中选好，优中选优"的原则，最后选收中外作品 320 篇，多为在流传中获得广泛好评的拔尖之作，有些已经具有公认的经典性与权威性。歌德说："鉴赏力不是靠观赏中等作品而是靠观赏最好作品才能培育成的。"作为"鉴赏辞典"，就必须坚持把最好的作品选进来，才能较好地满足读者鉴赏的需要，才能有效地培育读者的鉴赏力。书中的经典性的优秀作品，善于用精短的手法展现人物和情节，虽是小小的"微型"，却是精彩的"小说"，凸显着微型小说特有的审美特征，以小见大，言微意远。在题材上，以少胜多；在结构上，由点涉面；在情愫上，纸短情长；在内涵上，言不尽意。 总之，善于"小""大"结合成"尖"，既给人以瞬间的冲击力，又给人以长久的回味力，尽现微型小说特有的美妙。 从书中经典性作品中还可以看到，好的微型小说都有自己的艺术个性与艺术风格。 风格是作家与作品成熟的表现。 这一点，微型小说的作者与作品也不例外。 人们常说微型小说"麻雀虽小，五脏俱全"。 这个"五脏"，不仅是人物、情节、结构、语言等文学因素，同时包括作家的品格、风度、才华、学识在作品中所综合表现出来的风格。 风格是"麻雀"的"灵魂"。 这部"鉴赏辞典"中的320篇作品，呈现出现实主义、浪漫主义、现代主义等不同的风格，反映了各自不同的艺术个性。 而这当中，又有着现实、抽象、空灵、象征、怪异、幽默、科幻、寓言、隐喻、错位等手法，被用于不同风格的创造，显示了微型小说世界的多姿多彩。"亦各有美，风格存也"。 2007年出版的《中国新文学大系·第五辑》，收的是1976—2000年间的作品，鉴于这一时期微型小说的横空出世，破天荒地将微型小说单独列卷，专门增设了微型小说卷，这就意味着微型小说在文学家族中有了独立占有一席的资格，进入文学史了。

这样，20世纪80年代后勃起的微型小说，就没有再蹈现代文学史上的"三起三落"的覆辙，这第"四起"终于在文学疆土上生了根，站住了脚，不再"落"下去了。 之所以如此，首先是由于社会进入以经济建设为中心，现代化进程加速，人们的生活节奏加快，使这一精短文体应运而生，应运而长。 同时，党的繁荣文艺的要求，党的双百方针，党的改革开放政策，有力地催生了这一文体。 可以说，时代是土壤，党是阳光。 自然，也依赖众多作者、评论者、编者和读者的积极耕耘。 我由于工作关系，也运用出版平台做了一些工作。 姚朝文教授在他所著的《华文微型小说原理与创作》一书中，称我是"中国乃至世界华文微型小说的中坚人物"，列举了我"几方面贡献"："一、中国大陆'微型小说'这一名称的引进者；二、改革开放以后，'微型小说'这种文体的倡导者；三、中国内地微型小说专栏的首创者；四、中国内地改革开放后最早从事微型小说批评与理论探索的人之一；五、中国内地第一个出版微型小说理论著作的人；六、在微型小说领域里，最早实现了与企业联合举办征文大赛的组织者；七、中国内地第一批将这种文体传播到东南亚及其他国家与地区的文化活动家的代表；八、中国内地微型小说学会的首任会长。"对此我表示，我所以能在倡导微型小说中"最早""首先"或"第一个""第一批"做些事情，主要是我得天独厚地在出版社工作，如果没有出版这一舞台，也就演不出这些戏，做不了这些事，何况，有些事并没有做好。 还是"众人拾柴火焰高"，是"众人"把微型小说的"火焰"点燃起来的。 2010年12月，在第九届世界华文微型小说研讨会上，我因"突出贡献"被世界华文微型小说研讨会和中国微型小说学会授予终身荣誉奖，同时获奖的，还有新加坡作家协会原主席黄孟文和泰国华文作家协会永远名誉会长司马攻。这时，世界华文微型小说研讨会和中国微型小说的接力棒，已在前几年传到郑宗培手中了。 2012年8月至2013年10月，在他的主持下，中国微型小说学会、世界华文微型小说研究会举办了"黔台杯·第二届世界华文微型小说大赛"，收到海内外来稿近8 000篇，进一步推动了世界华文微型小说的发展。

10.《外国现代派作品选》与《世界文学金库》

　　上海文艺出版社于"文革"前是出版了不少外国文学作品的，1964 年至 1966 年一度改称为人民文学出版社上海分社，与北京人文社分工合作计划出版"外国文学名著丛书"，原定选题 120 种，后来扩充为 200 种，上海负责的有荷马的《奥德修记》，弥尔顿的《失乐园》，惠特曼的《草叶集》，狄更斯的《荒凉山庄》，夏·勃朗特的《简爱》，巴尔扎克的《农民》，司汤达的《红与黑》，等等，约占整个计划的三分之一。　当时上海文艺出版社（人民文学出版社上海分社）设有外国文学编辑室，负责外国文学作品的编辑出版。　1978 年 1 月，在"文革"中被取消社号的上海文艺出版社恢复建制时，内中的外国文学编辑室被剥离出去，另外成立上海译文出版社，上海文艺出版社原有的外国文学出版任务也随之转移，此后主要集中力量搞好我国现当代文学的出版。　然而，中外文学是互通的，作为一家"文艺出版社"，完全不关注外国文学，似乎缺了一只"角"，特别是我社有长期出版外国文学的传统，不少读者认这个牌子，不断有读者来电来函询问这方面的出书情况，如果一下子"刹车"完全不出外国文学，也有负读者期待。　而且，在前所未有的改革开放的大好形势下，应当在打开"洋为中用"的窗口上有所作为，将优秀的外国文学"拿来"为我所用。

　　据此，我们认为，我社对外国文学也还是要出一点的，但要有选择地出。　出版社有分工，这方面的主力军是译文、译林这类的专业出版社，我们没有必要也没有能力系统地出版外国文学，我们只适宜做点"拾遗补缺"的工作，或者说，以"人无我有"和"人有我新"的要求，出一些别的出版社所没有的具有新的特色的书稿。　外国作家个人的单本作品和选集，译文、译林等出版社已经有计划地在进行出版，我们再去插一脚，不仅会形成重复出版，而且以我们之力，也只能鸡零狗碎地抓几本，形成不了影响。　这不是扬我之长，而是用我之短。　我们感到，比较适宜我们的做法，是根据社会的需求，多出一些专题性选本。　这种选本的内容，虽然收的是外国作家的作品，但是，专题的确定和作品的取舍，则决定于我们的编者。　如果再附以必要的述评，就更使这样的选本打上编者的主观烙印，在相当程度上形成为特定的"这一个"，从而成为"人无我有"和"人有我新"的出版读物。

　　当时，伴随着改革开放脚步的启动，被禁锢多年的西方现代主义文学思潮在社会上迅速传播开来，成为人们热议的一个话题。 然而，西方现代主义文学从第一次世界大战前后算起，也有近二百年的历史，流派纷呈，构成复杂，作品众多。 虽然从20世纪20年代就引进我国，在三四十年代也有过不少译介和评论，但建国以后，受苏联影响，在"左"的思想指导下，采取了彻底否定的态度，视它如洪水猛兽，不许译介，只准批判，因而并没有多少人深入接触和了解现代主义文学。 对它的热议和争论，不论是赞其"好得很"，还是贬其"糟得很"，多停留在抽象概念上，缺乏对现代派作品的具体分析。 由此启发我们编选一套现代派作品选的想法。 文学二室编辑金子信曾是中国社会科学院文学研究所研究生，与外国文学所人员熟悉，得悉袁可嘉等专家在酝酿编选这方面作品，立即赴京约稿，两方面一拍即合，经协商，由袁可嘉、董衡巽、郑克鲁三位研究欧美现当代文学的专家共同主编一套《外国现代派作品选》。 他们兢兢业业地奋斗了几年时间，完成了一套四册、总字数达二百三十多万字的选集，于1980年10月到1985年10月次第问世。

《外国现代派作品选》主要选译了第一次世界大战以来欧美、日本、印度等国属于现代派文学范围内有国际影响的十个重要流派的代表作品，以流派为经，时代为纬，分编为四册十一个专辑。 第一册包括后期象征主义、表现主义、未来主义；第二册包括意识流、超现实主义、存在主义；第三册包括荒诞文学、新小说、垮掉的一代、黑色幽默；第四册包括虽不属于某个特殊的现代派，但有过较大影响，属于广义现代派作品。 选目以一般公认的能够反映各个流派特色的作品为主，侧重艺术特征。 文学史上经常提到的作品，如艾略特的《荒原》，梅特林克的《青鸟》，卡夫卡的《变形记》，马雅可夫斯基的《我们的进行曲》，沃尔夫的《墙上的斑点》，乔伊斯的《尤利西斯》（第二章），加缪的《局外人》，贝克特的《等待戈多》，罗布-格里耶的《咖啡壶》，劳伦斯的《美妇人》，等等，尽收书中。

为便于读者了解、参考，主编袁可嘉撰有两万多字的长篇前言，对西方现代派文学的产生和发展，思想特征和艺术特征，形成的社会背景和思想根源，以及西方现代派文学的意义，作了全面而深刻的分析。 前言指出，对于西方现代派文学，我们应坚持一分为二、实事求是的精神。 认识它在思想上和艺术上都有两面性。 它在揭露资本主义社会矛盾的同时，总要散布一些错误思想，诸如虚无主义、悲观主义、个人主义等。 在艺术方法上有所创新、有所成就，也有所破坏、有所危害。 我们对它要有选择地拿过来，科学地分析它，取其精华，弃其糟粕。 各辑还附有流派述评，各家附有作者小传。 读者一卷在手，对现代派文学最起码会有一个大致的了解。

这个作品出版后，在海内外引起很大反响，获得普遍的好评，认为是我国"五四"时期介绍现代派文学以来最有系统、最完整、观点正确、选材精当、编译和出版质量臻于上乘的一个好选本。它扩大了我国文艺界的视野，提供了可资借鉴的艺术手法，影响了我国新时期的文学创作，促进了朦胧诗、意识流小说和实验戏剧的出现。同时，也满足了读者对西方现代派文学的阅读需求，它成了当时文学爱好者争相阅读的一套书。大学一般都把这套书列入参考书范畴，特别是当时的中文系学生，未读过的几乎没有。现在，几十多年过去，这些大学生谈起自己印象深刻的书，往往都会提到《外国现代派作品选》。

随后出版的《欧美现代十大流派诗选》，也成为读者阅读外国文学的一个佳品。所以编选这个"十大流派诗选"，既是鉴于市场上从流派角度编选的外国诗选很少，贯彻我社在外国文学出书上的"人无我有"要求，实行错位经营，同时它也是我社策划的"十大书系"中的一本。20世纪80年代初期，借《中国十大古典悲剧集》和《中国十大古典喜剧集》出版后的积极反响，我们即以"十大"为书眼，发展了一套"十大"书系，内容涉及中外文艺的多个方面，诸如《中国现代十大流派诗选》《外国十大歌剧选》《世界十大芭蕾舞剧欣赏》《当代十大舞剧赏析》等。《欧美现代十大流派诗选》收录了英国、美国、法国、德国、比利时、意大利、苏联（俄国）、奥地利、希腊、西班牙、墨西哥、智利、秘鲁、阿根廷和尼加拉瓜等15个国家、10个流派、120余位诗人的近400篇作品，不少诗作是首译或新译。所收的作品不在国别地区上求全面，而以突出流派本身的特征为主。欧美现代诗的概念，一般是指从1850年左右现实主义、唯美主义、象征主义三大诗派兴起迄至当今的欧美诗歌。它与西方历史上自古希腊罗马诗歌至19世纪上半叶浪漫主义诗歌组成的传统诗构成对照。书中对现代诗流派的划分，虽然依据文学史和评论界一般公认的、普遍使用的划分法，但各国、各家对流派的界定往往有所差异，难求统一，而且，各流派之间互相交叉，存在相当宽泛的模糊地带，因而一些诗作的流派归属存在进一步探讨的空间。不过，这一"实验性选本"，为从流派角度鉴赏研究欧美现代诗率先提供了读本。责任编辑徐如麒协助主编袁可嘉做了大量工作。

1994年，为向读者提供一种好的世界文学读本，我们出版了《世界文学金库》。选题萌动于与翻译家、作家朱雯的交谈。朱雯与女作家罗洪同为松江人，20世纪30年代就活跃于文坛，是著名的文坛伉俪。那天，我与几位同事到他们的淮海中路寓所拜访，谈起随着多年禁锢的解除，对外的窗口越开越大，读中外文学作品的人越来越多，许多出版社也出了不少中外文学作品，但是，文学作品数量众多，中外古今，汗牛充栋，一个人即使穷毕生的精力，也难遍览群书。就大多数读者来说，也不需要每本书都去读。读书需要选择，每个人选择读什么书，因各人爱好兴趣的不同，难于有统一的具体规定。但有一条，是放之众人则皆准的，这就是多读经典，多读名著。由于人生苦短，加以当代生活节奏加快，人们忙得不亦乐乎，不可能有很多时间去读大量的书，读书也需要一个优化的原则，一个最大效率的原则。这个原则，就是要在浩瀚的学海中进行广泛而严格的筛选，选出少量的真正的精品来读。这个精品自然首推经典与名著。经典与名著都受过时间的检验，内容厚实，"流耀含英"，能给读者带来最大效益。歌德在谈到人的鉴赏力提高时说："鉴赏力不是靠观赏中等作品而是靠观赏最好作品才能培育成的。"因此，认真地读经典与名著，可"以少少许胜多多许"，以最经济的时间，取得最大的收获。宋朝开国宰相赵普，出身乡间，少时读书不多，做官后反复钻研《论语》，他说他是"半部《论语》治天下"。这话是既自谦，又自夸，但也在一定程度上反映了经典著作的"含金量"确实不一般。基于此，历代都有人为初学者开一些阅读书目。这些书目多为经典、名著。鲁迅对于某些学者开的书目不大赞成，他说："有的书目开得太多了，要十年才看完，我怀疑他自己就没有看。"这里，鲁迅不是否定书目的作用，而是不同意"书目开得太多"。可见，即使是经典与名著，也要根据自己条件有选择地去看。

那天，我们和朱雯先是谈到，是否可请专家学者开一个精当的阅读书目，为读者在书海中起一点"导游"的作用，以利在阅读中少走弯路。后来又觉得，书目开出后，如果读者要照单阅读，找齐有关作品也会颇费周折，不如"好事做到底"，干脆精编一套文学读本，读者一册在手，就能对世界文学中最优秀的部分有所涉猎，从而开阔精神视野，提高文学修养。

这一选题在出版社内部讨论中得到普遍的赞同。不过，大家认为，编选一定要坚持少而精的原则，要站在今天的时代高度，遴选出世界文学中"含金量"最高的经典之作、传世之作。收入的外国作品，不仅要是名篇，而且应力求是名译，并要附有精美插图，以期让读者收到"尝鼎一脔""取法于上"的阅读效果。是故最后将这套世界文学丛书定名为"金库"。为了能全面反映文学成果，"金库"不仅为诗歌、散文、短篇小说、中篇小说和长篇小说立卷，而且也为神话史诗、寓言、童话和戏剧立卷。计十卷，每卷限 60 万字左右。中国部分的编选范围上自先秦，下至五四运动，以和我社出版的《中国新文学大系》（1917—1949）衔接；外国部分则上自古埃及神话，下至 20 世纪 40 年代第二次世界大战前后。

《金库》由朱雯和我任主编，约请行家里手为各卷编选并作序。神话史诗卷收神话 70 多则，均为世界各地区、各国有代表性作品，在编排上没有以地区、国家划分，而是按大致内容分为三组：创世神话；一般神话；英雄神话。当埃及的《拉神创世》，巴比伦的《创世纪》，希伯来的《亚当和夏娃》，希腊的《神的启源和奥林波斯神山》，北美印第安人的《自从开天地》等，与中国的《盘古开天地》《女娲造人》等神话结集在一起被阅读，在相互对照中，不仅可以知道宇宙和人类的来源有着多种的说法，而且增添了一种比较文学的魅力，激发出更多的阅读乐趣。 史诗部分选了十部有定评的著名作品：希腊的《伊利昂记》，印度的《罗摩衍那》，罗马的《埃涅阿斯记》，波斯的《列王记》，法国的《罗兰之歌》，德国的《尼伯龙根之歌》，芬兰的《卡勒瓦拉》，以及中国的《格萨尔》等。 由于史诗篇幅较长，限于"金库"的容量，采取了节选的办法，但尽可能节选史诗中一段完整的故事，或者某一人物一生中最壮丽的一章，并在每篇开头对该史诗的形成和内容作了简介，尽可能减少读者的片断零星感觉。 寓言卷的编选，是在搜集了当时国内所能见到的各种中外寓言集的基础上进行的，收入寓言 1 300 多则。 寓言的产生与兴盛，与人类的文明发展同步，它和神话一样，具有长久的生命力。"二桃杀三士""朝三暮四""五十步笑百步""庄周梦蝶""买椟还珠"，以及"老鼠嫁女""狼与小羊""驴子和他的主人""山雀"等寓言，多是以比兴的手法，隐喻一种人生哲理，历时弥新，代代相传。 童话卷收录的主要是民间流传的童话。 童话是一种古老的文学品种，有人说，"童话是小说的童年"。 童话世界可以说是神话世界的继续，神话消失后，神话精神转入童话世界，促成了童话的发展。 不过童话不会像神话那样走向消亡，而会随着历史发展不断向前延伸。 这是因为，"儿童天性是爱童话的"。 有儿童，就会有童话。 近代以来，又产生了安徒生、格林兄弟、王尔德等作家创作的童话，"金库"也选了一些，但主体是民间童话，因为童话的生命根基在"民间"，优秀的文人创作童话，也是汲取了民间童话的乳汁才生发开来的。

"诗言志，歌咏言"，诗歌的起源，远在人类有文字之前。 人类有了语言，也就有了诗歌。 当然，最早的原始诗歌，是口头的诗，口头的歌。 诗歌卷精选了不同时期、不同国度、不同诗人的大量优秀作品，最早的出自先秦的《诗经》。 散文是最贴近生活的艺术，有论者指出，集纳了中外名篇佳作的散文卷，既构成一幅精美绝伦的散文艺术长卷，又成为瞭望观察古往今来世界万象的一个极好窗口。 小说的数量最多，除设短篇卷、长篇卷外，还设了中篇卷。 我国古代小说只有短篇和长篇之分，并没有中篇之说。 不过，外国有中篇，加之我国文学在新时期的发展，一个突出现象就是中篇小说的崛起，据此增设了中篇卷。 对古代中篇小说的认定，按照现时的三万字到十万字的篇幅为中篇的标准划分。 长篇小说共选了 20 部中外名作，尽管安排了两卷，由于篇幅大，还是无法全文收入，如果只是简单地加以压缩，或者只是提供一个故事梗概，会使读者无法领略这些长篇巨作之妙。 经商量，采取了将原著选段与故事缩写相结合的办法，即从原著中精选若干重要片断，然后尽可能按照原著的艺术风格和叙述方式把没有选录的内容情节进行客观的、准确的缩写，最后再将原著选段和缩写文字有机地连缀衔接起来，从而给读者如同读了一部完整的小说的感觉。这样做需要文学高手。 我们分别约请了对某一长篇小说素有研究的学者对该小说进行选录和缩写，力求做得好些。 戏剧文学是世界文学的重要组成部分，我国的元曲，与唐诗、宋词、明清小说一样，都是中国古典文学的瑰宝，而古希腊戏剧是人类的骄傲，此后西方更有"说不尽的莎士比亚"，伟大的歌德与席勒，以及现代戏剧之父易卜生等，为戏剧文学创造了一个个高峰。 因此，"金库"也单列了戏剧卷，收入中外名剧《窦娥冤》《西厢记》与《俄狄浦斯》《哈姆雷特》等20部。

　　《世界文学金库》编选历时两年多，依靠群策群力，认真贯彻了"少而精"的原则，精选、精编、精评，使其"含金量"较高，出版后不仅具有影响力，也显示了生命力。 它不是那种昙花一现的"发烧书"，"烧"过后就烟飞灰灭，而是可以活得久的长命书，虽不轰轰烈烈，但能细水长流，长时间地润泽读者。

11.《文艺鉴赏大成》和《文化鉴赏大成》

　　1983 年 12 月，上海辞书出版社出版了《唐诗鉴赏辞典》，一时风靡图书市场。它反映了随着物质精神文明建设的推进，从"文革"禁锢中走出来的人民大众，迫切需要提高自己的艺术鉴赏能力。　这点，我们在创办《艺术世界》杂志中就有所体会。《唐诗鉴赏辞典》的火爆，启发我们进一步可在鉴赏类工具书方面做点文章。　不过，在编选上要另辟蹊径，不能重复《唐诗鉴赏辞典》的思路。　鉴于当时陆续出版的《宋诗鉴赏辞典》《唐宋词鉴赏辞典》以及《古文鉴赏辞典》等，都是限于对单一文学品种的鉴赏，经研究，我们则打算出一部综合性的文艺鉴赏工具书。　我们想，艺术审美规律是相通的，把各种不同的文艺门类集大成于一部书之中，有利于读者广泛涉猎，融会贯通，从总体上把握艺术真谛。　而且，从创新角度来看，由"单一"改为"综合"，不袭故蹈旧，也可给鉴赏类图书带来些新意，适应读者阅读心理的变化，为读者对这类图书提供更多的选择机会。

　　《文艺鉴赏大成》涉及 14 个文艺门类，囊括了小说、诗歌、散文、戏剧、电影、音乐、舞蹈、绘画、书法、篆刻、雕塑、建筑、园林以及文艺理论。　对文艺理论的列入，是有些不同意见的。　开始有些同志认为，理论不是直接的审美对象，将它与具体作品并列，风格上不太协调，后来考虑到本书的宗旨是为了提高读者的鉴赏水平，而任何艺术鉴赏活动，都离不开理论的指导，因而最后还是将它列入。　书名也经过反复斟酌，最初拟称为"文艺修养集成"，表明本书的宗旨是为了提高大众的"文艺修养"，后来考虑到"鉴赏"更能概括本书的特点，便将"文艺修养"改为"文艺鉴赏"。　而开始称其为"集成"，原本是想回避"辞典"的提法。　因为我们觉得，"辞典"对所收的条目是要求经典性和规范性的，艺术鉴赏则往往仁者见仁，智者见智，很难定于一尊，为避免误会，用"集成"说明本书的综合性即可。　后来又有同志认为"集成"过于古色古香，和读者有点"隔"，于是又考虑过"大全""大观""揽胜""指津"等提法，但不是过俗，便是过雅，最后一致认为用"大成"好，有气势，也有新鲜感。

　　《大成》经过酝酿研究，于 1986 年 10 月正式启动。　由于内容涉及面广，工作量大，参与编写者众多，与个人创作不同，形成一种"大兵团作战"模式，有很多环节需要及时协调。针对这一情况，我们采取了"内外结合、上下结合"的组织形式，以保证写作进度和编选质量。全书主编由我和郝铭鉴、孙颙担任，同时，按艺术门类设立分科主编，分别由高国平、邢庆祥、金子信、李国强、唐宗良、萧黄、何礼蔚担任，他们大多为相关编辑室负责人。每个分科主编下面，都有一个精干的编写组。责任编辑徐小芬、陈鸣华也从一开始便介入了编写过程。经过两年多的奋斗，《大成》于1988年10月问世，受到读者热烈欢迎。当时图书市场已不像七八十年代之交时那样"供不应求"，而是出现了疲软情况，许多新书的印数只有两三千册，而《大成》初版三万五千册，一销而空；随即重印三万五千册，依然供不应求；接着再印，两三年间重版5次，总印数近九万。

《大成》的成功，如读者所说，在于它的"大成"，在于它的门类综合性，在于它的个性特点。艺术的各个门类，各有各的特点，各有各的表现方式，因此，才有诗，有画，有……然而，作为艺术，它们又有着共同点，有着普遍规律。在艺术王国里，一方面，诗不是画，不是……；另一方面，诗中有画，诗中有……由此决定人们对艺术的了解，既要注意观察研究特定艺术品种的特殊性，又要注意将不同品种综合比较，以便更深入地掌握艺术的真谛。文艺史告诉我们，一切文艺专门家，都是在广博的文艺知识基础上，建立起他那个专门艺术之塔的"塔尖"的。像大音乐家贝多芬受巴黎有关建筑群的启示，创作了著名的《英雄交响乐》，大书法家张旭"见公孙大娘舞剑器而得其神"一类的事例，我们可以举出很多。我国当代著名导演焦菊隐讲过这样的话：导演倘把自己仅仅限在"舞台艺术"的狭小天地里，而没有其他方面的文艺修养，是诞生不了舞台艺术的。对艺术的鉴赏者来说，如果只限于某一门类的狭小天地，而完全缺乏其他艺术的知识，也是难于领会艺术的奥妙的。特别在当代，科学技术的飞速发展，促进了各学科之间的互相渗透、融合，文艺各门类之间也进一步相互穿插、吸收。《大成》中收有英国女作家、评论家伍尔夫的《普通读者》一文，此文论及未来小说时指出："未来小说是一种综合性的文学形式，它将吸收诗歌、戏剧、散文、传记等各种体裁中的因素，来丰富自己的艺术表现力。未来小说是一种诗化的小说，它将采用'现代心灵'的模式，具有诗的意境。"这告诉我们，要真正了解小说，只局限于小说还不够，还需要懂一点别的艺术。对其他各个艺术品种的了解，也是如此。《大成》不同于某一个艺术门类的鉴赏书，而是涉及了文艺的各个门类，品种齐全，知识密集，读者一册在手，既可按自己的兴趣与需要，重点赏玩某一艺术门类的名篇佳作，又可以广泛涉猎，在鉴赏的比较中获得深一层的艺术启示。《大成》由于内容上这种空前的广"大"，有利于促进读者在加强艺术修养上取得"成"效。

《大成》的成功，也在于所选的作品具有典范性。 人们要具有艺术修养，自然需要阅读、观赏文艺作品。 不经艺术作品的熏陶，是造就不出"音乐的耳朵"和"绘画的眼睛"的。 然而，古今中外的文艺作品汗牛充栋，而人生有涯，加以当代生活节奏加快，人们忙得不亦乐乎，哪有那么多闲暇去接触那么多文艺作品呢？ 这就需要在艺海中进行广泛而严格的筛选，选出少量的真正的精品、珍品，推荐给广大读者阅读、鉴赏。 如果这样选准了，它对读者文艺鉴赏力的提高、"艺术细胞"的形成，可以起到一以当十、当百、当千的作用，反之，十、百、千则不能当一。《大成》中所选的各个门类的九百篇作品，都是经过广泛征求意见，经王元化、张光年、戈宝权、张庚、黄佐临、张骏祥、贺绿汀、刘海粟、王朝闻等九位权威专家最后分别加以审定的。 这其中，有的选目原来列入了，几经斟酌，被删去了；有的作品开始没有列入，几经研讨，增补进来了。 如今，这九百篇作品，不仅是"最好"的，而且大致涵盖了不同流派、不同风格的代表作。 以外国戏剧为例，有体现古希腊悲剧发展基本走向的《被缚的普罗米修斯》，有古希腊喜剧名作《鸟》，有反映人文主义理想的《哈姆雷特》，有崇尚理性的古典主义的《勒·熙德》，有宣泄人的情感的浪漫主义的《欧那尼》，有渲染生理因素的自然主义的《朱丽小姐》，有世态喜剧《女店主》，有市民戏剧《爱美丽雅·迦绿蒂》，有客厅戏剧《造谣学校》，有社会问题剧《玩偶之家》，有讽刺喜剧《钦差大臣》，有注重写实的现实主义的《底层》，有含着丰富想象的象征主义的《青鸟》，有着重表达主观感情的表现主义的《琼斯皇帝》，有充满怪异离奇的荒诞派《等待戈多》，等等。 显然，《大成》以最经济的篇幅，集中了最大量最有价值的艺术信息。 读者可以花最少的时间，获得丰富的艺术知识与艺术享受。《大成》总共不到两百万字，不可能"大"到包罗万象，但它凭借所选作品的典范性，具有一种以简胜繁、以少胜多的魅力，因而也就是最实在最实际的"大成"了。

《大成》的成功，还体现在它的评析的精当性。 对于刚刚开始叩响艺术宫殿大门的读者，需要必要的引导，帮助他们去领略和感悟艺术的奥秘。《大成》中那些要言不烦、画龙点睛的评析文字，可以较好地起着这种"引导"作用。 比如，像《安娜·卡列尼娜》这部名作，虽然不少人知道它，但不一定能理解它。《大成》中的评析，指出要把握两个要点：一是要理解作品所处理的是人生的最大难题，即理想与责任的关系问题；二是要了解作品表现主题时，用的是一种意味深长的比较方法。 读了会有所启示。 又比如像《黄土地》，人们对这部把纪实性和意念性紧紧地糅在一起的探索性影片，评价并不一致。"评析"中，对比了延安根据地打腰鼓与翠巧家乡求雨的两个场面，指出了它蕴藏着的深刻含义：不同的社会制度，在农民心目中创造了不同的上帝，农民不仅要在政治上获得翻身，而且必须在经济上、思想上获得解放，才能真正掌握自己的命运。读者大概都会颔首同意。有些"评析"，跳出了一个作品的圈子，在大范围内进行比较研究，更有助于拓展读者视野。像《十面埋伏》与《霸王卸甲》，是我国琵琶古曲中的两首名曲，它们都以楚汉相争的垓下大战为题材，但两曲所表现的角度与所寄托的感情迥然有别。前者更多地刻画了获胜汉军的威武雄姿，后者则着重渲染项羽的英雄悲剧。"评析"把这两个曲子放在一起，对比分析它们的不同音乐表现，读了令人击掌。长篇小说《简·爱》与《呼啸山庄》的作者，是一对姐妹：夏洛蒂·勃朗特与艾米莉·勃朗特。但一个着力于个性化人物的刻画，一个则醉心于喷射激越的诗情。古希腊的雕塑《米洛的维纳斯》，是维纳斯雕像中最美的。她断缺的两臂原先是怎样的，尽管有众多推测，但没有一个令人信服，只得让人们用自己的想象去补塑她。在我国敦煌，有一尊彩塑菩萨像，虽也左手残缺，但仍保持着那种非男非女、介于男女两性之间的绝妙风韵，其给人美感不在《米洛的维纳斯》之下，也许可视之为"东方维纳斯"。《大成》中对这些作品的对比分析，都给人带来新意。当然，对文艺作品的鉴赏评析，属"再创造"，一般总是交融着鉴赏者特定的认识、感受、想象和体验，因而，对同一作品，有时会"仁者见仁，智者见智"。只要在鉴赏中对作品的基调大致把握住了，而没有南辕北辙，那么，鉴赏中的差异性现象是正常的。从这个意义上说，《大成》中的评析虽然精当，但也不能视作结论，它只是"一家之言"，对初涉艺术殿堂的读者，起着"路引"的作用。

此外，《大成》的成功，还在于装帧精美。全书用字典纸精印，图文并茂，除了随文的插图外，另有七十四幅彩色插页。何礼蔚设计的封面，以黑色打底，由充满现代风格的绘画、雕塑、建筑组合成画面，再配上白色的书名，既端庄凝重，又活泼洒脱，创造出了一种浓郁的艺术氛围，有力地烘托了"鉴赏"的主题，引人注目。"大成"被读者视为"礼品书"，也得益于装帧精美。"人靠衣裳马靠鞍"，一本好书内容要好，形式也要好。

接着，我们又决定编选《文化鉴赏大成》。文化是人的本质属性，人可以说是文化的动物，离开了文化，也就没有了人。文化也就是"人化"。然而，并非所有的人都自觉地意识到这点。有些人文化意识强，全力发展与张扬自己的"文化本性"，有些人则相反，再加上其他因素，于是人群中就有有文化或没文化，高文化或低文化的区别。20世纪八九十年代，我国出现"文化热"，各种形式的文化研讨会、报告会、讲习班，此起彼伏，前呼后应，令人如走山阴道上，目不暇接。"文化热"无疑是政治经济改革浪潮的反响，编选《文化鉴赏大成》的动议，也是这种时代背景催生的，可以说是当时"文化热"辐射的产物。加以我社有一个副牌上海文化出版社，在《文艺鉴赏大成》的"场效应"下，也需要为其配上由上海文化出版社出版的姐妹篇《文化鉴赏大成》。

基于是讲"文化鉴赏"，首先要对"文化"作一个"大成"式的梳理。问题随即就来了：什么是"文化"？言人言殊，众说纷纭。国内外关于文化的诠释，当时有一百七十多种说法。以文化外延的宽窄来分，大致有三说：一是宽泛说，它囊括人类精神生活和物质生活的一切方面，凡人类所创造的，都属于文化；二是狭义说，专指人类精神方面的内容，举凡哲学、科学、教育、文学、艺术、道德、风尚等；三是更为狭窄说，指不包括哲学、教育、科学等学科在内的社会文化，就像联合国有"教育、科学及文化组织"，将教育、科学与文化分开并列一样。这些说法，各有各的道理，具体到我们编的书，不可能采取宽泛说，那样包罗万象，实际上是行不通的，也难于采用第二说，因为那样还是失之过宽，全书形不成焦点，我们是在第三说中找自己的位置。经过一再推敲，决定再进行分解，对其中属于纯精神文化的，如诗歌，小说，散文、戏剧，绘画，书法等，都弃之不顾，集中在实用性文化上做文章。

所以这样"定位"，有两方面考虑：一是觉得，文学艺术这类纯精神文化的鉴赏读物，分门别类的已经出得不少，我们编的《文艺鉴赏大成》又综合地作过文章，没有必要再在这方面重复了；第二，更重要的，是觉得对实用文化的研究，在相当程度上，还是一块处女地。长久以来，人们对文化的理解，往往只看见"教、科、文"，忽视了人们社会生活的方方面面都体现着一种文化，而这种文化对人们耳濡目染的力量，是无形而深远的。一位文化人类学家说过，我们每个人都生活在某种文化之中，它对我们一生的生活和行为产生巨大影响。这一"某种文化"，很大部分是通过日常的生活浸渍着每个人的。因此，要加强对社会生活中实用文化的研究。近些年出现的"文化热"，提出了酒文化、茶文化、食文化、衣文化、居文化、药文化、游文化、节文化、梦文化、鬼文化及至厕所文化，等等，表明人们在日常生活中，看到文化了。这个看到与看不到，是有很大不同的。比如饮茶喝酒，如果用非文化的眼光视之，不过是解渴助兴，一种对生理需求的满足，倘若换成文化眼光来看，透过茶史酒史、茶性酒性、茶艺酒艺、茶俗酒俗、茶具酒具、茶事酒事，以及有关传说、谚语、诗词歌赋，等等，就还能领略到丰富的文化内涵。与此同理，衣、食、住、行、用、医等各种日常生活起居中，都有文化之魂在游动。自觉地意识并捕捉到它，大大有助于提高我们的生活品位与文化品位。为此，需要了解这方面的传统，掌握这方面的知识，提高这方面的素养，增强这方面的鉴赏力。《文化鉴赏大成》正好以此作为用武之地。

《文化鉴赏大成》的内容作了这样的定位以后，接着是考虑它的分类与选目。这较编《文艺鉴赏大成》难多了。相对说来，"文艺"是一块比较成熟的土地，无论是文艺分类还是作家作品，都有比较权威的资料可资参考。而"文化"这块处女地，基本上要自己去开垦耕耘。经过多次的反复商讨，集中大家的智慧，我最后确定用这十二个字提挈全书，即：衣、食、住、行、用、游、藏、赏、视、听、技、乐。我们觉得，这十二个字，大致概括了人类生活的方方面面，其中每一个字都是自成体系的独立世界，有各自的文化意蕴，十二个字融合在一起，又可呈现出实用性文化总体的面貌。同时，这十二个字通俗亲切，简洁明了，读者由此介入文化，有一种亲切感，少有阅读的障碍。当人们从习见的"衣食住行用"中，了解到服饰、饮食、住宅、交通、用具，等等，既是人类生存的一种基本需要，又是社会文明的一种标志，它们与人类历史的发展，与各个国家、民族的特征有着密切联系时，就可觉察到社会生活中到处都飘浮着文化的氤氲，其中既有人类对真善美的共同追求，也有中外古今的不同审美情趣。这样由熟悉的已知领域，自然而然地引导读者进入未知领域的方法，有"随风潜入夜，润物细无声"之效。

类别定后，是进一步确定选目。"鉴赏"是要有具体的审美对象的，不宜诉之于抽象的理念，因而必须列出许多实物，而这些实物应具有深厚的文化积淀与典范性的审美价值。歌德说过："鉴赏力不是靠观赏中等作品而是靠观赏最好作品才能培育成的。"他讲的是文艺鉴赏，文化鉴赏也是如此。不过，文艺中的"最好作品"，一般都有定评，比较容易确定，文化方面的最好实物，则定评较少，选择者更多的要有自己的文化眼光。同时，由于这部书是"大成"式的，古今中外都收，并按"史"的线索排列，收的条目要力求全一点，这就需要广泛搜罗，精心选择。十二个分科主编何智明、林苟步、王龙娣、何聿光、王存礼、何国栋、吴金海、顾承甫、孙忠谋、吴少华、孙为、江俊绪、王秦雁、陈麦、徐华龙，以及责任编辑李国强、余震琪，分别向有关专家与爱好者调查研究，再经过认真的抉剔梳理，最后保留两千多个条目。像"衣"中的冕服、朝服、龙袍、黄袍以及派克大衣、巴洛克服式、罗可可服式，"食"中的八珍宴、满汉全席、大汉席以及日本生鱼片、美国火鸡、法国烤肉，"住"中的北京四合院、上海里弄、浙江民居、蒙古族毡包以及马克思、恩格斯、莎士比亚、托尔斯泰等名人的故居，在文化上都有较大的"含金量"。这些融实用性与文化性于一体的典型选目，使有了十二个字框架的"大成"长出血肉来了。下一步是把它修饰得鲜明些，诱人些。这就是为选目配置照片或插图，使鉴赏对象形象化，让读者如睹其状，增强感性。同时，为每一个选目写一个简明的评介，介绍其历史与情状，评其文化的内涵与意蕴，从而启发读者鉴赏品味。自然，读者在阅读中，还会有自己的发现与联想，这是好事，鉴赏与审美活动正是要融合鉴赏者的想象与体验，从而存在个体的差异的。

《文艺鉴赏大成》从提出选题到正式出书，前后历时两年。《文化鉴赏大成》从1989年开始酝酿，到1995年出书则长达六年，就因为一个在成熟的土地上耕耘，一个在处女地上垦荒。两书比较，成熟性恐怕还是"文艺"高；但其价值与意义似乎还是"文化"强。因为，垦荒者更多地显示了原创力与开拓性，这有利于拓展出版王国的疆土，增加出版王国新的生长点。尤其是在图书出版重复，雷同，踏着前人或别人脚印走路的现象愈来愈多的情况下，更应重视这一点。"筚路蓝缕，以启山林"，虽是艰苦的，但是值得的。

上海文艺出版社除有副牌上海文化出版社外，另一个副牌上海音乐出版社在"文革"中停牌后，也于1987年1月恢复社牌出书，我们曾想再编选一部《音乐鉴赏大成》，以与三个社牌对应成套。后考虑已经出版了《音乐欣赏手册》和《外国音乐辞典》，为避免重复出书而作罢。

12.《中国民族故事大系》和《故事会》

　　我社专门设有民俗民间文学编辑室，这在全国出版社中似乎绝无仅有。 北京有过一家民间文艺出版社，但存在时间不长。 民俗学和民间文学是一个重要学科，"五四"开始，我国就开展了对现代民俗学的研究。 1918 年北京大学成立了歌谣征集处，随后广州、杭州等地建立了民俗学会，上海出版了不少民俗学和民间文学的著作。 1950 年，中华人民共和国成立后第二年，就成立了中国民间文艺研究会。 然而后来由于"左"的干扰，这方面的搜集、整理、研究和出版工作，却少有进展。 改革开放后，民俗学被正式列入国家二级学科，隶属于社会学学科之下，高校也恢复了过去被扼杀了的民间文学课，民俗学和民间文学得到了迅速发展。 适应这一形势，我社民俗民间文学编辑室在八九十年代编辑出版了四五百种有关民间文学、民俗志、民俗学的图书，如"中国少数民族民间文学丛书""中国民俗文化研究丛书""民俗随笔丛书""中国社会民俗史丛书"以及"世界童话系列丛书"等，这类丛书分别收有十几种到几十种图书。 单行本则更多，其中有《中国民间文学作品选编》《中国上古神话》《中国民间风俗大观》《世界风俗大观》《钟敬文民间文学论集》以及作为高校民俗学教学参考书的《民俗学概论》等。 此外，还有一套"民俗民间文学影印资料丛书"，影印了多部现代民俗学发轫期的珍贵书籍和期刊，为研究者和读者所热烈欢迎。 由此也形成了我社出书的一大特色，读者需要民俗民间文学方面的书，往往首先向我社查询。 在 20 世纪八九十年代，我社俨然成了全国民俗文化图书出版中心，对推动全国民间文学和民俗学的发展，起了积极的推动作用。

　　编选民间文学图书，有着特殊的艰难，需要付出更多的精力与才智。 且以《中华民族故事大系》作为例证。 此书为 16 卷本，囊括我国 56 个民族的 2 500 余篇故事精品，计 1 200 万字。 这些民间故事不像作家创作的作品，可以现成的拿来，而是要深入到民间去搜集。 从 1978 年到 1995 年，10 多年间多位编辑分头跑遍全国各省市，在当地有关主管部门的支持下，组织了书稿编选者一百余人，而参与此书讲述、搜集、整理、翻译工作的人数，仅在书中署名的就达 7 000 多人，其中多为少数民族人员，这样的工作，对他们来说，也是破天荒的。 同时，民间文学不同于作家文学，不是个人的产物，而是民众在口口相传中的集体产物，采录来的作品有些在叙述风格和表现手法前后并不一致，需要进行必要的整理。 而这种整理又必须在忠实于原貌的基础上进行，不能越俎代庖，不能胡编乱改，要注意保存关于民族、宗教、信仰、心理、民俗、服饰、语言等方面的真实资料。 民间文学作品的价值，不仅在于有思想审美价值，也在于有科学认识价值。

我国绝大多数少数民族，过去由于没有自己的民族文字，他们的社会历史发展状况也就缺少文字记载，大多保存在他们的口头文学上，特别是世代流传的民间故事中。 通过长达 17 年努力所完成的《中国民族故事大系》，内中收集来的大量故事，为研究我国少数民族古代物质文化生活提供了丰富的资料，有抢救与保存民族文化之功。 同时，这部"大系"的编选，由于吸收大批少数民族人员参加工作，也促进了各地民族民间文学工作的恢复和发展，促进了民族文化干部的成长。 广西师范大学副教授过伟就不止一次对当时我社民间文学室主任郑硕人说：广西的民间文学工作是上海文艺出版社促进的，广西现在搞民间文学的人，很多是在参加"大系"整理编选工作中培养出来的。《大系》的出版，也在提高各民族的自尊心和自信心，增进民族之间的了解和团结方面发挥了作用。 当大系之一《瑶族民间故事选》问世后，瑶族读者奔走相告，争相购买。 一位农民说："我们瑶族的事也上了书，真叫人高兴。"一位 75 岁的故事讲述者，更是逢人便说："我们的故事编成了书本，这在旧社会做梦也想不到的呀。"他们感谢党对少数民族的关怀，说出版社做了一件大好事，是党的民族政策的胜利。

1996 年 2 月 5 日下午，国家民族事务委员会与我社在国家民委会议厅召开了"《中国民族故事大系》座谈会"，费孝通、季羡林、钟敬文、金克木、贾芝等著名学者以及国家新闻出版署领导杨牧之在发言中指出，这部"大系"集各民族民间故事精粹之大成，是代表国家水平的出版物，是新时期文化繁荣的一个标志，属国家重大工程图书。 它的出版，对于弘扬我国民族文化，发扬我国多民族文化传统，对促进中华民族文化事业繁荣和发展，特别是对青少年进行爱国主义教育，都将起到积极作用。 同时也将有利于历史学、社会学、伦理学、民俗学、民族学、文艺学、语言学等学科的研究和发展，有利于民族文化交流和加强民族团结。 该书连单行本累计印数达70 万册。 1996 年获第十届中国图书奖，1999 年被评为"上海 50 年精品图书500 种"之一。 自始至终参与编选工作的资深编辑涂石说："这是我国各民族民间文学工作者的光荣，也是我们长期从事民族民间文化读物编辑出版工作者的骄傲。 能自始至终地参加此书的编辑、出版和发行，是我终生的荣幸。"

成为我国大众文化品牌杂志的《故事会》，原先也是属于民间文学室的，后来由于迅速发展壮大，遂改制为我社的一个独立编辑部。《故事会》为传统的小 32 开本，装帧普普通通，改革开放以来 30 多年，一直保持长盛不衰的势头。在 20 世纪 90 年代以后图书市场日趋疲软的情况下，每月印数仍近 400 万册，始终居于全国期刊发行量前列。据世界期刊联盟（FIPP）编辑的《世界期刊概况》统计，1999 年在世界发行量最大的综合性文化类期刊的排行榜中，《故事会》名列第五名。多年来，《故事会》获得一系列荣誉，如"读者最喜欢的全国十大杂志"之一；中国首届"百种重点社科期刊"；"双高"（高知名度、高学术水平）期刊，列入"中国期刊方阵"的第一梯队；"国家期刊奖"；以及"上海市著名商标"，等等。对《故事会》的成功，有人赞之为"青春常驻的神话"和"小刊物成大品牌的神话"。这一"神话"形成的原因，可从编辑、印制、发行等多个方面进行研究总结。多年兼任主编的何承伟曾就编辑思路谈了看法：一、始终把读者放在第一位，刊物贴近群众，在社会主义通俗文学的殿堂找到自己的位置；二、在激烈的竞争中，找到生存的支撑点，用大理论来统率小刊物，鼓励作者、编者把故事当作一项事业来做；三、努力和新的生活接轨，在保持传统特色的基础上，从题材内容到栏目设计、封面装帧大胆改革，一年变一个样，给人以耳目一新的感觉。这就是说，《故事会》始终坚持读者为本，创新为魂，以高度负责的精神向社会奉献精美的精神文化佳品。

1989 年发生一件事：一位老者死了，由于他生前对《故事会》爱不释手，每期必买、必读、必藏，他的老伴就将这一套《故事会》与逝者的遗体一道火化，让《故事会》继续陪伴与愉悦着他的"在天之灵"。这给了我触动。我想，此事显示了《故事会》是那么深得人心，像《兰亭集序》一样，被人酷爱到"生死相依"的程度。虽然，在艺术价值上《故事会》难于与稀世珍宝《兰亭集序》相比，但是，在通俗文学的层次上，它的的确确是富有特色的美味佳肴，不可多得的精神佳品，因而才能成为当下"第一畅销刊物"。当时，有些"文化人"看不起《故事会》，认为它"俗"。我就写了一篇文章，题目标明"由《故事会》说雅、俗"。我说，酷爱《故事会》的，感到"不可无此君"的，并非有些人想象的，都是一些"俗"人。实际上，其中不乏雅"士"。证据之一，就是那位以《故事会》作陪葬品的老人，不是一般的工人、农民，也不是一般的知识分子，而是一位高级知识分子。这并没有什么奇怪。因为，一方面，从《故事会》来说，它虽属通俗文学，但并非一味的俗、俗、俗，而是俗中含雅，在强烈的故事性、情节性之中，渗透与熔铸着时代性、思想性，追求和赢得一种雅俗共赏的效果；另一方面，从读者来说，任何人的精神世界都不是单一的，其阅读心理空间是立体的、多层次的，即使是"雅"士，虽然比较喜欢雅文学，但也会浏览通俗文学，以调节和补偿精神上的多方面要求。王震将军曾写信给讲

《三国》的评书演员袁阔成，说他和他的小孙子，都是《三国》的忠实听众。《三国》评话为将军与稚子所共同喜爱，表明优秀的通俗文艺作品，是可以"雅俗共赏，老少咸宜"的。《故事会》也正因为俗中有雅，拥有艺术品格，才能形成那么广泛的读者群。 当然，雅中有俗，俗中有雅，不同的作品，其成分、结构是不同的，但无论怎样，凡优秀的文学作品都要有雅、俗这两种不同的基因。《故事会》虽是通俗文学刊物，但它俗不离雅，就像"焦不离孟"一样，生动的故事中寄寓着美好的情志，使人读来既有趣又有益。 这表明，《故事会》既扎根大地，心中装满读者需求，同时又仰望天空，浸润在理想光辉之中。

1996 年 1 月 25 日上午，时任上海市委副书记的陈至立专程到出版社来，对《故事会》进行调查研究，我和何承伟先在社长室与《故事会》办公室之间的会议室接待，在何承伟全面汇报后，我补充说：《故事会》编辑思想最值得发扬之处，是"眼睛向下，情趣向上"。 这一看法后来被广泛认可，我的看法就是从《故事会》雅俗结合的特点生发的。 陈至立随后到了《故事会》办公室，看到编务归依玲淹没在小山般堆着的来稿和来信里，埋头用剪刀拆开再分类处理，连头都很少抬，当她听说来信来稿每天有一麻袋，忙得归依玲一刻也不能停息，她一方面赞扬《故事会》受到广大读者的信赖；另一方面又建议能否购置一台拆信的机器，帮助编务同志减轻一下工作量。《故事会》的发展壮大，是与各级领导的支持关怀分不开的。

13. 八十年代日记摘抄

我记过日记，但时断时续，且记的多是流水账，缺少价值，因而也就没有注意保存，大多日记簿在几次搬场中被误作为废旧物丢弃了。现在想来有点可惜。如果日记本还在，现在一定能帮助我唤醒许多遗忘的记忆，使这本回忆内容能够充实些。现在这里的一组"日记摘抄"，是当时应《杂家》主编雷群明之约，稍加整理后在该刊发表的，因而得以保存下来。它比较具体生动地记载了我作为一个出版人的工作、学习、思考状况，无论是开会、学习、研讨，还是看稿、接待和拜访作者，都是围绕着"出好书"在转。

全国文学期刊会议记感

1980 年 4 月 28 日至 5 月 3 日，在北京西苑饭店参加全国文学期刊编辑工作会议，日记簿上记下了一些感受，兹摘三则如下：

一、一刀切与多刀切

文艺的形势怎样？这是与会者首先议论的一个问题。这本来是一个不成问题的问题。因为，邓小平同志在四次文代会的祝辞中明确指出："文艺界是很有成绩的部门之一。"拿文学期刊来说，粉碎"四人帮"后短短的三年多时间里，省市级以上复刊和新创刊的文学刊物达一百零八种之多，这些刊物发表的作品中，仅中短篇小说就有六千多篇，其中有许多深受读者欢迎的优秀之作。一般刊物的发行量均在十万至三十万之间，《人民文学》《小说月报》则高达一百万份以上。这种情况不仅为十年浩劫期间所未有，也是"文革"前十七年所未有，"五四"新文学运动以来所未有。其形势之好，当然不是"绝后"，但确系"空前"。

然而，这个不成问题的问题，在会议开始的时候，也似乎成了问题。因为，有种种传闻，说文艺界要"纠偏"了。于是，本来明朗的事物，又被烟雾遮掩得模糊了，有同志为此担心。

会议结果表明，这种担心是不必要的。党中央的估价是一贯的。王任重同志再次重申：文艺工作的成绩是主要的，主流是好的。党是称赞的，人民是欢迎的。

这是不是否认文艺和期刊工作中存在的问题呢？不。成绩总是伴随着缺点和错误的。既要前进，就不可能不出现问题。文学期刊、文艺创作也确实出现了一些问题。对此应该重视解决，丝毫不可忽视。不如此，就不能继续前进。然而，对这些问题，不论在量和质的估计上，还是在原因的分析上，都不能笼统地一刀切，而要二刀切，三刀切，以至多刀切。这就是说，只有实事求是地具体分析，才能有恰当的估计和正确的解决。

比如，一个刊物刊载了一两篇有争议的作品，是否就能说这个刊物的方向整个"偏"了？不能。《清明》上发表的中篇小说《调动》的格调是不好的，应予批评，但不能由此把《清明》全部否定。

又比如，某些作品的社会效果不够好，是否能连作者都一道否定掉呢？也不能。这里，作者的主观意图却往往是好的，而且这些作者往往是有才华的。就是这些作品本身，也不应一股脑儿全盘否定，如《聚会》，调子低，但某些描写还是比较真实的。

又比如，一些出版现象值得注意改进，但能否简单地都提到方向性的高度呢？也不能。《飘》是印多了一些，侦探小说也是发表多了一些，但不能由此就说会把社会主义"飘"掉。

总之，具体问题具体分析，是马克思主义的精髓。《红楼梦》中的傻大姐捡到一只绣春囊，还没有找到绣春囊的来头，就引来了大观园内的一番大检抄，搞得满园风雨，人心不安，晴雯并因此而亡。我们不能这样做，而是要对出现的问题进行深入调查研究，具体分析。是什么问题就是什么问题，是什么问题就解决什么问题。不要把局部性的问题夸大为全局性的问题，不要把工作上、认识上的问题夸大为方向、路线上的问题。不要一刀切，不要大轰大嗡，更不要刮台风。当然，要解决问题也不能没有一点风，但是要和风，有时还要一点雨，也要细雨。如此既解决了"绣春囊"的问题，又不会因为它扰乱整个百花园。

二、坚定与摇摆

要办好文艺期刊，关键的一条，是在党的领导下，正确贯彻百花齐放、百家争鸣的方针。然而，在这个问题上，有同志"余悸未除，预悸又生"。似乎现在不放了，要收了，或者说明放实收，以放的形式收。周扬同志说，不能有这样的疑虑。双百方针是我们国家的一个基本的、长期性的方针，一定要贯彻到底。它已经写进宪法，我们每个人只有遵守宪法的义务，而没有违反宪法的权利。

然而，为什么会生疑虑呢？

一种情况是，把贯彻双百方针和正常的批评对立起来。毋庸置疑，贯彻双百方针是容不得打棍子、戴帽子、抓辫子的，要严格实行"三不主义"。但是，这不等于不能批评。 百家争鸣嘛，就是要你讲你的意见，我讲我的意见，双方意见不一致，就是互相诘难、互相批评。 批评，反批评，以至反反批评，正是贯彻双百方针中应有的正常现象。 现在，在文艺领域内，批评虽然有了一些，但还不是很兴旺。 比起"齐放"来，"争鸣"的形势要差一些，正应该大大发展。 可是，有些同志一听到批评，特别是来自上面的批评，尽管是十分正常的，也显得颇为紧张，就以为要"收"了。 这是把"三不主义"误解为"三无主义"——无要求、无引导、无批评。 这样引起的疑虑，可以说是"天下本无事，庸人自扰之"。

另一种情况，则是"疑"有"根"，"虑"有"源"。 社会上确实还存在怀疑或抵制这一方针贯彻的力量。 对某些文艺创作，或横加干涉，或竖加挑剔。 比如《乔厂长上任记》是篇公认的好作品，但有人却极力加以贬斥，在该作品获得 1979 年短篇小说一等奖后，不仅封锁消息，还在报上发表批判文章，围攻作者。 又比如，刊物上发表的反对官僚主义和特殊化的作品，大多是好的比较好的，同时也有少数作品写得不好或不够好的。 对此，需要具体分析，加以正确引导。 然而，有人根本不主张写这类题材，甚至要取消漫画这一善于讽刺的文艺式样。 这些，就不能不引起编辑的疑虑了。

但是，不论是"庸人自扰"，还是虑出有因，它都反映了我们文艺出版界一些同志的脆弱。 经不起批评，是前一种脆弱的表现，见不到磨难，是后一种脆弱的表现。 针对这一情况，领导同志要求我们坚强起来。 首先，要有信心，即对贯彻双百方针坚定不移的信心。 对此，中央是有正式文件和正式决定的，绝对不要凭道听途说，或听到个别同志发表的个别意见，就左顾右盼，摇摆不定。 其次，要有勇气，即对正确贯彻双百方针中遇到的困难、阻力和挫折，要有充足的精神准备。 要在党的领导下，依靠集体的力量，积极地加以贯彻。 双百方针应和"双为"方向密切联系在一起。 在坚持文艺的社会主义方向和双百方针上，我们应该百折不挠，像松树那样坚定，而不要像柳树那样摇摆。 要敢于坚持真理，不要害怕，不要脆弱，不要像《空城计》中的司马懿："司马懿，司马懿，你的胆子未免太小了。"

三、阵地与园地

文艺期刊的使命和职责是什么？ 概括地说，就是社会主义的思想阵地和社会主义的文艺园地。 编辑是战士，也是园丁。 是战士，就要勇于向旧世界进攻，向一切危害社会主义的旧事物进攻，不断扩大马克思主义的优势；是园丁，就要满腔热情地发现培养人才，培育社会主义文艺百花的盛开。 不少优秀的文艺编辑，正是以这样的风貌驰骋在祖国的文艺战线上，他们主办的刊物，卓有成效地出了作品，出了理论，出了人才。

这也是革命期刊的光荣传统。鲁迅编的《语丝》《萌芽》《译文》，郭沫若编的《创造季刊》《创造周报》，茅盾编的《小说月报》，丁玲编的《北斗》，郑振铎编的《文学月刊》，等等，都是革命的阵地和园地，在当时的思想文化界发挥了很大的作用。胡愈之编的《世界知识》，曾带动了全国国际问题的研究。现在，全国文艺期刊的繁荣，也正是促进全国文艺繁荣的一个中心环节。如果离开了文艺期刊，当前创作繁荣、评论活跃、人才辈出局面的形成，是不可想象的。

因此，我们要加强编辑的责任感和荣誉感，要安于做"无名英雄"。有同志把编辑比喻为戏剧演出中的舞台监督，虽然不公开露面，但却是必不可少的。有同志则认为这还估计过低，类似导演的一些工作也是编辑在干的啊。

因此，我们要努力提高思想、业务水平，用思想、艺术的高标准去编刊物，提高刊物的质量，把最好的精神食粮献给读者。文艺编辑，是天然的文艺评论工作者，更要不断加强理论修养。

当然，我们也希望能提高和改善编辑的生活、学习、工作条件。会议对此也作了讨论。随着这一问题得到重视和逐步解决，定可进一步调动编辑的积极性，把文艺期刊办得更好。目前，全国有电影、小说、绘画等优秀作品的评选活动，不少同志期待着优秀期刊评选活动的展开。

流水账一组

1985 年 6 月 5 日　星期三　晴

晚上，去创作室看望两位作者。一位是海风，青海的专业作家，擅长历史题材的创作。他的中篇小说《雅典娜的儿子》，刚刚在《小说界》上发表。他告诉我，青海筹办的大型文学刊物《现代人》，也即将创刊。这样的大型文学刊物，"文革"前只有上海《收获》一家，可谓"一花独放"，现在则发展到三四十家，遍地开花了。另一位是成辛，来自新疆的克拉玛依。他说，新疆除《边塞》外，还正在筹办一个大型文学期刊，名曰《风城》，着重反映石油战线生活，聘我为顾问，并要我为创刊号题词，我生剥了两句古诗相贺："春风吹得油人醉，风城无处不飞花。"

1985 年 6 月 9 日　星期日　晴

天气进入霉季。中午十一时许，我在家中将存茶封于罐内，以防霉变。《文艺报》吴泰昌与《解放日报》吴芝麟来访。泰昌于昨晚由南昌抵沪，下午四时就要飞北京。他十分赞同"振兴上海文艺出版社"的口号，并说，《文艺报》可发一消息。

我表示，待工作有了初步成效后再说。他和芝麟对办好出版社提了一些中肯意见，比如要注意人尽其才，充分发挥人的积极性、创造性；要大力抓书稿质量，出一些"拳头书"，等等。友情拳拳，为我增添了一份力量。

今年是"五卅"运动六十周年。下午，历史研究所的傅道慧来，赠我一本她的新著《五卅运动》，并要我写一书评。我漫应之。因为上世纪50年代初，我虽然与她一起学习、研究过党史，但此后就久疏此道，恐难有击中肯綮之言了。道慧是我的入党介绍人之一，当年她还是一个娇小、柔美的四川姑娘，现在则已是富态，白发一外婆了。我呢，也已年过半百，白发频生。真是光阴似箭，岁月如流，"未觉池塘春草梦，阶前梧叶已秋声"。

1985 年 6 月 15 日　星期六　阴转晴

好久没有看苏联影片了。今天看了两部：《秋天的马拉松》与《男子汉们》。《秋》片写人到中年的那位男主角的周而复始的、马拉松式的苦恼，心理刻画得惟妙惟肖。《男》片中的两位女主人公均未出场，连闪回的镜头都没有，但这两位女主人公一直左右、制约着故事的发展、起伏，诱人想象。从这两部片子看，苏联电影艺术这些年是有提高的。"他山之石，可以攻玉"。我们还是要勇于借鉴别人的东西，"拿来"为我所用。

1985 年 6 月 22 日　星期六　阴

下午，参加市编辑学会成立大会。

晚上，与郏宗培、刘征泰、张森等在政协餐厅小宴高晓声。高正在为我们社写一部长篇小说。高是常州人，席间谈到，现在常州有些青年人不知道瞿秋白其人，不知道瞿秋白在常州的故居何在，应该加强工作，使青年人对我国的历史与文化多多了解，对优秀历史人物多多了解。然而，高晓声说，也有这种情况：有些历史上的人物，后人并不一定都要了解，或者说，只需要极少一部分人了解，现在也在那里为他们搞纪念性建筑，搞故居，就没有必要了。因为，历史负担过重，也会限制、束缚今人的。我觉得，这里闪烁着辩证法的光辉：好事也不能做过头。

1985 年 6 月 29 日　星期六　晴

湖南作家孙健忠来沪。他的长篇小说《醉乡》，于 1984 年第 1 期《小说界·长篇小说专辑》发表后，反映强烈。《人民日报》《文艺报》等十多家报刊发表了评论文章，现已列入第二届"茅盾奖"的候选书目。作者最近又稍作修改，拟出单行本，日内即将发排。

《醉乡》描绘的是土家族人民当前的变革生活，生活气息特浓，浓得醉人，健忠本人是土家族人，又常年生活在基层。 前年春天，我与邢庆祥一道去长沙看他，就未遇到他，他爱人说，他连春节也是在下面过的。《醉乡》的成功，有多种因素，但这"深入生活"一点，是不可忽视的。 清人王夫之说："身之所历，目之所见，是铁门限。"从事文学创作当然要讲技巧，讲形式，但如果忽视这一"铁门限"，恐怕难于真正跨进文学大门。

我们今天沪上相见，谈得最多的就是这一"铁门限"。

1985 年 7 月 1 日　星期一　阴

审读书稿《张松献图》，系长篇评话《三国》之九，写刘备开始进川，按苏州评弹划分，自此称为《后三国》，因而它也是《后三国》之一。 讲的是《三国演义》第六十至第六十三回的内容，但篇幅增加十多倍，充分显示了评弹艺人丰富情节的艺术功力。 整理出版优秀的长篇评书，既有益于文化积累，也受到群众欢迎。 其他出版社还很少做这方面的工作。 我以为，戏编室抓这样的书是对的。 不过，需要注意稿件的进一步精练。 口头文学变成书面文学，不严格掌握这一点，就会拖泥带水，影响质量。 此外，我还向责任编辑张宏志建议，注意组织一些长篇新书。

1985 年 7 月 9 日　星期二　晴

参加《小说界》的工作会议，研讨刊物如何"争雄"的问题。

夜访作家楚良。 他去年在《小说界》上发表了中篇小说《家政》。 过去他一直参加农业劳动，家里有责任田，是地道的农民作家。 自从他的《抢劫即将发生……》获 1983 年全国优秀短篇小说奖后，引起了文化界的注意，去年下半年被调入文化部门工作。 去年春，他来参加我们的笔会时，衣着打扮流露着"土气"，今晚则不同了，身着款式新颖的衬衫，脸架一副漂亮的墨镜，"洋"多了。 这也许是环境改造人吧！

我们就提高小说质量问题交换了意见。 他谈到，目前书刊错字太多，已经到了"信手翻来，随时可见"的地步，也应引起注意。 我深表赞同。 记得 20 世纪 50 年代，搞新闻出版的，都学过毛泽东同志《对晋绥日报编辑人员的谈话》那篇文章。 印象颇深的，是他讲到，报上要把消灭错字，"认真地当作一件事情来办"。 相比之下，现在是太不认真了。 尽管版面上一错再错，却引不起一点思想波澜。 古话说："哀莫大于心死。""心死"则失"把关"之力，错字以至错句、错页自然就轻松而又源源地出笼了。 因此，我以为，解决出版物的出错问题，尽管也有提高有关人员的文化知识水准的任务，但关键在于加强教育，使有关人员的"心"由"死"变"活"，不要忘记为人民提供优秀精神食粮的责任和使命。

楚良说，现在有的"错误百出"的刊物，办刊人员的心也是"活"的，只是"活"在铜钱眼里，因而在"责任田"里就"死"了。

1985年7月17日　星期三　晴

上午，去作协参加上海市首届文学作品评奖委员会会议。评委分小说、诗歌、报告文学、理论四组，先行分头初评，然后再综合评选。工作已进行一个多月了，我参加小说组。今天投票，初步定了中篇小说与短篇小说的获奖篇目。长篇小说因质量似乎无出线者，只得暂付阙如。

下午参加理论编辑室讨论工作。奇热，又逢断电，电风扇开不动，只得搬到人民出版社的饭厅去开。淋漓的大汗浇灌了"果实"：一致同意着手筹办"文艺探索书系"，以加强出书的时代感。大家感到，近年来，文学、电影、戏剧等领域，都出现了一股探索热，艺术观点、艺术方法有着明显的变化与革新。尽管对此还有着不同的争议，但作为文艺出版者来说，要正视它，研究它，重视它。否则，我们就会同文艺的现实有"隔"。出版工作者不能像新闻工作者那样紧紧地贴近现实，但也不能认为距离拉得越远越好。

1985年7月25日　星期四　晴

黄宗英从联邦德国和法国访问归来，在沪小憩。下午，我与郝铭鉴去她家看她。她清瘦多了。虽说"有钱难买老来瘦"，但她这样的掉肉，显然是以过分操劳为代价的。我们劝她在上海多休息几天，她连连摇头，说她在深圳经营的都乐文化公司有许多事在等她，明天，她就要南飞了。环顾她的住宅，条件是不错的（"文革"期间，曾为陈阿大所霸占），但她不恋这个"安乐窝"，不顾已达"老太"的年纪，仍只身在各地忙碌奔波。在她的身上，总是洋溢着那么炽烈的工作热情，那么执拗的追求精神。今天和我们谈得最多的，是工作效率问题。她感叹说，在中日合拍《一盘未下完的棋》时，日方是十多人，我们则出动了九十多人，有些人没事干，只是为了旅游，观光一下……

1985年8月8日　星期四　晴、雨

《小说界》召开中篇小说《虬龙爪》的专题讨论会。《虬龙爪》是内蒙古作家冯苓植继《驼峰上的爱》之后的又一部力作。它写的是鸟，是养鸟者社会的纷纷攘攘。作者用自己的眼睛发现了一个新的特殊"世界"。钱谷融、王安忆、吴亮、程德培、鄜国义等都认为，它是今年中篇小说创作的新收获。刚好路过上海的冯苓植也在会上谈了自己创作的想法。

会后，我们品茗闲聊。冯苓植言语不多，但颇风趣。当有人扯到喝隔夜茶，过去认为有害身体，现在则有一说，认为可以防癌时，他弹了一下手中的烟灰，慢悠悠地说："过不久，吸烟也将被认为可以防癌了。"

1985 年 8 月 19 日　星期一　晴

今天一早，与左泥等驱车去苏州，看望陆文夫。陆住在小巷深处的一座工房里，屋内陈设相当简朴。房间里突出的东西，是书。他是第二届茅盾文学奖的评委，这几天正在集中精力读推荐上来的长篇小说。他说，他对上海文艺出版社是有感情的。他的第一本小说集，是上海出的。他将把他的《小巷人物志》十八，交《小说界》发表。他还将抓紧时间，为我们出版社写一个长篇。他说，他倦于那些不必要的应酬，那是时间的浪费，那是快乐的死亡！我以为然。对那些醉心于鲜花、掌声与在各种场合抛头露面的作者来说，是要严重警惕这种"死亡"的快乐。我说，真正有造就的作家，要耐得住寂寞！

"中国书展"在香港开幕的那天

1985 年 12 月 12 日"中国书展"在香港开幕的那天（注：当时香港尚未回归，这是在香港第一次举办"中国书展"），正是入冬以来香港最冷的一天。香港以"夜生活"闻名，白天"开市"较晚，但那天 9 时以后，就有不少先生、小姐冒着稍带寒意的海风，踏着夜雨洒洗的街道，拥向书展所在地的华润大厦。这次书展，除台湾省外，全国 29 个省、市、自治区都有出版单位参加。参展书籍共两万八千多种，计三万多册。它是香港有史以来规模最大的一次书展，也是中国一次空前规模的书展和世界范围内中文书籍的一次最大展览。香港工商发达，高楼林立，物质丰盈，而文化缺乏，虽然对"文化沙漠"之说的准确性，近年有所争议，但文化成就远逊于物质文明，则是确定的。这次"中国书展"一下子送去那么多的精神食粮，引起了广泛的反应。是日好几家报纸，都以头版整版版面，祝贺"中国书展"的开幕。特别是一些文化界人士，更是雀跃。一位朋友引杜甫的"雨槛卧花丛，风床展书卷"的诗，说在风雨中观看这一洋洋大观的书展，真是一种乐趣。

我因在大厦门口等候一位作家耽误了一些时间，待穿过九龙喷水的喷水池，登上自动电梯，来到三楼的展场时，已是嘉宾盈门了。两位打扮入时的小姐，分立两旁，手捧闪闪发光的银盘，"请赐名片"。洁白的、翠绿的、宝蓝的、橘黄的、粉红的名片，在银盘里已堆积数寸之高。中国出版代表团团长、国家出版局局长边春光等在门内一一迎接嘉宾。香港中文大学校长马临、南联实业有限公司董事长安子介、三联中华商务香港总管理处名誉总经理蓝真等剪彩后，开幕酒会正式开始。香港有名的敦煌酒楼为书展准备了丰盛的酒席。 三步一桌，五步一台，摆满了多种多样的精美食品，任君自取。 这在香港叫作自助餐，塑盆木筷，都是"一次性"东西，用过即甩，再用再取。 川流不息的招待员为你送来中外名酒与饮料。 嘉宾们以酒会友，以书会友，旧朋新交，相谈甚欢。 我进去不久，香港和平书店副经理汤铭先生即介绍我与来自新加坡的陈蒙星小姐相见。 她是特意来看"中国书展"的。 她出生在新加坡，祖籍上海，口音仍带沪音。 她说，她喜欢上海。 她在新加坡开的书店就叫上海书局。 她觉得上海文艺出版社出版的图书内容严谨，乐于经销。 她说，新加坡与中国内地一样，推行简化字，当地华裔的中小学生对内地的读物也能阅读。 在这点上优于香港，因为香港使用繁体字，阅读上有点隔阂。 握别时，我送她一枚铸有我国第一位伟大诗人屈原像的书展纪念币，她十分高兴。 我们相约今后加强联系，共同为弘扬中华文化而努力。

随后我遇见了来自东京的内山书店社长内山篱与编辑部长三浦胜利。 他们的书店继承了内山完造在上海创办的内山书店的精神，为中日友谊与文化交流作出了贡献。 目前，在日本销售的华文书籍，有香港与台湾地区出版的，但主要还是由中国内地出版的。 内山和三浦先生盛赞这次书展是图书博览会式的，祝贺中国出版事业的飞速发展。

我还见到一些来自欧美的出版业同行。 据说，在美国、加拿大等国，近些年来华人移民增加，华人书刊的销售量也相应增加。 虽然，美国也开始出版华文书籍、杂志，但数量很少，主要还是靠我国供应。 这次"浩如烟海""蔚为文海"的书展，为这些同行提供了扩大交流与合作的机会，他们一一飞临香港。 因此在三联中华商务香港总管理处的欢迎宴会的请柬上，印的是"欢迎中国出版代表团及世界各地莅港参加中国书展的嘉宾"。

书展上，就有一些朋友和我们代表团人员谈合作出版问题。 据后来统计，共40多起。 我们上海文艺出版社，1984年决定与香港三联书店合作出版"中国珍宝鉴赏丛书"，第一部《故宫博物院藏宝录》的港版本已付梓。 那天，该店编辑黄天先生特意为我带来了刚刚印好的该书的彩色封面，印刷相当精美，这是我们内地需要好好学习，努力赶上的。 黄先生说，初版2 000册，这一印数在香港已相当可观了，每本定价港币200元，显然比内地高得多。 不过，在香港和海外一些地区，由于消费水平高，装帧精美而价昂的书，比印刷粗陋而价廉的书，反而容易销售。

我正与黄先生交谈时，香港《大公报》马国权先生走过来了。 毕竟是新闻界人士，敏捷得很，他已在这一"文海""书林"中转了一圈，对我们赞赏不已。 我虽是中国出版代表团的一员，但对书展中好多的书并未见过，也急于一睹为快。 于是，我也就在这近 3 000 平方米的展场漫游起来了。

我先在展览区浏览，见到不少海外人士都惊叹中国出版物之多。我对此倒是不惊异的。因为，我知道，近几年来，我国出版事业的发展是很迅速的。全国的出版社，已有 400 多家。1984 年就出版图书 4 万多种，占世界第四位，发行量 62 亿册，则执全球之牛耳。现在拿来展览的，只不过是其中一部分。我感到新鲜而激动的是，通过它，使我较集中地看到了我国学术和文艺界喜人的开拓和发展。拿哲学、社会科学来说，过去处于空白或相当薄弱的社会学、伦理学、法学、美学、心理学等，现在这方面的书籍已开始呈现系列化的趋势。以心理学方面的书为例，除总的概论外，还有社会心理学、教育心理学、管理心理学、创造心理学、学习心理学、儿童心理学、犯罪心理学、悲剧心理学、审美心理学、家庭心理学，等等。其中各种的"学"中，如教育心理学，又有大学心理学、小学心理学、语文教育心理学等分支。曾经有人说，"中国书展的书多又怎么样，还不都是一个腔调的"。我不知道发这样议论的人士，今天有没有在场，我希望他睁开眼睛来看看。不，我们出版的书不是"一个腔调"，而是"百花齐放，百家争鸣"。试看，商务印书馆的那套汉译名著，就系统地介绍了世界上那么多有影响的但又是那么不同的学术观点。上海文艺出版社和文联出版公司，分别出版的《中国新文学大系》和《中国新文艺大系》，就辑录了各种流派的文艺作品。我对一位香港朋友说，我们早不穿那种清一色的制服了。不信，你看我们 60 位代表的衣服，颜色就是因人而殊。而且，如果谁带来两套或三套西服，其色彩也必然不同。说得他哈哈大笑。

当我转向销售区时，开幕酒会已经结束，销售开始了。外面又涌进大批观众。这里人头济济，但交谈者甚少，即使偶然交谈几句，也匆匆结束。按照香港教联会会长何景安先生的说法，大家都忙于上演"搜书记"，争相搜寻自己喜爱的图书，生怕被别人捷"手"先得。销售区也按哲学、历史、文学，艺术等部门划成若干小区，每个小区设有几个收银处。很快地，收银处都排成一字长蛇阵。在香港，一般的商品供过于求，很少有排队现象。这种购书热，被香港报纸作为突出的新闻加以报道。据称，这天共出售书刊 1 万 7 千多册，书款近 30 万元港币。要不是防止"爆棚"，对后来的观众人数加以控制，销售额还会上升。这样，也使一些读者没买到自己要买的书。有位喜欢古典文学的先生，很想买部线装的《水浒》，但仅有的几部书很快销光了，他得知出版这部书的河南人民出版社副总编辑赵燨也是出版代表团的成员，就辗转托人请赵燨回内地后能为他函寄一部。何景安先生对我们说，中国书展大大促进了香港同胞读书的好风气，为香港同胞开拓了一个广阔的"精神天地"。

由展销区向南，辟有一个专室，为"中国古代书籍史展览"。 这个被称为"展览中的展览"，也吸引了大量观众。 我进去时，只见许多中学生，穿着不同的校服，在那里认真地看着，记着。 正在香港的文学评论家罗荪在夫人的搀扶下，也在那里津津有味地看着。

在这里，我第一次看到了古书的旋风装的装帧形制。 它是故宫博物院藏唐吴彩鸾书《刊谬补缺切韵》，是当今仅见的旋风装书籍。 旋风装由卷轴装发展而来，其表现为将书页顺序往左逐页鳞次相错黏在首页末尾的底页上，其外形仍是卷轴装，但除首页外，各页均可翻检，收藏时从首向尾卷起，状似旋风，故名。 以后，为了适应人们阅读方便，又变为经折装，完全改变了卷轴装的形式，进入了正规书籍的册页阶段。 以后相继还有蝴蝶装、包背装、线装等形式。 由此我想到，即使古书的装帧形式，也经过漫长的发展过程而"步步高"。 今后在装帧印刷上如何更好地发展，不也是值得我们注意的吗？ 要知道，我们内地的书籍，较之海外的书，恰恰在这方面存在着明显的差距。

出了三楼展场，登上电梯，进入四楼的展场。 这里有名家书画、唱片盒带、剪纸书签、文房四宝。 上海朵云轩与北京荣宝斋的两位木板水印专家的现场表演，更吸引了大批的观众。 他们的工作台被围上一层又一层。 由于他们的制作能以假乱真，不少观众当场要求购买，并要求他们"讲学"，他们一面用木刷在雕版上印刷，一面点出印刷之所以叫作"印刷"的来源，观众恍然大悟，都咧开嘴笑了。

下午 5 时许，我离开书展厅，只见华润大厦附近的街道上，不少同胞都拎有"中国书展"的塑料袋。 他们为祖国这个多元化的、大规模的书展而感到兴奋、自豪。正如香港的一位知名人士所说："喜见神州重抖擞，不拘一格有书来。"

在讨论选题的日子里

1986 年 1 月 2 日　星期四　晴

今天，1986 年的第一个工作日。 上班后，即与办公室龚美英同志安排选题讨论之事。 过去，编辑工作上着重抓发稿计划、出书计划，是完全必要的，不过，当书稿进入到发稿、出书阶段，一般都"木已成舟"，难于有大的改动了，即使你对某些书稿有较大意见，想不接受，但它已经过有关人员的长时期工作，在一定程度上造成了既定事实，也很难"改弦易辙"了。 实践表明，抓书稿，实在需要认真地从选题抓起。 书籍不同于报刊，出版周期较长，多系"多年生植物"，前几年播种，后几年才能收获。 抓选题，就是要从播种抓起，从一开始就使它根正、苗壮，结果才可能获得丰收。 因此，对一个出版社来说，不仅要制定好发稿、出书计划，而且要有"提前量"，搞好选题计划。 这个选题计划，不是每个编辑随意提出的选题的简单综合，而是经过调查研究、权衡比较，集中大家智慧，像发稿、出书一样，由三级认真审定的。 这样，它将有效地组织与领导编辑活动，有利于提高书籍质量。

1986 年 1 月 8 日　星期三　晴

文学一室今天讨论选题，重点讨论了长篇小说问题。 由于长篇小说难于命题作文，它的选题，在很大程度上，是"选人"问题。 作者选得准，成功率就比较高。 现在，众多的出版社与文学刊物，就对一些知名作者和有希望的作者展开了争夺战。 应该承认，竞争能够带来活力。 搞社会主义的出版，要勇于竞争，敢于竞争。 但是，会上反映出目前某些出版单位的"抢"风，则是令人摇头的。 那种把别人花了精力并已约定的书稿，私下以高稿酬和不要修改等条件，从作者那里挖去，就犹如把别人正在砌的墙头硬行拆去，用以营造自己的房屋，这是有违职业道德的。 要知道，社会主义的竞争，毕竟是一种比智力、比能力、比热情、比干劲的光明正大的竞赛，而不应该是一种挖墙脚式的抢劫。 同时，用高稿酬、高待遇等手段哄抬"文"价，会助长不正之风，腐蚀作者意识。 而为了急于拿到手发表，对稿件该修改的地方也不要求修改，降格以求，也会有害于整个文学水平的提高。 这种不道德、不文明的"抢"稿做法，对以宣扬精神文明为己任的出版单位来说，是格格不入的。 不应该赞扬这些"抢"手"有办法"，而应该伸出一个手指，刮他们的脸皮。

值得注意的是，这种"抢"风有进一步蔓延的趋势，即不但"抢"稿，而且开始"抢"人了。 前不久，有位作者被 A 出版社"抢"到某地密藏起来。 B 出版社派人冒充作者家属打电话询问，才得知作者住处。 但住处有人看守，不得其门而入，后乘吃饭时的空当，钻进去把作者"抢"出。 A 家得悉后，乘小汽车尾追，终因 B 家躲避得不好，还是把作者"抢"走了。 这不是天方夜谭，而是当今的儒林外史。 可是，我们的"儒林"，能让这种"外史"演下去吗？

应该说，在这当中，那位作者也不能辞其咎。 因为，如果他没有一点"待价而沽"的意思，也许不会被人"抢"到这"抢"到那的。 腿毕竟是长在他的身上。

1986 年 1 月 14 日　星期二　晴

这几天，在几个编辑室的讨论中，都谈到个人集子问题。 目前，这方面的出版要求甚多。 好的、有特色的个人集子，当然要出，但是，大家认为，那些七拼八凑的、可出可不出的，或者采取"魔方"编法，反复出版的集子，却需要下决心作些压缩。 要坚持"少而精"。 消极地说，这是由于印刷生产力所限，积极地说，则是提高出版物质量所必须。 这样做，可能会得罪某些作者，却有功于出版事业的发展。

当然，对一些作者的作品，也要"给出路"。这就是择其优者，搞选集。比如，每几年出一本"上海杂文选"，每年出一本"散文选"，等等。

"选"的天地广阔，大有漂亮文章可做。不一定都按品种选，按作者选，可以贯注另一种认识，一种角度，一种剪裁，因而出新，因而独特。如已经出版的《中国十大古典悲剧集》《中国十大古典喜剧集》《西欧十大名歌剧欣赏》等，在众多的作品中，分别遴选了最有影响而又能为广大读者所接受的十部作品结集，既显示了编者的创见，又开拓了图书的新疆域。这"十大"的文章就可以继续做。

选，要有一个尺度，郝铭鉴同志在讨论中说了一个很好的意见：对过去的东西，由于它太多了，要严格，要拔萃，要沙里淘金，要真正是历史上有价值的东西，要抓得准；对显示未来的东西，因为它还是苗头，要宽容，要敏感，要支持，要识风起于青苹之末，要抓得及时。

本于此，对我们出版社来说，大家赞成编昆剧精华、京剧精华这类书，而不大赞成对京昆剧目兼收并蓄，像资料那样出一大套。

也本于此，大家觉得"文艺探索书系"这类书，现在也可以抓了，不必老是"看看再说"。

1986 年 1 月 16 日　星期四　晴

在音乐舞蹈编辑室的选题讨论中，议论到音像读物的出版。我以为，它不仅属于音乐舞蹈编辑室的，而是关系到我们整个出版事业的发展。去年十二月，在香港的"中国书展"内，特设了一个"中国古代书籍史展览"。它反映了中国书籍在从殷商到隋唐的两千年间，其制作方式主要是刀刻与手写。到了隋末唐初，发明了雕版印刷术，改变了书籍生产面貌。但雕版印刷只能使书籍在部数上增加，而不在种数上生新。北宋毕昇发明了活字印刷术，弥补了这一缺陷，大大促进了书籍的生产。与此同时，书籍的生产材料，也逐步由甲骨、金、石、竹、帛发展到纸。书籍的装帧形式，也经过编简成册、帛书卷子装、纸书卷轴装、旋风装、经折装、蝴蝶装、包背装及线装等八种形式。这说明，书籍的生产，无论是制作方式、生产材料还是装帧形式，都是一个历史的发展过程。如果说，在古代，中国在这方面领先，到了近代，则让位于发明机械印刷的西方了。如今，机械印刷也有被取代的趋势，激光、电子新技术，现已大量采用。同时，图书的材料也不限于纸，而是多种材料并用。声频型、视频型、代码型等类图书。在一些国家的出版物中已占相当比例。我们要自觉地掌握这一趋势。因此，不能小觑音像读物的出版，更不能认为出版音像读物不是出版物的"正业"。我以为，在若干时日后，书籍的出版将离不开音像手段，至少大部分书籍是这样。

这里，需要破除守旧的意识，在出版观念上更新。

当然，出版观念的更新，不限于书籍的生产方式、生产材料，对编辑工作来说，更重要的是书籍的内容。民间文学编辑室在讨论选题时，突破了"民间文学"的限制，走向了民俗学。文学二室根据作者、读者的意向，不囿于散文、诗歌，特别研讨了传记文学的出版……我以为，这都不限于在原来的圈子里跳舞，而是有所开拓。

我甚至想，根据现在形势的发展，原有的传统的编辑室建制，能否也打破调整一下呢？

1986 年 1 月 18 日　星期六　雨

旅游室讨论选题。旅游出书，是近年来新开拓的领域。在出书方针上，一直有"俗""雅"之争。是向实用靠拢呢，还是极力去加强文学性？这次讨论，大家理了一下，觉得我们的旅游书，应该是实用性、知识性、欣赏性和文学性四方面的结合。实用的东西，也要搞得"文"些；"文"的东西，也要有助于读者"外游"的实用。然而，这四根弦，在不同时间是可以重点弹其中一根或两根的。鉴于当前旅游工作的发展，对旅游实用书籍需要的增加，鉴于已有了一定的文学性选题，也鉴于全社出书的统一安排，旅游室的出书，可适当加强一点实用性。这，倒不是如某些人想的，是为了赚钱，而首先是加强出版工作中的群众观点问题。去年我到香港，在中华书局的一处门市部，看到台湾出版的一套旅游书颇受欢迎，原因在于实用，每本书除有当地的名胜风光介绍外，旅游者所要遇到的吃、住、行等问题，上面都有详细的指点。旅游者只要买上一本，就有了一个"不开口的导游员"，可以任意遨游了。而我们这方面的书，往往不解渴。因此，加强实用性，关联着为人民服务的出版方针。当然，实用性强的书，也要出新。那种"老一套""老面孔"的"实用"，读者是不会欢迎的。旅游室正在设计一种 64 开本的折叠式旅游地图，内容实用，形式新颖，是能让人耳目一新的。

我以为，现在强调提高出版物的质量，当然首先要注意多出一些学术性强、文学性高的读物，但是高质量的读物不等于就是这些读物，不同层次、不同方面的读物都有一个力争高质量的问题，都可以在高、精、新上出引人注目的成果。负责编辑旅游实用书的同志不要在这方面自卑、自馁。

我想，这一看法也适用于文化生活方面的出书。

一束文艺理论信息

1986 年 4 月 5 日　星期六

昨天上午十时一刻，与李国强一起，由沪乘 64 次车来津参加国内外文艺理论信息交流会。 凌晨三时五十分抵天津站，被接到天津宾馆后，睡了两个多小时，用过早餐就开会。 会安排得相当紧凑，开幕式只花了一个小时，旋即宣读学术报告，迅速进入主题。

我首先感到的一个"信息"，是人们的理论兴趣在提高。 近年，在文学创作刊物销售量普遍下降的情况下，《文学评论》《小说评论》等的印数却有所上升。 全国的文学理论刊物原来只有几家，现在已增加到三十家，其中大多是去年创办的。 在赠给与会者的书刊中，天津市就有四种文学理论刊物：《文学自由谈》《文谈》《文学探索》《文学新潮》。 虽然，我怀疑一个地方同时办这么多，是否"过"了一点，但从总体上看，它却不是主观的产物，而是折射了当前文学潮流中的社会需求。 就像 70 年代末、80 年代初，文学创作刊物像雨后春笋般地应运而生一样。 理论书刊的发展，人们理论兴趣的增长，反映了全民素质的提高，精神文明建设的深入。

我和顾骧、刘梦溪等，就当前文学理论的发展状况交换了意见。 大家认为，它的一个突出表现，是突破了自身的僵化的封闭状态，走向了开放，因而显得生动活泼，富有生机。 那种对文学多功能的认可，对文学观念创新的推动，对文学现象研究的整体把握，对与其他学科的交叉、渗透，等等，都加强了文学理论与时代、与生活、与文艺创作的联系，从而拓开了它自身。 这样做，不仅不妨碍马克思主义文艺理论的指导地位，相反，有助于它的加强与发展。 因为，根植于生活的常青大树，需要不断地广采博收，绝不可自我封闭。

当然，要有鉴别地"采""取"。 陈辽以信息论在文艺领域中的运用为例，提出了"三化"说：一是消化，不要生搬硬套，胡乱运用；二是转化，使之成为真正的文艺信息学；三是大众化，以通俗易懂的语言、深入浅出的方式进行表述。 不搞"术语大换班"和"新名词大爆炸"。 我以为然。 目前有些艰涩难读的求"新"之作，除了文风上的问题外，恐怕还有"以其昏昏，使人昭昭"的因素在。

晚上，唐宗良、赵百敏从北京来。 他们谈了《艺术世界》在北京受到欢迎的情况，这也印证了我白天得到的信息，理论性的、知识密集的书刊的地位正在冉冉上升。

1986 年 4 月 6 日　星期日　晴

今天，鲁枢元的发言，指出当前的文学在"向内转"，即从描述客观世界向表现人的主观世界发展。他认为，这不仅由于外来文化的影响，也是对我国五四新文化传统的继承，同时还因为特定的社会文化心理的推动：十年内乱造成的"内伤"的潜在作用，对机械论的逆反心理，主体意识的觉醒，等等。因此，他说，文学正热切地呼唤着心理学。两者的交汇、融合，将大大有助于表现文学世界的复杂性与文学本质的心灵性。对此，大家是赞同的。不过，就文学的宏观走向来说，有同志补正说，可否看作是从单纯的再现现实走向再现现实与心灵探索的结合，或者说，由单纯的"外加工"走向"外加工"与"内探索"的结合。"内探索"的优秀作品受到欢迎，"外加工"的好作品也仍有读者群。

"向内转"也好，"内探索"也好，都是要作家去"转"去"探"的，也就是要作家用自己的心灵去观照生活中人物的心灵变化的。因而与会者十分强调作家的主体性。没有主体性，就没有创造、也就没有创作。同时，文学评论也应该是创造、创作，评论家也要有自己的主体意识。许多同志激动地说，评论家不能只是诠释作品，是作家的"附庸"，而要将自己的感知、体验、观点、情绪等主观因素渗透进他所评论的对象之中。他在评论作品，同时也在表现他自己。这种评论观也是许多作家所赞同的。记得去年十二月，我与阿城同去香港参加"中国书展"活动，曾问及他对我写的《论〈棋王〉的一鸣惊人》的看法，他回答说："那属于你的创作。"这表明一些作家也希望和赞赏评论家主体意识的崛起与强化，以促进我国文学进一步的活跃与繁荣。

1986 年 4 月 8 日　星期二　晴

文艺学正多侧面、多角度与其他学科"交叉感染"，形成了艺术哲学、文艺心理学、文艺社会学、文艺伦理学、文艺地理学、文艺信息学、文艺生态学、文艺传播学、文艺管理学等。这几天的会上，信息论，控制论，系统论，耗散结构论，突变论、协同论，模糊数学，模糊逻辑，纷至沓来，由于知识准备不足，听得有点昏头昏脑。但由此却深深感到要加强学习。搞文艺的，不但要努力学习文史哲，而且要适当学点自然科学。自然科学中的许多理论与方法，正不可逆转地、愈来愈强劲地渗透到文艺领域，滋润着文艺的创新与发展。这里，闭目不视，自我封闭，是不行的。完全不懂一点自然科学，看今后的文坛，当会有雾里看花之感。李国强由此提议精编一本《文艺新学科手册》，以适应读者需要，我觉得很好。

1986 年 4 月 10 日　星期四　天津晴　上海雨

今天，乘飞机由津返沪。途中，翻阅了这次会议分发的一些材料。得知郑州大学中文系已于去年开设了妇女文学选修课。这份材料极力倡导妇女文学批评，以探索和总结妇女创作的特点与规律。它认为传统的文学批评无形中约定了一条"中性"的社会批评准则，貌似公允，实则以男性为中心，不能根据女性特有的审美经验去考察女性创作的心理过程，致使许多展示妇女生活的作品难以受到公正的评价。就是在对《人到中年》的赞扬声中，也多是从"中年知识分子"的角度肯定其社会价值，而少有探索陆文婷作为一个妇女形象的特有内蕴。因此，"要让妇女文学学科化"。由此我感到，文艺理论的发展、突破、创新，正多方位地表现出来。我们的视野需要更宽广，更敏锐些。

书市触发的思考

1986 年 9 月 12 日　星期五

"上海书市"已经举行 6 天了。盛况空前。书展的入场券，成了黄浦滩的"抢手货"。书市每天要接纳 15 000 多人次，但向隅者仍然很多。如此，书市增加了几次夜场。持续作战，累坏了书市的营业员。昨天，气候闷热，有几位营业员因劳累过度相继昏倒。今天下午，与孙颙、郝铭鉴一起，代表我们上海文艺出版社前往书市慰问。尽管大雨滂沱，读者仍如潮涌。书市开始时撑得满满的一个个书架，大多已被读者"淘"成稀稀拉拉的"缺牙巴"了。书市每天都要增补大量新书，仍供不应求，上架的书很快地又被读者"淘"走了。据统计，来逛书市的读者，平均每人购书达 18 元。这个数字是惊人而又喜人的。

书市办公室负责人告诉我们，在热销书中，最受欢迎的是一些探索研究人的奥秘的理论性、文化性著作。与前几年轮番出现的古旧小说热、新武侠小说热以及言情小说热不同，如今读书界掀起的是一股理论、文化热。广大读者渴求那些知识密集的、有新颖观点的、能启人心智的理论性、文化性著作。理论兴趣与文化意识的强化，反映全社会的改革在深入，全社会的反思在深入。可惜，我们这方面的自觉性不够，不仅这方面的图书出得甚少，即使已经出的，由于估计不足，印数上过于保守，造成一种不应有的"销"而不"畅"的局面。怎样加强这类图书的开拓，让其畅销，以顺应时代的潮流，满足读者的需要，实在是我们出版工作者需要认真考虑的。有一个传统的观点，一提到畅销书，总意味着就是通俗小说之类的文艺作品，实则不尽然，一些优秀的，切合读者需要的理论性、文化性著作，也完全可以成为畅销书的。目前，世界上有不少这样的畅销书。台湾有家出版社，编了一套"国际畅销文库"，就专收各国非小说的畅销名著，影响颇大。应该看到，这是一种高层次的畅销，一种"双效益"的畅销，值得充分地重视它。

在多种多样的理论性的文化书籍中，当前读者对论"人"的著作最感兴趣，我以为有其历史的必然。 一般地说，在几千年的阶级社会中，人由于受到种种的摧残和束缚，不仅不能全面展开自己的本质力量，而且人的本性严重地自我异化。 马克思在《1844年经济学哲学手稿》中曾作过这样的描述："人除掉吃、喝、生殖乃至住和穿之类动物性功能方面，他感觉不到自己和动物有任何差别。 动物性的东西变成了人性的东西，人性的东西变成动物性的东西。"对此，马克思提出：共产主义就是"人向自身、向社会的人的复归"。 因此，争取社会进步的斗争，从根本上说，就是争取"人的复归"的斗争。 人类文明史，可说是人在寻找自己位置和价值的历史。社会的进步、发展，必然表现为人类"寻找自己"的意识在强化。 特殊地说，我国长期处于封建统治之下，人的观念并未形成。 解放以后，"左"的东西使人片面地变为"工具"，阻碍着"人的复归"。 十年内乱，更剥夺了人之成为人的一切东西。 物极必反，造成了当前关于人的反思的热潮。 人的发现，"人的复归"，人的解放，正可以看作是当前理论文化热的热点与焦点。 我想，我们组织出版这方面著作，需要突出这个"人"字。 有人说，"文学是人学"，扩大地说，哲学、社会科学的许多学科，也都应是"人学"。《梦的解析》《宽容》等译作在书市中受到欢迎，也是因为它们为读者打开了一扇扇"窗户"，有助于人们去认识与探索人们内心世界与人际世界。

当然，不论是著作还是译作，新辟的窗户都应该是新"窗户"，透过它能够给读者看到人的世界的一些新景色的。 重复众所周知的东西，即使是讲"人"的，也不一定受欢迎。 我们搞出版的，要重视"新知"，鼓励"新知"。 不过，对"新知"也要运用马列主义进行分析，让它们通过百家争鸣在实践中去扬弃，去发展，去完善，去逐步接近真理的彼岸。"讹而新"的所谓"新知"是不足取的。

1986年9月20日　星期六　晴

今天，上海书市闭幕了。 晚上，书展办公室在延安饭店举行招待会。 王国忠向大家算了"一笔账"：为期半个月，接待读者二十一万人次，场内出售图书二百五十万册，销售额达三百三十五万元。 书市的举办，使本市"买书难、卖书难、出书难"状况有所缓和，出现了良好的转机。

我以为，其中颇有点值得反思的东西。 书有人"出"，有人"卖"，有人"买"，本当是共存共荣，皆大欢喜，近年来却为什么出现那么严重失调的局面呢？"出"也难，"卖"也难，"买"也难，大家变为苦脸孔对着苦脸孔，其中重要的症结，就是供销渠道不畅。 单一的发行体制与售书办法，早已显得呆滞、僵化，不能适应当前形势了。 需要开放、搞活，多渠道、多形式地沟通相互关系。 开办书市，让大批图书集中地、直接地与读者见面，无疑是个好办法。在这以前举行的文汇书市与文庙书市，都有力地洗刷了"难"字，表现了图书市场购销两旺的景象。此外，沟通的渠道还可以开辟很多。比方说，随着图书出版物的不断增加，人们对图书的选择性也就越来越大。有些图书是某一类人所翘首企望的，而另一类人并不一定有兴趣问津。对这类图书，就不能满足那种大呼隆、"大锅饭"式的征订，而要重点推荐，多搞一些"小灶菜"式的征订。《上海杂文选》用普发征订单的办法，全国只征订到二千六百册，书出以后，喜爱杂文的人买不到，河北《杂文报》负责人说，如果印前和他们联系，他们一下子可代杂文爱好者订五千册。一本幼儿读物，书店要的数量甚少，但与幼儿园直接挂钩，仅在上海市就要了二万多册。这说明，购销对路，要求发行工作越做越细，让不同读者与不同图书都能找到自己所要找的对象。就我们出书人来说，也要重视这种沟通。最近由孙颙倡议，我社建立了"读者俱乐部"，消息公布不久，即有几千人报名。著名漫画家华君武也要求参加。对读者来说，这可以进一步解决"买书难"的问题；对我们来说，不仅有助于解决"出书难"、"卖书难"的问题，而且可以迅速地从读者中得到许多信息，有助于编辑工作的改进。

书市上的另一种成功的沟通，是它的三万种图书，除少数贵重品种外，都实行开架售书。开架，读者能够自由地翻阅、比较、选择图书，读者的心与书更加贴近了。原来不想买书的人，在翻翻弄弄中，会生发出买书的需求。我敢说，进书市的人几乎都买了书，与它的开架有很大关系。我在书市中翻书，更感到一种文化享受，一种"淘书乐"，这与在书店隔着柜台选书，祈求营业员一本一本拿时的感觉，完全不同。我以为，书店不论作为文化单位，还是作为商业单位，抑或"合二而一"，在经营上，都应该开架售书。开放，开放，我们天天在讲，为什么书店的书架却迟迟不能打"开"呢？去年我在香港参观了几家书店，没有一家不是开架的，他们千方百计地要把书介绍给读者，要读者了解他们的书。

这次书市在沟通读者与书的关系上，也作了较好的宣传。《小说界》第五期刚进书市，购者不多，但贴了海报以后，读者知道它有引人关注的作品，销售量立即大增。图书宣传，是图书发行的重要一环，要舍得花本钱。

总之，当代人际关系中的一个重要问题，是要加强沟通，增加了解，我想，在处理读者与书的关系上，也应作如是观。

1986 年 9 月 22 日　星期一　晴

这几天，分别讨论了旅游、文化生活、民间文学等几个编辑室的 1987 年的选题计划。 书市上所显示出那股理论、文化热"余音缭绕"，在我们头脑里升华为一种观点：这些方面的出书，也要增强文化意识，衣食住行，逢年过节，大多牵涉的是人的物质生活，但也包含着文化因素。 旅游有文化，服饰有文化，饮食有文化，民俗有文化。 出这类书，首先要注意实用性，缺乏实用性，价值就不大，但又不能止于实用，还要尽可能灌注文化意识，提高其价值。 一个社会文明程度的提高，固然依赖于不断出现高、精、新的文化产品，但也有赖于文化在社会生活的覆盖面的扩大。为此，在普及教育、普及文艺的同时，也要让人们生活的各个方面都渗透着文化，借以形成广泛的文化渗透力，影响人，熏陶人。 现在，我们可以看到，随着社会经济的发展与人民生活水平的上升，人们在这方面的要求正日益凸显、强化。 旅游，讲究起"文化旅游"；衣饰，愈来愈追求美观、新颖；饮食，考研其色、香、味……这些，都说明人们在物质需求中，更多地融进了文化的因子。《人论》的作者卡西尔认为，"人只有在创造文化的活动中才成为真正意义上的人，也只有在文化活动中，才能获得真正的自由"。 我国当前文化热的兴起，包括在物质生活中追求文化欲的抬头，是真正人的意识觉醒的表露。 我以为，需要从这一高度着眼去组织编辑这类图书。

当然，这里说的文化意识，是现代文化意识，社会主义文化意识，要对沉淀在这些领域中的传统文化意识进行必要的反思。

力争第二个十年有个飞跃

1986 年 12 月 10 日　星期三　晴

今天去厦门参加全国长篇小说座谈会，与周克芹、俞天白等同机。

途中，周克芹说，他昨晚刚读了我评长篇小说《女编剧的悲喜剧》的文章，赞同我这一看法：当前有些远离现实的作品，和一些沉溺于个人低唱浅吟的作品，只要艺术上精致，思想内容上又没有大的问题，可以是文学百花园中的一花。 但这毕竟只是文学的支流而不应成为文学的主流。 文学的主流，应该是那些热烈拥抱生活，积极反映社会矛盾与斗争，反映人民的愿望与情绪的作品。 他说，现在的文学有一种"贵族化"倾向，值得注意。 俞天白也认为，搞文学沙龙是可以的，但不能搞"沙龙文学"。

抵厦门，见莫应丰、艾煊、黄蓓佳、焦祖尧等均先期到达。

晚，开会议领导小组会，强调在坚持四项基本原则的基础上百家争鸣，自由讨论，各抒己见，不作结论。

1986 年 12 月 11 日 星期四 晴

会议上午正式开幕，下午分组讨论。

与会者首先接触到的问题，是对长篇小说现状的估价。 方兴未艾，还是未兴未艾？意见不尽一致。 大多数同志的估价是比较高的。 建国十七年，计出长篇小说一百七十二部，新时期十年，则出版了一千多部，近几年，年产量已达一百五十部左右。 其中若干的优秀之作，较之十七年的"三红一创"和"青、山、保、林"等有影响作品，并不逊色，甚至有所超越。 这些作品鲜明地打着时代的印记，凸显着忧患意识与悲剧精神，闪烁着人道主义、爱国主义与社会主义的光辉。《最后一个冬天》作者马云鹏认为，新时期长篇，无论在数量和质量上，都超过了十七年。 他诙谐地说："起码我是超过了十七年的我。"有些同志则认为，这些年的长篇小说的发展，主要表现为数量的发展，高质量的作品并不多见。 相反，长篇小说的遗忘率、淘汰率甚大。 有些作品出版了，就长年尘封在图书馆里，无人借阅。 这些作品的诞生之日，也就是它的消亡之时。 而长篇小说要真正发挥它"重武器"的作用、"纪念碑"的作用，主要靠质量，而不是数量。 朱珩青说，目前长篇小说的状况，可以说是繁而不荣，或者说繁而未荣。

不论估价如何，有几点是一致的：一是要重视发展长篇小说。 张炯说，长篇是一个国家文学水平的标志，发展它有战略意义；二是要重点突破质量，要"少而精"，要大力促进伟大的史诗性作品产生；三是要力争在新时期的第二个十年中有个飞跃。 顾骧说，中国新文学运动的第二个十年，是中国长篇小说的发展突破期，《倪焕之》《子夜》《家》等名著都产生在这一时期，我们期待新时期第二个十年也出现这样一个长篇高潮。

1986 年 12 月 12 日 星期五 晴

会内会外，饭前饭后，都在议论着长篇小说的突破问题。

午饭后，遇张抗抗。 她说，长篇的发展，亟须对叙事的传统模式来一个"定向爆破"。 她最近发表了长篇新作《隐形伴侣》，着眼于表现人的心理和潜意识，尝试了一种真正意义上的心理小说。 我赞同这一探索与追求。 人的内心，有比较外露的浅层心理，也有比较隐蔽的深层心理，如潜意识等。 向深层心理开掘，是对人的一种深入发现与表现。 宋遂良也说，文学要写历史的人，社会的人，同时要写心灵的人，文学是人学，即心学。

陈美兰在会上发言，强调要打破思维定势。 她说，长篇小说的模式化表现在：一是故事的框架与生活过程的一致；二是小说矛盾的支架套用生活矛盾的支架。 这除了文艺服从于政治的观点影响外，还因为在思维上长期习惯于直观生活，并用阴阳两极的方法来概括问题。长篇的创新，必须跳出这一思维框框。

周梅森提出，作家要努力成为大思想家、大哲学家，才能出大作品。由此，许多同志谈到当代意识问题。但到底什么是当代意识？却是言人言殊。蔡葵介绍了近年来二十多种说法，他认为，概括起来有两种：一种认为，它是现代人各种意识的集合；另一种则是指开放、革新的意识，主要是改革的意识和人的主体意识。由此又议论到观念更新。杨佩瑾说，它首先是"更正"，即用真马列主义来更新原先歪曲了的观点，其次，是创新。一些同志进一步指出，当前的长篇出现了新的"五老峰"，即意识老，观念老，思想老，知识老，表现老。但也有同志觉得，原先所说的"五老峰"中的"题材老"的说法，并不科学。题材无所谓新老，关键在于怎么写它。

韶华强调了长篇的结构美，他说，长篇时空跨度大，人物众多，情节复杂，特别需要在结构上下功夫。结构，是长篇小说美的第一要素。何镇邦认为，好的结构，是力和美的统一。

柳溪以她的《大侠燕子李三传奇》受到欢迎的情况，说明也要重视通俗长篇小说的创作。

1986 年 12 月 13 日　星期六　晴

这次会议由"三家"组成。前两天，主要是作家、评论家在会上发言，今天下午，编辑家也在会上谈了看法。晚上几家出版社的同志，又聚在一起交流了情况。

大家一个突出感觉，就是抢稿风对长篇创作质量的提高不利。它使得一些作者"卖青苗"，"生不足月的孩子"。有些作者因此不愿下苦功磨炼、修改稿件，反正"东方不亮西方亮"，不愁稿件没有出路。大家相约，还是要从全局上着眼于长篇小说的发展，坚持质量第一的思想，克服相互挖、抢的歪风。周克芹说，有些作家一部稿子同时找几个"婆家"，能不引起争、抢吗？他们借助这种争、抢"哄抬文价"，这种不正之风也是应该纠正的。

鉴于目前不少长篇小说水分过多，越拉越长，不少同志谈到按字数计酬的规定不尽合理。因为"惜墨失金"，致使一些作家不注意"惜墨如金"了。对此，除作家应严格自我要求外，出版单位在遵守现有的稿酬标准的前提下，应按质论价，适当拉开稿酬差距。此外，对质量特别优秀的作品，应给予奖励。目前，全国的长篇小说有茅盾文学奖。一些同志提出，评奖要力求公正，否则，反而更会带来副作用。

代表们还谈到要发展长篇小说的评论。王曼说，评论应当成为创作的导航仪，成为高质量作品出生的催生婆。韩瑞亭说，搞长篇评论特别花力气，也需要采取鼓励政策。

1986 年 12 月 14 日　星期日　晴

上午，由外国文学研究所刘若端、张捷同志，分别介绍了英、苏当代长篇小说情况。他山之石，颇可借鉴。

1986 年 12 月 15 日　星期一　晴

上午最后一次大会。荒煤的发言，充分估计了新时期长篇小说的成绩。他强调长篇要写人，他说，文学的第一位工作，是熟悉人。"文学是人学"属文学的规律，是不应该作为旧观念抛弃的，人情、人性、人道主义永远不会过时。王蒙风趣地说过"作家是靠人性吃饭的"！要写活生生的人，不能像过去那样从政治意念出发，制造出模式化、概念化的人物。当然，人是复杂的，也是不能脱离政治的。当前，就是不能脱离社会主义"四化"建设这一最大的政治。

下午，去湖里工业区参观，遇几位干部与工人，他们颇有见识地谈了对当前某些小说作品的看法。我感到，文学并不孤立，当代文学拥有广大的读者。文学工作者应有一种强烈的使命感，不论是程树臻所说的时代使命感，还是范咏戈所说的人生使命感，都应努力为群众奉献出更多更好的作品。

14. 着力于优化选题

20 世纪 80 年代后期，图书市场不甚景气，出版工作面临许多困难，迫使出版社纷纷寻求自救之道。我想，出版社的根本任务在于出好书。而选题，是出书的基础。有了好的选题，才有可能出好书。正如好的庄稼，首先依赖于好的种子，为此要在优化选题上狠下功夫。

为制订好 1990 年选题计划，我们从 1989 年 7 月开始，就发动全体编辑调查研究、酝酿讨论，动脑筋、想办法，努力提出好的点子与选题。到 11 月末，1990 年选题讨论结束"拍板"，从整体上看，选题的质量与结构都有所提高。我向全体编辑讲了我们在讨论过程中达成了这样几点共识：

首先，坚持两个效益的统一，坚持把社会效益放在第一位，努力提高图书的政治、思想、艺术、知识质量，更好地促进社会主义的思想建设与文化建设，更好地满足、丰富人民的精神文化生活。当前，特别要注意加强四项基本原则的宣传教育，加强爱国主义、集体主义、自力更生、艰苦奋斗的思想教育。对此，除了要加强这方面的专题书，如进一步做好"将帅回忆录"等丛书的编辑出版以外，就我们出版社来说，主要是将这一精神更好地贯彻与融入各种书刊之中，化为各种书刊的"灵魂"。文艺作品，在继续注意多样化的同时，要着重加强组织与出版反映社会主义主旋律的作品，给读者以积极进取、奋发图强的精神。文艺理论著作，在继续贯彻百家争鸣方针的同时，要加强马列主义的理论指导。对一些西方学术著作的介绍，要运用马列主义的立场、观点、方法进行选择与分析。对能弘扬爱国主义精神的优秀文化成果，要加强整理出版，如"中国珍宝鉴赏丛书"，在完成第一辑五本以后，要着手考虑第二辑的编辑出版。《中国音乐大系》原定八卷，拟再增加一卷理论卷。《中国新文学大系》第三辑（1937—1949）的二十卷，除资料卷外，拟于明年全部推出。加上第一辑（1917—1927）、第二辑（1927—1937）的四十卷，总共五十卷大书，大致囊括了我国现代文学的优秀成果。

其次，大力抓"长命畅销书"，努力减少图书的淘汰率。"长命书"能体现两个效益的统一。即使初版印数不高，经济亏损，由于很快能够重版，也就会扭亏为盈。同时，"长命书"，也最能体现出版社特有的文化积累作用。从长远看，一个出版社的成就与贡献，就是看它能为读者提供多少不断重版的图书，能为祖国文化宝库提供多少"保留书目"。

第三，力争多层次与高质量、多样化与高品格的统一。 由于出书数量与质量的发展不平衡，数量过滥，质量不高，就全国来说，出书的中心环节是抓质量。 对我们这个地处上海的老牌出版社来说，更应突出质量，以质量、品格取胜。"宁可少些，但要好些!"同时，对我们这个综合性出版社来说，出书又要多层次，适应不同文化层次的读者对文艺、文化、音乐的多方面要求。 据此，我们既要精心组织高、中层次读者需要的有分量的，具有较高学术价值与艺术价值的图书，又要认真编辑中、低层读者需要的有质量的，具有愉悦精神与实用价值的图书。 对前者，要注意某些书稿华而不实，层次虽高，质量却差。 对后者，要注意名为通俗作品，实际却滑向粗俗、浅俗以至庸俗，层次低，质量也低。 这其中，值得注意的，是"扫黄"一定要坚决，除"黄"务尽，但这绝不意味着对通俗文艺的轻视、忽视与鄙视。 相反，一面"扫黄"，一面要加强通俗文艺的出版。 通俗文艺的读者群是很大的，我们应该尊重读者这一需要。 30 年代，左联倡导文学大众化，当时有一种摇头的理论，认为像连环图画"这样低级的形式还生产得出好的作品吗"? 鲁迅则指出连环图画这样的通俗文艺也是艺术，早坐在"艺术之宫"里面了，同时强调说，他"并不劝青年的艺术学徒蔑弃大幅的油画或水彩画，但是希望一样看重并努力于连环图画和书报的插图"。因为，对于这，"大众是要看的，大众是感激的"! 所以，我们不能削弱通俗文艺的出版，而是要努力提高它的品位、品格。 通俗文艺也能出好作品，"拳头产品"。 鉴于目前青少年较少涉及中外名著，而一些大部头名著，有些读者限于时间、精力等原因，又难于涉及，明年拟通过改编、缩写等方式，将一些名著通俗化，如《世界名家小说故事总集》等。

第四，发稿要加强"立体思维"。 书籍，要通过读者才能发挥作用，实现价值。因此，书籍总是赢得的读者愈多愈好。 而书籍作为商品在市场上出售，购买者不但考察其内容，也考察其价格。 目前图书销售疲软，与书价上涨过猛有很大关系。 这就要求我们在发稿时，对不同图书的印张、开本，封面、装帧设计等要求，也需同时从价格上做出考虑，以适应读者的不同需求。 比如礼品书，装帧、用纸好一点，价格高一点，读者还是接受的。 一般普及性读物，开本小一点，排得紧一点，经济实用，也是符合读者需要的。 最近，我们出版了一部长篇小说，作者要求用大 32 开本，大 32 开较小 32 开虽然要气魄些，但定价高达九元六角，以至征订数甚少，如果改用小 32 开，价格要减少百分之二十以上，购买者会有所增多。 这里需要我们编辑工作有一点市场观念，市场观念也即读者观念。 1935 年英国出版家艾伦·莱思出版

"企鹅丛书"，内容皆古典名著，由于改羊皮精装为纸面精装，价廉物美，大受欢迎，竟一举成功。我们编选的"五角丛书"，所以销数大，一度形成"五角丛书热"，也与"价廉物美"有很大关系。自然，市场观念、读者观念并不限于价格问题。解放前，商务印书馆出版"万有文库"，计四千多册，最后奉送目录索引和图书卡片，极大地方便了读者，销路也因此见好。所有这些，都值得我们学习与发扬。我们编者一头联系着作者，一头联系着读者，对书籍的内容、形式、价格等各个方面，宜作综合的"立体思维"。

第五，加强重版书。这与初版时就要大力抓长命畅销书是一致的。重版书的多少，是一个出版社的贡献与实力的重要体现。目前我社年初版书为二百四十种，重版书为一百三十种，比例约为2：1，争取逐步达到1：1。重版书的编辑校阅工作要认真做好，要把重版书发稿当作初版书来做。对多有重版书的编辑，要给予适当奖励。

第六，加强图书宣传。由于目前图书品种繁多，为便于读者了解与选择图书，有必要加强图书宣传。编辑应把宣传图书视为自己的一项职责，但宣传要实事求是。要向读者推荐优秀图书，不要把劣品当作优品去推销，这有关出版社的信誉。时下有一些新书发布会、讨论会，不作货真价实的介绍，而是乱捧乱吹一气，最终会丧失读者的信任感，不足为训。图书宣传，只有和图书的质量结合在一起，才能真正形成力量。

差不多同时，根据上海文艺出版社的情况，我在《编辑学刊》发表了《优化选题八议》的文章，对优化选题问题作了多方面论述。

我说，优化选题，是出版改革的一项重要内容。这不仅因为出版改革的根本目的，在于多出好书，适应两个文明建设的需要，优化选题，是实现这一目标的基础，而且由于优化选题，有助于促进编辑水平的提高，以及编辑队伍的调整优化。我们知道，编辑的工作虽是多方面的，但能否提出好的选题，则是对其学力、智力和活动能力的一个集中考验。现在有些编辑，习惯于"来料加工"，要别人提供选题、书稿。他只作些文字加工。如果没有"来料"，他就无事可做。还有些编辑，也能提出选题，但都是老一套的东西，结果编来编去都是一些平庸的书稿。把能提出几个为出版社首肯的选题，作为在岗编辑的一条基本职责，把优化选题列入竞争机制，可以有效地提高编辑的积极性与创造性，促进编辑队伍的优化。

15. 编辑工作的三十字诀与我社企业风范

　　1992 年 6 月，社长孙颙调任上海市新闻出版局副局长，我被任命为上海文艺出版社、上海文化出版社、上海音乐出版社社长、总编辑、党委书记。有同行笑称我"一身而九个职务"。我回答说："实际就是一个职务：认真做好出版工作。"为了"认真做好"，我提出了"编辑工作三十字诀"，经过大家讨论认可后，作为统一全社编辑思想的依据，其内容为：

<blockquote>
多层次，高质量；

多样化，主旋律；

长命书，重积累；

双效益，重方向；

讲认真，争一流。
</blockquote>

　　其中"讲认真"三字，原拟提"戒草率"，因为书刊出错情况堪忧。在征求意见过程中，老社长丁景唐提出还是正面提为好，遂作了改动。"讲认真"的提法，源自毛泽东"共产党就最讲认真"一句。毛泽东还有"认真做好出版工作"的教导。此句也可改作"认真做"，但从前后两句的音节统一角度考虑，以"讲认真"较妥。

　　"三十字诀"提出后，其影响逐渐扩散到上海出版界，有些出版社请我去说了说。1999 年，中华人民共和国成立五十周年和上海解放五十周年，为反映上海出版界在这五十年中发生的巨大变化，上海出版协会编辑出版了《我与上海出版》一书，我应约写文对"三十字诀"作了解说：

　　第一句："**多层次，高质量**"。就是说，要大力强化质量意识，把提高书籍质量作为编辑工作的中心，这不是说不要注意数量。没有数量就没有质量。但数量毕竟不等于质量。近些年来，在文艺图书的供求关系上，同时存在着"供过于求"与"供不应求"的现象。"供过于求"，是由于平庸的图书过多过滥；"供不应求"，则又因为高质量的作品缺乏。这表明，文艺图书的数量与质量的发展，出现了某种程度的不平衡，数量增长较快，质量提高较慢。据此，只有抓住质量的提高，才能"一箭双雕"——既可以解决读者要求多读好作品的"供不应求"的矛盾，又可以使那些因作品质量低下而"供过于求"的矛盾随之减弱、消失。 从文化积累来说，也只有这样做，才能真正留下一点东西。 就我们这个地处上海的老社、大社来说，也只有牢固确立以质取胜的战略思想，才能充分发挥自己的优势和长处，显示自己的存在价值。

什么是高质量？ 是指我们的出版物，在思想、学术、艺术、知识、文字等方面，都是好的，从而在推进社会主义的两个文明建设上，在促进文艺繁荣与文化积累上，在满足人民群众的文化要求上，较之同类出版物，处于一个较高的阶梯上。 自然，高质量要与多层次相结合。 所谓多层次，是要发挥我们这个有着"上海文艺""上海文化""上海音乐"三个牌子的综合文艺出版社的特长，书刊出版要满足不同方面、不同层次读者的多样需要。 高质量不是专指书的学术性，而是多层次的高质量，既包括提高性读物，也包括普及性读物；多层次，不是说可以出一些粗陋庸俗的书，而是高质量的多层次，不同层次的书，在它那个层次上，都应该是高质量的。 实践表明，这样做，防止了片面强调"质量"、忽视"层次"，或片面强调"层次"、忽视"质量"的倾向。

第二句："多样化，主旋律"。 文艺要繁荣，一定要多样化。"繁"者，多也。 其所以如此，既因为作为文艺创作源泉的生活是多样的，又因为作为创作主体的作家艺术家的个性是多样的，还因为读者对文艺作品的需求也是多样的。 鲁迅早就说过，当有种种不同的文学，以应各种程度的读者之需。 实际上，就是同一程度乃至同一位读者，由于内在精神世界也不是单一的，而是多层次的，他们对文艺的要求也是多样的。 我们经常可以看到，那些喜欢严肃文艺的读者，有时也会翻翻通俗文艺作品以调剂精神；而一些热衷于通俗文艺的读者，有时也涉猎一些严肃文艺作品，以换换口味。 因此，文艺出版一定要贯彻党的双百方针，容纳不同题材、不同手法、不同风格的作品，不能有单一、划一的想法。 只有这样，社会主义文艺出版事业才能有效地加强与群众的联系，才能多方面、多层次地最大限度地满足人民群众日益增长的精神需要，才能走向更大的繁荣。

不过，在多样化中，必须有主旋律。 要有洋溢着时代精神的作品作为整个文艺出版物的脊梁。 一个时代有一个时代的文艺，每一个时代的文艺是以其主旋律为标志的。 当前文艺的主旋律，首先是那些反映"四化"建设，反映改革开放的作品。社会主义、爱国主义、集体主义的精神，改革开放的精神，是我们时代精神的集中反映。 文艺出版物只有深刻地反映它，才有可能使自己富有鲜明的时代色彩和昂扬的时代精神。 我们需要花大力气抓这方面的作品，自觉地在这方面多打一些"攻坚战"。 否则，文艺出版物不管怎样多样化，也总会显得力度不够。 需要注意的是，浸透着时代精神、当代意识的作品，固然比较容易表现在直接描写现实的重大题材上，但时代精神、当代意识，又并不为题材所围。 只要作者——创作主体具有它们，那么，它们也可以灌注、放射到其他题材中去。 所谓从血管里流出的是血，从水管里流出的是水。 从这个角度看，主旋律本身的表现就不是单一、单调的，而是多方面、多样化的。 主旋律，要多样化地去展示；多样化，要以主旋律来贯串。 在总体上，文艺出版物应力求主旋律与多样化的统一。

第三句："长命书，重积累"。由于目前图书数量众多，读者购买力与书店资金有限，当前以至今后，初版就有大印数的图书恐怕不会太多了。 初版书，在某种意义上说，是一种样品、宣传品，如果质量真正是好的，是适销对路的，读者和书店就会要求它重版，得以"长命"。 反之，初版后就会被淘汰，"短命而亡"。 今后图书的畅销，会越来越与"长命"连在一起。 因此，应千方百计多出能不断重版的"长命书"。 这些书最能体现两个效益的统一。 即使初版印数不高，经济亏损，由于很快能够重版，也就会扭亏为盈。 我社 1991 年图书重版量，与初版书相比，已达 1：1，从而使经济效益明显增高。 同时，这些"长命书"，也最能体现出版社特有的文化积累作用。 从长远看，一个出版社的成就与贡献，就是看它能为读者提供多少不断重版的图书，能为祖国文化宝库提供多少保留节目。 如果书出得多，就像狗熊掰苞米一样，掰一个丢一个，淘汰率很高，那是不应给以点头而应给以摇头的。 我曾为一家读书专刊题词："人类与书籍一起成长，书籍与人类一起发展。"我所说的书籍的伟大作用，主要就体现在这些有保留价值的图书上。

梳理我社的"长命书"，主要有这样几个方面：一是重点丛书。 这类书有较高的文化积累价值，如《中国新文学大系》、《中国民族音乐大系》、"中国文化经典系列"等；二是有分有合的系列书。 这类书也有较大的文化积累或文化实用价值，从编辑工作进展与读者购买力考虑，先出分册，然后总其成。 如《中国歇后语》《中国俗成语》《中国惯用语》《中国俗语》《中国谚语》等，将汇成一部《语海》；三是"十大"书系，即《中国十大古典悲剧集》《中国十大古典喜剧集》《中国现代十大流派诗选》《世界十大古典芭蕾舞剧欣赏》一类书。 这类书在对人类文化成果的整理中，比较强烈地体现了编辑的主体意识，有着独创性的编选角度，受到读者欢迎；四是礼品书。 这类书知识密集，装帧精美，适宜作亲友间馈赠的礼品。"五角丛书·豪华本"大多属此；五是高质量的文艺作品与理论著作。 如"小说界文库"中的《皖南事变》《母与子》《陈奂生上城出国记》《汽车城》等，"新诗丛"中的《双桅船》等，"文艺探索书系"中的《真的感悟》《艺术创造工程》等；六是工具书，包括辞典、手册、大全等。这类书目前增多，要能在比较中为读者所赏识，需要精编精选，出类拔萃。《中国实用文体大全》《文艺鉴赏大成》《音乐欣赏手册》等重版率较高；七是文化实用书。

这类书也不能满足于让读者"实用"一下就销声匿迹，要长销不衰，也需要编辑的智慧和才华。《上海棒针编结花样 500 种》累计印数高达一千多万册，即其一例；八是教材，主要是音乐教材，以及一些文学理论教材。

第四句："双效益，重方向"。 坚持两个效益的统一，坚持把社会效益放在第一位，坚持社会主义的方向，这本是社会主义出版工作的题中应有之义，早属"共识"了。 问题是，社会效益与经济效益并不总是统一的，两者不时发生矛盾。 出版社近年实行利润承包，这一体制的导向更使人过多注意经济效益，在当前图书销售疲软的情况下，在衡量选题书稿时，就往往不首先看内容、质量，而是首先看销路、盈亏。 近年图书出版上出现一些问题，与此有很大关系。 因此，贵在"坚持"——既在认识上坚持，又在实践中坚持。

坚持两个效益的统一，首先要开拓"双效益"的图书。 这方面的潜力还是不小的。 一个好点子，能打开一方新天地。 像上海古籍出版社影印《四库全书》，上海辞书出版社编辑《彩图成语辞典》等，都在"双效益"上取得很大成果。 我社出版的《文艺鉴赏大成》，由于在编选上有着不同于一般鉴赏书的特点与优点，即门类的综合性、选目的典范性与评析的精当性，在普及文艺知识、提高鉴赏水平方面起着它特有的作用，受到读者欢迎，两年时间印了七万多册，经济上已赢利二十多万元。 我们说，编辑工作也属创造性劳动，需要在这方面更多地发挥创造性。 然而，也确有一些图书，社会效益是好的，经济上却是要赔的。 对这些书，也应该积极安排出版。 对一个出版社来说，能否坚持社会主义方向，把社会效益放在第一位，主要是从对这类图书的态度上反映出来。 如果因为赔钱而根本拒绝这类图书的出版，可以说，这样的出版社从根本上违背了自己的社会主义本性，违背了为人民服务、为社会主义服务的出版方针。 不过，出这类书有两点需要注意：一是量力而行。 按经济上所能承担的力量，安排相应数量的图书。 只算经济账，不接受这类图书，是错误的；不算经济账，盲目安排这类图书，也会压垮出版社；二是择优安排。 让有限的财力物力，保证那些具有较高学术价值或艺术价值的图书得以出版。 那些虽然称为学术著作或艺术著作实际并无多少"学术"或"艺术"的书稿，迟安排或不安排并无大碍。 至于那些虽能赚钱，社会效果却很坏的图书，如黄色、准黄色的东西，应坚持卡住不让出笼。 还有一些图书，经济上要赔，社会效果难说有什么不好，也难说有什么好，属可出可不出的平庸书。 鉴于目前出版社经济困难，也鉴于目前整个图书市场数量发展过猛过滥，对这类图书的出版宜严格控制，不为各种关系说情所动，也不为各种诘难、指责所动。 其中，对一些年轻作者的处女作，如视其有发展后劲，当可适当安排出版，以促进成长，这也是我们国家出版社的一项社会责任。 总之，出书一定要重方向，一定要有社会效益，经济上则有的盈，有的亏，整个出版社出书结构，则要坚持两个效益的统一。不顾社会效果，只讲经济效果会走向邪路；不顾经济效果，只讲社会效果，也使出版社无法支撑下去，出书工作无法进行。

第五句："讲认真,争一流"。"讲认真"，原拟提"戒草率"。因为目前图书出错情况堪忧，几乎到了"无错不成书"的地步。究其原因，虽有编辑、校对的水平问题，更主要的却是工作草率马虎所致。新时期以来的编辑工作，较之"文革"前，更加重视选题的开拓，思路较活，但过去那种字斟句酌的严谨作风削弱了。加强编辑队伍建设，树立认真严肃的工作作风，是重要的一环。按丁景唐的意见，改为正面提"讲认真"。

"争一流"，是讲我们的编辑出版工作不应该满足于"过得去"，而要力争"过得硬"，能处于全国文艺出版工作的前列，以不愧我社是地处上海这个大都市的大社，不愧我社是有四十年历史的老社，不愧我社是由许多著名作家、艺术家、编辑家先后参与建造的名社，不愧我社是党与人民寄予很大期望的出版社。

为了进一步加强出版社内部管理，我以为，既要有浓浓的民主气氛，使大家能"七嘴八舌"，充分发挥各人的聪明才智；又要在一些重大问题上，能形成统一的认识，以便"劲往一处使"，有效地实现自己预期的目标。1994年，上海文艺出版社发动职工对全社的发展目标、事业精神、出书方针、经营思想与管理方式等问题进行讨论。经过反复比较鉴别，相互取长补短，扬正弃谬，最后形成了"上海文艺出版社企业风范"，这一"风范"，后又为社职代会通过，成为一个具有法定意义的文本。它在统一与集中全社的意志方面发挥了作用。

我社的企业风范有如下内容：

发展目标：坚持一流的质量,创造一流的效益,实行一流的管理,培养一流的素质,建设一流的出版社。

1. 我社是具有四十多年历史的老社，是拥有三百多名职工的大社，又是地处上海这个大都市，由许多著名作家、艺术家、编辑家先后参与建造的具有一定知名度的出版社，我们的发展目标、自我要求，只能是瞄准制高点，争创第一流。所谓第一流，就是说我们的编辑出版工作，不应该满足于"过得去"，而要力争"过得硬"，能处于全国文艺出版工作的前列。

2. "一流"是个综合指标，它需要体现在出版社各项工作的要求中，主要是四个方面：①质量；②效益；③管理；④素质。这四者的关系又是互相依存的。一流的质量、一流的效益、一流的管理，都有赖于一流的素质；而一流的素质，不是从天上掉下来的，它要在努力实现一流的质量、效益和管理中造就。

事业精神：敬业、遵纪、求实、开拓。

1．人是要有一点精神的。企业也是如此。市场经济的发展，需要大家加强商品意识，但这不意味着一切都要商品化。理想、道德、情操、良心不能商品化，不能"一切向钱看"，不能"大利大干，小利小干，无利不干"。出版文化企业是创造与传播人间真善美的殿堂，如果听凭赵公元帅"指挥一切，调动一切"，必将为铜臭所腐蚀，滑向邪路。愈是"物欲横流"之时，出版社愈要弘扬精神的力量。

2．精神的内涵很广，凡高尚的积极的精神都应该发扬。根据出版社的情况，当前要特别强调的，一是"敬业"。对每位职工来说，这是最起码的要求，也是最基本的要求。即热爱出版事业，认真负责地对待工作，勇于奉献，乐于"为他人作嫁衣"；二是"遵纪"。这是涉及宣传教育意识形态部门所需严格注意的。即遵守党的政策与国家法令，遵守出版工作方针，不自行其是，不打"出界球"和"擦边球"，不为国家和社会添乱；三是"求实"。这是我们党的优良传统和立于不败的思想基础。即"有实事求是之心，无哗众取宠之意"，踏踏实实，讲究实效；四是"开拓"。这是时代的强烈要求，当代出版工作之"魂"。即要不断创新，不断发展，不断寻找新的生长点，不断开辟新局面。

出书方针：多层次，高质量；既富有文化品位，又符合市场需求。

1．高质量，就是说我们的出版物，在推进社会主义的两个文明建设，促进文艺繁荣和文化积累，满足人民群众的文化需要方面，较之同类出版物，应处于一个较高的阶梯上，多层次，则是说要发挥我们这个有着"上海文艺""上海文化""上海音乐"三块牌子的综合文艺出版社的特长，书刊出版要满足不同方面、不同层次读者的多样需要。高质量，不是专指书的学术性，而是多层次的高质量，既包括提高性的读物，也包括普及性的读物；多层次，不是说可以出一些粗陋庸俗的书，而是指不同层次的书，在它那个层次上，都应该是高质量的。

2．出版物是文化产品，必须首先使书刊拥有文化品位；同时，出版物又是进入市场流通领域的产品，必须力求吻合市场需求。一味地迎合市场，降低书刊的文化品位、品格，滑向粗俗、低俗、庸俗，是错误的，有害的；缺乏市场意识，无视市场需求，闭门造车，孤芳自赏，书刊就走不到读者当中，不仅经济效益，就是社会效益也难于实现，这也是不行的。因此，要努力把书刊的思想性、学术性、知识性、艺术性与可读性结合起来。

经营思想：以人为本，以主带副，以选题为基础，以发行为关键，以上海为基地，以覆盖全国、进军国际市场为目标。

"君子务本，本立而道生"。 企业之"本"在于人，出版社的根本建设是职工队伍的建设。 面对由计划经济向市场经济的转变，面对方兴未艾、来势迅猛的出版技术革命，出版界的新问题层出不穷，大家都有一个重新学习的任务。 要放手选拔人才，大力培养人才，正确使用人才，切切实实把人的工作放在第一位。

　　我社每年出书约六百种，同时拥有八种期刊，其中《故事会》发行量四百多万册。 1995 年书刊总码洋超过一亿元。 整个社的经营，无疑以书刊为主。 同时，我社拥有广告公司与四个"三产"公司，潜力也颇大。 要用"以主带副"的方法，使事业达到立体的发展。

　　选题是出书的基础，是图书之母。 出好的图书，首先要有好的选题。 因此，要把优化选题作为编辑出版工作的"基础"。 好的图书抓出来后，要实现其价值，还必须在流通领域内销售出去。 时下我社有些初版书，征订下来只有几十册、几百册。整个图书在全国覆盖面也很小。 并非这些图书真的没有读者，而是由于销售渠道不畅。 因而，加强发行已成为我社工作的"关键"。 要充实发行人员，多渠道并举，形成自己的发行网络。 要立足上海，面向全国，并积极向国际市场进军。

　　管理方式：民主与集中相结合；思想教育与经济手段、行政措施相结合。

　　1. 民主集中制，是我们党的根本组织原则。 出版社的工作目前同时存在民主不够与集中不够的现象，要注意克服。

　　2. 在管理手段上，经济手段是必要的，但如果仅仅靠利益驱动，则是不够的，片面的，必须伴以思想教育，激发职工的精神追求。 不过，思想教育也并非万能，还必须辅以制度的约束，纪律的制裁。 无论采取教育的、经济的或行政的手段，都应有奖与罚的两手。

16."上海长中篇小说优秀作品奖"与
"上海国际音乐比赛"

出版社除了出版图书杂志外，还可以充分发挥其作为社会文化平台的作用，推进社会文化事业的发展，20世纪八九十年代，我社组织了多种作品比赛，如微型小说比赛、现代故事比赛、古典吉他比赛等，向全国征求优秀作品，促进了这些文艺品种创作质量的提高。作为"文学重武器"的长篇小说，我们也组织了大赛，首届（1986—1988）获奖的作品有《皖南事变》《危楼记事》《橄榄》《曲里拐弯》等，对我社吸纳高质量的长篇新作和促进作者在作品质量上用力起了积极的作用。然而当时各地对长中篇小说争夺得很厉害，有些作者只是写出初稿，本还需要精心打磨一下，而有些出版社为了能抢到稿子，就不要作者修改抢先加以发表。我们知道，文学作品的力量在于质量。这样的"争夺"，并非良性的竞争，不利于长篇小说质量的提高。对此，需要更有力度将作者的注意力吸引到提高长中篇小说作品的质量上。我们想，上海从历史上看，就是全国的文化传播交流中心，有必要也有可能把全国一些最优秀的作品吸引到上海这个码头上"亮相"。这当中，组织高规格、高水平、高奖励的作品大赛，不失为一个办法。这样的大赛，仅由我们出版社出面，力度是不够的，而是需要以上海市的名义进行。1989年秋，时任上海市委宣传部长陈至立、副部长徐俊西来我社检查工作，我们向他们汇报了这一想法，建议设立"上海长中篇小说优秀作品奖"，一切具体工作由我们出版社担任。他们听后，表示赞同，要我们提出一个具体方案上报。不久，上报方案获得批准。大赛由上海市作协、上海文艺出版社和上海文化发展基金会共同主办，办事机构设在文艺出版社。领导小组由市委宣传部和三个主办单位的负责人组成，徐俊西任组长。实行初评、终评两级评选制，评委会由上海著名的文艺评论家钱谷融、蒋孔阳、潘旭澜、余秋雨、李子云、陈思和、张德林等组成，徐中玉任主任，徐俊西、江曾培任副主任。大赛每两年举行一次。上海作家的作品，以及在上海的出版社、杂志社、报社发表的任何地区作家的作品都可参评。获奖的数量，要求精选精评，确定长篇奖不超过五部，中篇奖不超过十部，包括纪实文学与报告文学在内。长篇小说一等奖奖金二万元、二等奖一万元、三等奖五千元；中篇小说一等奖奖金一万元、二等奖五千元、三等奖三千元。奖金由上海文化发展基金会提供。

当时的文学奖项并没有后来那么多，奖金的金额又是"拔尖"的，消息公布后，引来各方的关注，不少作家表示要拿出优秀作品参赛。1990年11月下旬，我社在上海青浦召开"淀山湖笔会"，座谈提高长篇小说创作质量问题。出席会议的有全国12个省市25位知名作家：王蒙、王小鹰、王安忆、王润滋、邓刚、叶文玲、叶辛、左建明、冯苓植、孙景瑞、汪浙成、陆文夫、陆星儿、李国文、陈世旭、郑加真、赵本夫、赵长天、胡万春、俞天白、高晓声、彭荆风、鲁彦周、谭谈、黎汝清。我们在会上讲了设立上海长中篇小说优秀作品奖的目的，就在于促进长中篇小说质量的提高，赢得大家一致的赞同称好。

1992年春，进行了首届评选工作，评选范围为1990—1991年的作品。此后，每二年评选一次。首先，由上海有关的出版社、杂志社和报社，经过各自内部的筛选，向评选办公室推荐自己发表或出版的优秀长中篇小说，其中主力单位是《收获》《小说界》《上海文学》《萌芽》《上海小说》《电影·电视·文学》《解放日报》《文汇报》《新民晚报》，以及上海文艺出版社。此外，还有上海人民出版社、学林出版社、百家出版社、知识出版社，以及《人民警察》《主人》《东方剑》等期刊。第一届共推荐作品40部（篇），计500余万字，第二届增至53部（篇），近700万字，三、四届继续呈上升态势。推荐的作品在送给评委会成员阅读一段时间后，首先由王纪人、曾文渊、郜元宝等组成的初评委进行初评，通过无记名投票，产生入围的作品，并通过投票，作出一、二、三等奖的预测，供终评委参考。随后，终评委集中进行终评，首先对入围的作品以及被推荐的作品作广泛的讨论，看有没有可以入围却没有入围的作品。根据评选规则，对在初评中未能入围的作品，如果有一位终评委认为好，并有三位终评委附议，也可入围参加评选。每届评选，终评委都增补了一些入围作品。这以后，就是对入围作品逐篇讨论，每位评委都要说出自己的意见。最后通过投票，评出得奖作品。获二、三等奖的作品，赞成票要半数以上，获一等奖的作品，赞成票则要在三分之二以上。

整个评选过程是十分认真的。首先，各有关报刊、出版社对自己所发表的作品，作了严格的筛选，认真填写了推荐表，并注明了自己的推荐次序，供评委会参考。两级评委的成员认真阅读了所推荐的作品。评委们表示，不读作品，就没有发言权，更没有投票权。做评委绝不能"打印象分"，那是不负责任的表现。尽管推荐作品的数量较大，评委们还是一字一句地读了。蒋孔阳评委时年已近八十，特备了一个本子，记下自己阅读作品的感受，以防讨论时遗忘。有些评委，把节假期都交付给这次评选了。评委们，特别是初评委们，对他们阅读的作品，都一一写下了审阅意见。初评委、终评委讨论后，也都留下了"讨论记录"。

评选活动也是充分发扬民主的。对入选的作品，虽然大多看法比较一致，但也有些看法不大一致，甚至很不一致。基于对作品认识、评价上的差异，争论的空气萦绕于评选整个过程中。在心平气和的探讨中，评委们或吸收别人的意见，校正自己的看法，或坚持自己的看法，尽力去影响别人。最后，能统一就统一，不能统一，则由投票来决定。评委会决定，要将对获奖作品的讨论记录，在《小说界》上公布，接受读者检验。颁奖仪式后，不少作家盛赞这是认真、民主、公正、公开的评选。

首届的评选，由于缺乏特别冒尖的作品，长篇、中篇小说一等奖，均为虚席。当时，有同志半开玩笑半怀疑地说，一等奖，特别是长篇大奖，由于奖金有两万元，是否只是虚设的一个诱人的幌子，实际是不打算发的。我曾半开玩笑半认真地回答说，恰恰相反，我们非常希望这笔奖金能发出去，可惜这次无人来领。因为，大奖有了得主，桂冠有人摘去，表明创作水准高，出现了公认的力作与大作，这不正是评奖活动所希望的吗？只是大奖得主一定要真正合格，倘若滥竽充数，反而会败坏评奖的声誉，产生负效应。因此，在评选中，评委会一直强调要掌握质量，宁缺毋滥。鉴于上届作品的情况，评委会才一致决定，大奖桂冠空悬。到了第二届，情况不同了。长篇小说的质量总体在上升中，出现了《九月寓言》这样一部独特的、具有民间原色的"大气"之作。它混沌而深厚，内涵十分丰富，却又不能简单地用几个条条标明。它写了人的生命力，人的生存追求，人的爱爱恨恨，写了人与土地的感情，人与自然的关系，写了城市文明与乡村文明的冲突与融合，许多有关人类生存的基本问题，它都接触到了，但它并非人云亦云式地去说明，去演绎，而是熔铸了作者独特的体验与思考，化为真正的文学的东西。它时间的线索颠倒错乱，结构上又较松散，粗粗看来，摸不出它的门道，潜心一读，可看出作者着意于深层的人文意义结构，用一种"寓言"的方式，将现实与历史联在一起，亦真亦幻，使现实层面的某些问题转化为永恒的问题，从而使作品具有巨大的包容性。陈思和说，读这部小说，会强烈地感到作者胸间涌动着一腔宽厚博大的情感之流，它几乎冲垮了作为长篇小说形式的各种堤坝，恣肆汪洋，淹过之处皆成风景。余秋雨说，在这部小说中，不见强硬的理性意图，也不见浅薄的感性堆积，出现了一种"深刻的感性"，越是感性的地方越深刻。正因为如此，评委们认为，《九月寓言》的出现，使评奖的品质获得了提升。大家欣喜地将桂冠抛给了它的作者张炜。这是一个标志，既表明当代长篇小说创作有了一个标志性的新发展，又表明上海中长篇小说评奖活动有了一个标志性的新进展。

这次获奖的作品，除张炜的《九月寓言》外，刘心武的《四牌楼》获长篇二等奖,王周生的《陪读夫人》与俞天白的《大上海漂浮》获长篇三等奖,朱苏进的《接近于无限透明》与李晓的《叔叔阿姨大舅和我》获中篇二等奖,陆文夫的《享福》、刘玉堂的《最后一个生产队》与王安忆的《"文革"轶事》获中篇三等奖。 计九部,约一百二十万字,占推荐作品近六分之一。 这就是说,在经过各报刊严格筛选过的优秀作品中,差不多六部中,才有一部得奖。 尽管由于对作品的看法,往往仁者见仁,智者见智,因而难说其中就无"遗珠之憾",但它经过两级评委反复讨论,大家出以公心再三比较,最后以少数服从多数的民主程序定乾坤,在总体上说把握是准确的,体现了评选活动应有的科学性与权威性,受到了文学界许多朋友的首肯与称赞。 同时,在九名得奖作者中,上海作家四名,外地作家五名。"大奖"系上海设立的奖,但得奖作者外地却多于上海,体现了上海的开放性。 上海,不仅是上海人的上海,也是全国人民的上海。"海纳百川,有容乃大!"上海文学事业的繁荣,不仅要靠上海作家的努力,也要靠全国作家的贡献。 正是基于这点,上海中长篇小说大奖,一开始就宣布面向全国。 在评奖的标准面前,人人平等,不论你是哪一个地方的作家。 刘心武来上海领奖后,有一个深刻感受,就是上海有博大的胸怀与兼容的胃口。 他愿浩浩泱泱大上海的文化气概,随岁而增。 这也可视为评奖给上海所带来的收获。

大赛在第三、四届中继续评选出一些影响很大的优秀作品,如《苍天在上》《醉太平》《人之窝》等,推动长中篇小说创作质量的提高。 上海中长篇小说优秀作品奖,与上海文学艺术奖、白玉兰戏剧奖一起,形成上海三大文艺奖项。 然而,后来未能延续下去,在新世纪消失了。

在上海长中篇小说优秀作品大奖赛进行之前,我社组织了具有海内外影响的"上海国际音乐比赛"。 1987 年 3 月,我社副牌上海音乐出版社经批准恢复社名出书,极大地激发了当时音乐编辑室全体人员的工作热情。 当时,在开放形势的推动下,大家认为,"让中国走向世界,让世界了解中国",音乐是个有力的媒介。 在副总编辑陈学娅的主持下,经过积极准备,联合上海音乐学院、上海音乐家协会、上海中西药厂、上海钢琴厂,于 1987 年 11 月在上海共同主办了"上海国际音乐比赛——中国风格钢琴作品创作与演奏"(中西杯)。 这是一次真正的"国际音乐比赛",评委和选手来自四大洲十一个国家与地区:中国、美国、苏联、英国、芬兰、瑞士、加拿大、日本、澳大利亚、菲律宾及中国香港地区;收到海内外参赛作品达一百八十一部。 这又是一次鲜明的"中国风格钢琴"的比赛,参赛的作品均要求具有中国艺术风格。 国际音乐界人士对此表示了极大兴趣。 法国的著名作曲大师梅西安在写给评委会主任丁善德的信中说："举办中国风格钢琴作品比赛是个绝妙的主意。 我祝贺这一可喜的创举，并预祝这次比赛获得巨大成功！"我国著名作曲家朱践耳访日时，东京音乐大学校长伊福部昭对他说："任何国际比赛都从未要求有主持国的民族风格，这次却是个创举，很有胆识，我一定要我的学生前去参赛。"后来，有多名日本选手带作品参赛，其中有五部作品进入决赛。 著名作曲家贺绿汀说："上海音乐出版社能发起这样一次比赛，很了不起。 我们一定要搞出有自己民族特色、老百姓喜欢的、有艺术生命力的好作品。"按照时任市委宣传部副部长龚心瀚的话说，"这个比赛有三个第一——上海第一次举行的国际音乐比赛；我国第一次举行的国际音乐创作与演奏比赛；世界上第一次举行的以一国艺术风格为规范的国际音乐比赛"。

这次比赛所以标上"中西杯"，是由于得到上海中西药厂的赞助支持。 1987年，正是中西药厂建厂一百周年，它的百年厂史在相当程度上反映了中国人研发生产西药的历史，而我们的国际音乐比赛，则要求外国人写中国风格的作品，一个是"中学外"，一个是"外学中"，却是异曲同工，都是在推进中外交流。 经过联系，中西药厂十分乐意赞助这一赛事。 这样，这次比赛没有花政府一分钱，成为企文合作的一个范例。

比赛促进了中外音乐交流，扩大了中国民族音乐的影响，推动了音乐学术的研究。 比赛期间，东方音乐学会为此举行了大型学术讨论会，二百多位中外音乐人士参加。 一些来自西方的朋友表示，他们从比赛中领略了中国音乐的独特美感，渴望得到进一步了解的机会，希望多出版一些介绍中国传统音乐的书籍。 随后我们加快了对《中国民族音乐大系》的编选工作。 由于我国传统音乐历史久，区域广，民族多，作品浩如烟海，限于主客观条件，我们不可能"毕其功于一役"，使"大系"包罗万象，而是采取少而精的原则，从中国音乐宝库中精选出最有代表性的曲目，先编选一个适应面较广的简本。 按有关编辑的说法，"可以实现的不是终极目标而是有限目标，"经过努力，《中国民族音乐大系》于 1989 年出了戏曲音乐卷、曲艺音乐卷、民族器乐卷、民族管乐卷、古代音乐卷，向国庆四十周年献礼。 此书在海内外音乐界引起很大反响。 丁善德、朱践耳、钱仁康等音乐专家认为，"大系"的出版是中国音乐界的大事、喜事。 日本内山书店随后与我们签订出版日文版《中国民族音乐大系》的合同，要将该书引入日本。

17.《巴金六十年文选》与《巴金传》

　　1927年1月初，巴金离开上海前往法国求学，临行前他写了《再见吧，我不幸的乡土哟！》，抒发了一个即将成为游子的他对灾难深重祖国的眷恋之情。这是他从事写作的开始。到1987年1月，巴金从事文学创作活动已经整整六十年，巴金作为一个文学大师，是以小说创作著称于世的。在六十年的文学生涯中，他所创作的"革命三部曲""爱情三部曲""激流三部曲"以及《憩园》《寒夜》等小说，丰富与充实了中国和世界的文化宝库。但是，同样不可忽视的，是他的散文成就。他的散文创作起步较小说创作为早，此后除在"十年内乱"期间被迫停笔外，一直没有间断过。由于巴金热情奔放，勤于思索，对生活观察异常敏锐，体会十分真切，常常有许多话要说，有强烈的感情要倾诉，而散文结构又极为自由灵活，巴金就经常借助它，把自己的见闻、印象、感受、思索记录下来，抒发出去。他先后有二三十本散文集问世。这些作品无论在思想上或艺术上，都闪烁着耀眼的光辉。《随想录》更是被称为继鲁迅杂文之后，我国现代散文史上的又一高峰。因此可以说，作为散文家的巴金，与作为小说家的巴金，是比肩而立的。正是散文和小说创作上的"双峰竞秀"，构成了巴金这个一代文学巨人。如果说，长期以来，人们对于小说家巴金还是有所认识、有所研究的话，那么，对于散文家巴金，则是认识很不够、研究很不够的。在出版上，巴金的各种选集，也大多选的是小说，对散文注意不够。我们想，编一部巴金六十年文选，集中作者小说以外的散文佳作，对于进一步认识巴金、研究巴金、学习巴金，将是一种有益的开拓。而且，由于散文较小说可以直抒胸臆，袒露心迹，因而这样的选集，更便于广大读者看到这位文学大师的"正直的灵魂和时代的良心"。1986年秋，我们未雨绸缪决定，为纪念巴金创作六十周年，立即着手编选一部巴金文选。

　　选题确定后，由巴老弟弟、资深编辑李济生前往巴老寓所向巴老汇报，并听取他的意见。巴老开始并没有点头。他说："我的文章已印过多少次了，不要再炒冷饭了吧。不要让你们出版社赔钱啊。"经李济生反复劝说，巴老总算点了头。后来才知道，巴老开始不同意编文选，还有一个深层次原因，这就是他在1986年年底给李济生的信中所表达的："过去我说空话太多，后来又说了很多假话，要重印这些文章，就应该对读者说明哪些是真话，哪些话是空话、假话，可是我没有精力做这种事。对我，最好的办法是沉默，让读者忘记，这是上策。然而你受了出版社委托，编好文选，送了目录来，我不好意思当头泼一瓢冷水，我不能辜负你们的好意，我便同意了。为了这个，我准备再到油锅里受一次煎熬，接受读者严肃的批判。"这里再一次显示了这位文学大师"正直的灵魂和时代的良心"。

为编好《巴金六十年文选》，我们请李济生和巴老女儿李小林选编。尽管他们对巴金作品十分谙熟，但还是认真重读了巴金的各种散文集子，并不辞辛劳地查阅了巴金在有关报刊上写的文章，然后经过反复的比较、斟酌，才定下了选目。其中不少文章，是以前文集、选集从未收过的。杂文部分的绝大多数作品，均系第一次结集。这些作品是巴金于20世纪50年代中期，以"余一"笔名发表于《解放日报》《人民日报》等报刊的，曾产生很大的影响。有些作品，如《论"有啥吃啥"》，发表不久即遭批判，"文革"中又被作为"右派"论点进行了重点"清算"。其他如《救救孩子》《描写人》《观众的声音》等，都是思想尖锐、笔锋犀利之作，不仅至今仍有很大的现实意义，而且对研究当代文学史以至当代思想史都有重要价值。书信部分的几封信，也是第一次收集。其中1975年2月6日给女作家杨苡的信，巴金写道："我总想能在活着期间把一百多万字的《回忆录》（按：即赫尔岑的《往事与回忆》）译完。即使不印，没有关系，留下来总有点用处。"表明巴金在"四人帮"横行、身遭厄运时，仍然保持着对生活的高度信心和对社会的高度责任感。《随想录》部分，收一百多篇文章，占五集《随想录》的绝大部分篇什。由于最后一集《无题集》当时尚未出版，其文稿是编者直接从发表这些文章的香港《大公报》上剪下来的，或从巴金那里取来的，这些文章也属于第一次结集出版。从而使这部受人瞩目的著作，首先在《文选》中呈现出它的总的轮廓与面貌，赢得了读者的热烈欢迎。《巴金六十年选》发行不久，两万多册的书即告售罄。人们爱《随想录》，同时爱这本被称为"《随想录》时和空的扩展"的《文选》。特别是由于《文选》的全部选目，经过巴金亲自审定，巴金还特意给编选者之一李济生写了信，作为《文选》的"代跋"，使这部《文选》显得十分可靠。人们信赖地说，它是巴金六十年散文创作的优秀成果的集中体现，是巴金六十年散文创作的最佳选本。

翻阅《文选》，一个突出的感受，可以借用张光年评价《随想录》的十二个字来概括，即"力透纸背，情透纸背，热透纸背"。力从何来？情从何来？热从何来？来自巴金那一颗炽热的心，真诚的心，燃烧的心。他在《探索集》后记中说："我爱我的祖国，爱我的人民，离开了它，离开了他们，我就无法生存，更无法写作……我的写作的最高境界，我的理想，绝不是完美的技巧，而是高尔基草原故事中的'勇士丹柯'——'他用手扒开自己的胸膛，拿出自己的心来，高高地举在头上'。……我不会离开过去的道路，我要掏出自己燃烧的心，要讲心里的话。"他"把笔当作火、当作剑，歌颂真的、美的、善的，打击假的、丑的、恶的"，"找寻一条救人、救世也救自己的道路"。他的心紧紧和人民联在一起，因而他的作品充满着一种强的力，深的情，灸的热。

这，既表现在他对祖国、对人民以及对光明、对正义的深切眷念与歌颂，也表现在他对旧社会、旧制度以及对黑暗、对罪恶势力的强烈控诉与谴责。巴金论及他写小说时，曾经说过，他没有时间考虑采用什么形式，"只感到一种热情要发泄出来，一种悲哀要吐露出来"。他的散文更是直抒胸臆，宣泄和喷射着一种感人的"热情"与"悲哀"。拿《文选》中所选的三篇写上海的文章来说，前两篇分别写于 20 年代、30 年代，一是《再见罢，我不幸的乡土哟！》，一是《一九三四年十月十日在上海》，面对三大敌人蹂躏下的千疮百孔的旧上海，巴金悲哀地高呼："我不幸的乡土哟！我恨你，我又不得不爱你。"后一篇写于 50 年代，面对在党领导下的欣欣向荣的上海，他热情地欢呼："上海，美丽的土地，我们的！"而且说："当我们高歌'上海，美丽的土地，我们的！'向前飞奔的时候，在我们的心目中美丽的岂止是上海，还有一个更美丽的祖国。中华人民共和国，你是我们的母亲。我们都是你所钟爱的儿女。我们的力量都是从你那里来的。我们要献出我们的一切，为了增加你的美丽，为了使你永远美丽，而且无限地美丽，让我们紧紧地贴在你的心上，永远跟着你前进！"这里，巴金以赤子般的真诚，袒露着他的巨大激情与强烈爱憎。巴金曾说，他太热情了。他愿意使自己做一根火柴，燃烧得粉身碎骨，来为人间添一点温暖。在《我们会见了彭德怀司令员》这些记叙性的散文中，在《怀念萧珊》《望着总理的遗像》这些怀念性的散文中，在《雨》《废园外》这些抒情性的散文中，在《愿化泥土》这些议论性的散文中，我们都可以感受到那种掺和着对祖国前途与人民命运深切关怀的深沉思索，那种愿为"人间添一点温暖"的热情，从而使这些作品都"力透纸背，情透纸背，热透纸背"。

巴金的这种真诚的热情，热情的真诚，还表现在为了祖国和人民的利益，在猛烈攻击社会上一切不合理、不公道的现象同时，也坦率地毫无保留地剖析自己的灵魂。他在《随想录》里，说他在"十年内乱"中，承认"四人帮"的权威，低头哈腰，甘心任他们宰割，自己也有"责任"。他要通过剖析自己的灵魂，剖析我们的时代，我们的社会，以便留下有益的教训。在过去的那种环境下，他也讲过一些不当的话，写过一些不当的文章，他认为这是"欠了债"。欠债要还，首先从自己开始。《随想录》的一些文章，就是"还债"的。在编选《文选》过程中，巴金又特意要编选者把他的一篇"昧着良心说谎"的文章收进去，即 1958 年奉命写的《法斯特的悲剧》并在"代跋"中作了尖锐的自我剖析。有作家说，巴金的这种"还债"，是把自己的心血淋淋地挖出来，一刀一刀当众脔割。艺术上有所谓壮美的境界，此即一种。这种壮美，来源于一种伟大精神，即作家毫不文过饰非，对自己的一切是负责的，对人民是负责的。我们从《文选》中，可以感受到一种高尚人格力量的震撼。这种高尚的人格力量，也正是散文家巴金与小说家巴金所共有的。

《巴金六十年文选》于 1986 年年底出版，次年 1 月 5 日，为庆祝巴老从事文学创作六十年，我社举行了"巴金与中国文学"的学术报告会，发布了此书的出版消息，引起社会上广泛注意。著名作家柯灵在会上说，根据古老的干支纪年法，六十年为一甲子，无论就个人寿命来说，或者就历史范畴来说，这都是一个长的时期。《文选》记录了一代文学大师漫长的生活道路，反映了我们祖国曲折多变的气运，可以看作是推算时代休咎的历书，其影响将远远超出文学艺术的范围。2 月 26 日，上海市工人文化宫、沪东工人文化宫等单位联合主办《文选》赏析会，与会的工人业余评论家与其他读者，给此书以高度评价，将其列为读书会的推荐书，随后《文选》获得上海市优秀图书奖。

在编选出版《巴金六十年文选》过程中，我们萌发了组织一部"巴金传"的想法。巴金作为一代文学大师，尽管他的早期思想是复杂的，他的思想发展经过了一个"苦难的历程"，但这个"历程"也反映了中国人民寻求解放、走向觉醒的某些共同特点。正像托尔斯泰是俄国革命的一面镜子一样，巴金也是伟大的中国革命的一面镜子。他早年思想的长处和弱点，都反映了中国革命的某些本质方面。在三四十年代的民族战争的烽火与解放战争的洪流中，巴金的思想、艺术走向了成熟。到了晚年，经过烈火中一再锻炼，油锅里一再煎熬，巴金更加清醒了。改革开放后，他以带病之躯，用颤抖的手，艰难而又坚毅地一个字一个字地写，接连推出了五集《随想录》，像鲁迅晚年的杂文一样，成为代表同时期文学最高成就的作品。它从众多的侧面反映了我们时代的风貌与声音，浸透着一位文化巨人对国家和民族命运的深沉思索和强烈的历史责任感。对这样一位文化巨人，他又长期生活在上海，我们出版社有责任趁他健在时，为他写出一部真实可信的传记。经讨论，编辑部同志一致同意将"巴金传"作为重点选题，给予重点支持。

要完成这一传记，关键是要选好作者。经过一再排比研究，拟请资深作家、编辑徐开垒撰写。因为，一、徐开垒于 40 年代就从事文学创作与文学编辑，与巴金有多年交往，熟悉巴金著作，并编发过巴金不少文章，比较了解巴金；二、长期担任

《文汇报》笔会主编，洞悉文坛情况，与巴金的亲友多有联系；三、富有创作才能与采写经验，兼有作家与记者之长，最适宜撰写传记类作品。为能顺利请他"出山"，决定重礼相请。1987年初秋的一天，我社出动四个人，我与李济生、文学一室主任邢庆祥以及原副总编辑郑煌一道，前往位于新华路香花桥的徐府拜访，诚恳表示约请之意。按徐开垒的形容，是"总编亲率重旅，浩荡前来，势在必得"。他十分赞成《巴金传》这一选题，对出版社要他"挑这副担子"，表示荣幸和感激，但又谦逊地表示，自己的才力有限，恐怕辜负广大读者的期望。而且，在这以前，他已应人民文学出版社之约，与一个同志合作写《陶行知传》，并已开始采集资料，因而有些犹豫。后几经考虑，他还是接受了撰写《巴金传》的邀请。他说，他所以放弃《陶行知传》的写作计划，接受《巴金传》的写作任务，是由于觉得巴、陶二人虽然都是前辈和老师，但他对巴金生平的了解，要比对陶行知的了解为多。特别是巴金还健在，他的许多朋友和熟人就生活在我们的周围，有什么事情不清楚，可以向他们随时提出咨询。同时，他还认为对当前读者来说，也许《巴金传》比《陶行知传》更为迫切。在他向人民文学出版社说明情况表示道歉，并获得理解后，徐开垒即全身心地投入到《巴金传》的写作。

开始，徐开垒埋头翻阅了有关巴金的大量书刊资料，随后又迈开双腿，进行了广泛而深入的采访活动。他多次登门拜访巴老，请巴老回忆有关情况，同时访问了巴老的许多朋友与故旧。除了在上海采访外，还到了巴老故乡成都以及北京、南京等地访问。解放前曾与巴老先后有过交往的卢剑波、钱君匋、朱雯、冰心、赵家璧、师陀、唐弢、王辛笛、柯灵、王西彦、黄裳、杨苡、王蘧文、肖荀、马云等，他都一一作了请教。一些虽不认识巴金，但对当年时代背景十分了解的老人，如曾在30年代初期《时报》担任编辑的顾芷庵老人，在他访问时，就向他详述了巴金长篇小说《激流》（出书后改成《家》），当年在《时报》上连载的经过。

徐开垒在各地的采访，责任编辑李济生都是全程陪同，帮助他联系落实受访人。经费也完全由出版社承担。成书后，徐开垒说："上海文艺出版社找准题目，找定作者，而又能很好地创造条件，帮作者把工作做好，这是它的大本领。"

通过采访得到大量写作素材，但是，由于往事毕竟相隔久远，有时记忆有误，有时以误传误，连某些文字记载也不免失实，徐开垒认真加以鉴别，并向巴老核对。比如1935年冬天，巴金在北平帮助靳以结束《文学季刊》时所写的停刊词"告别的话"，以及1936年在上海为《文季月刊》所写的创刊词，赵家璧说是靳以写的，徐开垒找来这些文章看后，觉得不大像靳以的文笔，倒很像巴金的文字，经向巴老询问，果然，巴老说是他所写，并且说，这两个刊物凡是不署名的文章，都是他执笔的。后来再向赵家璧核实，赵说确是他记错了。 1988 年，《巴金传》先行在《小说界》陆续发表，其时巴老已卧病住进华东医院，女儿李小林将内容读给他听，巴老还对事实细节提出十几处补正，这使作者在出书时作了进一步修改，做到内容更实。 徐开垒在他的创作体会中说道："看来，写人物传记，有利的条件，莫过于传主的健在。 我写《巴金传》，最大的幸运是随时可以请教巴金，并有他的家属李济生、李小林等人的帮助。"

《巴金传》于 1996 年 7 月正式出书，分上下两卷，上卷写解放前，下卷写解放后，计五十余万字。 作为一本文学传记，《巴金传》既评介了传主的作品，同时全面反映了传主的生活经历。 作家是作为一个完整的人而存在的，他的作品固然是他生活中的一个主体，但作品绝不是他生活的全部。 在错综复杂的时代环境里，古今中外作家的作品有时可以代表他的思想，有时却也难以抒发他的感情，有时甚至还被迫长期搁笔。《巴金传》把传主的作品放在他生活之中，而不是游离在他生活之外。 生活是传记的中心，作者曾就这个问题请教巴老，巴老说："作家传记应该是以作家在实际生活中的为人，来对照他的作品所反映的思想，看两者是否符合。"《巴金传》正是按这一准则，反映巴金作文为人尽光辉，能给读者很大的激励与启迪。

18. 文化"五经"与《实用文化全书》

　　上海文艺出版社副牌上海文化出版社，成立于 1955 年，是在私营四联出版社基础上改建的。 而四联出版社，又是由李小峰主持的北新书局、魏炳荣主持的广益书局、顾颉刚主持的大中国图书局、丁君匋主持的人间出版社四家于 1953 年合并组成。 其中北新书局是以鲁迅为主的新潮社的后身，出版了鲁迅、郁达夫、谢冰心等著名作家的多种作品。 广益书局则在出版通俗文艺方面卓有成绩。 1956 年春，先后又吸收了郑硕人主持的文娱出版社、孔另境主持的春明出版社、颜锦麒主持的国光书店等出版机构。 上海文化出版社与新文艺出版社一样有着悠久的历史渊源。1958 年 9 月，根据上面"缩短战线、集中力量、加强领导"的指示，上海十三家出版社合并为七家，上海文化出版社与 1956 年秋成立的上海音乐出版社一起，与新文艺出版社合并组成上海文艺出版社。 三社合并后，文化生活类图书仍以上海文化出版社名义出版，"文革"期间关门停牌，1979 年 1 月恢复社牌出书。 20 世纪五六十年代，全国很少有出版社专注文化生活方面图书，上海文化出版社在通俗文化和实用文化方面的出版，可说是"一统天下"。 改革开放后，"一统"的局面逐渐被打破，但在 20 世纪八九十年代，上海文化出版社的文化生活方面图书，还是"独领风骚"的。像《农村实用手册》、《家庭日用大全》、《上海服装新编》、"家庭养花小丛书"、《围棋一月通》以及字帖等书，因编选质量好，实用价值高，都十分畅销，影响广泛，印数都在百万册以上，两三百万册也有多种。《上海棒针编结花样 500 种》一书的印数，更高达一千三百万册，为业内外人士所惊奇。 1979 年 1 月创办的《文化与生活》，是全国首家文化生活综合类的期刊，适应刚刚走出政治禁锢的广大读者对文化生活的热烈追求，虽然每期印数高达 200 多万份，仍供不应求。 一旦新的刊物投入市场，都会出现争购热潮。 出版社自备了少量刊物，凭印发的购刊券购买，以致有关编辑电话不断，多是要"走后门"，来讨购刊券的。

　　在出版大量普及性文化生活实用读物的同时，我们也考虑在这方面出一些提高性图书。 从 1983 年开始，酝酿编选一套"中国文化经典系列丛书"，第一批选题为《花经》《茶经》《酒经》《食经》和《衣经》，统称"文化五经"。 这套书由文化社负责人郝铭鉴、陈鸣华和文化生活编辑室主任王存礼先后负责。 经讨论，这套带

"经"字头的书一定要高标准，严要求，要能够代表和体现有关文化领域的最高水平，要具有"五性"——权威性、科学性、知识性、实用性和可读性。权威性，就是说，作者应是相关领域的学术带头人，所撰写的稿件，能体现最高最新的研究成果，并为学术界所公认。科学性，即所有内容都应当科学、准确，做到言之有理，言之有据。知识性，则要求占有和运用丰富的材料，展示这一领域最有认识价值的内涵。实用性，即运用书中的知识，可指导生产和生活实践。可读性，就是要避免一般学术著作严肃有余活泼不足的毛病，力求文字的生动活泼，有益有趣。

编选这样经典性的"五经"，工程浩大，不是"短平快"所能解决的，不能急于求成，而是要耐下心来打"持久战"。而且限于主观力量，也不宜同时上马，齐头并进。"饭要一口口吃，路要一步步走"，大家决定先动《中国花经》，以便取得经验再加速展开。工作的第一步，是要组织一支高水平的编写队伍，我们对我国园林花卉专家不甚了了，而且他们分散全国各地，出版社难于选择和邀请。"蛇无头不行，鸟无翅不飞"，对这样大的专业性编写工程，首先要确定一个好的牵头单位和一个有威望的主编，方能有效地将这支队伍组织起来。经多方物色，最后请上海市园林局为牵头单位，中国风景园林学会副理事长、北京大学教授陈俊愉与中国风景园林学会副理事长、高级工程师程绪珂为主编。他们对编选出版《中国花经》极为赞同，欣然应命。他们表示，我国是世界上最早种花的国家之一，历史悠久，品种繁多，积累的经验也十分丰富。早在汉代的《礼记》中就有"季秋之月，鞠有黄花"的记载。西晋时期的《南方草木状》，是我国最早的一部花卉书籍。此后历代都有花卉著作问世，清代的《花镜》和《广群芳谱》对后世有很大影响。历代学者在花卉方面的论述，形成我国独特的园艺栽培文献，为我们的花卉事业提供了宝贵的借鉴。但由于年代久远以及当时科学技术条件的限制，这些著作已不能满足当今的需要，编选一部当代高水平的《中国花经》，既有助于推动我国花卉事业的发展，也适应了广大民众美化生活、陶冶文化情操的需要。

在牵头单位上海市园林局的努力下，联系聘请了我国多位园林花卉专家学者，成立了"《中国花经》编辑委员会"及其常务编委会，成员有八十余人，几乎囊括了我国著名的园林花卉专家，陈俊愉、程绪珂任主编，上海市园林局副局长、高级工程师严玲璋和我社郝铭鉴任副主编。随后确定写作人员，约请全国100多位专家撰稿。重点花卉如梅花、牡丹、菊花、桂花、兰花等，每种花卉还组成编撰小组，分工合作进行撰写。国家城乡建设环境保护部和上海市园林局把编撰《中国花经》列入部、局的重要科研项目，从而使工作能够顺利向前推进。

作者众多，"大兵团作战"，又都是行家里手，就每篇或每类的稿件来说，有利于又快又好地写成，但是，《中国花经》作为一个整体，需要体例和文字风格的统一，不能"各自为政""百花齐放"。 如果在撰写开始时不明确这点，将来统稿时会增加很多麻烦。 为了解决这一问题，我们反复向撰稿者讲明了体例和文字的要求，并且组织了一些样稿作为样品发到每一位作者手里。 对书稿所收的一千八百多种花卉，按照栽培历史、观赏、应用价值等方面的不同，在字数上分为三个等级，分别限制在一万字、五千字和五百字以内。 这样，大大减少了后期编辑加工的工作量。

经过七年努力，《中国花经》于 1990 年 8 月出版。 全书计收花卉 188 科、772 属、2 354 种，147 万字，插图 1 000 余幅，分为概论、综论、各论三个部分。 另有附录 3 种：中国花卉发展大事记，中国历代花卉名著，中国著名园艺家。 其规模之大，内容之全，品种之多，材料之新，是我国古今所有花卉书籍所难以比拟的。 当时的农业部长何康称其既有科学价值，又有文化价值，是一部可以向国内外阐述并介绍中国花卉的百科全书。 这部"百科全书"耗时 7 年方才完成，可说是"七年磨一剑"，说明出版工作者既要有政治上、学术上的敏感，能闻风而动，也要有埋头苦干的耐力，沉下心来"磨"打精品，要"动如狡兔，静若处子"。

《中国花经》编选成功，为其他几"经"的编选提供了经验。 各书启动的开始，都是首先物色好理想的牵头单位。《中国茶经》请中国农业科学院茶叶研究所牵头，该所所长、研究员陈宗懋为主编，该所副所长程启坤与我社文化生活室主任王存礼任副主编，同样邀请多位学者专家组成了"《中国茶经》编辑委员会"。《中国酒经》《中国食经》《中国衣经》都依法炮制，分别请了牵头单位，成立了编辑委员会。 有了这种有力的组织保障，后几"经"都按计划完成，编选时间较《中国花经》有所缩短。《中国茶经》进行最为顺利，只用了 3 年时间，于 1992 年 5 月出版，其他几"经"也于 2000 年前次第出版。

与《中国花经》相似，其他几"经"的规模都是 150 万字左右，都被称为科学性、文化性兼备的经典性力作。 中国科学院学部委员金善宝赞《中国茶经》体现了当代中国茶学研究的最高水平，是一部继唐代陆羽《茶经》问世 1 200 余年之后的具有现代中国水平的新茶经。《中国酒经》全面系统地介绍酒的起源，酒的种类，酒类生产技术，酒的性质和功用，饮酒的礼仪习俗，酒的品评，酒类包装，以及酒的各种文化现象，国家轻工业局副局长潘禧蕾称其资料全面，重点突出，编排科学，是酒类专著的经典著作。《中国食经》涉及食史、食论、食料、食养、食珍、食艺、食俗、食礼、食事和食典等内容，中国烹饪协会会长张世亮说这部书"使数千年食文化概貌跃然纸上，文情并茂，情理交融，读之有味，读之受惠，读有余韵，让人手不释卷，进入充分享受的境界"。《中国衣经》有八个篇章，分别阐述了中国服饰的沿革及其规律，类型及其结构，服饰材料的种类和性能，传统服饰的设计、制作与穿着，中华各少数民族服饰，以及中国服饰文化等，国家纺织工业局局长杜钰洲称此书"对于发扬优秀传统，建设中国现代服饰文明，具有重要意义"。

"中国文化五经"的经典性，使文化生活的出书提升到一个新的高度。它表明，任何领域、任何门类的出书，"只要肯登攀"，都能登上险峰迎来无限风光。"中国文化五经"因其经典性，不但在现时具有重大意义，而且在今后的悠长日月里，将成为研究这方面文化绕不开的图书遗存。"中国文化五经"，是能活得久的，具有长久的生命力。尽量减少旋生旋灭的"短命书"，让"书比人长寿"，应是提高出版质量的一个重要目标。基于此，"中国文化经典系列丛书"并未收官，在新世纪又出了《中国棋经》。

改革开放后，随着人民生活水平的提高，社会交往的增多，人们对实用文化的需求也明显增强。拿文章来说，自古以来就有"文学之文"和"应用之文"两大类，前者有诗歌、小说、散文等，主要以形象思维诉之于人的情感，用以审美，在精神上获得教益；后者诸如公文、诉状、合同、广告、书信、条据等，则是以逻辑思维诉之于人的理性，用以在社会交往中处理实际事务。就每个人来说，虽然都有欣赏作为"美文"的"文学之文"的需求，但并不一定要求都会写小说、诗歌、散文，而"应用之文"则是每个人在工作和生活中，不但要能看而且要会写。应用之文，按蔡元培的说法，是"实用文"，乃是众人的常用之文。要能写这种"实用文"，自然首先不能是文盲，但只是识字还不行，而要进一步掌握其写作的特点与要求，要能写得通顺、准确、精练、规范。在新时期，伴着经济社会的快速发展，社会交往愈来愈复杂多样，应用文或者说实用文使用的频率越来越高，许多人在要求阅读"美文"愉悦精神的同时，更要求提高书写应用文的能力，以便有效地处理实际事务。基于此，20世纪80年代初，山西刊授大学负责人杨宗和太原大学负责人聂嘉恩，策划编选《中国实用文体大全》，他们集山西、河南两省教育界、文化界、新闻界、出版界的27位同志组成了编写组，确定编选宗旨为"尽可能全面系统地介绍我国使用频率较高的各种实用文体，力争满足各行各业应用写作的实际需要"。经过一年多的努力，1982年稿成付梓，先作为刊授大学应用写作课的教材内部发行，受到学员欢迎，其影响迅速传到校外，全国各地纷纷去函索购。我社得到信息后，立即与杨宗联系，表示愿意公开出版此书，以满足更为广泛的读者需求。杨、聂两主编欣然同意。为了进一步提高书稿质量，更好地展现该书的"五性"，即科学性、知识性、趣味性、资料性、实用性，我们也提出一些修改意见。编写组认真作了修订，最后由杨宗、聂嘉恩主编统稿定稿。 1984 年 10 月，《中国实用文体大全》以上海文化出版社名义正式出版，首次印行 86 万册很快售罄。 十余年间一再重版，先后印行 23 次，发行 331 万册，被评为"全国优秀畅销书"。

嗣后我们与杨宗、聂嘉恩主编继续合作，在"实用文化"上做文章，又出版了《中国实用方法大全》《中国实用禁忌大全》和《中国实用人际关系大全》，都在社会上引起较大反响，有的被评为"全国十大畅销书"，有的获"全国图书金钥匙奖"。1989 年春，我曾与社里几位同志专程前往太原，向编写组同志致谢，同时商议进一步合作计划，受到杨宗等同志热情接待，双方建立了十分亲密的关系。 此后杨宗调任中国作协秘书长，对我社的出书工作仍给予热情帮助。 几本"实用大全"的成功，让我们深信：如同精神文化一样，实用文化也是人们所不可或缺的。 上海文化出版社在这方面的出书应有所作为。 一方面，要像《中国实用文体大全》一样，努力提高每本书的质量，切实对读者有用、有益、有效；另一方面，要有计划地将这方面的书集合起来，形成规模效应，扩大实用文化图书的影响。 为此，在 90 年代有了编选"实用文化全书"的设想，随后次第出版了《中国实用礼仪大全》《中国实用心疗大全》《中国实用对联大全》《中国实用集藏大全》《中国实用法律大全》《中国实用技艺大全》《中国实用辞令大全》《中国实用医疗大全》，《中国实用文体大全》与《中国实用方法大全》也与时俱进，作了增删修订，纳入"全书"系列。 这样，这套"实用文化全书"，就每本书来说，各自发挥着"单兵种"的特殊作用；就整套书来说，则生发了"集束手榴弹"的集束效应，有力地弘扬了优秀的实用文化。

19."当代文坛大家文库"与上海文艺石关希望小学

    1996 年 4 月,我社出版了一套高质量高规格的"当代文坛大家文库",首批五本:《巴金七十年文选》《夏衍七十年文选》《冰心七十年文选》《施蛰存七十年文选》《柯灵七十年文选》。 此书的编选工作于 1994 年春启动,规定入选这套文库的对象要同时具备这样三个条件:文坛大家;创作经历七十年以上;依然健在。 就是说,要是大作家、老作家、活着的作家。 梳理当时的中国文坛,全部吻合这三项条件的,也仅仅是上述五人。 他们都是在"五四"运动后,就投入文坛,在 20 世纪二三十年代就富有盛名,当时都已进入耄耋之年,年龄最大的为夏衍、冰心,为世纪同龄人,生于 1900 年,96 岁;巴金生于 1904 年,92 岁;施蛰存生于 1905 年,91 岁;柯灵最小,生于 1909 年,也 87 岁了。 他们虽然都年近期颐,大多身患病痛,但并没有停止手中的笔,而是如巴金所说,仍然在"勤奋而有效地使用这支笔"。 1986 年,我社曾出版《巴金六十年文选》,当时巴金 82 岁,此后又患上帕金森氏症,行动不大方便,但仍然以坚毅的精神,继《随想录》之后,又写了《再思录》。 而且,写作非常认真。 一次我们去看他,他正在底楼客厅阅读《巴金全集》校样,我见到在他的书桌上,除了一叠校样、一架放大镜外,还放着一本《现代汉语词典》。 巴老弟弟李济生介绍说,巴老遇到一些把握不定的字、词,就要翻翻这部词典。 同时,他向他的晚辈都送过字典、词典,要他们勤查字典,不要把字用错。 对比时下"无错不成书"的状况,我为巴老的认真精神所深深感动。 我想到 30 年代巴金在编《文学丛刊》时,曾有人问鲁迅为什么喜欢和巴金一道工作,鲁迅说,巴金做事比别人更认真。 这种认真精神,表现在他成了文学泰斗以后,还是像小学生一样,在自己的书桌上仍然放着一本汉语词典。 由此也触发我们要在出版他的六十年文选的基础上,进一步编选他的"七十年文选"。 夏衍、冰心、施蛰存、柯灵也都是宝刀不老,时有佳作问世。1992 年,我社曾约请老出版家范泉主编一本《文化老人话人生》的书,邀请了上百位 70 岁左右到 110 岁的全国著名作家、科学家、戏剧家、翻译家、音乐家、书画家、学术理论家、表演艺术家和新闻出版家,描绘他们在进入老年以后的生活和心态,回顾他们如何在崎岖的人生道路上从童年走向老年的某些经验和教训,抒发他们对人生的理解和看法。 此书影响很大,被称为是"一部由老一辈智者现身说法,向青年一代总结经验的人生宝鉴"。 其中，冰心写的"我从来没觉得'老'"，施蛰存写的"论老年"，柯灵写的"活到老，做到老，学到老"，与巴金写的"向老托尔斯泰学习"一样，都是读者最喜爱的篇章。 为了弘扬这些文坛大家的精神，更有力地传播他们的智慧才情，并且趁他们健在时，能得到他们亲自的指导和首肯，使书稿成为"信史"，我们决定加快编选"当代文坛大家文库"。

《巴金七十年文选》，仍请李济生、李小林编选，在"六十年文选"的基础上，精选出作家后十年发表的新章与信函、家书，以及新发现的几十年前的佚文，篇幅扩大到 61 万字。《夏衍七十年文选》由曾为夏公秘书的文学评论家李子云编选。 夏衍著述甚丰，计达一千七百万字，从中精选 60 多万字，分报告文学、自述、自序、忆人怀旧、文艺评论、杂文随笔、书信七个部分。《冰心七十年文选》由诗人宫玺编选，宫玺做过《冰心文集》的责任编辑，深得冰心信任，从冰心 1919 年到 1994 年间发表的各种体裁文章中选 200 余篇，分散文、通讯、杂感、创作谈、序跋、演讲、书信七个部分。《施蛰存七十年文选》由文史学家陈子善和诗人徐如麒编选，约 60 万字，分别由散文、杂文、诗话词话书话、序跋、书信等五个部分组成。《柯灵七十年文选》则是由作家亲自操刀，收各种文章 230 篇，分散文、杂文、序跋、品藻等八卷。 其他四部由别人编选的"文选"，其选目也都经过作家本人过目首肯。"文库"于 1986 年 4 月出版后，他们都十分珍视这一版本，只是夏公于 3 月仙逝，未能看到他的"七十年文选"。 尽管我们以"赶快做"的精神，对这套书紧赶慢赶，还是晚了一个月，甚为遗憾。

"当代文坛大家文库"编成，除了作为文学精品供读者阅读外，它还具有文献价值，可用以观察 20 世纪文学乃至整个社会的发展变化。 为利于长期保存，这套书的制作，除印了 4 000 册精装本外，还印了一百部特精装，封面用的是优质羔羊皮，光滑细腻，防潮、防霉、防蛀。 同时特制了一百个红木书匣，一套"文库"装一个书匣，古朴雅致。 一百部特精装本，一一编号，从 001 至 100，每本书的扉页都有作者钤章，这种限量版签章本，版权页没有印定价，不投入市场，而是供作者、出版社和有关单位收藏。 我们曾先后向北京图书馆、上海图书馆和中国现代文学馆分别捐赠《当代文坛大家文库》特制钤章羊皮本各一套，编号分别为 020，021，022，他们授予我社以收藏证书。

1997 年 6 月，为上海文艺出版社建社四十五周年。 为报答社会对我社工作的支持，我们决定向贫困地区捐建一所希望小学。 资金就是拍卖限量版签章本《当代文坛大家文库》所得。 这套"文库"出版后，我社曾为此书召开座谈会，与会的各界知名人士，纷纷给以高度的评价，引来社会对"文库"的关注，有些单位和个人很想收藏一套限量版签章本，我们遂委托上海国际商品拍卖有限公司举行一次专场拍卖。 拍卖会于衡山宾馆进行，参拍者近百人。 我在开拍前的简短致词中，说明拍卖所得将全部捐出，用以在贫困地区建造一座希望小学，更激发了竞拍者的竞拍热情。 经过几轮竞拍，四套特精装的"文库"，因编号不同，分别以五万八千元、八万一千元、四万五千元和四万三千元成交，合计二十一万七千元。 当时捐建一座希望小学，一般是出资二十万元，我们决定捐资二十二万元。 正当我们考虑捐助对象时，安徽省人民政府驻沪办事处主动与我们联系，希望我社捐给地处大别山区的贫困县岳西。大别山是革命老区，我们欣然同意。 1996 年 6 月 27 日，在我社举行的庆祝建社四十五周年座谈会上，我代表出版社向上海希望工程和安徽省人民政府驻上海办事处代表捐赠了拍卖《当代文坛大家文库》（四套特精装本）所得二十二万元，用以在大别山贫困地区修建一所希望小学，同时接受了对方的受赠证书和写有"出版结硕果，爱心助学童"的锦旗。

接着，就是具体选址。 在安徽驻沪办事处副主任王汝实与干部裔式妹的陪同下，我与郏宗培以及总务科长陈建生一起前往岳西。 途经合肥，当晚省人大常委会副主任陆子修设宴欢迎，代表省领导感谢上海文艺出版社的善举。 陆子修于 1986 年在滁州地委书记的任上，我曾拜访过他，大家相谈甚欢。 鲁彦周闻知此事，当晚即来看我们。 他说，他曾在大别山区担任过公社党委书记，对我们要去的岳西县也很熟悉。 他的《阴阳关的阴阳梦》中不少内容就是取材于岳西的。 作品中写到那里的智障人较多，究其原因，除水质缺碘外，就是由于封闭落后。 一些儿童在成长过程中，无人照料，整天被固定在一个地方，面对空旷的深山老林，没有社会交流，造成智力的迟钝。 如今缺碘问题已基本解决，封闭落后问题依然存在。 岳西县至今仍是一个重点贫困县，与人口素质不高，特别是有相当数量的智障人有关。 它亟须加强经济文化的发展，加强与外界的沟通。 鲁彦周说，上海文艺出版社在那里捐建希望小学，不仅直接促进教育事业的发展，而且也有利于这个革命老区拓展与外界的联系。 要不是他即将去西北访问，他真想陪我们一道下去落实这件有意义的事。 他的谈话中蕴藉着一股春眷之情，既是对我们出版社的，也是对山区人民的。 这也激励我们要把这件事认真地落实好。

第二天一早，我们驱车前往岳西。 进入大别山区，当见山高谷幽，流泉飞瀑处处，自然景观壮丽而又幽静，但社会比较贫穷，农村有 15% 的人属于绝对贫困。 经与县教育局商定，我们到处于全县北端的石关乡选址。 石关乡属纯山区，有不少失学儿童。 我们在石关乡跑了几个村落，根据当地干部、群众的要求，最后决定将希望小学建在地处中心、交通比较方便的石关镇上，便于周围乡村的儿童都能就近入学。 按照捐助规定，受助方要制定出希望小学的建造规划，送交捐助方审阅同意。我们希望岳西尽快完成这一工作，以便学校早日建成，接受儿童入学。 县教育局与石关乡领导均一口承诺，同时他们提出一个要求，请巴老为学校题写校名。 这使我有点为难。 因为，我知道，巴老自谦字写得不好，很少为他人写字题名，而且，他当时身患病痛，也不忍再麻烦他老人家。 但面对岳西同志的热情恳求，我也不便一口拒绝，只能说视情况再定。 回沪后，此事成为我的一件心事。 一天，李济生同志说要去看巴老，我就请他试探一下巴老意思。 没想到巴老一口答应。 巴老一直热心资助贫困学生，多次为希望工程捐钱，后来荣获"上海希望工程突出贡献奖"，这里再一次表现了他"关爱孩子，关注教育"的满腔热情。 不久，巴老就将亲手写的"上海文艺石关希望小学"几个大字，交李济生带来。 我们见了，喜出望外。 岳西和石关的同志更是高兴得不得了，感谢一代文学大师对他们的关爱。 至今，巴金题写的"上海文艺石关希望小学"的校名，一直在石关镇闪闪发光，成了当地一个最光亮的文化景点。

1998年春，岳西县将他们制定的"上海文艺石关希望小学"的建筑图交我们审定，我与郑宗培随即送给巴老审阅。 其时巴老已住进华东医院治病，他坐在轮椅上，我俩一人一边将有一张报纸大的建筑图打开给他看，是一座两层的教学楼，建筑面积598平方米，能容纳8个教学班，400名学生就读。 教学楼前有一个大操场。巴老仔细端详了一会，连说："好，好，好。"我们随即通知岳西开工，保证秋季学生入学。 是年9月26日，上海文艺石关希望小学举行落成典礼，恳望巴老能够出席。巴老因身体原因不能成行，特请弟弟李济生代表他前往祝贺。 我与郑宗培也一道前去。 是日天雨，校门外马路的两旁，站着长长的两队小学生，穿着整洁的衣服，系着鲜红的红领巾，在老师的带领下，鼓掌欢迎我们的到来，质朴而浓烈的真情深深感动着我们。 在落成典礼上，岳西县向郑宗培颁发担任名誉校长的聘书。 双方议定，以后每年挑选五至八名优秀学生代表赴沪向巴老汇报学习成绩，由我社接待。 我社每年也派一些职工前往岳西和石关，深入生活，了解民情，接受教育，并在图书等方面继续支援石关希望小学。 此后几年，我们双方一直保持着密切联系。

20. "世纪工程"——百卷《中国新文学大系》

上海文艺出版社于新世纪初完成了一个延续了近一个世纪的"世纪工程",这就是《中国新文学大系》。《大系》先后出了五辑,共一百卷。第一辑出版于 1935—1936 年,为 10 卷,选收 1917—1927 年的新文学作品。第二辑 20 卷,出版于 20 世纪 80 年代,选收 1927—1937 年的作品。第三、第四辑也都是 20 卷,出版于 20 世纪 90 年代,前者收 1937—1949 年的作品,后者收 1949—1976 年的作品。第五辑出版于 2008 年,收 1976—2000 年的作品,卷数扩展为 30 卷。至此,这一延续了近一个世纪的"世纪工程",由几代作家、编辑接力进行的"接力工程"遂告完成。悠悠百年,煌煌百卷,总字数达七八千万的《中国新文学大系》,是中国文学出版史上的一大辉煌篇章。

《中国新文学大系(1917—1927)》,由赵家璧主编,请茅盾、鲁迅、郑伯奇、周作人、郁达夫、朱自清、洪深、阿英分别编选各卷并撰写导言,蔡元培作总序,上海良友图书出版公司出版。按照茅盾当年的说法,它是《大系》的第一辑,展示着我国新文学运动"第一个十年"的辉煌实绩。不论是小说、散文,抑或诗歌、戏剧,随着五四运动的兴起,在"第一个十年"中,都出现了富有新意的文学作品,"从思想到形式(文字)",都有别于过去的旧文学,开辟了一个新文学时代。然而,从新文学发展过程来看,"第一个十年"又毕竟属于它的发轫期、草创期,因此,蔡元培在为《中国新文学大系 1917—1927》作的总序中曾经这样说道:"我国的复兴,自五四运动以来不过十五年,新文学的成绩,当然不敢自诩为成熟。……所以对于'第一个十年'先作一总审查,使吾人有以鉴以往而策将来,希望'第二个十年'与'第三个十年'时,有中国的拉斐尔与中国的莎士比亚等应运而生呵!"

"第二个十年",即 1927—1937 年,也就是通常所说的"左联"十年,正是我国新文学的发展期、繁荣期,它较之"第一个十年",在各方面都有发展与突破。鲁迅在激烈的社会斗争中,成长为"中国文化革命的伟人",成了中国新文学的"拉斐尔"与"莎士比亚"。蔡元培的希望,在"第二个十年"中是得到体现的。主编"大系"第一辑的赵家璧先生,于 20 世纪 40 年代初在重庆曾想续编"大系"第二辑,选收"第二个十年"的作品,但由于当时抗战正酣,限于客观历史条件,未能如愿。 中华人民共和国成立后，在加强文化建设的热潮中，本可着手这一工作，可由于"左"的思想干扰，对 30 年代文学史上一些作家作品难于作出正确的评判与评价，因而也迟迟未能动手。 直到 20 世纪 70 年代末，党的十一届三中全会恢复了党的实事求是的思想路线，拨乱反正，改革开放，为续编"大系"提供了时代条件。80 年代初，上海文艺出版社在当时的社长丁景唐主持下，重新影印出版了"第一个十年"的"大系"，同时开始编纂"第二个十年"的"大系"。 编纂目的在于发扬新文学革命传统，反映新文学运动的历史面貌，展示第二个十年的辉煌实绩，促进新时期文学的繁荣兴旺。 各卷的具体编选工作，由出版社相关编辑室负责，重点要做的，是请前辈作家为"大系"各卷撰写序言。 1982 年 12 月，我随社长丁景唐赴京组稿。作为"大系"顾问的赵家璧恰好也在北京开会。 我们一同住在海运仓总参招待所后面的一座称为"将军楼"的小楼里。 这是一座三层楼房，之所以称为"将军楼"，是因为有将军在这里住过。 实际上，它的条件比前面的大楼要差。 不过，小有小的好处，这里旅客较少，比较清静。 而清静，是赵老与我们所共同喜爱的。 在这里，我们经常议论"大系"，赵老对续编"大系"表现了极大的热情。 他告诉我们，"大系"的第一辑从策划组稿到 1936 年 2 月出齐，共用了一年半时间。 本打算续编第二辑，但由于 1937 年"八一三"抗战爆发，事情就"黄掉了"。 抗战后期，"良友"迁到重庆，到 1945 年胜利前夕，他又萌发续编"大系"的念头，计划将 1927—1937 的"第二个十年"，作为第二辑，1937—1945 年的"抗战八年"作为第三辑。 由于"第二个十年"的资料集中在上海，在重庆无法搜集齐全，因而先动手的，却是"抗战八年"的第三辑。 郭沫若、茅盾、老舍、巴金等都给予支持。 可惜"良友"于抗战胜利后迁回上海，因股东纠纷宣告停业，续编"大系"的梦又一次破产。 家璧先生说，好事多磨。 续编"大系"的梦，能在你们手中实现，真是太高兴了。 虽然，这项工作在 1949 年解放后不久就该做的，现在是晚了一些，但晚也有晚的好处，对一些问题的认识清楚了，可以编选得更好些。 我们说，要编好它，还得请你这位顾问多"顾"多"问"。 他爽朗地说，一定，一定。

丁景唐带着我们在北京拜访专家学者，周扬、夏衍已应允分别为理论集、电影集编选作序，散文集想请叶圣陶担纲。 家璧先生在重庆时，曾约请叶圣老编选"大系""抗战八年"的散文集，叶圣老答应了。 当年已经 74 岁高龄的赵老，尽管腿脚不便，倚着手杖，欣然陪同我们去看望叶圣老。 叶圣老住在北京东四的一座四合院内。 我们穿过一个花荫寂寂的小院，进入一间简朴雅致的客厅，受到叶至善同志的热忱接待。 至善同志为叶圣陶先生的大公子，脸相酷似乃父，只是身材瘦长些。 他也是一位出版家，时任中国少年儿童出版社社长。 随后叶圣老笑着从内房走进客厅，和我们一一握手。 叶圣老当年已 89 岁，须眉皆白，慈祥和善，好像一位老寿星。 他与家璧先生亲切地互诉往事。 他俩从 20 世纪 30 年代初以编辑与作者的关系开始交往，岁月过去半个世纪了。 赵老由此讲起，上海文艺出版社打算续编曾经得到叶圣老支持的"大系"，希望叶圣老继续支持。 叶圣老对续编"大系"十分赞成。他说："《中国新文学大系》按时期继续编下去，是非常有意义的事，一方面能让读者看到各个时期的人民生活，这是文学创作的'源'；另一方面记录了新文学运动的发展和演变，这是文学创作的'流'，可以供今后的作者作借鉴。"但是，对要他为散文集编选作序，他用浓厚的苏州口音说："实在勿来事，实在勿来事。"他说，他的身体已非 30 年代在上海可比，也非 40 年代在重庆可比。 他现在已不能承受过重的负担。"不接受你们的任务，我还能安安静静地睡觉，如果答应了你们，我就困不好觉了。"家璧先生与老丁商量了一下，觉得为了叶圣老的健康，不该勉强叶圣老，遂改请他推荐一位人选。 叶圣老不假思索地说："吴组缃很适合。"家璧先生与我们一想，这一人选的确"很适合"。 第二天，我们就去北大校园拜访吴组缃先生。 吴先生慨然应诺。 不过，叶圣老还是亲笔为"大系"题了词。 周扬也题词祝贺："续编中国新文学大系，将有助于概括和总结我国新文学运动的历史经验，裨益社会主义新时代文学的发展。"此后又约请到巴金为小说卷作序，芦焚为报告文学卷作序，聂绀弩为杂文卷作序，于伶为戏剧卷作序，艾青为诗歌卷作序，经过几年奋斗，"大系"第二辑于 1984 至 1988 年间陆续问世。

"大系"第三辑起动于 1987 年，时限为 1937—1949 年，可谓"第三个十年"，编选工作由孙颙和我主持，丁景唐、赵家璧任顾问，余仁凯、周天、范政浩、郝铭鉴、聂文辉、倪墨炎为编委。 1937—1949 年，包括抗日战争和解放战争两个时期，地区包括国统区、解放区、沦陷区、上海"孤岛"，以及港、澳、台地区；在国统区和解放区中又包含不同的地区。 这一时期，战火纷飞，加以纸张印刷等物质条件甚差，土纸印刷的文学书刊不易保存，残缺毁损情况严重，原始文学资料的收集也较"第二个十年"困难些。 为了避免第二辑"大系"分批出版的拖沓弊端，必须更好地运用社会力量，加速编纂速度，集中力量，争取一次出齐，全套书同时发行。 故而分别约请四川大学、南京大学等五所大学和上海市电影局有关同志参加编选工作，而由八位执行编委分工联系、定稿。 约请了王瑶、康濯、沙汀、荒煤、洁泯、柯灵、廖沫沙、刘白羽、陈白尘、张骏祥分别为各卷作序。 第三辑与第二辑的规模同为二十卷，于 1990 年 12 月一次出齐。

"大系"的后五十年编纂工作于 1993 年启动。 根据这一时期的情况。"大系"不再以十年时间为一辑，而是将后五十年分为四、五两辑，每辑容纳时间段为二十五年。 第四辑（1949—976），包括中华人民共和国成立后的"十七年"和"文革"两个阶段，计 20 卷，由我任主编，郝铭鉴任副主编，丁景唐、赵家璧任顾问。 约请冯牧、王蒙、袁鹰、邹荻帆、谢冕、吴祖光、罗竹风、徐迟、荒煤分别主持编选理论、小说、散文、诗歌、戏剧、杂文、报告文学、电影等卷。 1995 年 6 月，为交流编选经验，研究问题，在北京召开了分卷主编会议，王蒙、吴祖光、袁鹰、邹荻帆和副主编王又平、丁罗南等出席，中央宣传部副部长龚心瀚和国家新闻出版署图书司副司长迟乃义到会讲话，首都二十家新闻单位到会采访。

当时，住在北京的冯牧、荒煤都因病未能参加。 我们知道，冯牧在住院前，已带病在推敲"大系"理论卷选目。 会前，我曾通过他的侄女小玲想到医院看他，但由于他患的是白血病，医院为防止探病者带进细菌感染病人，未获同意。 我们只得默默地祈祷上苍保佑他。 荒煤卧病在家，医嘱不宜外出。 我与电影卷责任编辑项纯丹前去看望。 他住在复兴门外大街的"部长楼"里，居室陈设十分简单。 在表示慰问以后，我们向他简要地汇报了《大系》的编纂计划。 他热情地说："《大系》是一本大书，它的价值不可限量，应该认真把它编好。"他为自己不能出席会议而抱歉，但表示一定尽力把电影卷编好。 我们注意到，在他的书桌上，有几项电影选目的稿纸，他也已进入"角色"，带病在斟酌推敲了。 荒煤于建国后，长期在电影岗位上做领导工作，他对这一时期电影发展的曲折复杂历史，可以说是烂熟于心。 然而，他说，《大系》是反映新文学整体面貌的一个选本，如何以一定的篇幅选准作品，既不漏掉代表这一时期文学主流的优秀之作，同时又兼顾不同的风格流派，是要费一些功夫的。 他说，他因病谢绝外面一切活动，正好在家里作些冷静的思考。 我们对他的支持表示感谢，祝他早日恢复健康。

此后，他和副主编罗艺军一起，拟出了电影卷的初选目录，并写了一万多字的序文。 选目与序文都是用力之作，我们觉得不错，只是对很少几处提了一点意见，供他们进一步斟酌参考。 由于荒煤同志已住院治病，为减少对他的干扰，我们的信寄给了罗艺军。 不久，意外地接到荒煤 11 月 10 日的亲笔复信。 信的开头说："艺军同志将来信转我。 我因病住院，昨日还发了心绞痛。 今日一早，我把序稿又仔细读了两遍。"随后，对我们提出的几点商榷意见，一一说了他的看法。 有的，他表示同意，比如，电影《青春之歌》是一部优秀的电影，本该列入选目，但由于长篇小说原著已列入小说卷，荒煤同志认为，"只好从大局整体考虑，同意删去"。 有的，他则认为"不宜改动"。 比如，"对我那段文字，拔白旗文章事，请不要删去"。

这是怎么一回事呢？ 荒煤与罗艺军在他们一万多字的长序中，对 1949—1976 年的中国电影艺术的发展作了精辟的论述。 他们指出："在短短的二十七年中，多次大幅度的起伏，周期短则一两年，长则十年，这在中外电影艺术史上都极为罕见。"对这种"大起大落"，序文历史地、深刻地分析了原因。其中在谈到 1957 年反"右"派斗争与 1958 年的"拔白旗"运动对电影事业的摧残时，有这样一段文字："一九五八年十二月，陈荒煤在《人民日报》发表了《坚决拔掉银幕上的白旗——一九五七年电影艺术片中错误思想的批判》，错误地批判了许多影片是背叛了工农兵的方向，'公然摇着白旗向党进攻，反对党的领导'，还检查了自己在贯彻双百方针中的'右倾思想'。"我们觉得，他当时写这样的文章，有着客观环境的制约，在《大系》的"序"中，就不一定提了。他不以为然。他回信说："我当时写那文章，当然有时代因素。但终究在当时扩大了'左'倾错误的影响。我又是文集的主编，这点错误都不承担，不提一下，不自我批评一下，是不好的。"

这使我们很感动，既为在心绞痛刚刚过后，"把序稿又仔细读了两遍"的那种认真负责精神，又为不虚饰、不掩过的那种实事求是、光明磊落的精神。我记得，荒煤同志的这种精神是"一以贯之"的。1979 年初粉碎"四人帮"不久，荒煤将他的文艺评论集《解放集》交上海文艺出版社出版，他在书的前言中写了这样一段话："由于马列主义水平不高，对实际工作中存在的问题不可能了解得很深透，某些文章的观点难免有点片面性和教条主义的弊病，甚至还写过如批判《电影的锣鼓》和题为《坚决拔掉银幕上的白旗》等这一类错误的文章"。当时，荒煤同志被严重迫害多年刚获解放不久，按那时的风气，多是控诉林彪、"四人帮"，多是唱"自我对"，这自然也是必要的，可以理解的，荒煤却由此进而觉得自身也有不足，保持一种明净而睿智的心态，辉映出一位革命文艺家的高尚情怀。

1996 年 5 月，我们请各分卷主编为"大系"题词，荒煤同志在医院中很快寄来一页文字，它却非应景文章，而是传达着他对提高电影文学地位的热切希望。他说："夏衍有句名言，'剧本剧本，一剧之本'。可惜至今还有许多同志仍然缺乏深刻的认识和理解。尤其是建国以来的电影生产的兴衰，陷于种种困境，走向弯路，无不与电影创作有关。""《中国新文学大系》容纳电影文学作品，是国际出版所罕见的创举。""我衷心祝贺这个伟大的出版工程一定如期完成。中国新文学一定要为新世纪开拓一个新境界。"题词是直写的。他在附信中说："旧习难改，我很少横着签名。"同时告诉我们，他"现在又得新病，淋巴腺肿大，已动手术，进行了四个化疗疗程"。我们遥望北国，衷心祝愿他早日康复。哪知他终于未看到他倾注了大量心血的《大系》第四辑问世，就被病魔夺走，令吾侪泪湿衫襟。

徐迟同志也未出席 1995 年 6 月北京召开的分卷主编会议。他并不是因为身体不好，相反，按照他 5 月 13 日给我们的信中说，"近来情绪甚佳，思路活络，自我感觉良好"。 不久前他曾去看了三峡工程，回武汉稍作休息，拟经上海去浙江南浔。 南浔，是他的故乡。 他的长篇《江南小镇》，写的就是南浔。 6 月 10 日，是南浔中学建校 70 周年纪念日。 徐迟是该校第一届毕业生，后来又教过书，当过教导主任。他要去参加它的纪念活动。 6 月初，徐迟在大女儿徐律的陪同下，按期抵沪。 我们遵照他的意思，安排他住在水城路的月季皇后饭店。 这里离他的外甥家较近，来往比较方便。 月季皇后饭店由作家魏志远经营，以四川菜闻名。 那天的欢迎宴席上，他虽然吃得不多，但颇觉滋味，连称菜肴有特色。

在上海几天，他与"大系"报告文学卷副主编施燕平以及责任编委左泥、责任编辑赵南荣同志，具体商谈了编选问题。 因而就没有再去北京赴会，而是去了南浔。原准备在南浔住一段时间，好好思考一下"序"怎么写。 但由于看他的人太多，使他无法安下心来，加以时值江南黄梅天气，他也不大习惯，遂提前返回武汉，投入《大系》工作。 7 月 7 日，他来信说："我已从过去武汉出版的《中国报告文学丛刊》第三辑六册中，找到了 1949 年以后的好些作品，开始阅读和考虑作序。 以后每半个月给你们一信。"果然，以后一直到 1996 年报告卷定稿时，差不多每半个月都能接到他一封信，说明他的进度与意见。 我们深为这位 80 高龄老作家的执着与认真精神所感动。

报告文学是一种开创性的文学体裁。 徐迟无疑是这方面的一面旗帜。 然而，在编选过程中，他对自己的作品入选要求甚严。 他几次写信给左泥、施燕平，说限于篇幅，对他的作品，要少选些，有《祁连山下》与《火中的凤凰·凤翔》即可。 他说，"名称上既被定为主编，作品应当略为减少点"。 但对他人的优秀作品，包括《谁是最可爱的人》这样的在文体上有争议的作品，他都力主收入。 他说，魏巍的这篇作品本是一篇散文，发表后在全国人民中发生了强烈共鸣，被看作为一篇著名的报告文学，因此要选入报告文学卷。 鉴于散文卷也准备入选此篇，他特意与散文卷主编袁鹰进行了磋商，最后得到同意，遂了他的心愿。 由此，他提出一个论点，即如同科学中有"边缘科学"一样，文学中也有类似的"边缘文学"，《谁是最可爱的人》即是一篇。

徐迟为写好"序"，更用足了气力。 他重读了芦焚、刘白羽分别为《大系》第二、三辑报告文学卷所写的序，他认为，这是两篇充满激情的序，他要接好这一"棒"，努力再写出一篇有激情的序。 1995 年 9 月，他在去香港访问之前，特意将初稿赶出，要求我们复印几份，请有关同志提提意见，以便他回来后"再写个二稿"。我们看了文稿，觉得它是一篇充满激情同时又是充满理性的序，虽然有些小地方需要修饰一下，但无关紧要。 11 月初的一天晚上，他从武汉打电话给我，要听取对序的意见。 我说这是一篇很好的序,不需要再作什么大的修改。 他还以为我是客气,在随后给左泥的信中说:"大概是电话里说不清楚,所以江曾培没有说。"实际自然不是这样。 此后天气转冷,徐迟发病住院。 他还是抓紧时间对序文进一步作了修饰润色。 他来信说:"序文最后定稿一事,只好委托你们代为处理,此事我做得很不够,请求谅解。"人们常说,伟大与谦逊是连在一起的,徐迟在这里印证了这一点。

报告文学卷发稿后,与徐迟的联系减少。 他的身体时好时坏,我们曾去信慰问。 11 月份,他与作家汪洋商定,准备到海南岛附近的一个油田避寒。 我原憧憬在全国作协第五次代表大会上与他相见,孰知就在 12 月 14 日去京赴会的途中,得知他弃世而去。 我惊住了,一时难于相信这位充满热情与向往的老人,会以那种方式舍弃他热爱的人生与热爱的文学。 我们只有努力把他呕心沥血编就的《大系》报告文学卷出版好,以慰他在天之灵。

"大系"杂文卷主编罗竹风同志则已卧病两三年。 1995 年 6 月的分卷主编会议,他自然未能去。 不过,由于他住在上海华东医院,我们在探望他的时候,多次和他交谈了杂文卷的编选问题。 罗竹风,我们称他为罗老,是著名的语言学家、社会学家、出版家,同时也是位杂文大家。 1962 年 5 月 6 日,他在《文汇报》上发表的《杂家》一文,可说是那个时期最具锋芒、最具光彩的杂文之一,由它引发的"杂家事件",是 20 世纪 60 年代杂文界最富影响的事件。 在他长期担任上海杂文家协会会长期间,他不断为杂文的地位呼吁,自 1979 年起,以《上海杂文选》主编的身份,每三年编选一卷杂文,已连续不断地编了五卷。 他认为,杂文是时代的镜子。 它如实反映特定时期的社会风貌,可以观民情、察利弊,引人警觉和振奋。 把一个时期具有代表性的杂文选编成书,既是一部可贵的文化资料,又可起前事不忘、后事之师的作用。 他以精当的选家眼光与史家态度,与副主编武振平、责任编辑张安庆一起一再推敲选目,直到最后一次探望他时,他的神志已有点不清,但仍对选目明确地提出了一条意见。 在罗老身上,我们深切地体会到那种"鞠躬尽瘁,死而后已""春蚕到死丝方尽"的精神。

"大系"第四辑于 1996 年年底出版,冯牧、邹荻帆、荒煤、徐迟、罗竹风等先后逝世,面对他们的遗稿遗墨,回想他们的音容风貌,总是既感伤,又感动。 正是:《大系》未成身先逝,高风亮节长相思。

第五辑"大系"选收 1976 年 10 月至 2000 年年底的作品,主要是改革开放时期的作品,卷数增加到 30 卷。 由王蒙、王元化任总主编。 分卷主编分别由陈思和(理论卷)、雷达(长篇小说卷)、孙颙(中篇小说卷)、李敬泽(短篇小说卷)、江曾培(微型小说卷)、吴泰昌(散文卷)、朱铁志(杂文卷)、李辉(纪实文学卷)、谢冕

（诗歌卷）、秦文君（儿童文学卷）、沙叶新（戏剧卷）、吴贻弓（影视文学卷）、杨扬（史料·索引卷一）、郏宗培（史料·索引卷二）。 全书于 2009 年一次推出。

我国新文学孕育于 19 世纪末，萌芽于"五四"，到 20 世纪末，走过了整整一百年。 几代作家、编辑家犹如接力赛跑一样，一棒接一棒的努力，终于完成了这一集中反映新文学历史面貌与丰硕成果的《中国新文学大系》。 别的不说，单看各辑所列的卷目变化，就从一个侧面展示了新文学不断发展壮大的足迹。 在第一辑 10 卷中，分小说、散文、戏剧、理论几类，小说虽有三集，但基本上都属短篇小说，中长篇小说在"第一个十年"中可谓寥若晨星。 而"大系"第二、三、四辑，小说则细分为短篇卷、中篇卷和长篇卷，并且长篇的数量越来越多。 同时，根据文体的发展，增设了第一辑所没有的杂文、报告文学和电影卷。 到了第五辑，进而增设了微型小说卷与儿童文学卷。 这表明随着时代的发展，文学的内容在发展变化，文学的样式也在丰富扩大。《中国新文学大系》，可说是中国 20 世纪新文学的一面明镜，一块纪念碑。 王蒙在"大系"第五辑的总序中以诗一样的语言写道："百卷沧桑，百卷心事，百卷才具，百卷风流。 呜呼，不亦盛哉！"

值得一提的，是"大系"所选作品，均按初版本排印，保持了作品的历史面貌，是个特点，也是个优点，增加了它自身应有的史料价值。 其中一些作品的初版本，很难觅得，一般人无法看到，弥足珍贵。 像巴金的《家》，出版后曾作过八次修改，其 1933 年 5 月上海开明书店的初版本，目前已难于见到，作者本人也未保存。 茅盾的《子夜》初版本也是多方寻找才找到的。 叶绍钧的《倪焕之》，1928 年 8 月开明书店初版时共三十章，而解放后 1955 年的版本，把原来的第二十章及第二十四章至末了的七章全部删掉。 原作中的倪焕之的结局是病死了的，而删改后的倪焕之却还活着。 后来收入《叶圣陶文集》的《倪焕之》和 1978 年版的《倪焕之》虽然根据初版本重印，但作了修改。 其他如黑炎的《战线》，马子华的《他的子民们》等，在解放后都没有重版过，在编选中"踏破铁鞋"觅来，是富有价值的。

21. 对外合作出版的"走出去"与"请进来"

　　为了贯彻对外开放政策，加强与海外出版机构的联系，发展对外合作出版与版权贸易，我社于 1996 年建立了文化发展部，专司此职。当时国门初开，与海外出版界联系很少，互不了解，文化发展部特意编印了中英文对照的《上海文艺、文化、音乐出版社对外合作出书部分参考书目》和《中国一家大型出版集团》的宣传资料，对外发送，让海外了解我社，了解我社的出版物，扩大我社在海外的影响和知名度，为对外合作创造条件和机会。一些海外出版商，见到我社宣传材料后，主动与我社联系并达成合作意向。其时，两年一度在北京举行国际图书博览会，我们积极报名参加。通过我社图书的展出和人员的接触，直接与前来的海外出版界人士进行沟通。1988 年 9 月，在第二届北京国际图书博览会期间，我和发展部同志一起与台湾东华书局负责人商谈，签订了《意大利童话》《非洲童话》等图书的版权转让协议。平时则认真接待、处理海外出版界人士的来访来信，积极热情地解答来访来信提出的各种问题，商讨双方有兴趣的各种合作意向。

　　与此同时，根据业务发展的需要，由社里有关人员"走出去"进行联系。这其中，我先后作了几次海外行。最早一次是 1985 年 12 月，当时香港尚未回归，我作为中国出版代表团的成员，赴港参加首届"中国书展"。对我来说，此行也有一项具体任务，即进一步落实与香港三联书店合作出版的"中国珍宝鉴赏丛书"计划。1990 年 5 月，新加坡举办"'90 世界华文书展"，我又作为中国出版代表团成员之一，前往参加有关活动。1993 年 4 月，鹿特丹举办"'93 中国文化艺术节"，我作为中国文化艺术代表团成员，去了荷兰，并顺道访问了比利时与卢森堡。1993 年 12 月至1994 年 1 月，应美国一家广播出版公司的邀请，以上海文艺出版社社长兼总编辑的身份，在美国的纽约、华盛顿、费城、巴尔的摩、大西洋城、旧金山、洛杉矶以及拉斯维加斯等城市转了一番。1994 年 12 月，我以中国微型小说学会会长身份，应新加坡作家协会之邀，再次去新加坡，出席"首届世界华文微型小说研讨会"。随后，1995 年年初，应泰国华文作家协会的邀请，以作家身份，访问了泰国。1996 年10 月，作为上海出版代表团成员，前往德国参加法兰克福图书博览会，并访问法国。1997 年 8 月，参加中国出版代表团访问澳大利亚，先后在墨尔本、堪培拉、悉尼等地，接触了一些出版文化界人士。 1998 年 8 月，作为上海出版代表团成员访问美国与加拿大，向培生、兰登、西蒙与舒斯特等著名出版机构学习取经。 1998 年 10 月，去香港参加第五届沪港出版年会。 1999 年 9 月，作为中国出版代表团成员参加瑞典哥德堡书展，并访问了斯德哥尔摩以及丹麦的哥本哈根与挪威奥斯陆。 几次出国出境，除完成一些具体业务外，大大拓展了我的眼界，增强了对海外图书市场与出版业的认识，促进了对出版文化的思考。

新加坡"'90 世界华文书展"，在该国世界贸易中心大厦举行。 中国港台地区以及新加坡、马来西亚，都有图书参展。 中国内地的书最多，品种有 3.5 万余种，台湾地区为 3 100 多种。 整个展厅面积为 4 500 平方米。 由于新加坡人民的物质需求已达到相当程度，当时已颇注意精神生活的充实，用该国华文报集团总经理黄锦西的话说，就是他们正从"品管时代"进入"品味时代"，因而这一书展被认为是"一大盛事"，受到广泛欢迎。 书展定于 5 月 25 日下午 5 时半揭幕，不少人为了捷足先登，那天一早就涌向展厅。 我们下午 4 时进场时，只见人头济济，人潮涌动。 主办当局为了保证开幕仪式正常进行，临时把展厅的灯光熄掉，"迫使"参观者退场。 但仍有一些人不愿离开，在暗淡的光线中欣欣然继续欣赏图书，一直坚持到开幕式开始，大厅重放光芒。

展出期间，参展的几方代表举行了座谈。 有位先生说，有太阳的地方，就有中国人。 现在不少地方的华侨、华人、华裔，缺乏华文图书，华文出版界应当面向他们，为他们提供各种具有丰富知识的读物，使他们及其子弟不忘记母语，不忘记华夏文化的优良传统，增进血浓于水的民族感情。 一位新加坡人士说，他最近通过别人介绍，向纽约几百所小学的华文班推荐了一套华文教材，受到欢迎。 由于新加坡是多元种族国家，学生接受"双语教育"，一般华人能讲华语，但华文水平不高，编著华文书籍的能力远不及中国，希望中国在这方面多作贡献。 有位先生说，英语远不限于英、美等国流行，而是成了世界性的语言媒介，我们也应该通过多种途径，努力把华文发展为国际上的一个重要语言媒介。 华文图书的制作已有三千年的历史。 本世纪以前保存下来的用各种语言印制的图书中，华文图书的比重最大，其中不少重要典籍与著作，流传世界各地，成为人类的共同文化财富。 今天出版的华文图书，也应进一步拓展到非华文社会，用以传播知识，加强理解，推进社会进步，让华文书籍毫无愧色地自立于当代书籍之林。

为此，需要华文出版界加强合作。 讨论表明，20 世纪 90 年代有一个重要出版特征，就是华文图书世界从分裂中再度彼此靠近。 过去几十年，由于政治隔绝与历史因素华文图书出版界各出各的书，各唱各的调，思想、感情以至用语、句法，都有隔绝、断裂现象产生。 近年开拓了图书交流与出版合作，正改变着这一情况，促进华文图书世界走向整合。 在这次世界华文书展上，中国内地，港台地区以及新加坡的出版工作者，都真挚表示要互通有无，取长补短，彼此切磋，共同为提高华文图书品位而努力。 一般说来，当时我国内地的华文图书内容扎实，品格较高，但印制欠佳，"外包装"不美。 海外的图书印制精美，有些内容则相对寡淡。 5月28日，在新加坡报业中心，特举行了一天版权交易会。 与会者签订了一些版权贸易协定。 中国的图书，特别是儿童读物、古典文学、工具书之类，受到海外热烈欢迎。 我曾表露，我们上海文艺出版社正在编纂一部大型语文类工具书《语海》，1 000万字，20万条目，收罗了全国30个省、市、自治区及港、澳、台地区的大量语类资料，集谚语、俗语、俗成语、歇后语、惯用语、成语、隐语及格言之大成。 由于此书系中国民间语类的总集，属中国传统文化的精品，只有中国内地才有力量编纂，受到海外出版同仁的关注，纷纷询问详情。 29日晚，台湾出版界朋友，还特意邀我们共进晚餐，进一步交流情况，磋商合作措施。

交谈中，大家认为，为了促进华文图书的出版合作，要进一步保护著作权，保护版权，盗印的行为应予杜绝。 针对一些人对我国内地能不能有效地保护版权的担心，我表示，中国的版权法虽仍在制定中，也尚未加入国际版权公约，但早有明文规定，不准盗印海外图书。 如有盗印情况发生，作者或其他版权所有者，可直接或委托中华版权代理总公司交涉，定会得到圆满解决。 这次外访加深了我的版权意识，归国后，我在出版社强调，一定要以尊重版权的实践来显示我社对知识产权的尊重。这也使我社后来在引进图书中，争取到一批优秀读物。 美国的《约翰·汤普森钢琴教程》系列（三套九册）中文简体字版，国内有几家出版社想引进，最后我社所以胜出，合约并规定我社享有中国境内的独有出版权，就与对方看中我社尊重版权有关。此书出版后深受读者欢迎，连续多年畅销。

1993年4月在鹿特丹举行了"'93中国文化艺术节"。 这是我国在荷兰举办的一次大型文化活动。 8日开幕那一天，许多黑头发、黑眼睛的华侨、华裔，与黄头发、蓝眼睛的荷兰人一齐拥来。 宽大的会场熙熙攘攘，盛况空前。 其中图书展销厅，更受欢迎。《辞海》《中国历代服饰》与我社出版的《中国茶经》《中国花经》等大型图书，很快被荷兰朋友买去。 荷兰是欧洲研究汉学的一个重要基地，一些汉学家为能在荷兰集中看到中国内地这么多有价值的图书，雀跃不已。 而一些有关中国语文、中国历史、中国文化的普及性读物，特别是儿童读物，则为侨胞所争购。 由于这次展销的重点在"展"，各种图书均未带复本，以至代表团领导不得不通知书展人员控制出售，以免以后展厅无书可展。 然而，不少华侨、华裔是从荷兰各地，从德国、比利时、瑞士等邻国，不远百里、千里驾车而来的。他们看中了，就再不愿放弃。结果第一天的展台大多还是开了"天窗"。

在展厅里，经荷华作家林湄女士介绍，我结识了荷兰侨领胡志光先生。他说，荷兰约有10万华侨，大多数经营餐馆业。在荷兰，凡5 000人以上的村镇，都有中国餐馆。中国菜肴，可谓誉满荷兰。在荷兰的侨胞，经济状况一般尚可，缺少的是精神食粮。他们的"根"在中国，对荷兰文化还难深入介入，渴望祖国文化的哺育，渴望了解变化中的祖国。但这方面材料甚少。几个月前，当侨胞们听说祖国要来荷兰举办文化艺术节，早就做好准备，要来饱览、饱"餐"一番。

文化艺术节闭幕后一天，我们特地来到荷兰首都阿姆斯特丹，向设在这里的旅荷华侨总会赠书。总会的大厅里，醒目地挂着一副对联："山重重，隔不断慈母心；海悠悠，道不尽游子意。"对联两旁，贴着反映祖国改革、建设风貌的最新画片，其中上海南浦大桥占有显著地位。图片下的书橱，放有中国图书。这里，每周有5天对外开放，接待旅荷侨胞和荷兰朋友前来读书看报，观赏大陆录像。同时，总会出版了《华侨通讯》，半月一期，介绍祖国情况，帮助华人华侨认识荷兰社会，增进各侨团之间的交流与合作，提高侨胞的素质。那天，赠给我们的最新一期上，突出地报道了"'93中国文化艺术节"。为了接待我们这些来自祖国的亲人，总会常委以上的领导，纷纷从荷兰各地赶来。会长叶志顺先生对我们代表团赠书深表感谢。他说，这是"雪中送炭"，"有助于填补旅荷华人精神食粮的匮乏"。他还介绍说，为了使生长在西方社会的华裔青少年不忘自己的根，保持中华民族优秀的文化传统，为了弥补华人社会普遍存在的代沟缺陷，旅荷华侨总会一直在努力发展中文母语教育，当时已办了14所中文学校。问题是教师缺乏，教材缺乏。联系我1990年在新加坡参加世界华文书展时，也有人希望国内能为华裔华侨子弟提供中文读物，我想，我们中国出版界应该精心为域外的华裔子弟专门编写几套适合他们的中文教材。这一意见，回国后我曾反映过。

1993年12月至1994年1月在美期间，除了洽谈了一些图书合作项目外，还特意考察了中文图书在美国的销售情况。我在纽约、洛杉矶、旧金山等城市，参观了一些书店、图书馆、学校，感到随着华人移民的增多，随着中国影响的不断增强，中文图书在美国的需求量明显增加。各城市的公共图书馆，过去是少有中文书专柜的。20世纪90年代以来，华人聚集区的公立图书馆，开始有了此项设施。纽约艾姆赫斯特图书馆，靠近该市近些年形成的第二个"唐人街"——拉法盛，在总共10万余册的藏书中，中文书达1万多册，占十分之一。此外，还有中文杂志100多种。馆长于钱宁娜介绍说，每天借出的中文图书平均3 000册。这就是说，这1万多册中文图书并没有尘封在那里，而是经常有自己的读者，处于不断的阅读流动中。 我看到，中文书刊集中陈列在二楼一个比较显目的角落。 港台书居多，内地出版的也有，但甚少，有10多位华人在翻阅。 他们都有一张借书卡，一次可以借20本书，一个月内必须归还。 一位青年女士对我说，她每月都要到这里来借一次书。 在美国读中文书，除了一般的学习需要外，是聊解乡愁的最好慰藉。

中文书店近几年来也有较大发展。 最具影响的是台湾联合报系的世界书局。 它开始只在纽约设店，创办不过十年，在全美已发展到16家。 而且，每个"书局"的营业额，每年都有20%的增长。 我参观了纽约、旧金山的世界书局，规模不小，顾客盈门，有熙熙攘攘的景象。 销的主要是台湾书，港版书也有一些，内地版只见一本《北京人在纽约》，估计是作者托书局代销的。 其他书店，以洛杉矶的长青书店较成气候。 店主刘冰先生是从台湾移居美国的，卖的主要也是台湾书。 他说，书店近几年发展较快，势头看好。 鉴于内地移民大量增加，近年他也尝试进了一些内地的书，像《我的父亲邓小平》，就很热销。 世界书局学习他，也在这方面开了门，决定从今年起，经销内地图书。 作为这项举动的先声，他们与中国出版贸易公司合作，当年年初在纽约拉法盛世界书局举办了一个中国书展，在华人圈子里引起热烈反响。

我在想，这些情况表明：一、美国的中文图书市场，当时主要还是台湾地区占领着，销售的主要也是港台书；二、内地图书的潜在市场是很大的，而且已经露了苗头，我们应该把握时机，加紧开拓，不可把这个天经地义属于我们的市场拱手让人。

不能说这方面的工作一点未做。 在纽约的"中国城"，就已经开设了一个专售内地图书的东方文化公司。 地段、门面都不错，可惜里面的图书配置相当凌乱。 大部分图书都是几年前出版的。 不少图书有上册，没有下册，或者有卷三、卷四，没有卷一、卷二。 当时问世的优秀新书，像《我的父亲邓小平》，台湾人开的长青书店已经卖了，这里却没有。 而且书价特贵，一般都在国内定价十倍以上。 中国内地的书价在国际上算是较低的，但到了美国，却不让于台湾书价。 又贵，又旧，又乱，这里的图书就缺乏吸引力。 几位在美国从事文化工作的朋友告诉我，他们要书，一般都请国内亲友寄。 不过，老是麻烦亲友，也不好，还是希望能在美国及时买到自己需要的书。 美国一些大学的图书馆，要收藏一些内地图书，东方文化公司常常没有，即使有了，价格又令人咋舌，因而他们也往往向中国出版社直接订购。 我们上海文艺出版社与哥伦比亚大学等几所大学的图书馆，就有着这方面的联系。 这表明，当时在美国的内地图书供应，要卖的，卖不掉；要买的，又买不到。 这种供销脱节，供销不对路的情况，是怎样产生的呢？

东方文化公司有着自己的难处。一是它不像世界书局那样，已经形成了一个连锁式的经营网。孤零零的一家，资金有限，场地有限，难以适应各方面的需要；二是它与国内各出版社之间的中间环节过多。环节一多，出版信息就不灵，难于及时收进好书，而"环""环"相转，成本自然提高，书价也就不得不高。此外，恐怕还由于有点"官商"作风，反正是替国家做买卖，红火不红火，自己一样过日子，缺乏世界书局、长青书店那样兢兢业业、千方百计拓展业务的精神。这里尖锐地提出一个问题，就是到了打破对图书外贸进行垄断的时候了。这就是说，应该允许多渠道地向外经销图书，特别是要鼓励有条件的出版社，单独或联手直接向外推销自己的图书。这样，一方面，"众人拾柴火焰高"，中国在国外的图书销售点，就会急剧增加，而且便于把一些适于外销的图书及时运出去；另一方面，由于减少了中间环节，减少了层层的消耗与"盘剥"，成本可以降低，书价可以下浮。为此，在整体上就可以变"供销脱节"为"供销两旺"，于国于民，于出版社于华人移民，都是十分有利的事。

当时，我在纽约就与一位华人企业家商谈，想与他合作在纽约开一书店，直销我社出版物，由他出场地与经营人员，我们出图书，开始对方觉得可以考虑，但深入一谈，却未能成功，一个重要原因，就是我社没有图书出口权，书刊的出口，一定要委托上海出版贸易公司办理。这样，环节多了，费用多了，而时间却延误了，无法快速地让我社图书在美上市，失去直销的优势。回国后，我以上海市政协委员的身份，在一次咨询会上，向外贸管理部门提出：为什么不能让出版社拥有图书出口权？回答是：图书属意识形态，怕出政治问题。同时，怕经济上蚀本，消耗了国家资金。对此我是不以为然的。在国外开书店，是出口我们的图书，不是进口对方的图书，如果讲"意识形态"，并不存在人家"和平演变"我们的问题，而是扩大我们的影响，增加我们"演变"别人的可能。至于怕经济上蚀本，消耗了国家资金，这一点做生意当然要考虑。不过，向外推销图书，比起其他一些外贸生意来说，"本"是很小的。而且，这些"本"，往往都不是现金，而是出版社压在仓库里的存书，实在不必忧虑过多。再说，图书不是属于意识形态吗？能够在国外扩大销售，扩大我们的影响，这本身就是很大的赚头。人们要求出版业坚持社会效果第一，这是对的，但不要在这里又以"金钱至上"来衡量问题了。因此，我坚持认为，在政策上对有条件的出版社在国外与当地人联营书店，应该积极地鼓励，而不应消极地"卡"。自然，就出版社来说，在具体操作过程中，要十分谨慎。后来，我就此写了一篇文章，呼吁"图书出口需要松绑"，获得不少同行呼应。新闻出版署领导也认为，可让一些有条件的出版社先拥有图书出口权。不过这一问题的解决，已在我1999年6月离开上海文艺出版社之后了。

这次在美期间，我还访问了一些美籍华人作家与我国旅美作家，如王渝、严歌苓、张士敏、徐启华等，活动较多，引来媒体的关注。 美国《世界周刊》记者周匀之采访了我，于1994年1月9日在该刊发表了对我的访谈，标题是"纵谈中文图书的出版与销售——访江曾培"，内中也记述了我对直销的看法："江曾培认为，人民币1元钱的书，到了美国之后卖1美元或1.5美元应该是比较合理的，但现在有些是卖5美元甚至6美元，使很多人觉得中国的书太贵。 江曾培说，在美国建立直销的据点，有利于把价格拉下来。 他曾经评估过在华人聚居的地区开设书店的可行性，但计算下来成本也不低，因此仍以寻求直接的代销商可能性较大。"

1996年10月，我第一次去参加法兰克福图书博览会，它早已是世界上最大的书展，规模仍在逐年扩大，其会展面积之大，一个人步行半天也难于全方位走遍。 为了方便参观，它的各个展馆之间，室内有自动电梯传送，室外则由免费交通车运送，置身几十万种图书组成的浩瀚书海，令我这个出版人也叹为观止。 我国出版界自20世纪80年代开始参加这一书展，规模与影响不断扩大。 1996年的展位，由最初的几十平方米的展台，已扩展到几百平方米，在亚非馆里形成一个小展区，版权贸易也逐步有了发展，但来参观问津的人较少，与热热闹闹、人头济济的欧美馆相比，显得有些冷清。 这触发了我一个想法：一个国家的图书能否成规模成气候地走向世界，固然与图书本身的水平有关，但更与国家的综合实力，特别是经济实力有关。一个国家强大了，别人就要了解你，研究你，学习你，就关心你的文化，你的图书；反之，他觉得了解不了解你，没有多大关系，没有多大必要。 我们出版人要更好地关心祖国建设，更好地为两个文明建设服务，促进我国早日实现社会主义现代化。如此，"大河有水小河满"，图书在国际竞争中走向世界的问题，必然会形成一个崭新局面。

这点感受，在我访问歌德故居时更加强化了。 歌德故居坐落在法兰克福的一条僻静的小街上。 故居为四层楼楼房，黄墙、白窗、尖顶，大门临街，屋后有一个花木扶疏的庭院，属典型的18世纪法兰克福上层阶级的邸院。 歌德于1749年8月28日，出生在这幢房子里，在这里度过了他的青少年时期。 1774年，二十五岁时，他在这里写下了早年最重要的作品《少年维特之烦恼》，《浮士德》也是于1775年在这里开始着手创作的。 如今，临街大门长年关闭。 参观者由后花园进出。 建筑的开间甚大，每层有五个房间。 底层为餐厅、厨房和办事房。 二楼为客厅、音乐室。 客厅是整幢房屋的主厅，宽敞明亮，摆设考究，管理人员说，当年歌德的父辈将它命名为"北京厅"。 听说叫"北京厅"，我们更注意观赏了，果然，内有中国式的描金红漆家具，和印有中国图案的蜡染壁帔。 由此引发我想起中西文化的交流，想起歌德与中国……

在欧洲启蒙运动前后，中西文化交流形成了第一个高潮。 由于当时中国处于一种盛世，引起欧洲人的羡钦与向往，文化交流的主要流向是自东而西。 在歌德出生前后，德国弥漫着一股"中国热"，即所谓"汉风"。 歌德家的"北京厅"，大约就是这股"汉风"下的产物。 它使歌德从小就受到中国文化的濡染，埋下了他关注中国的"种子"。 后来，他大量阅读中国书籍，改编元曲《赵氏孤儿》为悲剧《哀兰伯诺》，创作了著名的《中德四季晨昏杂咏》，被称为"魏玛的孔夫子"。 由于在当时的"汉风"中，也有"食汉不化"的现象，就如同我们后来"食洋不化"一样，盲目引进，将中国理想化，认为"中国月亮比欧洲圆"。 歌德也受到影响，把中国看成是一片"王道乐土"，他写道："在他们那里，一切都比我们这里更明朗，更纯洁，也更合乎道德。"这虽然有失全面，但由于歌德对中国的重视与推崇，中国文化进一步在德国与欧洲传播开来。 我站在"北京厅"里，默默地向这位"诗国王者"，也是中德文化交流的先驱者致敬。

三楼有歌德父亲的书房、母亲的房间和歌德诞生的房间。 书房中两排书橱内放的，都是18世纪以前的图书，最大的开本为4开，最小的有128开，大多是精装，历经两个多世纪的时光，保存得还相当完好，表明德国的印刷业有很好的根基。 莱比锡并非无缘无故地至今还成为世界印刷业的一个中心。 四楼有歌德的书房，没有任何书的陈列，只有一张类似风琴状的写字台。 这实际上是一间创作室。 当时还没有电灯，写字台上放着两支白色的蜡烛，烛台是铜制的，做工精美。 台前、台右各放一把硬木椅子，铺以柔软的坐垫。 年轻的歌德就是坐在这里，写出他风靡世界的《少年维特之烦恼》的。 此书的情节，是根据歌德在韦茨拉尔的一段经历和一个名叫耶路撒冷的青年自杀身亡的不幸遭遇糅合而成。 从某种意义上可以说，男主人公维特就是歌德自己，女主人公绿蒂也实有其人，原名叫夏绿蒂，歌德曾热恋过她，直到老年还不能忘怀。 歌德是用自己的全部感情写这部作品的，内中充溢着一个处在德国狂飙突进时代的青年人的爱和恨，对美好生活的向往和对腐朽社会的控诉。 对这部至性至情之作，人们争相阅读，在德国迅速形成了一股"维特热"。 歌德也由此成长为一个举世敬仰的大作家。 中国是在19世纪末知道歌德的，比歌德知道中国要晚了一个多世纪。 然而歌德一旦进了中国，影响就急剧扩大。 大诗人郭沫若自愿成了"歌德翻译家"。 他所译的《少年维特之烦恼》，是我国第一个全译本，其中"青年男子谁个不善钟情，妙龄女子谁个不善怀春"的诗句，在广大青年中传唱，汇成一片反封建礼教的抗议之声。 面对这张写字台，我"浮想联翩"，歌德当年伏案疾书时，心头一定是滴着血和泪的。 他离开韦茨拉尔与夏绿蒂回到法兰克福家里，在他床头的墙上，一直挂着夏绿蒂的剪影。 我想寻找这张剪影，询之于管理人员，回答说早已不知去向了。

这位管理人员见我们参观特别认真，问道："你们中国青年知道歌德吗？"我告诉他，《少年维特之烦恼》《浮士德》等书，在中国一直不断重印，有的版本总印数达一百万册以上，中国青年爱歌德。 他听后笑了。 我反问他："你们知道郭沫若吗？"他摇摇头。 我说："他是中国的歌德。"出故居后，我由此想到，现在我们对西方的了解，在相当程度上，胜于西方人对我们的了解。 正如 17—18 世纪时，中国强大，中西文化交流的主要流向就是由东向西，德国人知道了中国，知道了中国的四书五经与《赵氏孤儿》《好逑传》等作品，而中国对他们却不甚了解。 后来，情况翻了一个转，西方强大起来，中西文化交流的主要流向，则变成由西向东，我们知道茨威格、史托姆乃至伯尔，他们却连鲁迅、郭沫若、茅盾都不熟悉。 要使鲁、郭、茅们与中国优秀现代文化更快地"走向世界"，需要我们共同努力，使我们的国家更快地强盛起来。 这，意外地成了我参加法兰克福书展与参观歌德故居获得的一点共同感受。 如今，近二十年过去了，随着我国社会主义建设的飞速发展，国家综合实力不断加强，我国图书走出去的步伐随之也大大加快，当年在法兰克福书展上相对遇冷的情况已有改变，2009 年我国已应邀成为这个世界最大书展的主宾国。 我国图书文化辐射力正与祖国日益富强的步伐同频道前行。

加强与海外联系，发展对外合作出版，我们在"走出去"同时，也用"请进来"的办法。 1992 年 10 月，我社在上海西郊宾馆召开了"九十年代国际文艺图书出版合作研讨会"。 西郊宾馆为上海最大的五星级花园别墅式国宾馆，占地约 1 200 亩，园内遍植名木古树，奇花异草，亭台水榭点缀着 8 万平方米的湖面。 接待过英国女王、日本天皇、美国总统等外国贵宾，毛泽东、邓小平等领导人也曾在此下榻。 与会人士到此首先感到我社对会议的重视，来自世界 7 个国家和地区 10 多家出版机构的代表就国际间文艺图书的出版进行了认真的研讨，宣读论文 12 篇，相互间作了有益的交流。 为推介我国当代文学创作，我社特意在此时出版了英文版《中国名作家自选集·短篇小说集卷》，书中收录了巴金、冰心、沙汀、艾芜、欧阳山、王蒙、陆文夫、马烽、高晓声、邓友梅、石言、冯骥才、张贤亮、王安忆、陈建功、韩少功、铁凝等 17 位著名作家的自选作品，此书在研讨会上分发，引来国外同行纷纷打听我国当代文学创作和有关作家的情况。 会后出版专集《友谊与合作之桥》，收录研讨成果。

当时国内举办的这类国际性研讨会还不多，上海市副市长刘振元、中共上海市委宣传部副部长龚心瀚到会讲话，国家新闻出版署也派负责文艺出版方面的干部于青莅会指导。 这次研讨会也是作为当时每年举行一次的华东地区七家文艺出版社（上海，江苏，浙江，安徽，山东，福建海峡，江西百花洲）的年会，因而七省市的文艺出版社和新闻出版局的领导也都到会，成为当时华东出版界的一件盛事。 我社文化发展部李国强、徐小芬、陈鸣华、余震琪为筹备此会作了长期精心准备，开会时又增调徐保卫（后为副社长）等精兵强将参与会务，会议开得紧凑有序，热烈亲和，与会者赞其效率高、服务好。

"请进来"的，除了海外出版业同行，还有海外作者。 台湾作家龙应台以杂文集《野火集》在台刮起一股"龙卷风"，诗人席慕蓉以温婉淡雅、真挚多情的笔触为台湾地区读者所钟爱，内地读者希望能较完整地读到她们的作品，海峡两岸是"一家亲"，我们没有采用引进版权的做法，而是请两位作家为内地读者编选"自选集"，这样更便于将她们在台湾分散出版的作品精华集中起来。 两位作家欣然同意。 龙应台自选集共 5 本，为《野火集》《在海德堡坠入情网》《女子与小人》《看世纪末向走来》和《龙应台评小说》，于 1996 年 4 月出版。 席慕蓉自选集计 4 本:《时间草原》《生命的滋味》《意象的暗记》与《我的家在高原上》，于 1997 年 7 月出版。 配合两书的问世，先是请龙应台在上海教育会堂作题为"我看中西文化"的演讲，一千多人参加演讲会，会后龙应台为读者签名留念。 后则在锦江饭店举行了席慕蓉作品座谈会，赵丽宏、程乃珊、潘向黎等上海作家在会上作了精湛的评析。 席慕蓉在发言中提到:"能够把多年来发表过的文字重新整理，选编一套合集，是我目前在台湾还不可能做到的事，真是令我万分欢喜。"

我在接触龙应台作品之初，以为她是男性。 一是由于她文风强悍犀利;二是因为她的名字没有女性味。 一句话，是"望文生义"的结果。 后来知道她是位女作家，但在我想象中，她当属那种轩昂型女人。 1996 年 4 月，她为出版自选集由台飞沪，我在她下榻的延安饭店第一次见到她，只见她中等身材，纤柔细巧，温文尔雅，朴素亲切，迥异于我想象中的形象。 我谈起我的错觉，并问她为什么有一个看来是男性的名字，她说:"父亲姓龙，母亲姓应，出生在台湾，就成了'龙应台'。"未几，对席慕蓉我再次犯了"望文生义"的错误。 席慕蓉的文字轻盈清丽，其名字又十分女性化，使人想起"珠帘掩映芙蓉面"的诗句，因而我以为她属于那种纤柔型的女子，相识后，发觉她长得相当壮实，甚至可以说有点轩昂。 她出生于蒙古族世家，乃成吉思汗的子孙。 她的蒙古族全名是穆伦·席连勃，慕蓉是穆伦的谐音，意为"大江河"。 她的体态是内蒙古草原民族那种"大江河"式的强健壮实，并非杨柳依依、荷叶亭亭式的纤细柔弱。 不过，席慕蓉却是"心"如其"名"，极为纤细敏感。《我的家乡在高原上》一书，就是表达她心中深藏的故乡情。 我当时就此写了两篇散文：《龙应台印象》和《初识席慕蓉》。 后来在一次对她俩的宴请中，我提起在文章中写了开始对她俩"望文生义"的错觉，她俩饶有兴趣地想看看这两篇文章。

20 世纪八九十年代，通过"走出去"和"请进来"，我社在引进海外优秀图书的同时，更多地输出了我社的版权，陆续签约的有《探索小说集》《中国历代名人大辞典》《语海》《中国神话史》《中国民族音乐大系》《中国少数民族民间文学丛书·故事大系》《世界文学名著妙语大全》，"中国地方风物传说丛书""中国珍宝鉴赏丛书"等等。 同时还与海外出版机构合作，共同开辟了一些选题，合作出版了一些丛书丛刊，如与法国合作的《跨文化对话》，与日本合作的《好·HOW》，与新加坡合作的《中国国庆年刊》，与中国台湾地区合作的"金字塔丛书"，与中国香港、台湾地区合作的《世界文学精粹·随身读》等，这些读物都是连续出版了多种。 随着我国开放度不断加强，版权贸易及与海外合作出书，也逐渐成为我社图书业务的一个重要方面。

22."助产士"编书又评书

鲁迅在谈到《阿Q正传》的成因时，一再提到当时在晨报馆编副刊的孙伏园。鲁迅说，阿Q的形象，在他心目中似乎确已有了好多年，但他一向毫无写出来的意思，只是经过孙伏园的催请，他才一天天写了出来。巴金先生的《家》，倾吐了他对那个不合理的封建大家庭制度的愤恨，它的诞生，也是由于《时报》编者要发长篇连载，每天刊登一千字左右，促使巴老写出来的。

这说明什么呢？这说明编辑是作品的催生婆。作品"生"出来，首先要依靠作者怀"孕"，作者没有"孕"，催生婆是无能为力的，但在有"孕"以后，如无编辑的有力配合，就会推迟作品的出生，甚至有流产的可能。因此，我以为，编辑是可以喻为文化出版战线上的"助产士"的。"助产"的进一步效果，是还可以由此促进一批又一批作家的诞生。鲁迅在他的第一部作品集《呐喊》自序中说，他也是受了朋友"可以做点文章"的鼓励，才做起文章的，这便是最初的一篇《狂人日记》。"从此以后，便一发而不可收，每写些小说模样的文章，以敷衍朋友们的嘱托，积久就有了十余篇"。巴金的第一部小说《灭亡》，被《小说月报》编者叶圣陶采用后，巴金在《谈〈灭亡〉》中说，由此"替我选定了一种职业。我的文学生活就从此开始了"。自然，这并不是说，一个作家，特别是一个伟大作家的诞生，只是靠编辑"促"与"助"，就能"产""生"出来的。他们的产生，首先是他们自己奋斗的结果，是时代孕育的结果。但是，这其中编辑的"助产"作用，是不可或缺的。

与某些轻视、鄙视编辑工作的人不同，我一直爱这个为他人"助产""为他人作嫁衣"的行当。一本书、一本刊物，虽然是作者写的，是作者的"产儿"，但它由粗疏的原稿，经过我们审阅、修改、编辑、校对，最后印成一个漂亮的成品时，我与我的同事们，捧着它们，往往充溢着捧着亲生儿子的喜悦与激动。"助产士"与"孕妇"一起，共同承受着孕育新生儿的艰辛与幸福。正因为如此，我对经我社编辑出版的一些书稿，情不自禁地随手写下一些文字，评头论足，说长道短。1991年5月，我将这方面的评书文字结集为《一个"助产士"的手记》出版，伍杰在"序"中指出："曾培同志将自己的劳作称作助产士手记，是有一层深意的。这里既包含了作品'产前'催生的担心，也有'临产'时的艰辛，更有'产后'的愉悦。亲身经历，有感而记。 时过境迁，回首深思，怀抱自己接生的产儿，对自己是一种抚慰，更有一种特殊的美的享受。"恰当地写出了我内心的情愫。 此书出版后反映尚佳，次年被列入上海市图书阅读推荐目录。 不过，"助产士"的书名，也引来一些误读，被认为是一本有关生育卫生的书。 6 年后，我将续写的一些"本版书"的书评，包括评论与序跋增补进去，改名为《一个总编辑的手记》重版。 编书人的这种书评"手记"，除受到读者的关注外，在加强与作者的联系沟通中，也发挥了"以文会友"式的独特作用。

这里仅说几则：

1984 年第 4 期《小说界》上，刊载了冯苓植的中篇小说《虬龙爪》。 当我第一次捧读原稿时，就为这篇特色鲜明、寓意深刻的小说所吸引、所激动。 我当即以编者的名义，信笔写下这样的文字：

我们向读者推荐本期头条作品《虬龙爪》。作者冯苓植以善于写动物著名，但其指归在于人。《虬》文写的是鸟，是养鸟者社会的纷纷攘攘。作者用自己的眼睛发现了一个新的特殊"世界"。在以生动的笔触表现它时，又熔知识性、趣味性、思想性于一炉，既富情趣，又富理趣。鸟攀高枝，人也攀高枝，但那枝"虬龙爪"到底由谁攀上去，怎样攀上去，世态纷呈，令人回味。冯苓植过去写骆驼、写鸟，多系内蒙古的事，飘散着草原气息，《虬》文则是写北京人的养鸟生涯，洋溢着一股浓郁的市井味。它几近《烟壶》这类作品的风情，但它写的不是过去而是现在北京城的风土人情，别有韵致，很值得一读。

刊物出版后，我再读《虬龙爪》，发觉我说它"是写北京人的养鸟生涯"，错了。它创作的原型，仍是塞外一座古城，只不过当年乾隆皇帝为戍边的在旗子弟修筑这座城市时，是以老北京为模子的。 我大而化之看了一遍，未及细读，凭印象与感受写了介绍，以至铸成这个错。 我觉得对作者与读者欠下点什么。 同时，愈读这篇作品愈感其独特与深刻，促使我又写了一篇题为"让养鸟真正进入审美、娱乐境界"的评论，作了进一步的深入剖析。 我说，《虬龙爪》写鸟，写养鸟者社会，实际上是写人，写现实的社会。 养鸟经寄寓着深刻的人生经。 这是这部作品的一个深厚处、成功处。 但是，另一方面，鸟既然是作为"艺术的对象"进入养鸟界，养鸟界本应该成为一个审美的世界，过多地为名利、功利所羁，总是一种不调和的杂音，有损这个审美世界应有的超脱、和睦、舒坦、宁静的气氛。 这不能不是一种遗憾。 当然，这是对那些养鸟者的遗憾，不是对作品的遗憾。 也许，作者正是想通过这一作品，引起人们的这种遗憾，从而促进生活中这种遗憾的消失，以便今后在描写养鸟界的作品中，能主要从审美角度切入，更多地表现人在养鸟、玩鸟中审美心理的发展、变化。我想，我的心大概与作者的心相通。 因为，作者两次写到，要砍掉那"惹是生非"的虬龙爪。 这是一种象征，象征着要在这审美王国里，砍掉那争名夺利的功利观。 抛开这种狭隘的功利观，养鸟者社会才能进入一种求美、求乐的新境界。 这将是人的进步，社会的进步，人与自然关系的进步。 随后，为了更有力地向社会推荐这篇作品，我们召开了一次专题讨论会，钱谷融、王安忆、吴亮、程德培、郦国义、曾文渊等与会人士对《虬龙爪》一致给了很高的评价。 在这次会上，我第一次与冯苓植见面。 我说，我写编者按时大而化之，误以为作品写的是老北京生活，冯苓植宽厚地笑笑，却赞扬起我的评论对他的启示，我俩的心因文字之交而早相通相融了。 此后，《虬龙爪》的影响日益增大，国内所有的小说选刊，乃至新华文摘等时政杂志，都选载了这一作品。 各种小说选本也都不会遗漏它。 台湾出版了一本当代内地作家小说选，书名用的也是"虬龙爪"。 据说，《虬龙爪》当年被多种书刊选载，是"入选者之最"。

冯苓植的责任编辑先为左泥，后为修晓林，他们与冯的关系都很好，加上我们对他的作品的热情评介，相互间是更亲更"铁"了。 此后，他除给我们多个中短篇小说外，还精心提供了两部长篇小说：《出浴——朔方贝子池》与《忽必烈大帝和察苾皇后》。 前者获上海市长中篇小说大奖；后者被誉为与美国莫利斯·罗沙的名著《忽必烈和他的世界帝国》相映成趣。 后者作者历经 6 年的研读、创作和反复修改，出版于 2010 年，此时我已离开文艺社，校样打出后他一定还要我看一下，请我"评说评说"。 我在充分肯定其创作成就的同时，也就进一步提升作品内蕴提了一点意见，供他参考。 他十分重视，认为"一语中的"，使他"茅塞顿开"，又不辞辛劳地作了修改。 随后他在《亦师亦友忆真情》一文中说，记得 20 世纪 80 年代初，文坛上有这样一种说法：中国出版界的编辑大家当数"北王南江"。"北王"系指北京人民文学出版社王笠耘，"南江"则指我。 由于机缘巧合，身处遥远草原的他，竟先后受过两位大家的教诲和点化。 我表示，"南江"之说不敢当，编辑与作者是一条战壕中的战友，应当相濡以沫，共同提高。 2019 年 5 月，《冯苓植文集》由文汇出版社出版，并召开新闻发布会及座谈会，邀我参加。 不巧，其时我不在上海，在位于杭州的中国作家创作之家休养，特写了祝贺信，请修晓林同志代我在会上宣读，他表示感谢。

1997 年 7 月，内蒙古自治区成立五十周年的大好日子，我与修晓林应内蒙古作协之邀，前往内蒙古访问。 那天，飞抵呼和浩特市，已经很晚了。 冯苓植与内蒙古作协主席扎拉嘎胡到机场接站，一直为我俩安排好住宿才回家，浓浓的热情深深感动着我们。 我是第一次到内蒙古，满眼都是新鲜。 呼和浩特市虽然地处塞外，却弥漫着老北京的气味，"溜个马，架个鹰，头个蛐蛐儿，玩过鸟儿，绝对不能少"，一些人说话还保存着京腔味儿，这时我才体会到《虬龙爪》中所写的"塞外一座古城"的原型，就是脱胎于呼和浩特。 冯苓植是山西人，但自小就到内蒙古定居，对内蒙古的历史文化、风土人情可说烂熟于心。 在参观访问途中，他以丰富的知识，幽默的语言，介绍昭君墓、成吉思汗陵，"天苍苍，野茫茫，风吹草低见牛羊"的大草原，"黄河北，阴山南，八百里河套米粮川"的河套平原，被誉为"塞外明珠"的大型草原湖泊乌梁素海，以及大兴安岭的浩瀚林海，我们一路欢笑一路歌，愉快地共处了十多天。

我们在内蒙古各地的参观采风，扎拉嘎胡也一直陪同。 朝夕相处，我感到他不仅为人热情，而且宽厚朴实。 他虽是内蒙古作协主席，又担任过内蒙古自治区党委宣传部副部长，却没有一点"官"的架子，作家的架子，平易近人，平等待人。 在习惯于以官位称呼的今天，多数人还是喊他"老扎"。 他并不善于辞令，但由于与人以诚相处，极容易赢得对方的心。 我就是这样与他一见如故的。

途中，他谈到正在创作一部题为《尹湛纳希》的长篇小说。 尹湛纳希是成吉思汗二十八代嫡系远孙，忽必烈的后裔，生于 1837 年，即鸦片战争爆发前三年。 他的父亲是著名的爱国将领，曾统率本旗的蒙古兵在渤海海防前线的抗英斗争中立下战功，同时，精通蒙汉民族文化。 尹湛纳希继承父脉，文武双全。 三岁后，家道中落，他将《红楼梦》《中庸》《纲鉴通目》译成蒙古文，写了《一层楼》《泣红亭》《红云亭》等长篇小说，并续写了他父亲未完成的《青史演义》，开创了蒙古族长篇小说的先河。 1892 年凄凉地客死他乡。 扎拉嘎胡为了给这位"蒙古族曹雪芹"立传，已经用了几年时间，到尹湛纳希故乡和周围地区进行调查，并阅读了大量有关资料。

尹湛纳希的名字，对我来说是"面熟陌生"的。 1963 年，内蒙古人民出版社出版过他的《一层楼》汉译本。 当时读后的印象，是它的内容与风格接近《红楼梦》。但并非简单的模仿，而是如此书的"序"中所指出的，"敛彼等之芳魂，述吾心之蒙念"。 全书浸润着民族民主主义思想，对清末封建社会的黑暗现实多有揭露批判。它是我国蒙古族文学离开民间传说和对历史故事的依附，以当前的社会现实生活为题材，由个人创作而成的第一部现实主义长篇小说。 不过，我对作者乃"皇子皇孙"，也与曹雪芹一样，"是热热闹闹地来到人间，却凄凄惨惨地离开人世"，是不知道的。听老扎一说，我很感兴趣，当即表示欢迎他写好后，交付我们付梓。

此后，老扎就一头扑在电脑上，将他满腔的热情与想象，一一敲打出来。 这其中，"新诗改罢自长吟"，几次修改，几经反复，可说是"为伊消得人憔悴"。 老扎说："在创作中，别人只需用一分力量，我恐怕得用二分或三分力量。"他自谦为"笨鸟先飞"。 作品就是这样下苦功"飞"出来了。

当我读到这部文稿时，脑海中突然浮现一句话：文如其人。 这句话并非绝对真理，但用在老扎身上，却十分吻合。 前面说过，他为人热情敦厚，朴实真诚，其文则是感情真挚而表达自然，文字朴素而内涵深厚。他作品中少有那种"铺锦列绣，雕缋满眼"的浮华描写，更无扭捏作态，无病呻吟的矫揉造作，而是"以自然之眼观物，以自然之舌言情"，素朴，自然，实在，透露出一种"却嫌脂粉污颜色，淡扫娥眉朝至尊"的风韵。老扎希望我为此书写序。我花了一些时间进行研读，从思想、艺术、语言、风格等方面进行了分析，我说，这一作品富有浓郁的悲剧色彩和鲜明的民族风格。写尹湛纳希的《黄金家族的毁灭》，与尹湛纳希写的《一层楼》一样，既是蒙古族文学的奇葩，也是中国文学的可圈可点之作。老扎将我视为文学的"知音"，此后我俩经常保持联系，对文学创作不时切磋探讨。2001年，《黄金家族的毁灭》在台湾出版，被誉为"内蒙古在清朝末叶阶段性的沧桑史"，老扎接到样书后立即送我一本，并在扉页上写下"赠为此书增光添彩的好友曾培同志"。

2006年2月，中国作家协会全委会在上海召开。2月26日上午，我到作家们下榻的锦江饭店，看望来沪参加会议的扎拉嘎胡、冯苓植以及中国作协主席团委员阿尔泰。他们热情地谈起上海给他们留下的美好印象。这一"美好印象"，指的并不是上海的物质文明建设，上海的经济发展与市容面貌的巨大变化，这些当然给了他们以美好印象，但是，最令他俩感动的，始料未及的，是他俩亲历的两件小事，是上海人的热情服务，是上海人的文明素质。25日清晨，中国作协会务组组织与会人员前往浦东参观，并乘坐磁浮列车。阿、扎两位因记错发车时间，迟到了半小时，车已经开走了。他俩正为失去这一观光机会而惋惜自责时，有位同志见到他俩胸佩会议出席证标志，就主动问他们是否误车了。当得到他俩肯定答复后，就安慰他俩不要着急，随即安排一辆小车，将他俩送到参观地点。他俩一直对此感动不已。阿尔泰说，上海的服务，主动、周到，使人如沐春风。扎拉嘎胡说，我们误车，属于自己的事故，别人完全可以不理，也没有什么责任，如发生在某些地方，也就不会有人管了。上海的主动温馨服务，显示了一种服务的新境界。扎拉嘎胡说，还有一件事也让他"念念不忘"。去年，他参加"西部作家东部行"活动，到了上海，住在宝钢宾馆，回呼和浩特那天，本应在浦东机场上飞机，却乘车到了虹桥机场。这时再奔浦东机场时间已经没有了。无奈之下，找机场服务处商量，请求帮助。机场工作人员在看了他的证件后，当即答应他在虹桥机场的一个航班上，为他调换一张机票，使他未受到任何波折，仍在当天回到了家。扎拉嘎胡说，他两次来上海，都是"文明伴我行"。我随即以"文明伴我行"为题，在《解放日报》上写了一篇文章，愿上海更好地"与文明同行"，宾至如归，"让生活更美好"。当天中午，我与修晓林、魏心宏在瑞金宾馆请他们三人吃饭，友情拳拳，相谈甚欢。

在上海作家中，也有由于评论而加深相知互信的。作为工厂知青的殷慧芬于 1982 年开始发表小说，她写人绘事，一方面轻盈飘逸，行云流水般好读；另一方面又深沉蕴藉，橄榄似的耐读。我特别欣赏一篇叫"欲望的舞蹈"的小说，在评论中指出其以舞蹈示人欲，有大意存矣。舞蹈，作为一切艺术之母，显示着生活的真善美，显示着生命的创造力，同时也显示着对人的灵魂的净化和升华。"欲望"需要"舞蹈"，但切忌沦为"恶劣的情欲"的膨胀。这一作品显示了作者的巨大潜力，我说，"上海的作家队伍中，有一颗年轻的'星'在上升，这就是女作家殷慧芬"。这颗年轻的"星"，因为出自工厂，更弥足珍贵。在我国文学创作中，工业题材的作品，一直是个薄弱的环节。即使像上海这样一座工业大城市，写工业作品的作者也比较少。20 世纪五六十年代，上海出现过一批工人作家，他们的作品，集中反映了工业战线的生活与斗争，展现了产业工人的生态与心态，拓展了文学表现的领域，给文坛带来一股新鲜气息，引起社会广泛注意，成为当时文坛的一种"新生事物"。然而，尽管这些作品取得了一定的成就，但并没有出现特别重要的力作。在文学的总格局中，有分量的作品，多为农村题材与革命历史题材，如现在人们还经常提到的"三红一创"，即《红旗谱》《红岩》《红日》和《创业史》。新时期以来，随着思想解放运动的推进，作家以多元的审美方式反映生活，作品的题材与风格，呈现出前所未有的百花齐放局面，文学园地万紫千红，繁花似锦。但是，这当中，工业题材的作品也仍然显得薄弱。比较引起注目的，是蒋子龙在他一系列的作品中，塑造了工业战线上的"开拓者家族"。不过，呼应者与后继者不多。较之大量反映农业改革，展现农村生活的作品来说，还是势单力薄。许多作者，包括新时期文坛上特别活跃的"五七"作家与知青作家，他们的作品，或多或少、或重或轻都与农村生活有着瓜葛，而很少涉及工业领域。

　　时代的发展，需要加强工业题材的文学创作，我们感到默默地在这方面积蓄力量的作家是有的，殷慧芬就是突出的一位，因而增强了与她的联系。由于有汽车厂生活的经验，20 世纪 90 年代后，她萌发创作一部反映汽车工业发展的长篇小说的想法，我们立即给以鼓励和支持，多次与她讨论构思，并为她深入生活进行调研提供必要的帮助。经过几年的奋斗，因为写作用眼过度，她以视网膜脱落的代价，终于完成了长篇小说《汽车城》。该作品超越了原有对工厂知青生活的描绘，以细腻的笔墨和雄伟的气势，展现了上海汽车工业的艰难起飞，以新的文化理念，描述了人性、人情、人欲在工业发展中的冲撞，传递了我国社会变革的最新信息，塑造了众多富有时代气息和鲜明个性的人物，为我国当代文学增添了一页新篇章。它既是作者创作的一个新突破，也是我国工业文学的一个新提升。她要我作序，我欣然应命。我说，加拿大人阿瑟·黑利于 1971 年写过一部《汽车城》，它与殷慧芬的《汽车城》，同以汽车工业为题材。但由于国度不同，年代不同，作者不同，两个《汽车城》的内容迥然有别。黑利的《汽车城》，以美国汽车制造业中心底特律市为背景，它所反映的汽车生产规模虽更具气势，但在写法上，主要是一种通俗小说的写法。殷慧芬的《汽车城》，更注意人物的刻画，内涵的发掘，意境的营造，美学的追求。在文学性上，不让黑利的《汽车城》。殷慧芬的《汽车城》于1999年8月出版，裹挟着我国经济建设和文学创作的双重成就，向伟大祖国五十周年致敬，引来社会广泛好评。2001年，《汽车城》荣获全国第八届"五个一工程"作品奖。

　　为歌星周冰倩的《真的好想你》一书作序，也增加了我与音乐界人士的接触与了解。我缺乏音乐秉赋，五音不全，唱歌跑调。少时学过吹笛子，也无功而返。动"口"不行，想试试动"手"，20世纪80年代初为此买了一架钢琴，尽管有懂得钢琴的音乐编辑指导，也弹不成调，入不了门。在音乐艺技上，我是个"外行"，对音乐图书的出版，我只有多向音乐专业人士学习，并运用文艺规律和出版规律加以考察掂量。对一些重要选题，如《中国民族音乐大系》《贺绿汀音乐论文选集》等，我都作过评说。20世纪90年代初，周冰倩首唱"真的好想你"，引来海内外的传唱。1995年，她的自传体作品《真的好想你》写成，交我们出版社付梓，并通过音乐社负责人费维耀请我写序。我首先读了书稿，觉得它与不少明星书一样，主要展现的也是个人的生活经历，个人的成长史，但少有那种明星式的自我炫耀和自我美化。用笔比较朴素自然，叙述比较真实亲切，追求一种比较高的品格。同时这部书的文字比较清新流畅。周冰倩接受过十几年的正规音乐教育，她是国内当时不多的一个学院级的流行歌手。尽管她长相不错，但她走红歌坛，并不属于那种凭借外貌气度赢得听众喜爱的"偶像派"，而是主要靠天赋与努力造就的实力，属于歌坛的"实力派"。她专业功底扎实，演唱流行歌曲，既能向民间音乐吸取营养，又善于向西洋音乐借鉴，因而声情并茂，委婉动听。她的文字也因她的文化艺术素养而显得清新雅致，委婉流畅。据此，我约她谈了一次，进一步熟悉了她的成长情况，也增加了我对当时歌坛状况的了解。我在序中说，冰与倩，这两个字都很美。冰与倩连在一起作为一个名字，使人产生一种冰清玉洁、清新俊美的感觉。读了周冰倩的《真的好想你》，觉得她不仅人如其名，而且也文如其名。自然，说她"文如其名"，不是说她这部长篇处女作，已经在很大程度上达到了"冰清玉洁，清新俊美"的境地，而是就其基本风格来说，是沿着这条路子进行追求的。尽管这部作品的意境、意味都还比较浅，不过，这没有多大关系，浅是会逐渐变深的，重要的是要"清"与"洁"，不能"混"与"浊"。正如鲁迅论述"幼稚"时说："幼稚是会生长，会成熟的，只不要衰老，腐败，就好。"我祝愿周冰倩的人品、文品、艺品，继续沿着"冰清玉洁，清新俊美"的路子不断攀升提高。《真的好想你》一书出版后，我还参加了首发式。 几年以后，周冰倩告诉我，她还记得我序中的一些话，"重要的是要'清'与'洁'"。

我当时所以为周冰倩作序，还因为当时有股明星出书热，对此舆论并不一律，有点头的，也有摇头的，我想借《真的好想你》说说我的看法。 这就是不宜笼而"点"，也不宜统而"摇"。 明星写的书，有好的，有比较好的，也有不那么好的。即使是好的书，有的内中也存在疵点，需要具体图书具体分析。 盲目点头叫好，或者闭眼摇头否定，似乎都有失恰当。 书是人人可以写的，明星自然也可以写书。 由于明星常常是一定人群的"偶像"，他们自述性的图书，会赢得较多的关注。 市场的需求，正是引发明星写书热的一个重要原因。 不过，需要清醒地看到，明星可以写书，但并非个个明星都可以写书，更不是个个明星今天就能够写书。 书，是"人类的营养品"，记载着人们有价值的生活经验与体验，写它不仅要有必要的生活准备，而且需要必要的思想、艺术、文字的准备。 缺乏必要准备的一哄而上，写出来的就可能不是人们所需要的"营养品"，而是一堆"文字垃圾"。 从这个意义上说，近年明星出书有点过多过滥。 时下一些明星的书遭到市场冷落出现积压现象，表明明星出书也要注意控制数量，努力提高质量。 我的这一看法，赢得不少出版界人士的赞同。

为香港作家彦火《鱼化石》作序，则加强了我与海外作家的联系。 1985年冬，我第一次去香港，结识时任香港三联书店副总编辑的潘耀明，即彦火，磋商两社合作出版"中国珍宝鉴赏丛书"事宜。 其时，香港尚未回归，内地改革开放不久，沪港两地在经济发展、城市建设等方面存在着明显的差距。 香港有些人或多或少、或明或隐地有几分傲气，不说看不起内地人，至少有点自视高人一等。 同时，对出版物这样的文化产品，他们多从商业价值考虑，与我们的传统思维也有龃龉。 因此，相互交往虽然客客气气，礼貌有加，但内心存有间隙，一时难成贴心之交。 彦火却是个例外。 他温文尔雅，平和，谦逊，既自尊，也尊人，对文化产品既强调它的商业性，也重视它的文化性，尽管他在美国接受过西洋教育，但并不鄙薄我国传统文化，这样，就使我俩的心很快地接近起来。 以后，他多次来上海，我们常相晤一谈。 1996年，他已转任香港明报出版社总编辑，我们又共同策划了"世界文学精粹·'随身读'丛书"，在上海、中国香港、中国台湾三地出版。

彦火是一位出版家，也是一位作家。 他的创作涉及多种文体，以散文最为圆熟，最具影响。 散文灵活自由，拘束较少，正适合生性敏感、思维灵动的彦火的驰骋。 举凡山川景色、风土人情、世事变迁、四季交替，都能引起他的感触，随意撷取成篇。 散文所要求的诗情、哲理、文笔，也是接受过中西文化熏陶的彦火所富有。他的散文感受微妙，描述优美，富于情，寓于理，可读而又耐读。 其中，对自然界的描写，又是他散文创作的华彩篇章。《鱼化石》首篇写的是莱茵河。 莱茵河风情万种，是条集中了河流万般面貌于一身的河流，可抒写的东西很多，可他未写清澈的河水，明净的天空，幽深的峡谷，苍古的城堡，却写"莱茵河畔的落叶"，显示了作者独特的艺术感受。 他在这里看到了"一页扣人心弦的死亡乐章"，而"没有怒吼，没有呐喊，没有怨悔，从容不迫——而且是盛装的打扮，义不容辞地去赴一个死亡的宴会"的抒发，更是多么诗意而又哲理。 彦火十分热爱大自然。 记得有一年他到上海，我陪他到市郊去寻花。 我们游览了淀山湖与水乡朱家角，在湖畔一座梅林里，面对桃红柳绿、云蒸霞蔚的景象，他雀跃不已，流连忘返，情不自禁地吟起"为爱名花抵死狂，只愁风日捐红芳"的古诗来。 泰戈尔说过，"艺术家是自然的情人"。 我以"自然的情人"一词评说彦火，彦火欣然。

彦火待人热情诚恳。 1998 年 11 月我去香港，事先和他约定一见。 那天，我甫抵港岛，刚在酒店住下，他的电话就来了。 随即，他从新界驱车到北角，约我到外面吃饭。 离港前一天，他又抽空陪我和陈保平去拜访金庸先生。 金庸不辞艰辛以十年时间修订他已经成为名著的作品，其精益求精的认真精神是我敬佩的。 在香港北角的金庸办公室里，我们谈到创作需要全身心地投入，彦火介绍说我是研究微型小说的，香港明窗出版社刚刚出版了我的一本书《微型小说的特性与技巧》。 金庸说，微型小说适应快节奏生活的需要，且便于在报刊发表，有发展前途。 问题是写好也不容易，创作也需要认真。 临别前，金庸说，我送你们一部书作为纪念。 说着，他领我们走到书架前，要我们自己挑选。 我们说，还是查先生定吧。 于是，他送了我一部《射雕英雄传》，送陈保平一部《笑傲江湖》，并一一在书上签名。 回程途中，彦火说，他与金庸在《明报》共事多年，在当年《明报》的创业中，尽管工作千头万绪，金庸仍亲自处理编务，对重要稿件，会校阅好几遍。 金庸先生既才华横溢，又踏实勤奋。 我想，彦火也正是依赖"才华"与"勤奋"，始能取得编辑、创作的双丰收。 他外秀内慧，既富文采，又甚质朴，为人作文，均可谓文质彬彬。

我的评书文字除结集于《一个"助产士"的手记》外，还见于《抬轿人语》等其他集子。 我写书评，也鼓励全社编辑写书评。 当时出版社有一则规定，凡我社人员对"本版书"进行评论，文稿在报刊发表后，凭剪报和稿费单可向社办公室再领取一次稿费。 书评写作既促进了编辑在编书过程中的研讨思考，也扩大了我社图书的宣传影响，还加强了与作者的交流沟通。 当时办公室保存厚厚的几册评书剪报，是出版社同仁的"手记"，也是多个"助产士"的"手记"。

23. 建国西路创作室与千岛湖作家楼

1978 年，粉碎"四人帮"不久，百废待兴。 上海文艺出版社从"文革"中"一锅煮"的出版体制中分离出来，恢复了原有的建制。 当时书荒严重，读者嗷嗷待哺。 书店门口常常出现一字长蛇阵，争相购买刚刚出炉的中外名著。 上海文艺出版社以出版现当代文学为主要任务，除了重印一些过去的旧书外，需要大力推出新的作品，满足社会需要。

作品是作者写出来的。 抓新作，就要做好作者工作，认真地为作者服务好。 当时创作的骨干力量，主要是两部分人：一是所谓"五七作家"，一是"知青作者"。他们多舛的生活遭遇，给了他们以深刻的人生体验与生命感悟；长期的底层生活，又使他们与人民大众的思想、感情、愿望与要求息息相通。 他们的心中早就积淀着许多话要说，但在寒气逼人、黑云压城的日子里，他们或头上有着"帽子"，不能说；或怕被揪着"辫子"，不敢说；或迫于生计，没有条件说。 一旦大地春回，冰河解冻，他们心潮澎湃，思绪蹁跹，犹如火山喷发一样，要把积蓄在心中的付诸笔端，一吐为快。 可是，他们当中不少人，当时或仍滞留在穷乡僻壤，或经济情况极端贫乏，请他们到上海写作，需要为他们提供必要的物质条件。

于是，就有了建国西路 384 弄 11 号甲这座名为"创作室"的小楼的兴建。

原先，这是一块空地，鳞次栉比的房屋中的一块难得的空地。 由于建国西路是条幽静的马路，384 弄也是一条幽静的里弄，离我们出版社又不远，我们一眼就相中了它。 好在当时的地价不贵，没花几个钱，就拿到手了。 建成什么样的"创作室"呢？ 宾馆式的虽然豪华，但出版社没有这一经济实力，似乎也没有这个必要。 作家是来写作的，不是来图享受的。 简单地降低规格，搞成一个客栈式的招待所，气氛也显得"冷"了些，缺乏应有的温馨与亲切。 作家与编辑既是"一条战壕中的战友"，又是相濡以沫的亲人。 请作家到出版社来写作，就要使他们有"宾至如归"的感觉。 于是，确定了"创作室"的建造与管理，均采取家居的方式。 小楼的式样，仿上海典型家居石库门的式样，前面"门虽设而常关"，平常进出走后门灶披间。 一进门，就使你有回家的感觉。 楼层之间也有"亭子间"。 自然，这只是"仿"，钢窗蜡地，卫生煤气，较之石库门要现代得多。 每间房间面积不大，电视、电话这些设备一样也没有；但有桌有椅，有纸有笔，写作所需要的，却一样不少（时下盛行用电脑写作，则不能这样说了）。而且，一人一间，保证不受干扰。想看电视，要打电话，像在家里一样，到楼下客厅去看去打好了。日常用餐，小锅炒菜，任你自定。只要事先关照，外出时哪怕深夜归来，也给你留好热菜热饭。服务人员像亲人般地关照着客人，使作家们在这里感到的，是自在、随意、亲切、温馨。加之都是同气相求的文人，旧雨新识，朝夕相处，促膝谈心，把酒论文，也是人生一乐。于是，这座不起眼的小楼，就作为"家"被作家们所喜爱了。后来，有些作家到上海，完全有条件住设备好的宾馆旅舍，但还是愿意奔这个"家"来。

小楼正式接客，起于1980年，在二十多个春秋里，随着新时期文学的潮起潮落，来这里落脚的作家时多时少，先后总共住过多少人，疏于没有记录，已难于确切讲清，就记忆所及，天南地北，老中青作家、诗人、评论家均有，李国文、张贤亮、莫应丰、周克芹、邓刚、冯苓植、彭荆风、曹玉模、陈忠实、残雪、张炜、叶文玲、储福金、黄蓓佳、陆天明、程树榛、张抗抗、鲁光、何顿、汪浙成、温小钰、张一弓、方方、池莉、李锐、鲁彦周、张笑天、彭见明、高晓声、张欣、谭谈、孙建忠、陈世旭、黎汝清、贾平凹、宗璞、奚青、袁鹰、郭风、王朔、何为、公刘、舒婷、李士非、魏志远、范若丁、王英琦、陈惠瑛、许觉民、董衡巽、陈漱渝、骆塞超、刘梦溪、冯天瑜、曾果伟、吴紫风、王观泉、沈金梅、刘魁立、马原、刘兆林、蔡测海、毛琦、航鹰、毕飞宇、陈美兰、胡尹强、田地、韦君宜、王润滋、路工、汪应果、刘醒龙、李小雨、潘凯雄、谢大光、肖复兴、徐孝鱼、李庆西等人，都在此留下自己的印记。即使是上海的一些作家艺术家，像余秋雨、赵丽宏、陈村、吴亮、钱仁康、秦培春等，为了逃避干扰，也曾住到这里，"躲进小楼成一统"，集中精力进行写作。新时期的有些名篇佳作，就是在这座小楼里酝酿诞生的。据此，可以说"斯是陋室，惟吾德馨"。

由于这样，不少作家艺术家对这座小楼"陋室"，怀有一种深深的眷恋，一种"家"的眷恋。1996年12月下旬，全国作家协会第五次代表大会在北京召开，一天，一些代表在京西宾馆住地闲谈，鲁光等代表听到我谈到1997年6月是上海文艺出版社建社45周年，建议可请一些作家写写这个曾给大家带来温馨的"家"，以纪念友情，缅怀逝去的足迹。

我们接受了这一建议，遂约请一些作家赐稿。尽管由于约稿时间过于仓促，有些作家想写却未来得及写，但也还是及时地接到43位作家的来稿。说来也巧，43篇来稿中的题目，有一半以上都直接点明了"小楼"，如"温馨惬意的小楼""书稿人和小楼""小楼一日""小楼梦回""客居小楼""小楼听雨""小楼记事""小楼之忆""小楼春风""小楼难忘""小楼怀想曲""小楼温馨事""小楼昨夜又东风"以及"一座难忘的小楼""留在记忆深处的一座小楼",等等。据此,我们就把这些文章的结集定名为"小楼记事"。此书的出版,不仅为上海文艺出版社的建社纪念活动提供了一本有特色的纪念物,而且赢得许多喜爱文学的读者欢迎。

作家们在文章中,都回忆了这座小楼的温馨、宁静、随意、亲切。叶文玲说,她对这幢小楼的感觉,无异家乡的故地或老屋。每到上海这熙熙攘攘的大码头,猛地总有不胜嘈杂和眼花缭乱之感,但是,一进这幢小楼,心头马上就宁静了。1986年以前,她在河南,无论是回故乡浙江体验生活,还是来上海改稿定稿,她必住这个越来越让她亲切的"11号甲"。刘魁立曾在这座小楼里度过大年三十,他说给他留下"永远回味不尽的惬意和温馨"。舒婷忆起门房老伯伯亲切地喊她下楼听电话的温馨声音:"妹妹呀,电话!"她说,她这个"妹妹"现在已是老大姐了。冯苓植曾带着久病的妻子,从乌鲁木齐来上海就医,还有两个亲属陪同护理。一行4人就落脚在这座小楼里,小楼成了他们的家,他们的窝儿。他说,如果在上海没有这样一个窝儿,一切将变得极其困难。现在有了这个窝儿,就像从家里到医院一样,草原距离上海,恍惚间也变得不再遥远。韦君宜、温小钰来上海治病,也曾将这座小楼作为自己的窝儿。汪浙成说,他和温小钰多次住进这座小楼,在这里写过作品,也陪伴过温小钰去看病。这座小楼融进过他俩的成功、他俩的欣喜,也融进过他俩的苦涩、他俩的泪水。小楼是他们两人世界里携手相伴过的一方领地,是他心中的怀旧之角。

小楼文人荟萃,"谈笑有鸿儒,往来无白丁",作家们怀念在这里写作之余,相互间随意的交流,亲切的切磋,实在是一个天然的"文学沙龙"。黎汝清说,他在小楼遇到余秋雨、汪应果、应天士等许多前来写稿改稿的作家,有的虽然是初次相识,但已通过作品有了神交,都能一见如故。交谈是无序的,谈天说地,议古论今,微言大义,随感而发,话题虽然广泛杂乱,但也无不和文学有关,常常闪耀着智慧的火花,可以启迪心智扩展为文,许多有益的思考乃至奇思妙想,就产生于这种沙龙式的闲谈中。陈村说,他在小楼先后与莫应丰和马原的无拘无束的谈话,一直萦绕在脑际:莫应丰那响亮的声音,以及与当时正在写《上下都很平坦》的马原所做的文字游戏。袁鹰讲到1986年他在小楼与张一弓邂逅,相谈甚欢,10多年后,在北京出席全国作代会时相遇,两人才见面就不约而同地谈起上海的这座小楼,犹自怀念不已。

小楼宁静幽雅的氛围,有助于作家们驰骋文思,集中精力进行创作。新时期以来,这里诞生过多部作品,有长篇,也有短制。赵丽宏在这里写过一篇近4万字的作品,只用了几天工夫,手中的笔如有神助。他曾开玩笑地说,这栋小楼也许是凝结了中国作家的精神和智慧,形成了一个巨大的"文学创作场",住进这栋小楼来写作，一定会文思如潮。 程树榛也说，他到上海改稿，心情舒畅，工作效率特高，这在很大程度上应该归功于小楼的良好写作环境。 冯苓植则说，在小楼朴实、安静、舒适的房间写稿，有一种说不出来的踏实感。

王英琦在"沪上随笔"一文中指出，在当代文坛上，有两处文人荟萃之地：一是长春电影制片厂的小白楼；二是上海文艺出版社的创作室。 相对于长影的小白楼来说，上海文艺社创作室的小楼可称之为小灰楼。 两座小楼都有着浓浓的文风儒气，她有幸在这里结识了不少文坛精英。 在上海的小楼里，她与马原争执过先锋派文学，与傅天琳讨论过女人与诗，与郦国义、李连泰就散文的现状与未来交换过意见，与李士非、曹玉模曾"把酒一樽话古今"。 据此，陈冲郑重地建议给这幢小楼一个堂堂正正的称呼，理直气壮地称之为创作之家，作家之家。

是的，这座原名为"创作室"或招待所的小楼，在新时期前一二十年，确实在文学出版界爆发了巨大的吸引力，引来了众多的文人雅士，成为一处"创作之家""作家之家"。 可惜的是，随着商品大潮的兴起，文学日益边缘化，从 20 世纪 90 年代中期以后，作家入住得越来越少，住在这里写作的作家更少，开始显出了一种落寞景象。 来住的人也还有一些，但大多改为洽谈印刷发行的生意人，原有的"创作室"含义已悄然消退。 新世纪后，这座小楼干脆已移作别用，彻底与"创作室"和"作家之家"拜拜了。 小楼形虽存，神已变。 今天的小楼，已不再是当日的小楼了。 然而，小楼历史联结着一段勃兴的文学历史，联结着不少作家和我们编者间的一段美好情怀，是值得我们永久怀念的。 我甚至想，这座小楼曾是新时期众多著名作家的创作之地，是一种有意义的文化遗存，值得挂上铭牌纪念。

20 世纪 80 年代初，作家笔会和文化研讨会较多，为了有一个相对固定而幽静的场所，我社与上海教育出版社、上海译文出版社、上海科技出版社，于 1983 年在浙江淳安县排岭镇合建了一座馆舍，名叫"作家楼"。 这是淳安县第一个引进"外资"的项目。 七亩土地是该县划拨的，当时建造资金一百二十万元，由我社与上教社各出五十万，译文社和科技社各出十万元。 四社共同组成董事会，理事长由我社和上教社轮流担任，聘请当地两位同志任经理。 作家楼有营业执照，除出版社使用外，也可对外营业。 由于董事会的具体经管人员为我社总务科长陆剑浩，因而作家楼与我社的联系较多。

排岭镇是淳安县县治所在地，锦山秀水的千岛湖大多在淳安境内。 当时，从上海经杭州到排岭，车行约十小时，后来公路经过改造，六七小时即可抵达。 作家楼坐落在镇西临湖的一座山头上，四周绕以围栏，穿过由赵朴初先生书写的"作家楼"

三个大字的门楼,进入一条由葡萄藤覆盖的长长甬道,现出一方鱼翔浅底的养鱼池,池旁,矗立着两幢中西合璧的三层别墅式楼房。 设备比较简朴,但充溢家居的温馨与随意。 周围花草葱翠,绿荫匝地,蜂飞蝶舞,鱼跃鸟鸣,"不闻车马喧",天籁动心弦。 推窗远眺,当见千岛湖的湖光山色,既有太湖之浩渺,又具西子之秀丽,更兼黄山之奇特,山绿,水绿,天绿,地绿,沁人肺腑,涤人尘虑。 从喧闹烦嚣的大城市来到这宁静自然的处所,精神为之一爽。

我们在这里举行过多次笔会和编写会议。 1986 年 6 月,就我社设立长篇小说大奖赛一事,曾邀请陈村、冯苓植、张一弓、王小鹰、程乃珊、王润滋、周梅森、沈善增、李庆西等 20 多位作家,对长篇小说形势、发展趋势以及创作中的问题进行了座谈。 随后,又在这里举行了"传记、纪实文学讨论会"。 其时,我社陆续出版了"将帅传记、回忆录丛书"第一辑十种,内中有《刘伯承回忆录》《徐海东将军传》及罗瑞卿传《非凡的年代》等,受到读者热烈欢迎。 为更好地组织出版这套书,特邀请作者、编辑、记者六十余人聚集作家楼,就传记、纪实文学题材范围的开拓,真实性、文学性与史学性如何统一,以及如何加强这类图书的编辑出版工作,作了深入的探讨。《刘伯承回忆录》编者杨国宇将军,《徐海东将军传》作者张麟,《女兵列传》主编菡子,《马寅初传》作者邓加荣,口头实录文学《北京人——100 个普通中国人的自述》作者之一桑晔等,分别介绍了他们创作和编辑工作的体会。 革命回忆录《往事沧桑》作者伍修权因事未能与会,特地写了热情洋溢的题为"传记、纪实文学要无愧于时代"的来信。《征战纪事》作者叶飞将军也托人带来了书面发言。 会议促进了"将帅传记、回忆录丛书"第二辑的编写出版,其中回忆邓小平丰功伟绩的《二十八年间——从师政委到总书记》,被总政称为"对部队进行我党我军光荣历史和革命传统教育的好教材",决定用部队上缴的党费,将此书购发全军学习。

上教社、译文社、科技社以及上海的其他出版社,也都在作家楼召开过作者会议或编写会议,其中包括《汉语大词典》的编纂会议。 由于作家楼经常聚集着海南山北的文化人,这里也渐渐成为当地的一个文化景点。 一些来千岛湖的游客,也喜欢下榻作家楼,在感受山光水色之美的同时,也顺便领略一下文气诗韵。 在作家楼里,有几本厚厚的题词册,留有钱谷融、陈伯吹、贺友直、张抗抗、任斌武等许多作家、艺术家以及杨国宇将军等人的墨宝,常为游客所赏玩。淳安县委宣传部编辑出版有《千岛湖清韵》一书,收录了吟咏淳安境内以千岛湖风光为主的诗词 1 000 多首,作家楼为吟咏场所之一,其中题为"作家楼"一首:"千岛湖上作家楼,山光水色影自幽。 文人学者联翩至,如椽彩笔写春秋。"作者林明榕、叶瑞祥等，就是在作家楼参加一本大辞典编写会议时，题写在作家楼的题词册上的。 我在题词册上写的两句："青清沁心千岛湖，静净怡情作家楼"，也被收入该书中。

24. 读者俱乐部与读者活动日

出版社要重视作者工作，同时也要重视读者工作。有句老话："作者是出版社的衣食父母。"也可以说："读者是出版社的衣食父母。"自然，此话并不十分贴切。编者与作者、读者，作为"同一战壕的战友"，是一种相互支持、相互依存的关系。不过，从出版社的角度来说，其生命确系靠读者与作者维持的。拥有作者，特别是高水平的优秀作者，才能拥有优秀的出版资源；拥有广大的读者，获得广大读者的信任，方能拥有牢固的市场根基。我社在重视作者工作的同时，也十分重视读者工作。如果说创作室、作家楼，是为了更好地为作者服务；而我社创建"读者俱乐部"，则是为了更好地为读者服务。

20世纪80年代，出版社的图书都是由新华书店经销，发行渠道单一。新书出版前，要将征订单送交新华书店，由他们在全国新华书店系统征订，出版社要依赖他们汇总后的征订数，再确定印数开印。由于每个新华书店受资金与场地的制约，预订的多是一些能够很快销售的畅销书，而对那些包括学术著作在内的具有文化品质的长销书则订得较少，有的只订了几百册，甚至是个位数。这样，就使不少新书难于与读者见面，出版社辛辛苦苦出的书卖不出去，而需要这些书的读者却又买不到，形成了"买书难，卖书难"的尴尬局面。为缓和这一局面，开拓发行渠道，经孙颙提议，我们以上海文艺出版社、上海文化出版社、上海音乐出版社三个社的名义，于1986年6月，创办了"读者俱乐部"。

读者俱乐部以"以书会友，乐在书中"为宗旨，树立"热情服务，读者第一"的工作作风，及时、迅速、准确地将三家出版社出版的最新图书信息传递给读者。凡加入读者俱乐部的会员每季度可收到一份新书预订单，使会员及时了出版信息和优先获得购买新书的权益。读者俱乐部不向会员收取会费，只要预寄购书款20元（此款全部用于读者购书），即可获得一张会员证、一个购书编号和按期供应图书预订单。当时，俱乐部就以电脑技术管理会员的订书购书档案，处理事情迅速而准确，从未出现过差错。

读者俱乐部受到读者欢迎，两三年间会员从几百人发展到近万人，其中有台湾、香港地区和美国、日本、新加坡、奥地利、加拿大等国的读者。会员中不少是热爱读书的文化界人士，名家华君武成为会员后，多次邮购他所需要的图书。 一些会员称赞读者俱乐部是"韬奋式的'生活书店'"，"八十年代送书上门的'红色背篓'"。新疆一位会员来信说："你们为地处边疆购买图书困难的众多渴望精神食粮的读者做了一件大好事，每当我们收到你们的信函和预订单时，心里感到特别温暖。"有时，一些会员要买我社以前出版的图书，而这些书在当地书店里早已无货，读者俱乐部就与社内有关编辑室和出版业务部门联系，尽力挖掘存书满足读者要求，或到上海有存书的书店平价购来再寄给会员，赢来会员的衷心赞赏。 这些会员随意向周围亲友宣传推荐我社俱乐部，使读者俱乐部很快在读者中有了口碑，"金杯银杯不如口碑"，造成读者俱乐部会员呈现出滚雪球式的增长。

为了帮助读者更好地阅读，俱乐部不定期举办读者报告会，请作者作报告。20世纪90年代初，我社出版了台湾作家《龙应台自选集》5册，读者颇为关注。 读者俱乐部先是在新华书店举行了龙应台与上海读者见面签售活动，3个小时龙应台为300位会员读者签售了1 500本书。 随后在教育会堂举办了龙应台主讲的"我看中西文化"演讲会，1 000多位读者参加，龙应台为数百名会员签名留念。 同时，俱乐部还不断在上海各区县乃至外地召开会员座谈会，听取对我社出书等工作的意见和建议，成为我社紧密联系读者的一个重要方式，有助于我们及时发现问题，改进工作。读者俱乐部在为读者服务的同时，有效地扩大了我社出版物的影响，加强了产销联系，在促使出版社从生产型转向生产经营型的过程中发挥了作用。

在加强读者与作者、编者的直接交流中，读者俱乐部还举办过一次颇有影响的大型"读者活动日"。 我社地处上海西区的绍兴路上，这是一条只有四五百米长的小马路，为一个传统的住宅区，没有高楼大厦，没有商业的喧嚣，绿树环绕着几条建筑精致的里弄，间有几幢花园洋房，环境幽雅静谧。 路的中段有一大块绿地，后改建为绍兴公园。 公共机构除上海昆剧院和一所学校外，多为出版社和书店，上海新闻出版局也坐落在这条路上。 民间有称绍兴路为"出版文化街"的。 我社有三幢办公楼，门牌分别为7号、54号和74号。 74号为文艺社编辑部门，54号为文化社和音乐社的编辑部门，7号为全社的经营管理部门和资料室。 1996年5月25日，在我社的办公楼和绍兴公园举行了大型"读者活动日"，内容丰富多彩，前来参加活动的会员与非会员读者达数千人，绍兴路的宁静一时被打破，熙熙攘攘，摩肩接踵，"前者呼，后者应"，热闹非常。 为保证秩序和安全，我们特请了公安民警来维持秩序。

先是在绍兴公园内，让读者与参加活动的作家、艺术家以及我社的部分编辑见面。 绍兴公园紧邻我社74号办公楼，为了充实绍兴路的出版文化特色，90年代初我作为上海市政协委员，曾提过一项提案，建议在绍兴公园内建造一尊韬奋塑像，并将公园改名为韬奋公园。 此建议起初得到有关部门重视，不知什么原因后来未能实现。 作者、编者、读者见面后，即分别进行不同的活动。

一是作者签名售书。 当天签售者有作家赵丽宏、陆天明、薛海翔、须兰，越剧表演艺术家徐玉兰，电视主持人曹可凡，台湾艺坛名家凌峰等，他们近期都在我社出了新书：《苍天在上》《沧桑之城》《早安，美利坚》《徐玉兰表演艺术》《大地星河》以及《台湾媳妇青岛妹》等。 不同的作者有着不同的读者群，每个签售者桌前围着众多的"粉丝"。 他们边签边谈，氛围融洽祥和。 陆天明的《苍天在上》，是我国出现较早的一部反腐长篇小说，贴近生活，贴近时代，是一部热切反映人民心声的惊世之作。 小说出版后，在全国范围引起轰动。 有"粉丝"问"苍天在上"这一书名是怎样定下的，陆天明说，"苍天在上"的呼喊，既是对上天、上峰、上位、上层要为民解难的祈求，又含着人民百姓至高无上的呐喊。 他于1993年打算创作一部以反腐败为题材的电视剧时，基于生活的感受，就定下了这一题目。 剧本写出后，却被以"要慎重"为由，加以搁置，一时不能投拍。 陆天明毅然将其改写为小说，在1995年第1期《小说界》上发表，引起强烈的社会反响。 上海青年话剧团随即把它改编为话剧，向陆天明征求意见，他表示，话剧由于自身特点的需要，内容上作些调整是可以的，但作品名称《苍天在上》不能变动。 小说、话剧的成功，反过来促成了电视剧的上马。 同时，北京电影制片厂也决定将其改编为电影。 这样，这部作品就"一石四鸟"，每只"鸟"都坚持以"苍天在上"为名。 陆天明说，他之所以钟爱这一名称，是因为"苍天在上"，是这部作品的灵魂，它集中体现平民百姓的一种内心呼喊，同时也是他自己内心的真诚呼喊。 是的，正因为如此，这一呼喊迅速引起广大读者、观众的共鸣，形成了一股《苍天在上》热。

二是与学者专家交流。 应不少读者的要求，那天我们特意请来著名学者，也是我社首任总编辑的王元化先生。 他在我社出版的《思辨随笔》，年前获国家图书奖后，曾受南京东路新华书店邀请，为读者签名。 是日，一大早就有读者在书店门口排队。 元化先生从上午9时签到11时，后续者还是络绎不绝。 一本学术理论著作引起如此轰动，是近年所少见的。 这是因为王元化是有"学"有"术"有"理论"的。 记得1995年深秋，第二届国家图书奖评委集中在北京一家宾馆，对各地推选的优秀图书进行评选。 1993、1994两年，全国共出新书12万余种，经过层层筛选，严格控制，报送上来的图书仍有近千种。 评委会按图书类别，组成几个分评委先行分头初评，然后再集中评定。 限于名额，最后能够评上的，连同荣誉奖在内，不到40部，文学图书至多六七部。 这就需要好中选好，优中选优。 文学分评委经过务虚，认为在保证质量的前提下，要注意中国文学与外国文学、整理文化与原创文化、创作与理论、套书与单本书的适当平衡。 在反复比较，不断推敲中，王元化的《思辨随笔》被提出来讨论。 这是一本单本理论著作，全书不过 25 万字，较之众多的规模宏大的全集、文集、丛书、套书，外观上显得有些单薄，但它所收的 130 余篇文章，系作者五十多年来著作的摘编，是浓缩了的著作精华。 篇幅虽少，内涵却博大精深，可说是"以最小的面积，集中了最大的思想"，分量是沉甸甸的。

由于此书是上海文艺出版社出版的，我在介绍中提及了作者，我说："元化同志是当前上海最著名、最具实力、最富影响的一位学者。"我之所以把"著名、实力、影响"都限制在上海，是因为在座的评委，只有我一个人来自上海，其余都出自北京，其中有着季羡林这样名重一时的学人，我不便把话说满。 谁知我的话音刚落，翻译家柳鸣九就补正道："王元化先生的影响不止在上海，就全国来说，他也是当前最著名的一位学者。"北京大学教授袁行霈随即讲了一件事，在全国文学学科规划中，王瑶先生生前曾有一个重点选题，就是要把中国现代最有成就的 15 位古典文学研究者的成果分别进行总结，按照时间序列，其中打头的是王国维，结尾的就是王元化。 诗人屠岸说，王元化先生不仅学术成就高，而且从《思辨随笔》来看，他在学术研究中始终高扬"独立研究与自由发展之精神"，对照社会上那种"颠狂柳絮随风舞，轻薄桃花逐水流"的学风，在某种意义上可以说，《思辨随笔》有"文起八代之衰"的作用。 张锲、张炯等评委，对《思辨随笔》及其作者王元化，都给予了很好的评价。 季羡林先生说，《思辨随笔》出书后，作者即送了他一本，他看了，确实有功力，有见解。 文学分评委在议论中，对《思辨随笔》虽然一致叫好，但由于国家图书奖是"粥少僧多"，也许强中还有强中手，因而还需要在总体上比较平衡，还需要全体评委斟酌决定。 此后事态的发展，却是一路绿灯，成为正式获奖图书 29 种中的一种，就文学类图书来说，则是 4 种中的一种。 面对不过 300 多页的《思辨随笔》获大奖，我想起古人一句话："山不在高，有仙则名；水不在深，有龙则灵。"

王元化作为一个学人，敏于观察，耽于思索，勤于写作，尽管长期受难，命运多舛，也贡献出《文心雕龙创作论》《向着真实》《文学沉思录》《传统与反传统》《思辨随笔》《清园夜读》《清园论学集》等著作。 总的说来，他的著作不以量胜，而以质胜。 每部作品在篇幅上都算不上是大部头，但内容极为厚实，有"仙"有"龙"。 他是一步一个脚印地行进在学术理论的道路上，每一步都有所开拓，每一步都落地有声。 读者在交流会上，极为高兴地见到他们仰慕已久的著名学者，问得最多的是治学之道，王元化回答的核心意思是："理论的生命在于勇敢与真诚。"

三是与编辑对话。 不少读者想了解出版编辑工作的"内幕"，我社各编辑室主任和资深编辑回答了读者的询问。 为给读者以实感，还请读者参观了我社的编辑室、出版科、读者俱乐部。 同时，也请读者对我社出书及其他工作提出意见与建议，双方的心因而更加贴近。

四是出售折扣书。 我社 7 号办公楼底层设有一个书吧，凡我社出版的书刊，在这里基本上都能买到。 平时读者到这里，可以一边喝茶喝咖啡，一边翻阅书刊，买与不买都可。 这天，在这里放着大量折扣书，品种繁多，几乎每位来参加活动的读者都选购了几本乃至更多。 对读者来说，是买到了便宜书，对我社来说，则起了清仓作用，可谓"双赢"。

25. 在沪港出版年会上的两次报告

1988 年，上海市新闻出版局与香港联合出版集团共同建立了沪港出版年会制度，用以加强两地出版工作的交流与合作。 年会每两年举行一次，在内地与香港轮流召开。 每届年会确定一个主题，双方围绕主题准备几个报告，作为年会进行交流的基础。 20 世纪八九十年代举行的年会，我大多参加了。

第二届年会于 1990 年 10 月在深圳举行，主题为"九十年代中文出版趋势"。 根据会议安排，我在会上就内地文艺图书市场的情况和发展趋势作了报告，涉及六点看法：

一、 近年文艺图书平均印数下跌，市场呈萎缩之势。

从中国整个图书市场的情况来看，在 20 世纪 80 年代初期，大印数图书占绝对优势，自 1985 年以后，逐步转向小印数图书占优势，由卖方市场转向了买方市场。 文艺图书在其中表现得甚为明显。 以我们文艺出版社为例，1985 年每本书的平均印数为十一万七千四百册，以后逐年下降，1989 年跌到二万七千一百册。 其中纯文艺图书印数相对较低，下落情况是：小说类的平均印数，1985 年为三万五千二百册，1986 年为一万七千九百三十册，1987 年为一万八千三百二十册，1988 年为一万四千一百七十册，1989 年为九千八百五十册。 诗歌类图书的平均印数，1985 年为一万三千二百九十册，1986 年为一万六千六百五十册，1987 年为五千零七十册，1988 年为七千二百册，1989 年为二千四百九十册。 散文类图书的平均印数，1985 年为一万四千册，1986 年为三千七百六十册，1987 年为一万零四百册，1988 年为六千三百七十册，1989 年为二千七百五十册。 文艺评论类图书的平均印数，1985 年为一万五千八百五十册，1986 年为二万一千二百五十册，1987 年为九千八百六十册，1988 年为一万零四百十册，1989 年为四千二百五十册。 这就是说，我社图书的平均印数，1989 年只有 1985 年的五分之一。 这大致也是整个文艺图书市场的写照。

二、图书平均印数的急剧下跌，有其合理的正常的因素，也有其不正常的原因。

20 世纪 70 年代末、80 年代初，十年浩劫刚过，图书严重匮乏，读者需求量特大，当时图书出版处于一个超常规的高速增长阶段。 一本书，经常是十几万、几十万册地印。 这毕竟是复杂的社会因素造成的一种"超常规"现象，是不能把它当作常规看待的。 1985 年以后，图书品种大量增加，加以电视普及，人们业余文化生活有了多样的选择，图书市场由卖方市场转向买方市场，应该说是转向了正常的常规状态。 目前我国新版图书的平均印数虽然明显低于前几年，但与世界上许多国家的新版印数只有几千册相比较，还是高的。

自然，我国是一个拥有十一亿人口的大国，图书市场理应具有更大的潜力。 目前一些图书印数过低，则又含有不正常的因素在。 具体剖析来看，就文艺图书来说，是否有这样几条：

一是品种发展太快。 拿长篇小说来说，"文革"前十七年，合计出了一百多部。主要是北京、上海、天津几地的出版社出的。"文革"后，各地都涉足长篇，1985 年年出书达一百多部，1987、1988 年，年出书量最高发展到三百多部，过滥了。 品种迅速上升，而有影响的作品却越来越少。 买长篇小说的读者，恐怕不是多了，而是少了，即使购买的人总数没有减少，被大量增加的书的品种一"除"，平均印数也要猛跌。 最近，在上海举行的第三届全国书市，历时十四天，参展图书四万种，参展读者二十二万人次，销售图书一百四十万册，销售总额为五百多万元，是购销两旺的一次书界盛会。 但有人推算了一下，每种书平均销售三十五册。 即使这些书都是上海人买的，上海图书市场今后天天都与此届书市一样热闹，书的平均定价也仍然保持目前的 3.57 元一本，那么上海人每年可购图书一亿三千零三十六万元，三千六百五十万册，而我国目前每年出书七万五千种，每种书在上海平均销售数也只有四千八百六十七册。 试想，全国有几个省份能完成上海这一假设"指标"呢？因此，品种过滥过多，势必是"玉石俱焚"，优秀图书的印数也被拉了下来。

二是书价增长过大。 据南京东路新华书店统计，图书平均定价，1989 年比 1984 年上升 1.7 倍，同期职工收入仅增加 13%。 图书定价上涨的幅度超过了人们的购买力。 同时文艺小说一类图书，原来图书馆等单位集团购买较多。 而 1984 年以后，书价上涨了，集团的购买经费并没有增加，像南京东路新华书店的单位购书经费，1989 年为二千零五十九万，较 1984 年还减少 4%。

三是图书质量欠佳。 文艺创作一类图书近些年滞销，还有一个原因，就是较之 20 世纪 80 年代前期，不少作品远离了读者，远离了读者关心的社会生活热点。 囿于自己的小天地，搞"自我表现"，作无病呻吟。 在艺术表现上，故作艰深，难于卒读。 有些作者受"一切向钱看"的歪风影响，着眼于多多捞取稿费，无精益求精之心，作粗制滥造之事。 文艺作品冷淡与疏远了读者，读者也自然而然地冷淡与疏远了文艺作品。

四是发行渠道不畅，有些书不是读者不要，而是读者买不到。 有些书，新华书店征订数不大，而我们的读者俱乐部向几千个有固定联系的读者发征订单，就能征订到四五百册。因此，现在同时存在着"出书难，卖书难，买书难"的三难状况。要从发行改革上找出路，这点，需要向海外同行好好学习。

五是宣传推广不够。每年七万多种图书，真像"书海"一样，如果不作宣传介绍，读者难于了解与选择。就连新华书店，每天面对大量飞来的新书征订单，也难以评其优劣，从而正确地确定订数。因此，要加强对优秀图书的宣传，不仅要在出书后宣传，出书前即应宣传。这方面要舍得花一些经费。目前我们的图书宣传推销费一般只为总定价的 2% 左右，与国外一般要占销售收入的 20% 左右相比，相差甚远。这主要是由于商品宣传意识不强，需逐步改进。自然，宣传，要有选择地进行，重点宣传那些优秀的书，宣传要实事求是。"老王卖瓜，自卖自夸"，"瓜"好，"夸"一"夸"是必需的，"瓜"差，却拼命"夸"就是欺骗了。这种现象目前也存在，不足为训。其最终结果，只能丧失读者的信任。

三、文艺图书市场潜力甚大，可望逐步复苏。

当前，如果我们能针对文艺图书市场萎缩的一些不正常因素，努力控制品种，大力提高质量，控制定价，加强发行，扩大宣传，随着社会读书风气的增浓，文艺图书市场的萎缩情况是会改变的，文艺图书平均印数也将有所回升。实际上，今年上半年的文艺图书销售已不再下跌。我社当代小说、诗歌、散文的平均印数，分别为九千三百九十册、四千三百三十册、六百五十一册，较去年在持平中略有增加。至于中外名著的销售量，更有明显提高。似乎可以说，文艺图书市场与其他图书市场一样，已从萎缩的谷底趋向平稳，通过我们的工作，可以逐步复苏。自然，这种"复苏"，不是"复"到 1985 年前那种"超常"状况。那种高速度增长现象，是不可能再重复了。它是指进入一种稳中有升的状况，尽管"升"的比率不高，"升"的面不大，升中也还有降，但总的是呈"升"的趋势，而不大会再继续往下滑了。

我们认为，虽然文艺图书市场一度滑坡厉害，但不会如某些人所说它跌进了"万丈深渊"。因为文艺图书历来总是拥有最广大的读者群。某个时期，可能因某种特定的原因，它的销售量不景气，但读者对它的巨大需求仍然存在。据上海图书馆统计，近些年该馆向读者借阅的图书，文艺类图书总是处在第一、二位。9 月在上海举行的第三届全国书市上，销售量最大的十五种图书中，有八种属于文艺类，如《蔡志忠漫画系列》《毛泽东的感情世界》《乱世佳人》《世界文学名著普及本》《世界幽默艺术博览》及《十六岁的花季》等。在读者认为最具影响的出版社中，前十家中有人民文学、上海文艺、上海译文、花城、湖南文艺等五六家。这说明，读者对文艺图书的需求是强烈的。这种巨大需求的潜力的存在，决定了我们文艺图书市场是充满希望的。

四、 文艺图书为了更好更多地赢得读者，将向高质量、多层次方向发展。

前面说过，目前的文艺图书数量过多过滥，而质量却不尽如人意。 读者企盼的，是多一点能够"一以当十"的优秀读物，少一点粗制滥造、浪费读者生命的"文字垃圾"。 因此，那些在思想上艺术上较完美的文艺图书，最受欢迎。 这首先表现在经过历史检验的中外文学名著的销售量，时下不断上升。 不仅像《红楼梦》《三国演义》以及《安娜·卡列尼娜》《复活》这些中外世界名著，长销不衰，就是像《巴金六十年文选》《徐志摩诗全编》《钱锺书文论集》这些现当代名人专著，也是一版再版。 新华书店最近主动要求我们出鲁迅的选本，估计中外文学名著的出版会进一步发展。

由于目前出版社众多，同样一部名著，你出我也出，"撞车"多了，销数也会疲软。 针对这一情况，目前有不少名著的出版，经过今人重新编选汇集，灌注了当代编选者一种新的意识、新的眼光，生发了一种新的光彩，成了一部新的书。 这就如同高明的厨师，面对的虽是别人也同样有的几种原料，但经过他高明的搭配与烹饪，烧出了一盘色香味特有的好菜。 时下对中外名著的编辑出版，较多的在这方面见功夫。 我们社先后出的《中国十大古典悲剧集》《中国十大古典喜剧集》《中国十大古典悲喜剧集》三书，由于是第一次从悲喜剧角度将我国古典名剧分类，又广泛征求全国戏剧专家的意见，从大量剧目中分别遴选出各类的"十大"本，受到国内外戏剧界与读者的重视与喜爱。 戏剧书一般销路比较少，但前两本书已再版好几次，各书都累计印了二十多万册，后一部去年出版的，初版印数也达三万多册。 与此配套的《世界十大著名歌剧欣赏》《中国现代十大流派诗选》等书，由于都含有编选者的主体意识，有一种新的角度，较之一般的名著汇集，销数都要高得多。 我们还编了一套现代文学的书，如《中国现代抒情短诗 100 首》《中国现代散文诗 100 篇》《中国现代百家千字文》等，收的都是名作，但篇幅短小，又都限于 100 家，由于有特点，也颇受欢迎。 对名著的编选，还表现在一种摘要、浓缩与改编上。 这类书由于知识性密集，信息量大，适宜现在生活节奏加快的读者，以较少的时间，获得较多的知识的需要，也颇受欢迎，估计也会有进一步的发展。 但这也需要眼光与功力，搞得好，属锦上添花，搞得不好，会有损名著效应。 我社编选的《文艺鉴赏大成》，从鉴赏角度，选了包括文学、艺术等十四个门类中的九百篇名作进行了剖析。 由于它门类齐全，选目精当，评介独到，有别于其他鉴赏书，成为读者争购的一部工具书，长期不衰。 还有一本《世界文学名著妙语大全》，编选者不是随意把一些"妙语"凑合起来，而是以人生为主题，用"人生的历程""人生的园地""人生的色彩""人生的价值"四个角度，从世界文学名著中撷取历久弥新、耐人寻味的精湛妙语，读者感到这种编法既新又深。 书出版后，几个月连续成为上海市热销书。

总之，中外文学名著是我们提供给读者高质量图书的巨大宝库，这类书的出版会得到进一步加强。 但是它也并非都是拿来重印一下就可以的。 如何出版，如何编选，其中也是大有学问的。 20 世纪 90 年代的图书出版物，总是应该打上 90 年代印记的。 尽管文学名著的内容不可改，但作为一本新的出版物，应该有它的新印记。如上海译文出版社出版的《外国文学名著珍藏本》，这套书着眼于"珍藏"，就灌注了当今出版者的主体意识，获得了成功。

除了中外文学名著，我们讲质量，需要倾注更多心力的，是抓出当代文学创作的高质量作品来。 近些年来文艺图书市场的萎缩，突出地萎缩在这类图书上。 当代文学创作，与经过历史筛选后留下的中外文学名著相比，质量上自然是比不上的，它俩不是站在一个起跑点上。 但是，我们不能因为这点，就忽视当代创作。 因为，中外文学名著是老祖宗留下的东西，我们要继承，利用这个宝贵的遗产，但不能只躺在老祖宗的怀里过日子。 我们这一代人有我们这一代人的责任。 如果我们抓不出一些高质量的当代创作来，抓不出一些有质量的"保留节目"，我们将拿什么留给我们的后人呢？ 而且，就当代读者来说，也需要看反映当代生活的文学作品。 他们现在所以冷淡这类作品，是因为缺少好的。 想想"十七年"的"三红一史"（《红岩》《红旗谱》《红日》《创业史》），20 世纪 80 年代初的《天云山传奇》《人到中年》等一批作品，引起怎样的轰动，就可以说明。 因此，我们在竞相出版编选中外文学名著的同时，要注意出版当代的有质量的作品，能够积累下来不断重版的作品。 这方面花的力气肯定要更大。 自然，优秀的当代作品是否能出来，主要决定于作者的创作。 就出版工作者的角度来讲，适应今天形势需要，似乎可以从这几方面促进：

（一）坚决卡住与压缩那些可出可不出的平庸之作、粗制滥造之作，这些书出得越多，越败坏读者的口味与兴趣，越使文学水准下降。 同时，采取强有力的措施，鼓励那些思想性、艺术性结合得较完美的精心之作，特别是那些社会性较强、内容较新，赢得读者喜爱的优秀之作。 这里，需要坚决地"奖优卡劣"，把作者引到精心创作优秀作品的路上来，引导创作受到读者欢迎、能够不断重版的优秀作品的路上来。 最近，上海已在做这方面的工作。 有关方面决定每年拨一定经费给我们出版社，重奖优秀作品。 年内，我们将举行一次文学创作座谈会，邀请全国知名作家参加，促进高质量的受到群众欢迎的能够留传下来作为"保留节目"的作品的诞生。

（二）既鼓励严肃文学，也鼓励通俗文学。 读者的层次是多样的，读者的口味也是多样的。严肃文学与通俗文学，都是社会所需要的。这里，只有层次上的差别，没有品位上的高低。优秀的通俗文学，在品位上可能还高于拙劣的所谓严肃文学。这里的关键，不在文学类别，而在质量高下。时下国内有些人看不起通俗文学，一些写通俗作品的作家也不愿承认自己作品是通俗作品，这是不对的。通俗文学不等同于那些庸俗、粗俗、鄙俗的黄色与准黄色的东西。通俗文学是人民大众喜闻乐见的一种文学样式。文学要获得人民喜爱，就必定要重视人民这一审美要求。现在，我们缺乏写通俗文学的高手，需要造就出几个来，如此，文学与读者的联系定会加强，文学图书市场定会进一步兴旺。目前，纯文学刊物的销量，在国内一般是几万册，少的是几千册，而我社办的通俗文学刊物《故事会》，由于内容较好，读者喜爱，每期销量是三百万份，一直居文学刊物销售量之首。这说明，在文学创作与出版上，需要倡导多层次、高质量；高质量，是严肃文学、通俗文学多层次的高质量；多层次，是严肃文学、通俗文学高质量的多层次。

（三）在发展虚构文学的同时，也看重纪实文学。目前纪实或带纪实性的作品，较多引起读者兴趣。我社近几年销售数最高的一部小说，是《皖南事变》。此外，名人传记一类文学作品，也是吻合读者求真的阅读心理的，想来会有好的发展。中国读者的口味，政治性、社会性还是很强的。想想 20 世纪 70 年代末、80 年代初那些"伤痕文学""知青文学""反思文学"以及"改革文学"，所以在社会上引起那么大轰动，并非这些作品都写得怎么好，一个重要原因，是它吻合了当时读者的政治情绪。近几年文学作品则由于它远离社会，远离群众，远离政治，走向"沙龙文学""圈子文学"，受到读者的冷淡。而一些纪实性、传记性作品，由于总是牵连着一些重大的社会事件、政治事件，则仍为读者所关注。我社最近出版的《马思聪蒙难记》，讲的是马思聪在"文革"中的出逃经过，征订印数不高，出版后却供不应求。

这些年，我国文艺书籍被介绍到海外的日渐增多了，但主要是传统文化，当代文学作品也是薄弱环节。实际上，外国人不仅需要通过我国传统文化典籍了解过去的中国，也需要通过我国当代文艺作品了解当代中国。前年，我在北京遇到美国兰登出版公司一位先生，他提及茅盾 30 年代编的《中国的一日》当年在美国出版后，影响甚大，他希望看到反映中国今天现实的这样"一日"体的纪实文学书籍。因此，努力让更多的当代文学作品"走向世界"，也将是文艺图书的一种发展趋势。这里，关键也在于提高质量，能够推出真正优秀的能引起外国人兴趣、反映中国社会与中国人民思想感情的严肃文学作品、通俗文学作品与纪实性文学作品。我们出版社也开始有意识在这方面做点工作，一部《上海人一日》即将出版。英文版的《中国名作家自选集》也正在组织编写中。

五、 文艺图书适应形势的发展，在形式上将学习海外华文图书，加速革新。

在书籍的"外包装"上，过去我们重视不够，一直比较陈旧、落后，近年在这方面有所觉悟，开始有了变化。 这主要是：

（一） 改进装帧设计。 实践表明，差不多内容质量的图书，装帧设计不同，销售数大有不同。 我社出版的"五角丛书·豪华本"，如《国宝大观》《基尼斯世界之最大全》，虽然定价较高，但由于装帧精美，几乎本本畅销。 这由于随着人民生活文化水平的提高，人们的审美意识也在提高。 对书籍，不仅有增加知识、陶冶情操的要求，也有审美装饰的要求。

（二） 加强彩图、插图。 上海辞书出版社的《彩图成语辞典》，将成语彩图化，赢得读者热烈欢迎。 后学者也几乎本本畅销，如台湾地区出版的《蔡志忠漫画系列》，在第三届全国书市上，获畅销书榜首，也是有赖于它精湛的画；少儿出版社的《世界名著彩图 100 种》定价达四十八元，也不乏读者。 精练文字，加强绘画，越来越成为当今读者对文艺图书一种趋向性的要求。

（三） 适当形成套书。 有些书，一本本出，孤零零的，形不成气候，将它们集中成套，形成系列，就变成"集束手榴弹"，有了威力。 像"五角丛书""少儿礼品丛书"，都是因为成"丛"，销售数一直很高。 自然，成"套"不能随心所欲，缺乏章法，而是要有个性，有特点。

此外，还有加强音像读物，以及图书的电子化、缩微化等问题。 这些，香港都走在我们前面，需要好好学习。

1998 年 10 月，在香港举行了第五届沪港出版年会，我在会上以"且说近年内地出版业的几个热门话语"为题作了报告。 我说，热门话语，反映着特定时空条件下的社会热点。 这种热点，表现在工作上，往往既是重点，也是难点。 这里尝试以近年内地出版业的几个热点话语，来看看内地出版业近年的关注所在，并说说我个人的看法。 1998 年 12 月 4 日，《文汇报》以全版篇幅刊载了这一讲话，此文于 2000 年11 月获全国第三届出版科研优秀论文奖。

我在报告中讲了八个热词：质量，品牌，重复出版，盗版，产业，"造大船"，发行，新的增长点。

一、质量

内地出版业经过 20 世纪 80 年代的快速发展，到了 90 年代初，年图书产量达到八万种，在品种数量上，已属"出版大国"。 但是，其中不少是平庸的书，重复雷同的书，可出可不出的书，质量相对滞后。 在这种情况下，1993 年提出了"阶段性转移"的口号，即从数量规模型转入质量效益型。 随后，新闻出版署更发布了《图书质量保障体系》令。 自此，出版界无时无处不在谈质量。"树立精品意识，实施精品工程"，成为许多出版社努力攀高的"抓手"。

应该说，这几年，内地图书质量有所提高，也出现了一些精品。 然而，对什么是精品，认识并非完全一致。 有人注目于高层次的学术书。 这有道理，但只重视这点，又似乎失之片面。 片面性在于它把质量简单地等同于高层次，把精品简单地等同于学术品格。 实际上，读者是多层次的，出书也应该是多层次的，这样才能充分满足不同层次的读者对图书的多方面需求。 质量意识与精品意识，应贯穿在各个不同层次的图书中，而不能只限于某一层次。 高质量应是多层次的高质量；多层次应是高质量的多层次。 层次高的学术书，如果讲的都是别人讲过的话，缺乏创意，也可能质量不高；层次低的书，如果通俗而不庸俗，具有很高的增加知识、开阔眼界、愉悦精神、陶冶性情的作用，也可能成为精品。 有人看重"大全""文库"这类"大而全"的书，或装帧豪华的书，不排斥这类书可以成为精品，但精品归根结底在于内在价值，而不在于外在形式。"大而空"的书，远不如那些"以最小的面积，集中最多的智慧"的图书有分量，有质量。 精品绝不是绣花枕头，不可华而不实，不可表里不一，而应多在内涵上下功夫。

也有人把获奖作品作为精品的标准。 这几年，实施了"五个一工程"奖和国家图书奖，由于党政领导十分重视，作为考核各地业绩的重要依据，因而"获大奖"成为许多出版社奋斗的目标。 应该说，图书评奖对促进图书质量的提高起了促进作用。 获奖的书，特别是获大奖的书，一般说来，也确具有较高的质量，其中有一些是精品。 但是，由于评奖活动受制于种种条件，难于将全国图书一一认真比较。 有的好书根本未能参评，有的好书也可能一时未被认识。 也有些书虽然获奖了，但腿太短，走不到读者当中去，在群众中少有影响，也难说就是社会需要的精品。 因此，在我看来，不宜简单地将获奖看作是精品的标志。 追求精品，还是应该从思想深刻、艺术精湛、读者喜爱等方面去追求。

据此，我曾在一篇文章中指出，在实行精品战略，狠抓精品图书中，要注意这几个关系：（一）不可作茧自缚，只限定于某几个门类的图书，而要全面展开，力争"门门出精品"。（二）不可只重形式的分量，只看外表的豪华，而应重在内涵，重在内容与形式的统一。（三）不可为了评奖，孤立地去抓某个"精品"，而应大力提高人员的整体素质和图书的整体质量，给精品产生以一个稳定的基础。

那么，到底什么是图书精品呢？ 可以从思想、艺术、知识、文字、装帧、印刷等方面，提出多种说法，我更愿意用不久前逝世的老编辑家赵家璧的一本书名来说明，他这本书是香港三联书店出版的，名叫《书比人长寿》。这就是说，好的图书，特别是精品图书，应有比较长久的生命力，能在广大读者中流传，乃至传至后世。目前充斥在图书市场上的质量不高的图书，平庸的书，雷同的书，以及种种泡沫式的书，很多是过眼烟云，甚至根本没有生命，出生之日即为死亡之时，成为一堆"文字垃圾"。只有那些富有原创性和独创性的图书，那些思想性、艺术性、可读性结合得比较完美的图书，才拥有这样的生命力。我们呼吁质量，呼吁精品，也正是呼吁这一生命的魅力。

自然，这一生命的魅力，对每本书的要求不能完全一样，然而，真正有质量的书，不能没有一点"生命的魅力"。即使是快餐型的图书，也不等于都是速生速灭。有质量的快餐型图书，也可能成为"长命书"，赢得一批又一批读者。我社十多年前出版的"五角丛书"，目前就仍有市场，其精选本仍在不断重版中。当然，讲图书的生命力，主要不是指这类消费性的图书，而是指要创造一批具有丰富学术文化内涵，能作为文化积累，传给我们后代的文化精品。面对历代留下的文化名著，我们现在在享受前人留下的文化遗产，我们这一代，也应该为后代留下我们的文化遗产。多出一些具有永久生命力的图书，该是我们这代出版人最重要的使命。我以为，抓质量，抓精品，应该充分意识到这一点。

二、品牌

在市场经济催化下，内地出版业的竞争日益激烈。市场的竞争，一般表现为产品的竞争。时下产品竞争的核心，是质量的竞争。而质量竞争的集中表现，则是品牌的竞争。一些知名的书刊名牌，在一些书刊订货会上，被誉为"硬通货"。因此，说名牌，创名牌，也成为出版业的一种时尚。

品牌，特别是著名的品牌，体现着水平与质量，效益与信誉。谁在哪个方面掌握了名牌，谁也就在哪个方面掌握了制高点，从而在拥有高知名度的同时，伴以高市场的占有率。有一份经常性消费品的销售调查材料表明，消费者心目中最佳品牌与品牌市场占有率第一名相同的达 70%。这还是前两年的调查，随着人民生活水平的不断提高，消费者的品牌意识还在增强，因此，出版业也和其他行业一样，纷纷制定品牌发展战略，把创造和培育名牌，作为发展壮大自己的一个中心环节来抓。

出版物的名牌，有重在一本书、一套书的，也有重在某一类书的。造就品牌，不可能一蹴而就，有个艰苦的孕育过程。上海的《辞海》《英汉大词典》《汉语大词典》等，作为单本书的名牌，都是十年磨一剑的成果。"365系列"、《十万个为什么》乃至《中国新文学大系》等有影响的丛书、套书，则是自20世纪五六十年代乃至三四十年代开始操作长期经营的结果。上海文艺出版社的一个重点任务，是出版当代新创作的小说。 20世纪80年代末特建立"小说界文库"，遴选高质量的优秀作品入"库"，以期造就品牌。 经过十多年的努力，这个"库"逐渐形成了影响。 目前质量差不多的一部小说，入"库"和未入"库"的，首次订数要相差两三千册。 读者和书商反映，他们对"库"中作品的质量，已有信任感。 这样，也使得一些作家，争着要让自己的作品入"库"。《小说界文库》由此逐渐成为读者和作者认同的一个品牌。

品牌难于一蹴而就，也难于一劳永逸。 由于时代发展的加速，市场竞争的激烈，品牌要注意不断出新，与时俱进，以适应形势的发展与读者的新要求，如《辞海》正在编纂1999年版。 有些名牌会因情况的变化，渐渐失去优势，那就要推出新品牌代替它。 品牌的生命在于不断创新。 抱残守缺，故步自封，名牌就会逐渐消失。 一个新品牌的形成，与有力的宣传推广工作分不开，不过，名牌的根基在于内在的质量。 质量不过硬，靠"炒作"搞上去，一时可能会轰轰烈烈，但终究是走不远的。 目前内地图书不乏这种现象。

就一个出版社的品牌来说，更要靠不断推陈出新的创造力来维持与发展。 内地出版社多有专业分工，在出书上四面出击，全面推进，并不利于发扬自己的专业优势，形成自己的特色。 一个出版社要成为一个名牌出版社，往往需要在自己的专业分工范围内，深耕细作，以一系列优秀图书，建立起自己的信誉。 商务印书馆这一老的品牌，正是依靠它的长期的大量的优秀工具书、学术书而形成的。 清华大学出版社近年声誉鹊起，主要是在计算机图书方面打出了自己的品牌。 上海的一些出版社，如人民、文艺、辞书、少儿、科技、译文等，如果说在社会上有一点品牌影响，主要也是依靠它们在各自出书领域中的成就获得的。 离开自己的专业与优势，随波逐流式的东一榔头，西一棒子，也许可能出一两本好书，但不大可能形成名牌。

品牌是一种无形资产。 要充分注意发挥名牌的效应，推进我们的事业，销量四百万份的《故事会》是一个名牌刊物，依靠其"情趣向上，眼睛向下"的编辑方针，长时期受到读者喜爱。 每月来信来稿，多达几万件。 从去年开始，我们利用《故事会》的名牌作"立体发展"。 除继续办好刊物外，同时编辑出版了"故事会爱好者丛书""故事会经典书系""故事会当代创作系列"，并制作了《故事会》音带，效果均不错。

名牌的书刊作为一种名牌文化产品，不仅可以扩大市场占有率，扩大出版社的影响，而且它作为一种标志，对张扬文化的力量，乃至一个地区的文化形象，都有着积极作用。 旧上海在旧中国被视为一个文化中心，就与它拥有不少具有广泛影响的文化名牌产品有关。 单新闻出版界，沈雁冰编的《小说月报》，叶圣陶编的《中学生》，邹韬奋编的《生活》周刊，谁人不知，谁人不晓?《申报》的"自由谈"，也是名声远扬，万众瞩目的。 现在的上海，增添了不少新的标志性的建筑，像东方明珠、浦江双桥、大剧院、博物馆等，相对来说，名牌文化产品还较少。 也许这方面的工作难度更大，但正因为如此，需要加倍重视标志性的名牌文化产品的培育与推广。

考察书刊名牌的产生，多与名编辑联系在一起。 如上所述，《小说月报》与沈雁冰，《中学生》与叶圣陶，《生活》与邹韬奋，"自由谈"与黎烈文，以及商务印书馆与张元济、王云五等，都是不可分的。 时下要多出文化精品，也要多加重视人才的培养与使用，思想要解放一点，多造就一些名编辑名出版人。

三、重复出版

内地每年出版物有十多万种，其中重复出版问题严重。"重复出版"也就成了人们常常提起的话语。 按雷群明先生在一篇文章中的分析，有三种情况：一是"简单的重复"。 像中国的四部古典小说名著，都有五六十个版本，最多的是《三国演义》，64 个，最少的是《红楼梦》，55 个。 不少外国文学名著，也是多个版本。如果译文后来居上，"百花齐放"，也未尝不可。 问题是一些译本只不过是"转抄本"，每况愈下；二是"变着花样的重复"。 主要是一些作家的选集。 同样的几篇作品，"魔方"式组合，反复编选。 80 年代初，人们曾对一篇小说重复出版八次感到吃惊，现在则是司空见惯，不以为奇；三是"隐性的重复"。 不少学习辅导材料内容大同小异，品种似乎繁多，实则是一个模子里的东西。 还有一些述而不作的所谓学术著作，看来洋洋大观，实则也是嚼别人吃过的馍，重复着前人或他人早已说过的话。

近年，更出现了"应时出版物"的大量重复。 英国王妃戴安娜去世后，有关戴安娜的图书即蜂拥迭出。 好莱坞巨片《泰坦尼克号》引起热潮后，有关图书也大量出笼。 金融危机袭击东南亚后，《金融风暴》一类图书竞相登场。 世界杯足球赛要来未来之际，就有二十多种有关它的图书进了书店书摊。"应时出版物"的大量出现，固然表明出版业贴近现实，捕捉"热点"能力有所提升，但就这些出版物的内容来看，由于"走捷径"，缺乏精心编写，不少都带有因特网的痕迹，或是对报刊上资料的收集拼凑，因而大多大同小异。 这些"短平快"制造出的书，由于它的及时性，虽有一定销路，但大量简单的重复，普遍积压滞销，造成了出版资源的严重浪费。

自然，不宜绝对地否定重复出版。 我国人口众多，市场辽阔，重复出一些书是难免的，甚至是必要的。 问题是这种重复，不能是简单照搬和机械模仿，而应在题材、体裁、内容、形式、语言、包装等方面有所变化，以适应不同读者的不同需要。如出了《成语词典》，就不能说再不可出这方面的书了。 像《成语分类词典》《四用成语词典》《绘图成语词典》《小学生成语词典》等，在重复中有创新，扩大了这类书的效应，就是好的。 但如果只是模仿重复，甚至是"语言大典"式的抄袭重复，就要力求避免。 现在一些大型书市、书展，粗粗看来，品种众多，确为书"海"，一旦潜沉"海"底，深入一看，就会发现"克隆"现象严重，大同小异之作过多，散发出一股平庸气、浮躁气，令人忧虑。

解决重复出版现象，我以为，首先就是要克服这股平庸浮躁气。 要勇于开拓，勇于创新，深入调查研究，踏出自己的路。 如果在选题上，不是"人无我有，人有我优"，而只是踏着别人脚印走，是不会有出息的。 编辑虽是"为他人作嫁衣"，却是一项最具原创性的职业。 工厂生产某一种产品，其规格标准是一样的，试制了某个新产品，也还是成批生产。 出版社出书则不能按统一规格成批生产，它每出一本书都应该是一种新产品。 这就要求出版者要有敢为天下先的精神，要敏感、敏锐、敏捷。 同时，要踏踏实实下苦功。 急功近利，重复别人容易做到，要编出独创的富于文化积累的有价值的书，就难了。

其次，要在体制结构上加以调整调节。 现在，全国各省市的出版社，大致都是一种模式：人民、文艺、科技、少儿、古籍、美术，等等。 然而，各地的出版资源与出版条件并非一致。 但有庙就要烧香。 你烧什么，他也烧什么，也就难免趋同重复了。 因此，要重视从布局上合理配置出版社。 要认真考虑市场需求，不使同一类型出版社的设置过多重复。

四、盗版

这是当前内地出版界的一个十分头痛的问题。 盗版勾当遍及各类图书。 凡是稍微畅销的书，几乎都有盗版本出现，有的盗版本还不止一种。 长篇小说《苍天在上》出版不久，仅武汉一地，就出现三种盗版本。 派人去查，不仅在个体书摊上看到盗版本，一些国营书店乃至经过安全检查的机场休息室内的书亭，也公然放着盗版本。《黄金时代》《白银时代》《青铜时代》出版后，也出现了三种盗版本。 这些盗版本，多则十几天，少则三四天，就跟着正版本上市，把出版市场搞得混乱不堪。 去年6月份的《故事会》，更发展到事前被盗版。 当正版本发行前三天，盗版本已在全国16个省市抢先占摊。 铁路武汉站5月20日一天就发运盗版本8万册。 这不仅造成第6期《故事会》大量积压，而且致使第7、8期印数各下降40万册。 音像电子出版物的非法出版活动也十分猖獗。 1996年冬集中打击行动中收缴的违禁录像制品，达新华书店1996年全年同类制品销量的27.1%，比例之高，令人吃惊。 盗版本的制作质量在不断提高，有的已可乱真。 据上海音像出版社一位负责人称，他们最近制作了一盘CD，其盗版片的技术质量丝毫不差，结果，不少盗版片干脆不上市场，就冒充正版片向他们退货，攫取非法利润。这表明，在高额利润的驱动下，盗版者不顾一切法律与秩序，在盗版的路上愈走愈猖狂。这样猖狂的盗版活动如不有效地制止，出版业有被拖垮的危险。因此，内地出版业不少人士提及盗版书，都满怀激愤地称之为："天杀的盗版书!"

盗版活动猖獗的原因是复杂的。出版体制的不完善，市场竞争的相对无序，都给盗版活动创造了条件。在某种程度上可以说，这是市场经济发展过程中难于完全避免的一种现象。但是，时下盗版如此猖獗，则又是存在不少本可避免却未能引起重视的问题的。

首先，是相当多的干部对盗版的非法性与危害性，缺乏必要的认识，不仅打击不力，而且错误地采取了地方保护主义政策。我社曾在一地查到一个盗印"故事会爱好者丛书"的印刷厂，当地干部极力为这个厂开脱，说："不让他们印，工人下岗怎么办，你们发达地区应该支援我们贫困地区。"这种"盗版扶贫论"颇有市场，它掩护了不法分子，保护了盗版勾当。实际上，不是贫困地区，非法分子也照样盗版。广东某经济发达地区，非法光盘生产线曾密集泛滥，光盘生产需要安装大型设备，一些原料加热会发出异味，都是很容易发现的，但出于对地方经济利益的片面考虑，一些干部漠视国家法律、法规，也采取地方保护主义态度，纵容其发展。

其次是管理不严，打击不力。各地方虽设有"打黄扫非"机构，但限于人力物力和缺乏一个有效的体制，难于有力进行清查。查清的一些问题，也往往处理不力。据统计，近年我国共立假冒伪劣案 40 万件(其中包括盗版盗印)，判刑的仅二千余人，一般的只是不伤皮毛地罚点款，"意思，意思"，以至对不法之徒形不成威慑。看来，对肆无忌惮、不惜以身试法的盗版者，宜用重刑，罚款也要罚他个倾家荡产，使他们再也不敢染指盗版。

再次，是内部存在问题。盗版者能量再大，如果没有内部接应，也难于得逞。盗版一本书，要印刷，要运输，要销售，少了出版、印刷、发行、运输等环节的配合，盗版者能那么得心应手? 事前盗版《故事会》，更要从印刷厂事先弄到样本，多少万的印数，几天内要通过铁路发到十几个省市，没有内部开"绿灯"能行得通吗? 所以，打击盗版需要综合治理，其中重要一环，就是要"治理"内部。古话说："物必自腐而虫生之。"盗版"虫"的大量滋生，表明出版、印刷、发行、运输部门内部必有"腐"烂之处，甚至有与盗版者沆瀣一气的黑手。因而要有效地打击盗版，也必须认真整理内部。

现在，这方面工作正在加强。全国和各地的反盗版联盟正在逐步建立。但愿"盗版"这个词能较快地不再成为出版业的热门话语。

五、产业

把出版业看作是国民经济体系中第三产业的一个组成部门，是近年走向社会主义市场经济以后，逐步形成的一个重要认识。由于出版业生产的产品——图书、报刊、音像制品及电子出版物，不同于一般的经济产品，它不但具有物质功能，更富有精神功能，因而长期以来，人们比较强调出版物的意识形态属性，出版社是文化单位，这有道理。不过，这种强调，不应用以忽视出版物毕竟是投入市场的商品，尽管是种特殊的商品，也不应用以忽视具有文化属性的出版社，同时具有经济组织的产业属性。90年代以来，内地出版业随着整个国民经济的快速发展加快了发展，出版产值在整个国民经济中的比重日益提高，显露出它可以作为一种独立产业的地位。在上海，出版业已被视为国民经济发展的支柱产业之一。与此同时，市场经济的运行，要求出版业进一步摆脱计划经济的束缚，加强市场化产业化的探索。在这样情势下，出版事业产业化，也就成为出版业的一个热门话题。

对出版产业化的议论，当前仍较多地集中在出版业的产业属性与意识形态属性的关系问题上。就价值取向来说，就是如何使社会效益与经济效益取得统一问题。虽然仍有人觉得这是鱼与熊掌，"二者难于兼得"。但越来越多的人认为，二者是可以相融的。因为，出版业作为一个产业所遵循的市场经济规律，是社会主义条件下的市场经济规律，国家在政策上有着必要的调控，并非听任市场这只"看不见的手"任意操纵。遇到具体冲突，只要依法加强管理，就整个出版业和一个出版单位来说，是可以在坚持方向的前提下，取得双效益的。

比较现实的问题是如何按照产业的要求来改造出版社，其中牵涉到：①如何进一步打破计划垄断，不过分依赖国家保护；②如何调整产业结构和产品结构；③如何转变经济增长方式；④如何建立"产权清晰、权责明确、政企分开，管理科学"的现代企业制度；⑤如何盘活存量资产，加强资本运营，等等。总之，是如何按照市场化的要求来改革现有的出版体制、机制和运营方式，以实现出版产业效益的最大化。

目前是边议边行。也许还是由于牵涉到敏感的意识形态属性问题，人们是小心翼翼地在"摸着石头过河"。有些问题，诸如出版社现在仍叫作"事业单位，企业管理"，就带有骑墙折中的味道。随着改革的深入，经验的积累，我相信，出版产业化的步伐会加快。中国有十二亿人，目前每年图书销售量约为美国的1/10，人均销售量约为1/60，中国出版市场的潜力极大。从一些发达国家来看，它们出版产值在国民经济的总产值中已列入前十名。经过努力，中国出版业也完全可以进入国民经济"主战场"，成为一项重要产业。

问题是我们要把它当作文化产业来办。

六、"造大船"

所谓"造大船",指的是组建大型出版集团。这一热门话题的提出,是反映出处于改革进展中的一种要求。我国现有 500 多家出版社,规模都较小,一般几十个人、百余人。年销售额大多是几千万元。以上海地区来说,最高的是上海教育出版社,去年码洋 3 亿多元,但这与年销售额为 40 亿美元的贝塔斯曼集团、21 亿美元的西蒙与舒斯特公司这些"大巫"相比,真是连"小巫"也谈不上。为加强出版业的规模经营与集团经营,把出版业的整体素质提高一步,造些"出版大船",以便能适应市场竞争的风浪,乃至"飘洋过海",走向世界,是完全必要的。

建立出版集团,是个新生事物,有些问题正在深入探讨中,看法不尽一致,在我看来:

(一)出版集团的建立,应该是基于市场经济客观规律的企业行为,而不是简单的行政撮合,是市场经济体制下的公平竞争,优胜劣败,导致企业之间的兼并联合,从而形成企业集团。自然,这当中需要行政上的引导和推动,特别是由计划经济向市场经济的过渡时期,更是不可缺少。但这种行政的推动,也要因势利导,符合经济发展规律,不可主观随意,越俎代庖,要防止"拉郎配"。

(二)出版集团的形成,既可是平行企业之间或跨行业、跨地区企业间的合并重组,也可以依靠自身的力量,"裂变"成为多个子公司。前者是横向的联合,后者是纵向的发展。横向较易形成规模经营,但互相间有个磨合期,小舢舨集合起来不是马上就能变成航空母舰的。纵向发展较易按规律办事,但如基础不强,工作不力,规模效应难于形成。到底是横向联合,还是纵向发展,需要视情况而定。

(三)出版业的结构应当是大、中、小并存。大船要造,小舢舨也要有。大有大的优势,小有小的好处。小舢舨不能飘洋过海,航空母舰也驶不进内河。拥有强大出版集团的美国、德国,同时也还有众多中小出版社的存在。因此,人人可以议论集团化,但不必人人都直接去"造大船"。否则,恐也有违经济规律和出版规律。

由于出版集团的性质应该是企业,是以产纽带形成的利益共同体,而我们现在的出版社仍然是事业单位、企业管理,并非是完全的现代企业,加以图书市场体系还很不成熟,问题不少,因此,现在最急需的,是抓紧出版业各方面的改革,培育主客观条件,因势利导,推动出版集团的建立。在"造大船"的热潮中,要保持必要的冷静。

七、发行

这是一个"老生常谈"的话题。最近几年盛行的"骡马大市"式的图书订货会作用日渐式微，强有力的"中盘"和网络建设仍在呼唤之中。 如何走出发行的困境，仍是内地出版界努力攻克的一个难点。

八、新的增长点

这一热门话语，反映了内地出版业步入新一轮的发展。 比较集中于这样几个方面：①开拓新的有价值的选题；②发展电子出版物；③发展广告业务。 有些出版社在这些方面作出了明显成绩。

26. 通过"裂变"建立上海文艺出版总社

　　1997年起，在推行出版体制改革中，为了"造大船"，一般的做法，都是依靠行政的力量，用"聚变"方式，将多个出版社联合起来组成大型出版集团。 我们想，"造大船"的目的，是为了做大做强出版业。 根据我社的情况，则可以通过发掘自身的潜力，采取"裂变"的方法，达到壮大出版社的体量和体能的目的。 我社有两个副牌：上海文化出版社和上海音乐出版社，并拥有十个期刊、两个丛刊，还有一个广告公司，三个三产公司，一家照排厂，三家联营厂。 1996年书刊销售码洋两亿元，销售利润1 700万元。 这个规模以集团化要求，自然是很小的，但内在潜力很大。我们认为，通过"裂变"可将巨大的潜力发挥出来，伴之以一些必要的兼并，把文艺出版这块蛋糕做大。 就是说，决心努力依靠自身的发展，争取逐步形成一个现代化的集团性企业。

　　为此，经过全社职工讨论，并听取了市委宣传部、市新闻出版局有关同志的意见，确定的体制改革方案是：由一级管理改为二级管理，组成上海文艺出版总社，作为总管理机构。 总社为企业法人，设社长，全面负责社的工作。 文艺、文化、音乐三个社，分设总编辑，在总社领导下，分别负责各社的编辑业务，集中精力多编好书。 出版、发行、后勤等工作，由总社有关部门统一办理，按经济原则记账。 改革的目标，是既要更好地发挥文艺、文化、音乐三个社作为出书主体的积极性，又要进一步发挥总社集团经营管理的整体规模效应，争取文艺出书和整个出版事业的一个大发展。 同时，为了更好地调动人员的积极性，方案还提出：改革后的上海文艺出版总社为无级别单位。 干部原行政级别存档。 现有工资，根据出版社经济实力，在国家规定的工资总额范围内自行决定。 每人的报酬，除国家规定的职称或职务工资外，其余的根据各人的实际能力与贡献而定，每年调整一次，"能高能低"。 中层干部有岗位工资，但不是终身制，每年也会有所调整，"能上能下"，使职工既有动力，也有压力。 当年8月，此方案得到上海市新闻出版局的批准。

　　这一改革有效地提高了出版生产力。 1998年1月31日，仅仅过了半年多的时间，《文汇报》即以"采用'裂变'模式，做大出版蛋糕"为题，报道了"上海文艺出版总社实行无级别制与两级管理，提高了市场竞争力，去年销售总额近2.4亿元，成为全国同行中的佼佼者"。 当年 10 月，我在第五届沪港出版年会的报告中，讲到"造大船"时，也应会议的要求，汇报了我社一年多来体制上"裂变"的成果。

一、三个社的出书得到加强。 过去，文化社、音乐社由于是从属于文艺社的副牌，在出版上缺乏整体规划。 文艺社也因出书面考虑过宽，削弱了重点突破的声势。 实行二级管理后，激发了相对独立的三个出版社的出书潜能，给选题开发注入了强劲的活力。 出书的担子，由原来一个人挑变成了三个人挑，一个积极性变成了三个积极性，力量是明显加强了。

二、刊物作用进一步得到发挥。 我社一贯实施"书刊并重"的方针。 体制改革后，三个社进一步加强了刊物工作，实行目标责任制。 对一些不符合当前市场需求的刊物，进行了重新定位。 为加强刊物的发行，特成立了期刊发行科。 除邮发外，《小说界》《上海象棋》等期刊，每期都增发几千册。

三、音像出版得到发展。 音像部原来由音乐社管理，体制改革后由总社直接领导，统一三个社的音像出版，选题面较前拓宽。 发行办法也由音像部自产自销改为总社发行部统一经销，拓宽了行销渠道。 今年音像总码洋较去年增长 60%。

四、经营管理效益明显增长。 以广告公司为例，改变广告经营方法，今年 7 月，对《故事会》1999 年的部分广告版面实行公开招标，全国有 18 家广告公司前来投标，经过竞争，上海西埃广告公司力挫群雄，以 528 万元中标，比原定 192 万的标底价高出 2.75 倍。 同时，广告公司还利用出版社的有利条件，"自造媒体"，发展了不少广告业务，从而提前达到"九五"规划所提出的目标。 广告成为我社一个新的增长点。

五、发展了一些新的实体。 利用我社出版优势，今年 7 月，我社与上海体育学院签约，与该院合办《竞技》杂志，编辑工作由我社负责，将于明年推出。 今年 9 月，又与一个单位合作，成立了一个书刊储运公司，以加强图书运输专业化的经营管理。 它除保证我社图书的储运任务外，还面向市场，为扩大我社多形式的发行打下坚实的储运基础。

六、调动了人员积极性，取消单位行政级别，在用人待遇上采取能上能下、能高能低的政策，既有动力，又有压力，积极性得到提高，"拼命三郎"和"智多星"人物在增多。

凡此种种，使得我社在今年图书市场不景气的情况下，仍保持一个较高的经济增长率。 书刊部码洋在去年 2.4 亿的基础上，增长 12.5%，达 2.7 亿。 另外，广告营业额增长 45.5%。 书刊利润增长 16.4%，达 2 000 万元。 广告利润 400 万，较去年增长 20%。 全社总利润达 2 400 万元，较去年 2 000 万元增长 20%。 国有总资产去年为

16 427 万元，今年预计可增至 2 亿元。 所有权益，由去年 6 192 万元增至 7 510 万元，增长 21.3%。 1978 年上海文艺出版社由大社分离出来时，所有者权益仅 89 万元，20 年增长 83 倍。

同时，按照"控制品种，优化结构，突出重点，提高质量"的要求，近年在发稿上，学术著作的比例增大，更加重视原创作品，兼顾了高、中、低层次。 已出或即出的图书，如理论书《从马克思到邓小平》，长篇小说《将军镇》《无字》《英伦汉学家》《长相思》《门槛》《汽车城》《尹湛纳西》，"二十世纪中国学人文库""中国留学生文学大系""文化十全"，以及《中国文学通史》《中国民俗史》《中国现代戏史》《世界文明图史》《西方美学通史》《语海》《中国野生花卉图谱》《中国音乐主题辞典》等，都是有分量之作。

体制上的"裂变"，促进了我社的发展。 不过，这仅仅是开始，离集团化的目标还很远，而且改革中也出现一些新矛盾新问题，需要及时妥善解决。 但总的看来，像我们这样的出版社，增强自我发展壮大的意识，通过内涵的发展，尽力把事业做大，应当说也是通向集团化规模经营的一条道路，而且是比较吻合市场经济发展的一条道路。 自然，自我"裂变"，并不排斥通过市场的兼并来壮大自己，我们与体院合办原由他们主办的《竞技》杂志，就是向这一方向迈开的步子。 不过，相比"聚变"来说，它用的不是"1 加 1 加 1 变多"的办法，而是要让 1 裂变为多，因而要很快形成实力很大的集团，是难于做到的。 好在集团也应该是有大有小，正像航空母舰与巡洋舰、驱逐舰乃至炮舰、鱼雷艇，都各有各的作用。

1999 年各项经济指标和书刊出版继续显著上升。 是年 6 月，我离职。 年底出炉的我的离职审计报告表明，我社的各项经济效益指标均优于行业平均水平。 其中 1998 年销售利润率，比同年行业平均 13.15% 高 4.76 个百分点。 总资产报酬率，比行业平均 11.90% 高 2.3 个百分点。 资本收益率，比行业平均 64.87% 高 97.87 个百分点。 资本保值增值率，比行业平均 119.92% 高 5.59 个百分点。 而资产负债率，则比行业平均低 1.80 个百分点。 出书方面，1999 年出版的长篇小说《汽车城》，不久荣获全国"五个一工程"奖。

十年以后，2009 年秋，为庆祝新中国成立六十周年，新闻出版总署与中国出版协会开展了"新中国 60 年百名优秀出版人物"的评选活动，我荣幸入选"百名优秀出版人物"。 对我的评介中有这样的话："1997 年推行出版社体制改革，破天荒地将一个大社'裂变'为文艺、文化、音乐三个相对独立的社，走上另一条'造大船'的路，赢得了令人瞩目的经济效益和社会效益，对于中国出版业的发展具有深远意义。"

从上海文艺社离职后半年，1999 年 12 月，我在第六届中国韬奋出版奖的评选中，以最高的得票数获奖。 2001 年 3 月，中央电视台"东方之子"栏目来上海采访复旦大学原校长杨福家、同济大学校长吴启迪与我。"东方之子"是中央电视台于1993 年 5 月开办的一档人物访谈节目，每周播出五天，每天一位人物，它"将镜头对准那些中华民族的优秀儿女和杰出人物"，是当时中国电视界最具权威性、最富品牌影响力的一档人物访谈节目。 那天，央视主持人张泉灵在上海文艺出版总社的书吧访问我，她一般性地问了我的经历和工作情况后，着重要我谈谈出版改革。 我讲到"裂变"，她说："1997 年，你已经快退休了，为什么还那么锐意改革，平平稳稳走完最后一站不是更安全吗？"我说："站一天岗，放一天哨。 只有积极地不断地进取，才有人生的价值与人生的乐趣。"采访录像于当年 4 月 4 日在央视首播，随后又重播几次，影响甚大。 我的家乡全椒作家曹治泉当年写我的一篇散文，题目就叫"从襄河岸边走来的'东方之子'"。

　　1999 年，我在离开文艺社之前，已被选为第四届上海市出版工作者协会主席，6 月以后就到版协工作。 新世纪以后，上海文艺出版社在全市出版集团化改革中几经变动，现已大有别于原来的建制。 而当年的"无级别制"改革，虽然方向是对的，但时机并不成熟，在整个社会还未触动这一问题时，"单兵突进"是难于成功的。 这一改革只是昙花一现，后来是"无疾而终"。

27. 在上海出版协会的六年

20世纪末，上海共有36家出版社，按主管单位的不同，大致分3类：一类是新闻出版局所属的出版社，有19家，数量较多；一类是大学出版社，有11家；还有一类是社科院、报社、中福会等单位管辖的出版社，有6家，简称社会出版社。 建立于1981年初的上海出版协会，历届的主要领导都是出自新闻出版局或局属出版社，机构也设在新闻出版局内，因而在工作的开展上，考虑较多的是局属出版社，对大学出版社和社会出版社关注相对较弱。 我到版协后，感到要加强全面服务意识，面对全市出版社进行工作，增强上海出版界的团结融合。 是年10月，正逢新中国成立五十周年大庆，版协主动与编辑、发行、印刷等兄弟协会、学会联系，共同召开了有三四百人参加的上海出版界大型座谈会，各单位都有代表出席，大家欢聚一堂，回顾上海出版50年的历程，为重铸上海出版业的辉煌建言献策。 同时，为显示上海出版界的出书实绩，版协请各出版社推荐自己出版的优秀图书几本，然后经过比较选择，最后汇集为上海五十年出版的五百本优秀图书，在《文汇报》上以一个整版的形式，推荐给社会和读者，展示了上海出版界的整体形象。

版协是个社会团体，社团组织是现代社会所不可或缺的。 随着经济社会的发展，社团将会越来越多，作用越来越大。 我感到，版协在推进出版业的发展中，应当充分发挥自身的作用。 有所作为，方能显示存在的价值。 不过，版协毕竟是一个社会团体，主要是协助政府部门完成出版管理和服务工作，因而对政府一时并没有放权的事，不宜自作主张乱插手。 版协需要着重努力的，是把当时该做的工作努力做好。 基于此，对上海版协的工作，我说了三句话："不可不做；不可多做；要做就要做出实效来。"这就是说，一不要缺位；二不要越位；三不要耍花架子。

基于这一认识，我们这届版协主要在以下几个方面作了努力：

一、开展学术研究交流。 为了加强对出版实践的理论指导，也为了加强出版学、编辑学的理论建设，版协决定每年召开一次全市性的出版研讨会。 为开好这个研讨会，每年年初即确定会议主题，发动各出版单位分头准备，写出论文，于下半年举行的研讨会上宣读研讨，会后将论文结集出版。 2000年的研讨主题为"上海出版发展战略"。 对当时的形势，我归纳为"三个面对"：面对加入WTO；面对新技术革命；面对新世纪。 会议就在"三个面对"形势下出版工作如何抓住机遇、应对挑战作了研讨，其中有对出版规律的探讨，有对出版理念更新的论述，有对出版格局重整的研究，有对出版前景的预算。 我在结集出版的《上海出版战略研讨》一书的"序"中说：黑格尔讲过，"理论的东西本质上包含于实践的东西之中"，这些"包含于实践"之中的"理论"，使这些文章中的理既紧扣现实，又超越现实，从而提升了文章的品格，既具有当代性、实践性，又富有普泛性、指导性。

2001 年研讨会的主题是出版策划问题。 所以讨论出版策划，是因为当时图书出版已告别短缺时代，出现了阶段性过剩。 图书市场的竞争，已越过数量的竞争，进入质量、品牌的竞争，它特别要求产品创新。 出版策划，就是要充分发挥出版人的创造性，在扑朔迷离的市场变化中，不随波逐流，而是主动应对，不是守株待兔，而是主动出击，以自己的聪明才智，走出自己的路子，献出符合社会需要包括社会潜在需要的创新产品。 2002 年研讨会的主题为出版管理问题。 管理也是生产力。 深入改革，在相当程度上，就是深化管理体制和机制的改革。 社会的迅速发展，竞争的愈益激烈，要求出版管理加速创新。 管理改善了，加强了，就会有效提高出版社的核心竞争能力，使出版社在新形势下不断健康发展。 管理，有宏观管理，有微观管理。 就一个出版社来说，也涉及选题、经营、人力、财务、信息、质量等多方面的管理。 对这些问题，研讨会均有所触及。 这两次研讨会的论文，后来结集为《策划与管理》一书，我在序中指出："出版研讨，不同于工作经验总结，也不同于学术理论争鸣，它既要感性，也要理性，是应当有实有虚，虚实相生的。"2003 年，依据中央提出把上海建设成国际大都市的目标，以"国际大都市与上海出版"为主题进行了研讨，以期能抓住机遇，提升上海出版的地位与实力。 2004 年，则是围绕当时开展的"三项学习教育活动"，就出版的党性原则、出版自由、坚持"三贴近"、社会效益与经济效益、弘扬主旋律与提倡多样化、一手抓管理、一手抓繁荣等基本问题，结合实际体会，进行了理论上的探讨。 其间，还与浦东电子出版社联合举办了一次网上研讨会，内容是"上海出版与网络"，旨在交流各出版单位应用网络技术情况，促进上海出版界提高自身信息化水平，增强各单位领导重视和熟悉互联网的应用。 历次研讨会中的一些文章，如陈昕的"中国出版业应积极迎接加入 WTO 后的挑战"，陈纪宁的"思源思进，续写上海出版历史新篇章"等，荣获全国出版科学论文奖。

二、评优选优，弘扬先进。 为了发扬上海出版业的优良传统，表彰为出版事业辛勤耕耘、默默无闻地为人作嫁的职业道德，奖励表现卓越、成绩突出的上海出版工作者，以促进上海出版事业更好地发展，2000 年创立"上海出版人奖"，为上海出版工作者最高奖。 今后全国韬奋奖的上海候选人，首先从获得上海出版奖的人员中遴选。 奖项分为"上海出版人金奖"和"上海出版人银奖"两种，每届一般均各评选5人，从严掌握，宁缺毋滥。 评选分初评、复评两轮，获奖者需经到会全体评委三分之二以上（含三分之二）通过，方为有效。 当年进行了首届评选，在29名申报候选人中最后获得金奖者4人：陈和、吴智仁、郭志坤、庄智象。 他们在出版工作中作出的贡献，对全市乃至全国出版业都具有一定影响。 在12月举行的颁奖会上，市委副书记龚学平、宣传部长殷一璀到会祝贺并讲话。 此后2002年、2004年，如期举行了第二、三届评选。 鉴于上海出版人奖获奖者，多是资深的出版人，青年出版工作者由于资历所限，工作成果的积累，难于和他们在一个平台上进行比较，因而入选者较少。 为鼓励上海出版新人的成长，2003年增设了"上海出版新人奖"，逢单年评选，以表彰表现卓越、成绩突出、年龄在40岁以下的上海出版新人。 首届获奖的叶路、周晴、张宏、陈鸣华、王为松、薛克、许伟国、王焰，此后都成为上海出版界的骨干力量。 当时国内评比活动一度过滥，2001年上海市政府对政府系统273项评比活动清理整顿，最后只保留了42项，以上海新闻出版局和上海市出版工作者协会名义实施的"上海出版人奖"被保留，正式列入全市性评比活动。

上海出版界"藏龙卧虎"，有不少学有所长的专家。 为弘扬他们的敬业精神和卓越才智，版协与有关单位合作，先后召开"巢峰出版思想研讨会""万启盈从事印刷出版工作50年座谈会"以及"袁银昌书籍设计研讨会暨作品展"等。 2003年与上海编辑学会共同组织编辑了《上海出版人》一书，记叙了62名优秀上海出版人的先进事迹，他们是中国韬奋出版奖、全国百佳出版工作者、上海出版人奖的得主，以及享受国务院特殊津贴的专家。 此书成为出版界进行"三项学习教育活动"的参考材料，促进了上海出版人才高地建设和上海出版事业的发展。

三、建章立制，充分发挥版协组织与会员个人的作用。 版协通过市出版系统社团党的工作小组定期会议，加强与兄弟社团的联系与配合。 同时，充分发挥各专业委员会的作用。 校对委员会每年都举行校对年会，交流经验，探讨校对理论及校对体制改革等问题，并两年举办一次"上海市图书编校质量奖"的评选活动。 装帧艺术委员会组织上海各出版社参加全国书籍装帧艺术展，以及华东地区书籍装帧艺术年会，进行艺术交流与学术研讨。 为加强青年和妇女工作，先后成立了市版协青年工作委员会与女编辑联谊会。

按传统规定，版协实行的是集体会员制，吸纳的都是单位会员，我们在实践中感到，可以辅之发展一批个人会员，以更好地发挥版协作用。 在征得中国版协同意后，2001年我们发展首批个人会员21人，他们的职称均为编审，为出版事业作出了突出贡献，获得了全国或上海的重要荣誉称号。 个人会员每年要递交一份以上有关出版事业发展的看法和建议，版协加以编印，供新闻出版局、各出版单位以及出版人参考。 陈昕的"关于数字化条件下的出版集团建议"，赵昌平的"焦点三议——集团化、走出去与创新"，庄智象的"坚持特色，加快发展"，郭志坤的"社会科学不能没有出版学"，李国章的"扩大中华文化在世界的影响"，以及雷群明的"关于出版系统开展学习韬奋的建议"等，都提出了有价值的思考与想法。 个人会员制，进一步调动了出版界高端人才的积极性与创造性。

此外，市版协认真地完成了中国版协交办的任务，如为各种评选推介候选人，为修订《中国出版工作者职业道德准则》征求意见，为《中国出版年鉴》组稿，等等。2002 年，受上海市新闻出版局委托，就筹建上海出版博物馆进行了半年多的调查，并写成报告。 2003 年年初，我以个人会员身份、以"抓紧筹建上海出版博物馆"为题，提出了我对此项工作的建议。

在上海版协六年，所做的工作并不多，但凡是认准要去做的事，都认认真真、踏踏实实地去做，讲究实效，不搞花拳绣腿，有一定的开拓创新，因而也留下一点印迹。 记者金鑫曾就我这段时间的版协工作在《中国新闻出版报》上作过报道。

28.《江曾培文集》的出版

　　1999 年 6 月我退居二线后,虽然还在上海市版协工作,但不再那么忙了。 我是个"劳碌命",空不下来,这时除了读过去没有时间读的书外,就是写文章。 是年,东方网刚建不久,为加强网上舆论引导,按照"以言立网"的要求,在新兴的网络界率先组织了一支特约评论员队伍,东方网通过吴兴人先生相邀,我欣然应聘。 始初参加者为 7 人,号称"七君子"。 网络写作,迫使我"六十岁学吹打",努力学习电脑,尽管在"换笔"过程中遇到不少困难,不时为敲击不出要写的字而"卡壳",但一旦学会以后,就如鱼得水似的感到特别自如自在。

　　在网上写文章,有一个特点和优点,就是发表快。 一般说来,文章传过去几小时后,就能在网上看到,最快的,只间隔十几分钟。 这种"高速度",是报刊所不可能有的。 同时,网络不像报刊,没有版面的限制,文章可以随意挥洒,该长则长,该短则短,不会有"削足适履"的苦恼。 其内容要求在总体上,虽然与传统媒体是一致的,但自由度相对要大些。 一些在报刊上难于发表的批评文字,在网上则可以露面。 这些,都给了我一种快感,提高了我写作的积极性,以致在新世纪的头一个十年,每年要写 170 篇左右的文章,平均两天一篇,形成我的一个写作高潮期。 这些文章在网上发表后,约有三分之一为传统媒体刊载,内中有《人民日报》《解放日报》《文汇报》《新民晚报》《北京日报》,以及《群言》《东方剑》《廉政瞭望》《检察风云》等杂志。 有些文章,分别获得上海市哲学社会科学优秀成果奖、北京杂文奖、林放杂文奖提名奖等;有的作品入选年度"中国杂文排行榜"。 我连年被评为东方网优秀评论员。 十年间,我结集出版了 11 本书:《交交集》《网上杂弹》《书香屐痕》《人诞生在道里》《三题集》《世态百相》《世风与风世》《江曾培网文选》《话说官场》《江曾培隽语集萃》,平均每年一本有余。 2011 年,又出版了《话说人生》,连同以前的出书共计 31 本。 2008 年 6 月 17 日,上海市网宣办、东方网、SMG 广播新闻中心、上海远东出版社联袂举行了"江曾培网络评论作品研讨会",我被称为"网络评论的先行者"。 市委宣传部副部长、市新闻办主任、市网宣办主任宋超在会上说:"江曾培的网络评论抢占了上海网上评论的制高点,见证了上海网络评论的发展,贡献很大。"作家赵丽宏说:"新世纪头八年,是江曾培先生生命的第三个春天,他对生活充满信心，既冷眼观察，又热血沸腾。他的评论充满正气，能够以正视听；充满骨气，耐人寻味；充满文气，从标题上就可见一斑，如《色迷迷的新闻眼》《博客的马桶味》《别把夜壶当茶壶》等，富有文采，夺人眼球，令人欲先睹为快。"年近九旬的文学前辈徐中玉也到会热情鼓励："江曾培的时评没有套话，切中时弊，我很佩服。"记者许少明以"要为百姓鼓与呼"为题报道了这个研讨会，称"这些发乎于情的评介，深切地打动着每一个人，感染着每一个人。如丁法章先生所言：'真正的文化人永远年轻，江曾培这位文化战士，就像一永不言倦的蜜蜂，在新生活的百花园中，酿造出更多的评论精品'"。

2009 年 12 月 20 日，上海文艺出版社为我的《话说官场》召开研讨会。文艺评论家郦国义说，"话说官场"，实乃心系民间。这本杂文集内的文章，不论是对贪官"画皮"的揭露，还是对官场"八股"的抨击，不论是对"政绩"变"政疾"的严词痛斥，还是对执政新风的欣喜而歌；篇篇无空文，皆"为时而著""为事而作"。关注民生，体恤民情，抒发民意，是这本杂文集的精髓。官场时弊，锋芒所向，民生民意，笔底情深。这本杂文集看似《官场现形记》，其实是《民生忧思录》！他分析集中的文章有"四有"：报人的敏锐，作家的文采，智者的深刻，古人的"稽政"情结。出版家巢峰、贺圣遂等称《话说官场》是"当代中国的正气歌"，体现了知识分子的道德良心。《解放日报》副总编辑王富荣说，文章有说服力，有分寸感，越写越好，可谓"曾培文章老更成"。

2011 年 9 月 10 日，上海外语教育出版社则为《话说人生》举办了研讨会。吴兴人、李伦新、陈保平、沈善增、哈九如、庄仲国、许乃青等文化界人士作了热情发言，文艺评论家陈云发随后将他的发言以"谁来研究江曾培？"为题，于《文汇读书周报》发表。他说："自 1959 年《〈山乡巨变〉变得好》评论集问世以来，曾培先生已先后出版了 31 部专著，绝大部分为杂文集，另一部分是文艺评论。无论是杂文还是文艺评论，他的文章皆属上品，其特点：一是多产，写得很勤奋；二是质量高，善于抓问题，思辨性强；三是讲究时效性，联系实际，紧扣时代脉搏；四是妙语如珠，不仅流畅，而且常富于文采、哲理。以上这几个特点，决定了他的杂文和艺评是一种艺术性的创作，是作家、学者的一种对历史的忠实记录。因此，他的杂文，艺评，似可循以追踪当作当代社会历史和近 50 年来艺文发展的轨迹，从中读出'类文献'性的意义。"他认为，杂文是"文艺性政论"，具有激浊扬清、匡正时弊的品性，是新文学的一个重要品种，上海是出过杂文大师鲁迅的地方，是个有杂文传统的城市，社会对杂文却重视不够，对杂文家研究不够，他呼吁："能否从研究江曾培先生的杂文开始，重视对上海杂文和众多杂文家的研究？"

2012 年 8 月，我的文集由上海文艺出版社出版，为 7 卷本，计 500 多万字。12 月 12 日，上海世纪出版集团为《江曾培文集》的出版召开了学者专家座谈会。集团总裁陈昕在会上说："江曾培先生的职业生涯很丰富，前半部分办报，后半部分做出版，皆成业内翘楚；业余时间写杂文散文，佳作迭出；退而不休，游走网络，作时评敏锐深刻。有同志说他的文章具备很难兼得的'四有'：报人的敏锐，作家的风采，智者的深刻，古人的'稽政'情结。在我的眼里，他还是一位活得有声有色的'四有'老人：做新闻有板眼，做出版有腔调，作文章有味道，作评论有品格。"他认为："《江曾培文集》呈现的一个重要现象是'老来俏'。年过七十退下来后，江曾培先生开始活跃在网络空间，以他那支犀利老辣之笔，解剖世相，弘扬正气，深受网民的尊敬。"他说，他"由此发现另一个生命的密码，智高而德昭，心宽而寿昌，思考问题、勤于写作成为江曾培先生长寿健康的重要因素"。曾任上海文艺出版集团总裁的市文联党组书记杨益萍当天因事未能参加座谈会，特作了一则长诗请别人在会上代读："襄河岸畔荷花塘，古宅老树余芬芳。东方之子出乡间，贫寒育得好儿郎。日耕绍兴播书香，夜读瑞金秉烛光。海上文坛树一帜，薪火传承谱新章。伏枥老骥情不老，沧海凭栏襟怀广。以言立网道民心，警世钟声传三江。栉风沐雨今犹健，攀登不觉鬓染霜。遥祝江公多珍重，快意人生放眼量。"随后他还以遒劲而秀丽的楷书，亲笔写成条幅送我。诗中的"襄河""荷花塘"，指我的家乡；"东方之子"指我曾被央视《东方之子》栏目作专题报道；"绍兴"和"瑞金"，分别指我的单位地址绍兴路与我的家庭住址瑞金南路。"树一帜""传三江"等过誉之词，我愧不敢当，但内中寄寓的美好祝愿与鼓励，则给我以深深的温暖。

我在座谈会最后的发言中，除对大家的鼓励表示感谢外，我说，我虽然写了不少文章，但并没有多少富有长久生命力的作品。所以能多年坚持写作，值得肯定的，只是比较勤奋，勤于用脑思索。在 20 世纪 50 年代初，我听了一位科学家的报告，他当时还很年轻，却有不少重大发明创造。他说，他的脑筋经常装着问题，由于不停地进行思索，往往会在不经意的触发中获得解决办法，就像阿基米德在澡堂中，从洗澡水的外溢中受到启发，发现了力学中的阿基米德定律，解决了困扰他的金冠含金量的测定问题。我深受启发。当时我在晚报任记者，接触大量社会现象，也学着去思索，脑筋里常带着一些问题。这样，除写新闻报道外，也开始用杂文形式来表达自己的所思所想。由于脑筋的开动，一些本来视而不见的问题，也一一成了杂文的材料，以致经常感到有话要说，"一吐为快"，有时甚至会出现"文思泉涌"之感。勤于思索的习惯，一直延绵到退休以后。退休后的自由支配时间多了，近些年成了我写作的一个高峰期。然而，时间不饶人，我已进入耄耋之年。2011 年在编选文集时，我曾想待文集出版后就搁笔，优哉游哉，安度晚年。 但是，现在看来，笔却搁不下来。 不写作不仅没有让我优哉游哉，反而让我内心得不到安宁。 我感到，限于体力精力的衰退，可以少写一点，但不能不写。 基于勤于思索已成习惯，在相当程度上可以说，写作已成为我生命存在的一种方式。 即使在退休后，从养老养生角度来说，写作也有利于打发时间，充实生活。 同时，写作促进动脑思索，可防止老年痴呆症。 陈昕先生说，勤于写作成为我长寿健康的重要因素，是说得对的。 哲学上有"我在故我思"和"我思故我在"之争。 在我看来，两者是辩证的关系。 自然是"我在"才会有"我思"，但是，也正是"我思"，才有力地表示着"我在"。 就我来说，倘若不"思"，也就不"在"了。 这一意思我随后以"我思故我在"作题，在《新民晚报》上写了一篇小文，朋友读了，都鼓励我还是要"思"要写，只是节奏可以慢些，不要"赶任务"。 后一年的 2013 年年终结账，写作数量有所减少，全年写了 120 多篇文章，大约 3 天一篇。 由此到了 2016 年，我又从近 5 年的文章中选了400 多篇结集出版，书名借鉴当时流行语"80 后"为《八十后杂弹》（分三册），意在指出这些文章是作者八十岁后写的。

我的文集座谈会举行后，不少媒体发了报道，有的报刊还发了评论。 鉴于中国现代文学资料馆收藏我的著作，我寄去一套"文集"。 同时，赠送给家乡图书馆一套，作为我这个"少小离家"的游子，向乡梓的汇报。 全椒县图书馆特意举行了一个赠书仪式，请我在家乡的妹妹江曾熹代我出席仪式。 在"文集"里，收有我两篇关于故土的文章，内容都是涉及纪念吴敬梓的。 一篇题为"故乡全椒行"的文章，讲到我 1983 年曾路过全椒寻访吴敬梓的遗迹。 文化局同志说，1959 年曾在全椒县城南屏山顶建造过纪念馆，并收集了一些珍贵资料。 郭沫若专门题了诗："一史绘儒林，燃犀烛九阴。 谢除脂粉态，活跃斗筲心。 贬俗前无古，传真始有今。 施罗笔调在，暴政岂能暗。"那场大"革"文化之"命"的内乱，也把这个纪念馆的"命""革"掉了。 20 世纪 70 年代中期，有位外来人询及吴敬梓，当时一位负责人瞪着双眼，反问道："吴敬梓？吴敬梓是哪个公社的？"文化愚昧一至如此，就难怪"斯文"被一扫而空了。 吴敬梓的故宅，位于河湾街，为吴敬梓曾祖吴国对所建。 吴国对是清顺治探花，故宅称"探花第"。 当年有正宅近十进，前为河湾街肆，面临襄河，背有"遗园"，溪水如带，蜿蜒其间，四周茂林修竹，十分幽静。 但于清咸丰年间毁于兵燹。 我幼时就只睹遗址，不见故宅了。 但当时还留有门前四座鼓型旗杆石，供人凭吊。 那天我去了，只见遗址上覆盖着一座座房屋，确切方位已无法辨认。 旗杆石也不见踪影。 据说，也是在那个"革命"年代，被人搬到什么地方砌井台了。 这里，真的变成"白茫茫一片大地"。 我独自站在河湾街，面对着碧波荡漾的襄河，思绪悠悠。 我想到，250 年前，即 1733 年 2 月的一天，33 岁的吴敬梓携家带小，正是从这里——"探花第"门前的码头上，上了船，顺襄河，下滁河，渡长江，到南京，从此开始了他的"秦淮寓客"的生涯。 然而，在他的后半生中，在他的诗文中，一直未能忘怀哺育过他的故土。《儒林外史》中有关尊经阁、宝林寺的描写，均取材于全椒的景物。 他卖掉全椒故宅"探花第"，以所得的一部分银子，用来在南京建造光贤祠一事，也被融化在《儒林外史》中建造泰伯祠的情节之中。 今天，他的后代，应该是最能继承和发扬先辈优秀文化传统的社会主义一代，能够就这样看着这位文化巨人在故土的遗迹与情丝被一一抹掉、斩断吗？

临行前，我颇为激动地向文化局同志建议，要设法找回那四座鼓型旗杆石。 他们说，已经在找了，并且告诉我，20 世纪 80 年代以来，由于经济发展迅速，全椒人民开始过上"衣食足"的生活，因而也就能够逐步考虑文化之事了。 吴敬梓纪念馆的重建工作已经开始筹备，有关吴敬梓的文物征集工作也已着手进行。 得悉这一情况，我的心情由阴转晴。 听说，全椒还有几位吴氏后裔在，我建议访问他们，并搜罗材料，力争能绘制出一份当年"探花第"的建筑图来。 我说，这些事都得"赶快做"。 文化局同志也说，要"赶快做"。 果然，"赶快做"了。 两年以后，一座大大超过 1959 年规模的纪念馆已经建成开放。 1986 年 8 月我到滁州开会，滁县地委负责同志不无骄傲地提到吴敬梓纪念馆，说是当地新建的最大的文人纪念馆，热情邀我前去看看。 会后，在地区文联同志陪同下，我再次去故乡。 全椒离滁州 45 华里，不到半小时就到了。 尽管是日酷热，我们在县政府还是未作休息，即去吴敬梓纪念馆。纪念馆坐落在城北的走马岗，背山面水，是一座具有明清艺术风格的建筑群。 它粉墙黑瓦，飞檐翘角，按地势坡度分为三个层次，高低落差达七米之多。 我们经门厅拾级而上，在玉石栏杆围绕的过厅里盘桓。 这里地势高旷，凉风习习，置身于此，暑气顿消。 凭栏俯视，当见馆前一涧（名舟门涧）环绕，涧中荷叶亭亭，涧旁杨柳弄姿，风光旖旎，令人赏心悦目。 纵目四周，笔峰之秀，奎光之雄，椒城美景，尽收眼底。 再放眼远眺，则项羽迷道的阴陵山，王安石作记之褒禅山，韦应物寄诗之神山，以及欧阳修邀游之琅琊山，均遥遥相望，隐约可见。 尤其值得称道的，是过舟门涧即"探花第"后花园的遗址，足使参观者遐想，寄兴。 我们都称赞馆址的选择之善。

由过厅再上正厅，正中一间端坐着吴敬梓的塑像。 两百多年前，人间尚无摄影术，吴敬梓也就未能留下照片，也未留下画像，这一塑像是今人按想象塑造的。 清瘦的身躯，文雅的气度，长衫布履，一卷在握，还是颇为传神的。 只是面部无须，似可研究。 我记得，陈汝衡先生著有《吴敬梓传》，曾赠我一本，其中的主人公像，是有须的。我感到，它似乎更能反映吴敬梓这一清代名士的风貌。县里同志说，不少参观者也有这一意见。雕塑者已在考虑替这座雕像装上胡须。正厅东西厢房，陈列着《儒林外史》的各种版本，包括英、法、德、俄、越等国各种外文译本。它表明，吴敬梓的这一文学巨著，早已成为世界人民的精神财富。但资料也表明，在作者生前，并没有刻本。现在能见到的最早刻本，为清嘉庆八年（1803）卧闲草堂本，这已是吴敬梓死后49年的事了。晚他十几岁的曹雪芹所著《红楼梦》，也是在作者逝世后方始刻印流传的。不过，它们一经传开，就越传越广，任何力量再也遏止不住了。中国古典文学作品的双璧同此命运，大概是因为它们都"人心世态尽情描，入木三分笔似刀"吧。厅中还陈列吴敬梓《奉题雅雨大公祖出塞图》手迹诗，此系迄今仅有的吴氏亲笔手迹，直书横排，连同落款共23行，书法挺秀洒脱。已经找回来的四个巨大鼓型旗杆石，分置在纪念馆大门左右，每石周长在四米以上，高约一米，中央为一深深的圆洞，用以插旗杆，成为最吸引观众的珍贵文物。此后，吴敬梓纪念馆成为全椒的一个标志性的文化场所和旅游景点，促进了儒林文化的发扬，我曾为该馆题词："儒林之光，文化胜地"。

另一篇文章写于2011年11月，当时在全椒举行了纪念吴敬梓诞生310周年的活动，我应邀参加。在学术研讨中，人们注意到一种现象，尽管胡适说："安徽第一个大文豪，不是方苞，不是刘大櫆，也不是姚鼐，而是全椒县的吴敬梓。"《儒林外史》与《三国演义》《水浒传》《西游记》《红楼梦》同为我国古典名著，但在传播过程中，影响力却逊于其他几书。胡适认为，在"第一流小说中，《儒林外史》流行最不广"，是因为该书"既没有神怪的话，又很少英雄儿女的情节；况且书里人物又都'儒林'中人，谈什么举业，'选政'，都不是普通人能了解的。"这样的分析是中肯的。我国唐宋小说以"传奇"胜，戏剧性强，故事曲折引人，而《儒林外史》展现的是生活流，着力于社会生活和人物心灵的刻画，情节显得平淡，"既没有神怪的话，又很少英雄儿女的情节"，因而读者相对较少。然而，《儒林外史》却是打破了传统的思想与手法，把作品的焦点对准现实的生活，对准现实生活中的人，成为一部出色的社会风俗史和人的心灵史。它不以浅层次的戏剧性引人，而是以深厚的文化意蕴启人。它与《红楼梦》一起，于18世纪使我国文学传统获得前所未有的新发展，把小说创作推上一个崭新阶段。它突破"传奇"的路子，张扬了批判现实主义的风格，不是短处，而是长处，鲁迅是将其称为"伟大"的。鲁迅说："《儒林外史》作者的手段何尝在罗贯中下，然而留学生漫天塞地以来，这部书就好像便不永久，也不伟大了，伟大也要有人懂。"

是的，"伟大也要有人懂"。只有"懂"了《儒林外史》，才能体会它的"伟大"。 开展纪念吴敬梓活动，举办《儒林外史》论坛，出版有关研究著作，都有助于让人们了解吴敬梓和《儒林外史》，但是，一个人要真正达到"懂"，还需要自己去阅读吴敬梓。《儒林外史》深刻的思想艺术内蕴，是难于只听别人介绍，或只靠观看影视，从"二传手"那里获得的。"二传手"，乃到"三传手""四传手"的东西，不是原汁原味，作为阅读参考是可以的，但依靠它是难于进入原著堂奥的。 像《儒林外史》这样的经典，是要通过阅读原著，"俯而读，仰而思"，把读和思结合起来，方能得其真谛，真正"懂"其"伟大"。 据此，我向县委宣传部副部长田胜林建议，在大力开展对吴敬梓研究推介的同时，最好在全县大力提倡阅读经典原著，阅读《儒林外史》，首先要求高中学生都能读一读，从中不是去享受"传奇"式的趣味，而是去体味社会和人生，由此让书香飘满椒城，让《儒林外史》的"伟大"为人"懂"得，让儒林文化的人文精神不断发扬光大，更有力地推进全椒由文化大县成为文化强县。

到全椒参加纪念吴敬梓活动的作家楼耀福，随后在一篇题为"乡贤"的文章中，讲了我回家乡的情况。

29. 入选"新中国 60 年百名优秀出版人物"

2009 年，在庆祝中华人民共和国成立 60 周年之际，受新闻出版署委托，中国出版工作者协会和韬奋基金会联合中国出版科学研究所、《光明日报》等单位，举办了新中国 60 年百名优秀出版人物的评选，经全国公众和出版界专家及终评委投票评选，入选名单于年底揭晓。 60 年入选 100 人，平均每年不到 2 人；全国 30 多个省区市，还有多家中央出版单位，入选 100 人平均每个省市也只有 2 到 3 人。 而上海大大超过这一平均比例，计有 10 人入选，表明作为现代出版发源地的上海，在 1949 年解放后一直仍是我国出版的重镇。 入选者中有已经逝世的罗竹风、赵家璧、钱君匋、胡道静、宋原放等 5 位前辈，当时尚健在的有万启盈、巢峰、陈昕、陈天桥与我。 万启盈生于 1920 年，是位老革命，对印刷业的发展有着卓越贡献，后于 2013 年 93 岁仙逝。 新闻出版署作出表彰决定，对每位入选者都有一个简介，说我先后创办《艺术世界》《小说界》等杂志，参与主编《中国新文学大系》第二、三、四辑，大胆贯彻创造性原则，既坚持作品的主流方向，又把沈从文《边城》等一些不为当时"左"的观点所接受的优秀作品也收进其中，荣获首届国家图书奖提名奖。 1997 年推行出版社体制改革，破天荒地将一个大社"裂变"为文艺、文化、音乐 3 个相对独立的社，走上了另一条"造大船"的路子，赢得了令人瞩目的经济效益和社会效益，对于中国出版业的发展具有深远意义。 1999 年获第六届中国韬奋出版奖。

2010 年年初，《中国新闻出版报》向新中国 60 年百名优秀出版人物，以及同年评出的中国百名优秀出版企业家、百名有突出贡献的新闻出版专业技术人员，即"三个一百"优秀人物提出一个问题：出版是什么？ 要求公开作出回答。 大家积极作了回应，但回答的角度不尽相同。 有人从出版流程分析，指出包括对著作物的编辑、制造与销售；有人着眼于出版内涵，认为是思想的载体，文明的阶梯，是人类阅读文化的年轮；有人突出出版价值，在于传承人类文明，构筑精神家园；有人则从出版人的情操阐述，出版是一种文化追求，出版是用良心与责任做文化；有人又从出版业的发展，强调要坚持把文化和社会效益放在首位，实行文化和社会效益与经济效益的结合，如此等等。

具体说法尽管有异，基本立足点则是一致的，这就是：出版是一种弘扬文化的活动。 我作为"新中国60年百名优秀人物"之一，回答也是紧扣文化，我说：出版是文化的选择，是深度文化的传播和积累，并作了较为详细的阐述。我这一回答在2010年3月5日《文汇读书周报》和2010年3月《出版参考》发表后，被2010年第11期《新华文摘》选载。

　　我1950年2月17岁参加工作，2006年10月73岁办理退休手续，在职工作53年，其中教育工作6年，新闻工作15年，出版工作时间最长，为32年。 出版社主要业务是做编辑，在教育、新闻岗位上我也当过编辑，我的人生可说是编辑的人生。 有人觉得，编辑是"为他人作嫁衣"，为作者"抬轿子"，不安于或不屑于编辑出版工作。 我多年作为"抬轿人"，"为他人作嫁衣"，或者如我所说，作为"助产士"，为作者"助产"，自有不少甘苦，但我并无那种"苦恨年年压金线"的怨艾情绪，我觉得这是一个不可或缺的行当，一种十分有意义的工作。 对"坐花轿"的作者来说，编辑虽然处于一种配角的地位，但就自己的岗位来说，也都是可以成为创造辉煌的主角。 何况，"抬轿人"和"坐轿人"的关系也并非绝对的，是会转换的。 在这件事上是"抬轿人"，在那件事上也可能成为"坐轿人"。 由"为人民服务"这一宗旨观之，社会上的各行各业，我们每个人都既是"抬轿人"，又是"坐轿人"，所谓"我为人人，人人为我"是也。 我的编辑出版人生，是与书相伴的人生。 读书、编书、卖书，也买书、写书、评书。 诗云："蹉跎人生韶光老，人生唯有读书好。"读书的人生，是美好的人生；为书而生的编辑出版业，是美好的职业。 尽管"岁月不居韶光老"，为文化浸润和充满创意的出版人生，则是没有"蹉跎"的。

第二部分

论　述

1. 出版是什么

出版是什么

中国出版界近日评出"三个一百"优秀人物，即：新中国成立60年来百名优秀出版人物，百名优秀出版企业家，百名有突出贡献的新闻出版专业技术人员。他们应某书业媒体之约，共同回答一个问题：出版是什么。

大家回答的角度各不相同。有人从出版流程分析，指出版包括对著作物的编辑、制作与销售；有人着眼于出版内涵，认为是思想的载体，文明的阶梯，是人类阅读文化的年轮；有人突出出版价值，在于传承人类文明，构筑精神家园；有人则从出版人的情操阐述，出版是一种文化追求，出版是用良心与责任做文化；有人又从出版业的发展要求，强调坚持把文化和社会效益放在首位，实现文化和社会效益、经济效益的结合，如此等等。

具体说法尽管有异，基本立足点则是一致的，这就是：出版是一种弘扬文化的活动。我的回答也是紧扣文化，笔者认为：**出版是文化的选择，是深度文化的传播和积累。**为什么说是"文化的选择"呢？因为，文化内容广泛，浩瀚如海。文化人类学的先驱者泰勒给文化下的定义是："包括知识、信仰、艺术、道德、法律、习俗和任何人作为一名社会成员而获得的能力和习惯在内的复杂整体。"这个定义在多个有关文化的定义中，一度被认为是最经典的，但后来也因其罗列的尚不全面而遭到驳正。当然，后人的概括也很难做到充分完整，文化一词的含量不仅巨大，而且确是一个"复杂整体"，形式多种多样，质地更是参差有异，先进与落后，优秀与平庸，高尚与卑下，创新与袭旧，科学与迷信，积极与消极，精美与粗陋，常常交织在一起。出版的功能，正是要从这个"复杂整体"中，经过比较选择，把其中优秀的著作挑选出来，编辑加工成正式出版物，加以褒扬推广；同时认真把好关，不让那些劣质文化通过出版得到传播。这样有取有舍，不仅由于出版的人力物力有限，不可能将所有人写出来的所有书稿都予以出版；更由于着眼于文明建设的使命，不宜让那些劣质文稿问世传播。 如今出版物市场鱼龙混杂，高质量图书有，低质量读物也不少，在相当程度上，就是缺乏应有的选择。 而要让高质量出版物多起来，出版人一定要锤炼自己文化选择的眼光，它是思想的选择，科学的选择，也是艺术的选择，趣味的选择。在选择中，千万莫让赵公元帅扰乱选择的眼光。

出版物出版后，需要通过多种渠道大力传播，充分发挥其文化的作用。 鉴于文化是一个"复杂整体"，各种文化都在竞相传播，经过文化选择的出版物的传播，主体应当是深度文化的传播。 深度者，指有人文的、科学的、艺术的含量。 那些娱乐性的浅度文化，是不应作为出版传播的主打物的。 拿书展来说，无疑是集中推销出版物的一个大平台，其重点本应推销经过选择的优秀出版物，但有些书展却将选秀明星图书作为推销重点，让电视明星唱"重头戏"。 它反映的是出版业希望凭借电视媒体的强势影响打开图书销路，内中有可理解的成分，出一点电视图书并不是完全不可以。 但是，出版人需要清醒地看到，电视和出版各有不同的职责和作用，那些娱乐性的浅文化，电视搞就可以了，出版不宜再浪费社会资源，去推波助澜。 如果一味跟着电视走，甚至作为电视的附庸，那就会丧失出版业在文化传播上的深度使命，最终丧失自己。

相比于深度的文化传播，出版更具有独特的深度文化积累的使命。 社会的文化积累，主要靠出版实现。 出版是一种空间的传播，也是一种时间的传播。 出版使人类的文化财富代代相传，成为不断积累的最宝贵的文化遗产。 有人说，出版要"潜入历史，化作永恒"。 能"化作永恒"的，只能是那些充分具有思想文化含量的出版物，那些浅陋的低劣出版物，不过是"过眼烟云"，根本难于"潜入历史"，它们往往是作为历史垃圾而被抛弃的。 现在我国每年出书多达二十多万种，能够"潜入历史，化为永恒"的不多。 着眼于文化的深度积累，出版人要努力于多搞一些"保留节目"。 我们的先辈在文化出版上为我们留下了不少经典名著，成为哺育我们成长的最好精神食粮，我们也应为后人创造一批经得起历史检验的高质量的出版物，把我们出版文化的接力棒漂漂亮亮地传下去。

2010.1

出版是一种选择

出版是一种选择。 社会上写作的人颇多，写出来的东西，不可能也不应该都获得出版的机会。 这不仅因为出版的人力、物力总是有限，更由于书稿本身良莠不齐，水平不一。出版者的责任，正在于通过精心的选择，把那些优秀的、高质量的、有益于两个文明建设的图书选出来，而把那些粗陋的、低劣的书稿筛选掉。倘若没有这种选择，凡写出来的东西，都可以付梓问世，图书品种可以大增，但图书整体水平非但不能提高，而且将急剧下滑。图书出版的繁荣，固然表现为数量，但更表现为质量，特别是在已经有了相当数量以后，质量更成了繁荣的生命所系了。因此，时下那种"出版难"的感叹，不如改为考察出版社的出书选择对不对。如果是按照"优胜劣败"的原则在那里选择，那么，那些低劣书稿受到"出书难"的待遇，不是错了，而是对了。倘若"倒过来"，低劣的书大量在出，而优质的书却难出，那么，整个的都错了，这里在责备"出书难"的同时，还应该责备"出书易"。

所以，在当前出版工作中，要特别强调正确的选择。

这不仅表现在对内地作者的书稿上，也表现在对海外图书的引进上。且以与港台地区的出版交流来看，这几年，这方面发展甚快，取得不小成绩。但在这个过程中，也出现了一种值得注意的现象，即出书层次不对等的反差。台港地区出版商出于他们自身利益的考虑，翻印内地的书，大部分是质量好、层次高的学术著作或大型工具书，如《中国美术全集》《辞海》等，因为他们编不出这样水平的书。而我们对港台地区图书的引进，有相当一部分，至少在文学上有 40% 是层次比较低、价值比较低的通俗消遣性图书。这就在选择上出了问题。港台地区每年要出近万种书，在总体内容质量上，远低于我们内地的出版物，但也有些是值得我们引进的。我们对一些该引进的未引进，却热衷于引进那些格调低下、缺乏价值的图书，甚至争相重复出版，形成一种争抢热点，就是一种选择的不当了。至于把某些有害的图书也"拿来"，则更是选择的失误了。据说，前年"扫黄"中，就有 30 多种港台地区图书因渲染色情或宣扬愚昧迷信被查禁。因此，需要强化与提高我们的选择意识，形成明确的选择导向，否则，引来的图书，不仅无助于内地图书市场的丰富，而且会降低内地出版业的整体水平，影响社会主义的两个文明建设。

出版选择，实际上是一种思想的选择、学识的选择、趣味的选择。思想愈纯正，学识愈丰富，趣味愈高尚，对书稿的选择愈能正确。否则，就难免良莠不分，香臭颠倒。这其中当前特别值得注意的一点，是不能让赵公元帅挂帅，让它来控制选择权。如果说"出版难"，恐怕难就难在这里吧。

1994.6

出版要坚持文化的选择

近日，几位出版界同志在一起闲聊，谈到如今出版的图书越来越多，但值得阅读的图书却越来越少，有保留价值的图书更少。自然，这里的"少"，是相对数量的"多"而言的。从绝对量来看，可读的书与可保留的书，也还是有一些的。不过，数量和质量的严重不对称，形成触目的跷脚现象，则是当前出版业之痛。

忽视质量，盲目发展数量，有违出版的功能。出版是一种文化的选择。由于文化走向普及，社会上能够写作的人越来越多。但是，并不是写出来的任何书稿都有出版价值的。出版的功能，正是要从大量的书稿中，经过比较选择，把优秀的著作挑选出来，编辑加工成正式出版物，加以褒扬推广；同时认真把关，不让那些劣质文化通过出版得到传播。这样有取有舍，不仅由于出版的人力物力有限，不可能将所有人写出来的书稿都予以出版；更由于着眼文明建设的使命，不宜让那些劣质文稿问世传播。如今出版物市场鱼龙混杂，"鱼"多"龙"少，高质量图书不多，低质量读物不少，在相对程度上，就是缺乏应有的文化选择。

社会上曾有"出版难"之叹。这种"难"有坏处，也有好处。应当出的书不能出版，"难"成了应当清除的拦路虎。不过，也正因为有这个"难"，才把那些质量不合要求的书稿挡在门外，保证了出版质量。如今，"出版难"问题也还存在，但难度是大大减弱了。不少书稿尽管缺少应有的学术文化含量，但只要请来赵公元帅，交出书号费，出版的大门就洞开了。现在不少出版社的新书数量所以年年大增，就是借书号换钱，多出一本多一本收入，在出书上就"韩信用兵，多多益善"了。按正常情况，一个编辑一年能编七八本书就算不错了，可如今有的编辑一年竟能发稿近百部，一个人就是不睡觉不吃饭，也编不了这么多的书。实际上，这里编辑应有的选稿、审稿、改稿等职责都不再履行了，有的就是一手收钱，一手发稿，真可谓"出版大门八字开，有钱无文请进来"，如此，平庸劣质的书自然就大量涌现了。自然，也还存在"出书难"的情况，不过，主要不再是"难"于无文，而是"难"于无钱。一些具有学术文化含量的书稿，由于"曲高和寡"，出版社担心销路有限，经济效益不好，如果作者不给出版补贴，或不能获得政府的出版资助，书稿往往只能"胎死腹中"。

当前的出版选择，在相当程度上，不再是思想的选择、文化的选择、情趣的选择、品位的选择，而是成了金钱的选择，经济效益的选择。如此，出版的文化本质被异化，出版物的思想文化质量自然会下滑。

应当说，面对市场经济环境，出版业需要讲经济效益，但是，要坚持把社会效益放在第一位，不能以赚钱为本，利润优先。 因为，图书是思想的载体、文明的阶梯，出版的责任和使命是要将优秀的文稿选择出来，为人类和社会作深度文化的传播和积累。 图书应与一般媒体方面的速朽产品不同，应力争有较长的生命力，其中优秀者，能"深入历史，化作永恒"，成为人类思想文化库中的"保留节目"。 是故书坛有一句话："书比人长寿。""长寿"的书往往是"十年磨一剑"的结果。 可急功近利之风，使不少出版人不能潜心于文化，而是热衷于搞快餐化、低俗化的浅陋读物，以致每年出版的数量庞大的图书，许多都是"过眼云烟"，难以实现传播和积累优秀文化的出版使命。

时下还有一种说法，认为在市场经济条件下，图书出版要特别重视营销和包装。"只要营销到位、包装到位，卫生纸都可以当书发行出去。"对现代图书出版来说，确实需要加强营销和包装，但是，以文化为魂的出版，永远只能是"内容为王"，营销和包装只能是"王"的助手，而绝不可"喧宾夺主"。 如果凭借营销和包装，将"卫生纸当书发行出去"，那么，出版也就彻底背叛了自己的文化之魂，沦落成"卫生纸"了。 当然，大多数出版人不会认同这一看法，会坚持"内容为王"，为提高出版质量，认真进行文化选择的。

2012.5.28

出版要坚持"内容为王"

2010 年德国法兰克福国际图书博览会正在举行（10 月 5 日—10 日），这是世界上最大的书展，被誉为"世界出版人奥运会"，迄今已举行 62 届。 随着数字出版的发展，今年书展给予数字出版以足够广阔的舞台，但传统纸质书依然是本届书展的绝对主角。 书展主席博斯指出，在德国出版业去年 96 亿欧元的收入中，传统纸质图书仍占高达 99% 的份额，依然是出版商的主要利润来源。 他说："法兰克福书展将始终注重内容，书展展示的是作者和编辑，而非技术。"

博斯的话，当下颇有点针对性。 数字出版，给出版载体带来了革命性的变化，传统出版业融入数字出版是不可逆转的趋势，出版人对数字出版要给予足够的重视，否则，就会落后于形势。 不过，也要清醒地看到，内容是出版的灵魂。 无论出版载体如何变化，金石、丝帛、纸张，乃至荧屏，也无论出版手段如何发展，石印、木印、机印，乃至数字印刷，内容作为出版业的核心价值，则是不变的，出版业永远是

"内容为王"。忽视了内容，只注重技术，会"舍本求末"，丧失出版的灵魂。而"失魂"的出版，免不了要"落魄"。

时下，"落魄"的出版物大量出现，不能不说与忽视"内容为王"有很大关系。数字出版物虽然运用了先进的数字传播技术，但目前多为"文化快餐"和"浅阅读"，有的更堕入"三俗"的泥坑。数字出版要真正具有出版物的品格，同样要坚持"内容为王"。有人为了强调数字出版的重要性，认为"要么数字化，要么死亡"。我则认为，如果忽视了"内容为王"，片面强调"数字化"，那么，出版业真正会走向"死亡"。基于此，数字出版的主导者应当是出版人，而不应是IT技术提供商。在今年法兰克福书展中，所以还是传统纸质书唱主角，一个重要原因，就是时下的电子书，过多地看重了"电子"技术，忽视了"书"应有的文化内涵。出版业在任何时候都应当坚持"内容为王"，而不能让技术为"王"。

坚持"内容为王"，就要充分重视作者和编辑的作用。因为，书是作者写的，而编辑是整个出版工作的中心环节。出版物有没有好的内容，决定于作者的创作，和编辑的选择加工。没有写出来和编出来的好作品，仅要技术上的花头，是无根之木，单靠经营上的炒作，也是无源之水，即使红火一时，迅即就会灰飞烟灭，是维持不了多久的。技术与经营，能使"内容"如虎添翼，但脱离"内容"去要这些东西，就成为卖狗皮膏药的把戏。尽管技术与经营都很重要，现在都需要加强，但出版业的"王"者地位，则永远只能是"内容"。时下，出版业对编辑乃至总编辑的作用有弱化淡化倾向，值得警惕。

基于此，我觉得，对博斯关于"书展将始终注重内容，书展展示是作者和编辑，而非技术"的话，认真玩味一下，是有助于出版人的头脑清醒的。

2010.10

出版贡献在产业外

"出版贡献在产业外"，是复旦大学出版社社长贺圣遂先生的一篇文章标题，我以为提得好，特意抄来再用一下。这一提法，既一针见血地点出了出版的意义与价值所在，又含而不露地指出了出版社在转企中出现的某种误读。

出版业正在深化体制改革，由事业转为产业，走市场化的道路，这是完全必要的。出版业只有摆脱了行政保护和不应有的干预，真正走向市场主体，才能更好地激活文化的创造力，获得更大的发展，实现其在两个文明建设中的独特作用。

出版社由事业转为企业，就应改变过去计划经济的一套，进行市场化运作，但却不宜与经济产业一样，以直接创造的经济效益论高下。有一种说法，成为企业了，就要以创造利润为最大目的。这话是片面的，不对的。企业固然要努力多创利润，但取财要有道，不可违背社会责任和社会良心。对出版社这样的文化企业来说，不仅具有经济属性，更具有精神属性，因而不仅要像一般企业那样，注意经济效益，更要突出地把社会效益放在首位。

所谓社会效益，就是要通过出版高水平高质量的出版物，"以科学的理论武装人，以正确的舆论引导人，以高尚的精神塑造人，以优秀的作品鼓舞人"，从而有助于提高全民族的思想道德和科学文化水平，为中华民族的伟大复兴服务。

这当中，就某些优秀出版物来说，其直接的经济效益不一定很高，其出版的投入和产出甚至是亏损的，但它在造福社会和人民上，却是功莫大焉。贺圣遂的文章提到一些书，像爱因斯坦《狭义与广义相对论浅说》等一系列著作，出版的直接经济回报微乎其微，但却开启了宇宙新时代和人类利用核能的新篇章。哥白尼的《天体运行论》和达尔文的《物种起源》，也未给出版者带来多少利润，但却改变了人们看世界的思维，影响了科学的发展道路。我国近年出版的袁隆平关于水稻的学术著作，单就出版的经济效益看，是负数，但这些著作产生的作用，却帮助几亿人解决了吃饭问题。如此等等。因此，"出版贡献在产业外"，它是通过出版和传播优秀出版物，影响千百万人的思想与行动，为社会创造更多更好的价值。

据此，不宜过于看重出版业自身创造的经济效益。在社会的诸多产业领域，出版业是个小产业，自身的经济功能与产业价值有限，在这方面不可有不切实际的过高期待。出版的长处，是它作为文化产业的辐射力影响力，要把这方面的潜力充分发掘和发挥出来。倘若忽视有影响力的文化精品的制造，一味追求书刊的直接经济效益，热衷出一些庸俗低俗媚俗的东西，那就是扬短抑长，弃长用短，使出版业滑向歧路。

还有一种情况，为了做大出版产业的经济规模，盲目搞多元经营，涉足与出版不大相关的行业，如百货、餐饮、房地产等。由于对这些行业的隔膜，这样的"多元经营"，往往不一定能赚到钱，却因分散了人力物力财力，影响了出版主业的发展，偏离了做大做强出版产业的初衷。出版是文化产业，搞多元化经营，也应立足在壮大核心竞争力上，即在出版产业链条延伸上做文章，运用市场手法，将出版品牌进行最大化的开发、扩展和延伸，以增强出版的两个效益。背离出版的文化属性，不了解

"出版的贡献在产业外"的特点，削弱主业去搞"多元化"，其结果不是壮大出版业，而是削弱出版业。

基于此，推进出版业的改革与发展，出版工作者需要增强两种意识。

一是文化意识。 出版属文化产业，而且是文化产业链上的基础产业，是电影、电视、动漫等产业的内容来源。 出版业是以内容为王的。 出版人要有商品意识，要学会在市场里游泳，但出版人本质上是文化人，不是商人，在注重经济效益的同时，更钟情出版的文化价值。 出版业要有一些出版商（从事发行经营），但引领出版业的一定要是出版家。 缺乏文化意识和文化素养的人，是做不好出版工作的。

二是全局意识。 就是说，要从社会的整个产业链上考察出版效益。 出版业的文化特性，决定其价值在于从思想上学术上文化上影响文明进程，促进社会发展，为人民谋福利。 尽管也要重视自身的经济效益，但更要重视其在"社会思想链、经济链上的泛效应价值"，尽一切努力，多出对社会有帮助的高水平出版物，促进各行各业的又好又快发展。 出版人应当"风物长宜放眼量"，以宽广的视野，认识到"出版的贡献在产业外"，正是出版的价值与意义，在另一种"为他人作嫁衣"的意义上，作出自己的光辉贡献。

2009.10

纸质出版的生与死

哈姆雷特有一个著名的忧虑：生还是死？ 当前一些出版人也有一个类似的生与死的忧虑。 不过，稍有不同的是，哈姆雷特忧虑的是：生好，还是死好；而出版人忧虑的是：会死，还是会生。

所谓会死还是会生，指的是纸质出版，在当前方兴未艾的数字出版冲击下，还能不能生存下去，会不会死亡。 某些"主死派"的人士，早在数年前，就发出传统纸质出版将走向死亡的预言，甚至有人预测用纸张印刷的书籍，将在 2018 年消失。 最近，美国著名的主流大报《纽约时报》宣布，将停止印刷报纸并改出网络版后，有关纸媒即将死亡的说法，显得似乎更为真实。 在有些人眼里，"无纸阅读时代"就要到来。

我则认为，数字出版的出现，给出版载体带来了革命性的变化，传统出版引入数字技术是不可逆转的趋势，出版人对数字出版要给予足够的重视，否则，就会落后于形势。 但是，数字出版的发展，不会发展到完全代替纸质出版，一统出版的天下。

两者是相互补充，共存共荣，在发展中相互融合，甚至有可能形成一种更加方便阅读的新的载体。

这是因为，新兴数字出版的发展，虽然使一些纸质出版物受到冲击，从而带来一定的萎缩，但整体来说，由于纸质出版有着不同于数字出版的独特生命力，将会继续地生存下去。比较说来，那些简单的、浅阅读的、需要迅速复制的信息和知识，数字出版优于纸质出版；而那些具有文明深度，需要反复阅读品味的东西，则更适宜于纸质出版。国际出版商协会主席斯普劳特讲过一个事例，他说，美国麻省理工学院尝试给学生发电子教材，学生觉得阅读不方便，仍纷纷买纸质教材。再说，纸质读物还有一种优点，就是"百毒不侵"，病毒、黑客以及其他电子入侵者，对它都无可奈何，而且不会因新技术的出现和变更，影响资料的使用和保存。

同时，还必须清醒地认识到，内容是出版的灵魂。无论出版载体如何变化，金石、丝帛、纸张，或是荧屏，也无论出版手段如何发展，石印、木印、机印，乃至数字印刷，内容作为出版业的核心价值，则是不变的。只要内容是好的，就会为社会所欢迎。近些年来，确有些纸质出版物被淘汰了，主要是由于内容缺乏质量和个性特色。它们的"死"，在于失去了"出版的灵魂"，而不在于是纸书纸媒。相反，这一时期也有不少纸质出版物，因为有着"必读、必有的内容"，在发行量和社会影响上，呈节节攀升状。有人为了强调数字出版的重要，认为"要么数字化，要么死亡"。我则认为，如果忽视了"内容为王"，片面强调数字化，出版业则真正有着"死亡"之忧。在2010年的法兰克福书展上，尽管电子书不少，但还是传统纸质书唱主角。书展主席博斯指出，在德国出版业2009年96亿欧元的收入中，传统纸质书仍占高达99%的份额，依然是出版商的主要利润来源。所以至今还是传统纸质书唱主角，一个重要原因，就是当下的不少电子书，虽然运用了先进的数字传播技术，但忽视了作为图书的应有的文化含量，多为"文化快餐"和"浅阅读"，有的更堕入"三俗"的泥坑。数字出版要真正具有出版物的品格和灵魂，也同样要坚持"内容为王"，而不能让技术为"王"。因此，要论出版的"生"和"死"，主要不应看技术手段，而要看内容精神。

综如上述，我觉得对纸质出版作生死之叹，过于消极了，它是不会轻易死亡的，而应以积极的态度，提升其内容，让它活得更富光彩。出版人当前需要忧虑的，是包括电子书在内的一切出版物，都不要失魂落魄，都不要生不如死。

2010.12

《一个"助产士"的手记》跋

鲁迅先生在谈到《阿Q正传》的成因时，一再提到当时在晨报馆编副刊的孙伏园。鲁迅说，阿Q的形象，在他心目中似乎确已有了好多年，但他一向毫无写出来的意思，只是经过孙伏园的催请，他才一天天写了出来。巴金先生的《家》，倾吐了他对那个不合理的封建大家庭制度的愤恨，它的诞生，也是由于《时报》编者要发长篇连载，每天刊登一千字左右，促使巴老写出来的。

这说明什么呢？这说明编辑是作品的催生婆。作品"生"出来，首先要依靠作者怀"孕"；作者没有"孕"，催生婆是无能为力的；但在有"孕"以后，如无编辑的有力配合，就会推迟作品的出生，甚至有流产的可能。因此，我以为，编辑是可以喻为文化出版战线上的"助产士"的。"助产"的进一步效果，是还可以由此促进一批又一批作家的诞生。鲁迅在他的第一部作品集《呐喊》自序中说，他也是受了朋友"可以做点文章"的鼓励，才做起文章的，这便是最初的一篇《狂人日记》。"从此以后，便一发而不可收，每写些小说模样的文章，以敷衍朋友们的嘱托，积久就有了十余篇"。巴金的第一部小说《灭亡》，被《小说月报》编者叶圣陶采用后，巴金在《谈〈灭亡〉》中说，由此"替我选定了一种职业。我的文学生活就从此开始了"。自然，我这样举例，并不是说，一个作家，特别是一个伟大作家的诞生，只是靠编辑"促"与"助"，就能"产""生"出来的。他们的产生，首先是他们自己奋斗的结果，是时代孕育的结果。但是，这其中编辑的"助产"作用，是不可或缺的。

实在说，编辑的作用，还不仅仅表现为"助产士"。当作者还未怀"孕"之前，他要通过制定选题、约稿、组稿，促使作者成"孕"；当作者的作品出世以后，又要通过审稿、改稿、编稿，促使作品更趋完美。这里，可以说还是红娘、还是保姆。不过，红娘、保姆的作用，促生、优生，宽泛地说，也还是可以包含在"助产士"的范围的。

当然，说编辑作为一个行当，具有独特的不可缺少的作用，是一回事；至于每一个做编辑的，其"助产士"的作用发挥得怎样，则是另一回事。我忝列编辑这一行有年，由于生性愚鲁，加以刻苦不够，不知"老之将至"，仍鲜有建树。这是有愧于"助产士"称号的。不过，与某些轻视、鄙视编辑工作的人不同，我一直热爱这个"为他人作嫁衣""为他人接生"的行当。一本书、一本刊物，虽然是作者写的，是作者的"产儿"，但它由粗疏的原稿，经过我们审阅、修改、编辑、校对，最后印成一个漂亮的成品时，我与我的同事们，捧着它们，往往充溢着捧着亲生儿子的喜悦与激动。"助产士"与"孕妇"一起，共同承受着孕育新生儿的艰辛与幸福。 正因为如此，这几年，我对经我社编辑出版的一些书稿情不自禁地随手写下一些文字，评头论足，说长道短。 不能说在感情上一点没有"癞痢头儿子自己好"的偏颇，"说长"多，"道短"少，但总的说来，是因为这批"产儿"本身并非"癞痢头"，属当代出版物的"长"者，而非"短"者。 作为"助产士"，由于参与了它们的接生过程，生发出一些局外人难于生发的东西，从而使这本"手记"稍有自己的特点。 不过，前面说过，我这个"助产士"属愚劣辈。 什么树开什么花，什么花结什么果。 这本"手记"因而难免愚劣。 只是因为"助产士"的这样集中的"手记"目前甚少，为了"引玉"，且抛出这块"砖"。 是为跋。

1990 年国庆节

《抬轿人语》跋

"抬轿子"这个词，如同汉语中一些词一样，是一词多义的，既可反面讲，喻对他人的阿谀奉承，也可正面用，谓帮助他人，支持他人。 编辑，历来是被称为"为他人作嫁衣"的，对"坐花轿"的作者来说，它确乎是一种"抬轿子"的行当。 这个集子按照华夏出版社的要求，是从编辑角度进行编选的，因而取"抬轿子"一词的正面含义，定名为"抬轿人语"。

既是"抬轿人语"，既是编辑的话，这个集子多少就打上一些编辑的烙印，形成自己的一点特色。 整个集子由人生篇、社会篇、文艺篇、编辑篇、书评篇与屐痕篇等六部分组成。 除了编辑篇，直接体现"抬轿人语"外，其余众篇，也或浓或淡地折射着编辑的意识与眼光。 如何看待社会与人生，这是每个人都要面对的问题，作为编辑，作为文化人，我在这里的思考，更多的是从文化的角度和精神的层面切入。有关文艺杂感所以单独成"篇"，则因为我是一个文艺编辑，对文艺界接触较多。 书评乃是编辑工作的一个组成部分，做编辑的，应该把编与评结合起来，特别是对自己编辑的图书，需持有自己的见地。"书评篇"中的文字，选的是我对本版书的评论。"序跋篇"中的"序"，实际上也是书评，只是写在成书前的编辑过程中。 几篇"跋"，是对我写的几本书的简单交代。 长期以来，我坚持编余写作。 编辑适当写点东西，有利于体味创作的甘苦，有利于与作者的交流与对话，从而也有利于做好编辑工作，因而历史上编辑与作家一身而二任的人不少。"屐痕篇"，记的是我在编务活动中游历海内外的所见所闻所思所想。"读万卷书，行万里路"，对包括编辑在内的一切文化人，都是一项重要的修养。 编辑还有一个特点，就是接触面广，"交万个友"。 我经常从我接触的学者、作家身上获得启示与教益，因而在这方面也写下一些文字，本想编一个"交往篇"，囿于出版社对本书的字数要求，难于再加进来了。

是为跋。

1997.8

参加法兰克福书展有感

最近，与陈鸣华同志一起去德国参加法兰克福图书博览会。 这个博览会每年举行一次，固定在 10 月举行，今年为第 48 届。 尽管它早已成为世界上最大的书展，规模仍在不断扩大。 今年参展单位有 9 078 家，代表 105 个国家，较上届分别增加了 105 个单位和 8 个国别。 展出面积达 18 万多平方米，约为上海展览馆展出面积的 10 倍。 一个人步行半天，也难于全方位走遍。 为了方便参观，它的各个展馆之间，室内有自动电梯传送，室外由免费交通车输送。 置身几十万种图书组成的浩瀚书海，不禁令人叹为观止。 有人说，不到法兰克福图书博览会，不算真正的出版人。此话虽有点夸张与绝对，但对需要开阔眼界、具有宏观眼光的出版者来说，到这里确实才能真正见到全球性的"图书博览"。 它是一个真正的书的海洋，较之于它，其他的一些书展，只不过是或大或小的沟渠而已。

我国出版界自 80 年代开始参加这一书展，规模与影响不断扩大。 今年的展位，由最初的几十平方米的展台，已扩充到几百平方米的一个展区。 版权贸易也逐年有所发展。 然而，要通过版权交易，使我国图书成规模成气候地走向世界，看来还有待时日，这虽与图书本身的水平有关，更与国家的综合实力，特别是经济实力有关。一个国家强大了，别人就要了解你、研究你、学习你，就关心你的文化、你的图书；反之，他觉得了解不了解你，没有多大关系、多大必要。 在书展上欧美馆人头济济，亚非馆相对冷清，就反映了这一情况。 在与一些外国人士的接触中，我感到，我们对发达国家一些情况的了解，胜于他们对我们的了解。 中国的许多文化名人，他们往往连名字都不知道，而我们对他们则常常耳熟能详。 不是我们文化名人的成就不如他们，而是我们国家的实力还不足以吸引他们对此予以重视。 国际图书市场的竞争，在相当程度上，也是一种综合国力的竞争，我国人民于本世纪中叶在政治上站起来了，当我国经济强大之时，我们就两条腿都会完整地站起来。 因此，我们出版者要很好地为两个文明建设服务，促进我国早日实现社会主义现代化。

如此，"大河有水小河满"，图书在国际竞争中走向世界问题必然会形成一个崭新局面。

自然，这绝非说出版者本身就无能为力了。图书的走向世界，具体地还是要靠高水平高质量的图书去"走"的。日本是一个经济强国，但在今年的书展上，他们的展品却不令人恭维。他们也有点引人注目的书，但由于他们热衷于把什么都漫画化、通俗化，图书的整体层次明显不高。一个展台专设算命书，高张着"无料手相鉴定"的旗幡，利用人们猎奇心理进行招徕，一副摆算命摊的卑俗相，在这个集中着人类优秀科学文化成果的博览会里，不知怎的，我路过那里有些为东方人羞愧。

图书，作为人类文明的一大标志，它的发展反映着时代的发展，同时，时代的发展又推动图书的发展。图书要走向世界，需要我们站在时代的制高点上，从内容、形式到材料、印制，努力推出高质量的成品。这方面，我们明显有着差距。其中电子出版物自 1993 年进入法兰克福书展后，几年来突飞猛进，今年的展台占了两层楼面，成为书展的一个中心。认真利用高技术向国内外传播优秀文化成果，也应引起我们特别重视。

1996.11

成为福展主宾国有感

全世界规模最大书展法兰克福书展拉开帷幕，我国于今年首次成为这一出版界"奥运会"的主宾国。作为主宾国，就有机会在这个书展上向所有到场到会的展商介绍自己国家的文化，促进图书"走出去"，扩大中华文化影响力。这个书展已有600 多年历史，具有现代意义的书展今年是第 61 届，主宾国的设置是从 1988 年开始的，今年我国能成为第 22 任主宾国，表明我国的综合实力与文化影响力，在改革开放中有了显著提高，赢得了世界的重视。这几天，在法兰克福，中国两字成了人们谈论中的"关键词"，表明了这一点。

我国出版界第一次进入法兰克福书展是 1956 年。当时的中国展台约 50 平方米，与今年 1 200 多平方米的展区相比，真是小乎哉小矣。开幕前两天，前去布展的人员，发现展馆大门前飘扬的各国国旗中，少了新中国的旗帜，只悬挂了"中华民国"旗帜。经交涉，书展组委会解释道，他们"无意制造'两个中国'，误挂国旗是因为不知道中国国旗式样"。后来，从带去的展品《中华人民共和国宪法》中，看到内附的标准国旗图像，据此赶制了一面中国国旗。 这说明当时西方人对新中国多么陌生，中国的影响力辐射力是多么微弱。

1996 年，我参加了法兰克福书展，中国的展台已扩充到几百平方米，我国图书的影响力开始显现，但较之西方强国，其差距仍十分明显。 书展中的欧美馆，人头挤挤，版权交易热火，而包括中国展台在内的亚非馆，则是冷冷清清，光顾者稀。 这虽然与图书的质量水平有关，但据我观察，它更与国家的综合实力有关。 一个国家是强大的，别人就要了解你、研究你、学习你，就关心你的文化、你的图书；反之，他觉得了解不了解你，没有多大关系，多大必要。

这一感受在我参观歌德故居时得到强化。 法兰克福是歌德的出生地，他青少年时期都是在法兰克福故居度过的。 故居二楼的客厅由他的父辈命名为"北京厅"，内有中国式的描金红漆家具，和印有中国图案的蜡染壁帔。 当时中国处于一种盛世，引起欧洲人的羡钦与向往，因而其时文化交流的主要流向是自东而西。 在歌德出生前后，德国弥漫着一股"中国风"，即所谓"汉风"。 歌德家的"北京厅"，大约就是这股"汉风"下的产物。 它使歌德从小就受到中国文化的濡染，以致后来他改编元曲《赵氏孤儿》为悲剧《哀兰伯诺》，并创作了著名的《中德四季晨昏咏》。 19 世纪以来，西方强大起来，情况翻了一个转，中西文化交流的主要流向，变成由西向东，我们知道歌德，乃至茨威格、史托姆，而他们却不知道鲁迅、郭沫若、茅盾。 参观结束时，我曾问故居管理人员，知不知道中国的郭沫若，他们一个个漠然以对。我说："郭沫若是中国的歌德。"有人才表示想了解一下。 这些都说明，文化的辐射力是与国家的实力紧紧连在一起的。 要使我们的图书和文化很好地"走出去"，有赖国家实力的不断增强。 国际图书文化市场的竞争，在相当程度上，也是一种综合国力的竞争。

自然，这不是说出版本身就无能为力了。 图书文化要"走出去"，具体的还是要有高水平高质量的出版物。 改革开放 30 年来，我国出版业不断发展壮大，出版规模已居世界第一，成为世界上的出版大国，引起国际出版界的瞩目。

由此可见，我国今年得以成为法兰克福书展主宾国，中国出版和中国文化越来越受到世界重视，既由于中国出版的发展与进步，更有赖中国综合实力的不断增强，从而使得中西文化交流改变了那种单向流动的趋势，相互交流、相互交融，让不同国度的人们既知道德国的歌德、英国的莎士比亚，又知道中国的孔子、鲁迅。

2010.10

"狼来了"?

近来，不时听到一种"狼来了"的说法。

这主要指我国即将加入 WTO，国外企业、国外产品、国外资金、国外信息将会大举入侵，形成对内地产业的严重挑战，因而有了一种"狼来了"的不安。

在日前举行的上海出版战略研讨会上，也涉及这个"狼来了！狼真的来了"的话题。

应该说，加入 WTO，意味着我国经济逐步融入世界主潮，逐渐"以世界市场为生存条件和竞争舞台"。国外出版业的介入，对国内出版业必然形成多方面的压力与冲击。由于在出版管理、出版经营、出版规模乃至出版资金等方面，我们处于弱势，如果不主动应对，仍我行我素，就有可能在激烈的竞争中被淘汰，在"与狼共舞"中被"狼"吃掉。山雨欲来，不可无动于衷。从这个意义上说，我们要有危机感，要有"狼来了"的警觉与不安。

但是，"狼来了"这一比喻毕竟不很科学，又不宜简单地多嚷。外国产业的介入，固然带来严峻的挑战，同时也带来发展的机遇。就出版业来说，加入WTO，有利于引进外部管理、技术、经验与资金，有利于促进我国出版体制的改革，有利于建构适合社会主义市场经济发展的出版产业，有利于参加国际出版的分工合作，以及有利于打破地方保护主义，促进全国统一图书市场的形成，等等。总的说来，是机遇大于挑战，利大于弊。在世界经济走向全球化、出版业也走向全球化的今天，不是闭关锁国消极防守，而是大开国门积极应对才有真正的出路。因此，不宜把加入 WTO 看作是"引狼入室"，而是引来了激活整桶鱼的鲇鱼。

同时，简单地说"狼来了"，还不自觉地把我们自己放到了"羊"的位置。要知道，我们并非注定是被欺凌、被"吃"掉的"羊"。WTO 的一条基本精神，是公平竞争。尽管国外企业有它们的优势，但我们也有自己的优势。海外华人的情况表明，中国人的竞争力并不比外国人差，在公平的条件下，只要发愤图强、扬长避短，我们在竞争中定会不断发展壮大。而且，"来"也不是单向的，他们会"来"，我们也会"去"。对此应有充分的信心。

实际上，近些年日益加快的改革开放步伐，已使我国逐步融入经济全球化浪潮。我国已是世界第九大贸易国。倘若把外国企业、外国产品、外国资金说成"狼"的话，我们早已与"狼"同枕共寝有年。事实证明，"狼"并未"吃"掉我们，而是在

"与狼共舞"中，激发了我们的活力，我们越来越强健了。因此，不要怕"狼"，何况还不是"狼"。

2000.10

在 1990 年度"庄重文文学奖"颁奖典礼上的发言

我们上海文艺出版社编辑出版的《小说界文库·长篇小说系列》，与百花洲文艺出版社出版的《江西新时期十年文学作品选》，湖南文艺出版社出版的《湖南新时期十年优秀文艺作品选》，花城出版社出版的"越秀丛书"，花山文艺出版社出版的"河北新时期文学丛书"，以及内蒙古人民出版社出版的《内蒙古当代文学丛书·蒙文部分》，获 1990 年度"庄重文文学奖"，我们感到十分荣幸。这里，我谨代表获奖的六家出版社，向庄重文先生，向庄重文文学奖评奖委员会，向组织这次评选活动的中国作家协会与中华文学基金会，向一切支持、关心我们出版工作的同志们和朋友们，表示衷心的感谢。

社会主义出版社是发展社会主义文学的重要基地。这些年来，在党的方针、路线指引下，在新闻出版署的组织领导下，在广大作者与读者的支持下，文学图书的出版，无论在数量上还是质量上，都有显著的发展。它在促进社会主义两个文明建设，满足广大读者的文化要求，造就壮大作者队伍方面，都起了积极的作用。但是，和时代与人民的要求相比，我们的文学出版工作，还存在很大的差距。这突出地表现在高质量的优秀之作出版得还不多。当前整个文艺图书市场的情况，是品种数量不少，而质量却不尽如人意。读者企盼的，也是社会主义文学建设所要求的，能多一点"以一当十"的优秀读物，少一点粗劣之作、平庸之作。这次获奖，对我们既是一种鼓励，更是一种鞭策。我们当进一步加强与广大作者的合作，加强文学与时代、与人民的联系，多出好书，多出思想性、艺术性结合得比较完美，受到读者欢迎的好作品，这其中，要争取有些作品能够长期流传下去，成为文学上的"保留节目"，为中外文学名著的宝库增添新的成分，作出我们这代人应有的贡献。我们出版工作者既要大力弘扬祖国灿烂的传统文化，又要积极推动当代优秀文化的创造。在某种意义上说，后者比前者更难。我们将与作家一起，与作协一起，为此作出更大的努力。

1990 年 11 月 6 日于北京人民大会堂

2. 如何做出版

努力于高质量与多层次的统一

一

我们在出书要求上，有一句话，叫做"高质量，多层次"。高质量，就是说，我们的出版物，在推进社会主义的两个文明建设上，在促进文艺繁荣和文化积累上，在满足人民群众的文化需要上，较之同类出版物，应力争处于一个较高的阶梯上；多层次，则是说，要发挥我们这个有着"上海文艺""上海文化""上海音乐"三个牌子的综合文艺出版社的特长，书刊出版要满足不同方面、不同层次读者的多样需要。高质量不是专指书的学术性，而是多层次的高质量，既包括提高性的读物，也包括普及性读物；多层次，不是说可以出一些粗陋庸俗的书，而是高质量的多层次，不同层次的书，在它那个层次上，都应该是高质量的。

实践表明，这样做，防止了片面强调"质量"忽视"层次"，或片面强调"层次"忽视"质量"的倾向。

二

为了高质量，首先要求我们把提高书稿的质量，作为自己工作的中心。这不是说不要注意数量。没有数量就没有质量，但数量毕竟不等于质量。目前，在文艺书刊的供求关系上，同时存在着"供过于求"与"供不应求"的现象。"供过于求"的，就是某些作品的数量。

拿小说来说，现在每年发表的中篇小说在一千部以上，而1949年至1980年的三十年，总共只有九百部。长篇小说，"文革"前一般每年出版十部；1959年最多是三十二部，这几年每年都超过一百部。短篇小说更多，每年都在万篇以上。这些年还涌现了大量的微型小说、小小说。这些，首先是巨大的成绩，应该充分肯定。而且，随着"四化"建设的发展与人民经济、文化水平的提高，这些数字还远远不能满足十亿人民的需要，必然要继续发展。 但问题是，现在有不少作品出版以后，由于质量不高，长年尘封于书店或图书馆中，无人"求"它，显得有些滥了。 相反，读者所要求的高质量的作品一直显得"供不应求"。 这表明，文艺读物的数量与质量的发展，出现了某种程度的不平衡，数量增长得较快，质量提高得较慢。 据此，只有狠抓质量的提高，才能"一箭双雕"——既可以解决读者要求多出好作品的"供不应求"的矛盾，又可以使那些因作品质量低下而"供过于求"的矛盾，随之减弱、消失。 从文化积累来说，也才能真正留下一点东西。

实际工作中，质量也较数量难抓，需要我们花费更多的精力与智慧。

对大多数编辑来说，发稿并不太难，多发一些稿也能做到；但如果要求发一些高质量的书稿，则不大容易了。 每年的发稿计划，在数量上总是超额完成；但那些重点书稿、"拳头产品"的计划，则往往完成得不好。 编刊物也一样。 一般性稿件总是嫌多，苦于无法安排；而带头稿则又常常嫌少，苦于抓不到。 针对这一情况，一定要把我们编辑的注意力引到质量上来，要千方百计地在提高书稿质量上下功夫，多出一些能够"以一当十"的高水平的文艺作品。 这对上海的出版工作者来说，似更应多作努力。

其次，提高书稿的质量，要作全面的努力。 应十分注意思想质量的提高。 当然，就文艺作品来说，其思想主题的表达方式与政治读物不同，不宜直说。 恩格斯早就指出，作品的倾向要从场面和情节中自然而然地流露出来。 过去，在"左"的影响下，要求文艺作品做"号筒"，窒息了文艺创作的生命，败坏了文艺读物的声誉。 这是一个深刻的教训。 因此，谈文艺作品的思想性，绝不意味着要直奔主题，搞政治图解，而是说要在生动的艺术形象中，自然而然地流露出我们的时代精神来，流露出正确而深刻的思想倾向来。"流"得不"自然"不行；不"流"也不行。 现在有一种情况，一衡量文艺作品、文艺书稿，侧重于看艺术、看技巧、看形式，对思想倾向，却有所忽视。 这就有点"矫枉过正"，倒脏水把洗澡的小孩也倒掉了。 应该看到，文艺作品的价值，在于思想性和艺术性的统一。 没有思想，怎么能有好的文艺作品呢？ 有个公认的看法：一切伟大的文艺家，在不同的程度上，都是伟大的思想家。 好的文艺作品，一定要有大的思想含量，高的思想价值。 优秀的文艺理论著作，在思想理论上也多少有新的发现。

当然，文艺作品是艺术品，必须十分重视艺术质量。 古话说："言而无文，行之不远。"对文艺书稿来说，就更需要讲究"文"了。 我们做编辑的要大力支持作者在艺术上的探索、创新。

此外，还有一个文字质量问题。目前书稿出错甚多，它严重地影响了书刊的质量，损害了社会主义出版事业的声誉，需要引起充分注意。如果说，书稿的思想、艺术质量，在很大程度上决定于作者，编辑只能做些促进工作；而书稿的文字质量，则是编辑、校对应该而且能够加以把握的。当前所以未能"把握"住，除了与有关人员的文字修养较差有关外，主要的恐怕还是责任心不强所致。三十八年前，毛泽东在《对晋绥日报编辑人员的谈话》一文中指出："报上常有错字，就是因为没有把消灭错字认真地当作一件事来办。"我以为，我们今天要消灭错字，就是要以对人民负责的精神，"认真地"地去办，要像鲁迅编校稿件那样，"老是一个字一个字地看下去，绝不随便放过"。

总之，要求高质量，就要树立质量第一的思想。

三

书刊的质量第一，并不意味着书刊的层次单一。高质量，是多层次的高质量。它既有"阳春白雪"，也不排斥"下里巴人"，只是要求它们出书质量都应该是高的。因为，"阳春白雪"有人喜欢，"下里巴人"也有人喜欢，不同的读者对文艺的要求并不一样。我们常说，文艺需要多样化，这不仅因为作为文艺创作源泉的生活是多样化的，作为创作主体的艺术家的个性也是多样化的。因此，"阳春白雪"与"下里巴人"，严肃文艺与通俗文艺可以而且应该共存共荣，相辅相成。鲁迅对此明确讲过："当有种种难易不同的文学，以应各种程度的读者之需。"实际上，就是同一程度以至同一位读者，由于内在的精神世界也不是单一的，而是多层次的，所以，对文艺的要求也是多样化的。我们经常可以看到，那些喜欢严肃文艺的读者，有时也会翻翻通俗文艺作品，以调剂精神；而一些热衷于通俗文艺的读者，偶尔也涉猎一些严肃文艺作品，以换换口味。因此，一定要牢牢确立多层次、多元化的观点，不能有单一、划一的想法。只有这样，社会主义文艺出版事业才能有效地加强与群众的联系，才能多方面、多层次地最大限度地满足人民日益增长的精神需要，才能走向更大繁荣。

我们出书，是基于这样的认识来安排的。

拿丛书来说，《中国新文学大系》，全面地系统地展示了我国"五四"以来新文学的业绩，除第一辑（1917—1927）外，第二辑（1927—1937）、第三辑（1937—1949），计有四十卷，约三千万字，精编精选，并由名家作序。无疑，这是一套"巨著"，具有很高的文献性和学术性。它是高层次的，也是高质量的。而"五角丛书"，每本只有六七万字，但由于编选精当，"用最小的面积惊人地集中了最大量的思想"，知识密集，有益有趣，读者花费较少的时间可以获得较多的东西，因而受到广大读者的欢迎。 已出五辑五十本，销售量达一千五百万册。 有同志称，近年图书市场刮起了一股"五角丛书旋风"。 这套书是低中层次的，也是高质量的。 它一样被列入我社的重点丛书。 拿文学创作来说，我们出版了《醉乡》《母与子》《彩虹坪》《皖南事变》这样一些有较高质量的严肃文学作品，同时，也出版了国外评论界称之为"中国第一部推理小说"的《刑警队长》等通俗作品。 抓创作，我们的重点是抓严肃文学，力求在这方面抓出无愧于我们时代的史诗性作品，有永久生命力的作品，立于世界文化之林的作品，但我们也不可忽视群众欢迎的通俗文学作品。 只是通俗文学，也必须有其质量，不断加强其时代性、思想性和文学性。 历史地看，通俗小说的数量很多，但大多消亡了，能够流传下来的，只有那些思想、艺术质量较高的。 这里似乎有一个规律，通俗文学要能够站得住，也必须做到"雅俗共赏"，如果通身只是俗、俗、俗，也许可以"火爆"一时，但过眼就烟消云散了。 迎合读者中的某些低级庸俗趣味，要不得；把群众的鉴赏能力估计过低，终究也会碰壁。 文学有个提高自己和群众的课题。 基于此，我们虽然也出通俗作品，但那些低劣的武侠小说之类，我们一本也没出过。 在某种意义上说，低层次的书，更要防止低质量。

再拿刊物来说，《小说界》是大型文学双月刊，着重发表严肃文学作品，档次较高；《故事会》是 32 开本的通俗文学刊物，它层次较低，但由于注重思想质量、艺术质量，成为那个层次读物中的佼佼者，影响很大，每期发行近五百万份，为全国刊物销售量之冠。 这说明，书刊的层次与质量的高低并不是必然成正比的，高层次、低层次的读物，都可能是高质量的，也可能是低质量的。

我们应该力争的，是多层次与高质量的统一。 这应该是出版工作当中一个现实的原则和理想的目标。

1987.8

优化选题八议

一

当前，出版工作形势严峻，面临许多困难，迫使出版社纷纷在寻求自救之道。正可谓八仙过海，各显神通。 有着重于加强发行工作的，有着意于多种经营的，有致力于争取企业赞助的……不过，我想，我们丝毫不能忘记：出版社的根本任务，还是在于出好书。 出版社的荣枯盛衰，归根结底，是和它出版什么样的图书紧紧联在一起的。 目前，要解决图书订数减少、销售下降、效益滑坡等问题，固然需要从改善经营管理等方面努力，但如何适应当前的形势，多出符合读者要求，促进两个文明建设的好书，则仍是根本之"道"。 为此，特别需要重视抓选题。 选题，是出书的基础。 有了好的选题，才有可能出好书。 正如好的庄稼，首先依赖于好的种子。如果种子是孬的，后面就难于有好收成了。 由于社会主义事业的发展，改革、开放的推进，生活中提出的问题与经验越来越多，能够从事写作的人也越来越多，对编辑来说，想出几个选题，找到几粒"种子"，并不难，难的在于能发现优良"种子"，提出好的选题。 所以，抓选题，当前需要突出的落在优化选题上，要从大量的选题中进行比较、鉴别、论证，筛除其平庸的"种子"，突出其优秀的"种子"。 七届全国人民代表大会的《政府工作报告》在谈及出版工作时，着重指出"要着眼于优化选题"，这是切中肯綮之言。

二

优化选题，就我与不少出版界同行的共同感触，觉得当前要严格控制与适当压缩选题的数量，集中全力提高选题的质量。

这些年，我国出版事业有了很大的发展。 全国出版社由 1978 年一百多家发展到现在四百多家。 各出版社的出书数量也在不断增加。 拿我们上海文艺出版社来说，每年的初版书已达二百四十种，加上重版书一百三十多种，达到日出一书的规模。这个规模已超过解放前号称"日出一书"的商务印书馆（当时该馆的"日出一书"，是将星期日剔除在外的）。 就全国来讲，1987 年出书六万多种，在数量上仅次于苏、美、联邦德国、英、日，列为世界第六位，成为一个出版大国。 此外，杂志这些年也有迅猛的增长。 这无疑是应该予以充分肯定的成绩。 而且，随着两个文明建设的推进，这些数字还远远不能满足十亿人民的需要，必然还要继续发展。 但是，应该看到，这当中有不少书，属平庸的，可出可不出的，雷同重复的，它们在问世后少有光顾者，即使有些图书馆用公费买去，也一直放在书架上供老鼠问津，以至它们"出生之日"，实际上也就是"死亡之时"，从而造成了目前图书市场上那种"供过于求"的现象。 这就造成了人力、物力的严重浪费。 但同时，图书市场上也存在着"供不应求"的情况。 那就是高质量的著作、作品，虽有，但不多。 一方面有点滥，一方面又有点缺，表明目前图书出版的数量与质量的发展，存在着某种程度的不平衡，某种程度的脱节，数量跑得过快，质量却有点蹒跚。 我们知道，数量与质量有着辩证关系。 没有数量，就没有质量；但有了一定的数量，没有一定的质量，也难于形成力量。 目前图书出版的突破与发展，中心在于提高质量。 质量抓上去了，一方面可以解决群众要求多读好书的"供不应求"的矛盾；另一方面，那些因书籍质量低而"供过于求"的矛盾，也将同时或随时减弱、消失。

要抓高质量的书，首先得从优化选题入手。 要从讨论选题开始，就紧紧盯住质量，不让平庸的书稿列选。 在当前出书品种繁多的情况下，对一个出版社来说，多出或少出一种书，关系不大；能造成影响的，是有质量、有特色、有价值的书。 平庸的书，十不能当一，拔尖的书，能以一当十。 当前，纸张严重短缺，印刷力也不足，更要把有限的物力、人力，花在刀口上。 与其分散力量，"伤其十指"，不如集中力量，"断其一指"。 多而滥，不如少而精。 所以，一定要优化选题，"宁肯少些，但要好些"。 这里，我们的体会，要打破"求全"的思想，不能看看这个选题，也要搞，掂掂那个选题，也舍不得丢。 须知好事不是一个出版社所能做完的。 对一个出版社来说，只能根据自身的条件，用己之长，防己之短，抓自己最适当最优化的选题。 这样，全国的出版社合拢起来，也许是最理想的"求全"。 据此，我们明年坚决压缩了一些可列可不列的选题，突出了一些需要突出的选题，以期数量上的退，能求得质量上的进。

三

出版社的形象，是靠出什么书来塑造的。 选题，是出书的基础。 因而制定什么样的选题，关系着要把出版社塑造成什么样的形象。 我们今天的出版社，都是社会主义的出版社，从总的方面来说，有着共同的形象，但由于各出版社的性质、任务和自身条件有别，具体形象则各有其貌。 综合性出版社不同于专业出版社，此专业出版社不同于彼专业出版社，即使是同专业的出版社，由于历史、地区、规模等情况不同，出书的重点与方向也不尽相同。 前不久，华东几家文艺出版社聚会，谈及各家虽同挂着文艺社的牌子，江苏着意于纪实文学，福建重点在港台文学，江西开掘了近代文学，安徽则突出了外国文学。 它表明，一个出版社选择什么样的选题，要受制于它总的发展设想。 只有有了战略目标，选题向那里"优化"，才能拥有自觉的主体意识，不至于"拣到篮里就是菜"，杂乱无章，不成体系，也不至于见到别人搞什么也搞什么，混乱无序，失去自我。 我们社是一个综合性的文艺出版社，历史较久，规模较大，又地处上海这样一个文化出版中心，我们是以"高、精、新"作为选题与出书的要求，在最近几年，要有计划地营造与完成几项有影响的大型骨干工程，有意识地抓一批"长命畅销书"。 如《中国新文学大系》《中国民族音乐大系》《中国少数民族文学·故事大系》《小说界文库》《将帅回忆录》《文艺探索书系》《中国珍宝鉴赏丛书》以及《中国风俗大观》《世界风俗大观》《中国花经》《中国食经》《中国酒经》等。 在这以外，有些选题虽也不错，但限于主客观条件，也只能按"有所为，有所不为"的哲学，将它放弃了。

优化选题，在总的战略目标下，还得随着形势的发展而发展，不断推陈出新。拿我社来说，在讨论 1989 年选题中，就有三个方面被进一步强调了。 一是加强文化性读物。 这不仅因为掀起"文化热"，许多读者关注从文化角度切入文艺问题的研究。 我社文艺理论室最近编辑出版的《危机与选择》和《挑战与应战》两本有关论述西方文化的书，初版印数均在三万册以上，远远超过当前一般文艺理论著作的印数。 而且由于我社有着一块"上海文化出版社"的副牌，有责任更好地出版包括小文化与大文化方面的图书，以满足读者的需要；二是加强通俗性读物。 这点，我们过去缺乏足够重视。 现在认识到，对读者这方面的需求不应该丝毫忽视，出版社不要摆什么"架子"。 但通俗，不是粗俗、浅俗，更不是庸俗、媚俗。 通俗读物，属低层次读物，但在质量要求上，仍应力争是高的，是它那个层次的佼佼者。 要做到"低层次、高质量"，就像《故事会》于通俗文学刊物中，"五角丛书"于通俗知识读物中那样；三是加强对外合作出书。 适应开放的需要，中国图书要"走向世界"。上海的出版社在这方面应冲锋陷阵。 近几年，我社在这方面抓得不力，需加快步伐。 为此，我们除选择一些已经出版的书，主动争取与海外出版社合作在海外出版，还特意制定了一批适合于海外出版的图书选题，向外推荐。

总之，制定选题，优化选题，要战略与战术相结合，长期与短期相结合，既不能心中无谱，滑到哪里是哪里，又不能一切"按既定方针办"，僵化不变。

四

选题的优化，是要从一般化的不好不坏、可上可下的选题中，尽力挑选出有个性、有特色、有创见的选题。 这样的选题，往往"落地有声"，惊人耳目。 一个出版社的影响，主要靠这些能"跳"出来的选题与图书造就的。

根据我们的体会，这要有胆有识。 制定与优化选题，绝不是一种事务性、技术性的工作，而是气魄、眼光、学力、作风等多方面素质的综合体现。 就这一点来说，优化选题，首先是优化编辑人员。 这几年，我社一些"跳"出来的选题，表明了这一点。 比如，1979 年夏秋间，粉碎"四人帮"虽已两三年了，但那时"凡是"思潮还很厉害，政治上"乍暖还寒"，文艺战线上的"黑线专政论"尚未很好批判，我社有关编辑经过调查研究，大胆提出了编选 50 年代中期被作为"毒草"打下去的一批"右派"作家作品，1980 年，定名为《重放的鲜花》的这本书出版了，正适应了

1979 年年底召开的十一届三中全会提出的解放思想、拨乱反正的要求，在社会上引起广泛反响。斯其时也，许多过去被错误批判了的人和事，纷纷平反，"重放的鲜花"几乎成了当时"反正"后的人与事的专有代名词。收进这本书的作品的一些作者，如王蒙、陆文夫、邓友梅、流沙河等，当时还流放在外地或基层，处境艰难，这本书的出版，也促进他们在文坛上重新崛起。无疑，这本已被写入新时期文学史的《重放的鲜花》，所以能及时地"放"出来，是编辑有胆有识的结果。当然，这里的胆与识，主要还是政治上的。

编辑在学术上，也需要胆与识。80 年代初，我社的戏剧出书，在安排了《外国戏剧选》与《中国话剧选》后，目光指向了中国古典戏剧。对这套书的编法，有关编辑不赞成再按时间顺序精选的办法，别出心裁地提出了按悲喜剧分类编选。这在当时颇有点"一石激起千重浪"的味道。因为，我国古代文学论著中没有出现过悲剧的概念，也没有系统探讨过悲剧和喜剧的不同艺术特征，悲喜剧是西方流传的理论，我国古典戏剧从来没有这样分类过。因而，有同志觉得对此要慎重。有关编辑则认为，我国宋元以来的舞台演出与戏曲创作实践，表明悲喜剧是存在的，只是有着自己的特点，没有像欧洲那样总结出一套完整的悲喜剧理论，"前人未了事，留与后人补"，我们正可以通过这套书，促进这方面的研究。双方争执不下，我们向戏剧界行家请教。除了多次个别地征求意见外，还专门召开了座谈会。绝大多数同志都赞成"闯一闯"。为此，我们特请我国戏剧专家王季思主编这套书，经过编选组同志多方工作与仔细论证，于 1982 年编成《中国十大古典悲剧集》与《中国十大古典喜剧集》，获得文化学术界高度评价。所选的《窦娥冤》《汉宫秋》等十个悲剧与《救风尘》《墙头马上》等十个喜剧，已被国内外公认为中国十大悲剧与十大喜剧，犹如人们公认莎士比亚有四大悲剧一样。前不久，我接待一位捷克汉学家，她特意要我介绍这两部"十大"。戏剧书的发行量一般都是不高的，但这两部书却一版再版，今年还在重印，累计印数都超过二十万，不仅没有像大部分戏剧书那样赔本，而且还赚了钱。回过头看，这样的书如果按照时间次序那样老办法去编选，很可能只是在众多的平庸书中多加一本，无论如何也不会像现在这样"跳"出来。它说明，编辑学术上的胆识，不仅可以改变所编图书的面目，而且可以通过它，推进社会上学术研究的发展。两部"十大"出版后，对悲喜剧的研究蜂起，我们择其佳者，又编辑了一本《中国古典悲喜剧论集》，记录了这方面的研究成果。

编辑的胆与识，还表现在对图书市场的把握与预测上。出版图书，是给读者看的，不尊重读者需要，只顾在"象牙塔"里编书自娱，是越来越不符合时代的需要了。我社 1985 年策划的"五角丛书"，受到读者热烈欢迎，一至七辑总发行量高达三千万册，并连获两届全国图书金钥匙奖，被书业界称之为"五角丛书热"。 究其原因，就因为在制定选题时，把握了当前广大读者对知识的渴求，企望得到一种价廉物美的"文化快餐"。"五角丛书"正是投其所好，它价廉，每本只有五角，连中学生，一般也能买得起；它物美，内容广，信息多，编选精美；它能让人以最少的时间，从最小的篇幅中，获取最多的知识，是一份脍炙人口的"文化快餐"。 目前，"五角丛书热"虽然还在持续中，但由于已有其他出版社推出类似丛书，根据读者需求的变化，有关编辑对这套丛书在坚持优质廉价的同时，对丛书的固定价格模式和固定出书模式将有所改变，并将推出内容完备、装帧精美、具有保存价值的豪华本，第一部《基尼斯世界之最大全》即将问世。 虽然对这种豪华本的反映，还有待观察，但它无疑是开拓了"五角丛书"的出书路数，给这套丛书带来新面貌。 它表明，即使是优秀的丛书，其选题与结构，也要随着形势的发展，及时作有胆有识的调整，面对变化不定的图书市场，不可以不变应万变。

五

与胆识有关，优化选题，特别要褒扬创新意识。 人们常说，文贵创新。 书就是"文"，也可以说，书贵创新。 18 世纪英国启蒙主义诗人杨格说过一句话：文艺作品要为文艺王国增添新的版图。 套用一下，图书也要为图书王国增添新的版图。 每本图书的价值，就看它能提供多少前所未有的"新的版图"。 因此，考察一个选题和一本图书的优劣，首先要考察它有没有新意，有多少新意。

有一类选题，是根据作者写什么而定的。 比如，长篇小说的选题，多依据于作者的写作打算。 这类品种，如果让编辑出题目，作者作文章，十有十个要失败的。编辑对选题的优化，表现在对作者创作的大量作品，提出新的要求，进行选择。1981 年，长篇小说《皖南事变》被我们列为重点选题，在接到书稿后，一致为它开绿灯，仅用半年左右时间，就将其发表、出版，原因就在于我们认为它在长篇革命历史小说创作中有着成功的突破与创新。 例如，过去的《红日》《保卫延安》等优秀之作，多系写胜利，《皖南事变》则是写失败，写得又那么真实、深刻、悲壮、动人，这是对能不能写与怎样写革命悲剧的一个大胆突破。 又如，过去看皖南事变，多着眼于国民党顽固派的亡我之心，这确是事变发生的根本原因。 但造成全军覆灭的如此惨痛结局，则又有着我党、我军内部的种种复杂因素。《皖南事变》既从外部作了观察，更深入内部作了独到的透视，这是创作视点的一个可贵突破。 再如，深入地写历史，一定要进入人的心态。《皖南事变》写主角项英的一系列表现，就透过事实的现象表层，进入了重帷深锁的心灵深处，这在把握人物心态上是一个锐意突破。 因此，这部小说在社会上引起强烈反响。尽管对这部作品所反映的史实与史识，尚存在着不同的意见，但"此时有声胜无声"，比那些出版后无人光顾的作品也要好。当前，我国每年出版的长篇小说近四百部，数量是惊人的，有质量的作品并不多，并被淹没在大量的陈陈相因的平庸之作当中，因而对它们不宜一视同仁，加以提携，而是要择其有新意有棱角的优者，加以重点入选、扶持，这对文学和出版事业的发展，是有利的。

有一类选题，是编辑综合有关情况提出，然后组织作者编写的。这类选题更多地体现着编辑作用，其价值的高低，主要也视其有多少创造性。前辈赵家璧同志在出版界有很大的影响，重要一点，是他三十年代在良友图书公司任编辑时，创造性地提出编辑一套《中国新文学大系（1917—1927）》设想，并在鲁迅、茅盾、郑振铎等支持下迅速编就，为"五四"以来新文学创作活动作了一个总结。这几年，针对我国当前文艺从题材内容到表现手段，从文艺观念到创作方法的变动情况，我们编选了一套"文艺探索书系"，及时地将近年文艺探索成果作了积累与交流，也受到读者的欢迎，被认为是一套面向时代、饶有新意的书。读者一册《探索小说集》在手，就能集中了解当前小说的新潮流向；作家主体意识的强化，作品内涵由单一走向多义，由明确走向"模糊"；作品的表现形式，呈现一种兼容并蓄的包含性，等等。这就比那些一般性的没有特色的小说集，有价值多了。

有些选题，如优秀作品的年选本，尽管作品岁岁年年不同，但就选本来说，则往往是年年岁岁相同，尤其是遇到几家出版社都袭用同一方式、同一角度去编选时，则更显得雷同、重复，缺乏新意，败了读者的胃口。这几年，我们在编选全国短篇小说佳作时，有关编辑别开生面，在选目上改变了过去由一家（一人或一个组织）选定的办法，约请了全国二十几位作家、评论家、编辑家，分别推荐他们各自喜欢的短篇佳作。这样，它就不再是一家的选本，而是多家的合选本。由于这个"多家"都是文学的行家，他们分布在全国各地的不同文学岗位上，既了解短篇小说的发展情况，又具有自己的独立见解，就使得他们推荐的作品，既在总体上能较好地反映该年短篇小说创作的新收获，又不拘一格，各有特色。同时，推荐者还都写了推荐文章，这些文章不仅增加了这个选本的透明度，说明中选的作品是怎样选中的，有助于读者鉴赏这些作品"佳"在何处，而且也显示了推荐者各具特色的审美个性、审美眼光，丰富了选本的内容与色彩。自然，这也只是一种编选法，如果都这样去编，也就没"味"了，贵在首先能想出这一点子，使选本打上编辑创造性的印记。

现在，出版社很多，同类的书很多，在设想选题上，"编辑最忌随人后"。不要见到人家搞《家庭实用大全》，我也搞《实用家庭大全》；见到人家搞《棒针花样500 种》，我也搞《新棒针花样 500 种》。编辑劳动属精神劳动，精神劳动系创造性劳动。韬奋论述编辑工作的特征，重要一点就是"要有创造精神"，"不要人云亦云"。这种创造精神首先表现在选题的制定上。我社一位同志在讲述我社与别社出书的关系上，主张人无我有，人有我新，人新我精，人精我变。我以为，这是符合创新，走自己路的精神。

<h2 style="text-align:center">六</h2>

在优化选题中，当前一个突出问题，是正确处理社会效益与经济效益的关系。书籍，作为一种商品，不能摆脱经济规律的支配，特别是我们现在的出版社，不仅要自负盈亏，而且要上缴利润，非讲经济效益不可。前不久，我去北京参加第二届国际图书博览会，与《读者文摘》等几家海外出版社洽谈版权交易，他们对我们几本书表示了浓厚的兴趣，但同时表示要待他们回去以后，由市场经理对这几本书作了读者调查以后，才能最后确定是否购买版权。这表明他们在确定选题时，既有鲜明的文化意识，又有强烈的经济意识。如果说我们过去对选题的考虑，多文化意识，少经济意识，现在对后一方面需要加紧"补课"。不过，无论怎么说，图书这一商品毕竟是精神产品，精神产品的价值在于有益于社会的精神文明。为此，出版社在考虑选题时，必须把社会效益放在第一位，坚持社会效益与经济效益的统一。只求赚钱，出版一些乌七八糟的有害于后代的书，是有违出版社的天职的。

为此，首先要大力发展"双效益"的选题，向质量要经济效益。虽然，有一些有质量的书，因为需求面窄，印数不多，经济效益不好，但绝不能由此认为，书籍质量与经济效益成反比。相反，在一般情况下，书籍质量越高，经济效益越好。前面提到的《读者文摘》，其香港中文部每年出书仅四五种，但在确定选题时，既要求质量上站得住，打得响，经济上又大多赚钱。这是值得我们借鉴的。我社的《中国十大古典悲剧集》《中国十大古典喜剧集》，如果不是选题角度新，编选质量高，而是用一般的方法去编选古典戏剧，销路肯定不会有现在这样好，经济上则只会赔，不会赚。"文艺探索书系"中的书，初版印数大大超过一般的文艺书，也说明质量有助于提高经济效益。自然，由于目前全国出书品种繁多，而新华书店的资金、场地有限，即使是有质量的书，初版印数也呈下降趋势，在这样的情况下，书籍更要以自己的质量取得重版的生命力。有相当多的书，第一版经济上是亏的，重版后，就赚了。"双效益"，将越来越多地体现在这些"长命畅销书"上。而这些书的"命"所以"长"，就在于质量。因此，即使谈经济效益，目光也要盯住质量。

其次，从出版社来说，要对总的选题作统筹安排。我社目前大部分书亏本，靠赚钱的书来补赔，还略有盈余。这一情况是合理的。任何出版社都不能不出亏本的书。 问题是其中那些平庸的书，可出可不出的书，亏得没有名堂。 我们在讨论明年选题时，坚决把这类选题压掉了。 有些选题，内容尚好，赔一点也可以，但并非一定要马上出版不可，鉴于当前财力、物力紧张，我们将它推迟安排。 至于一些有价值的选题，即使成书要赔不少钱，如《中国新文学大系（1937—1949）》，我们还是继续催其上马。 自然，赔本书到底能出多少，要看能赚多少而定，量力而行。 值得指出，按我们的体会，这个"力"应以出版社为单位计算，不宜以一个编辑室计算，更不宜以一个编辑来计算。 因为，他们分工不同，经济效果自然会有差别。 我们在讨论选题时，区别对待，对有些编辑室强调经济收入，对有些编辑室，则要求他们增强经济观点，关心图书的经济效益，但不要他们有经济压力，尽力去抓优秀图书。

这样，我们在对选题的安排上，大致有这样几种情况：

（一） 致力于抓"双效益"的书，越多越好。

（二） 社会效益好，经济上赔本的书，要抓；但每年能抓多少，全社要统筹安排。

（三） 经济效益好，内容无害，读者需要，并有助于丰富人民文化生活的书，可以适当出一点；但对社会有害的书，经济利润再大，也坚决不出，不能赚昧良心的钱。

（四） 经济上要亏，也不一定有多大社会影响，但系国家出版社责任所在，需要加以扶持的书，也应适当出一点。

七

优化选题，有赖深入调查研究，集思广益，关起门来"拍脑袋"不行，靠少数人点头摇头也不行。 前些年，年度选题计划都是由下而上单线制定的，即由编辑提出选题，编辑室加以汇总交出版社，社长、总编辑略加选择，再加以汇总，就成为一个社的年度选题。 这样的选题缺乏总体构思与战略设想，尽管也可能有一些选题出类拔萃，但总的是难于体现一个出版社的出书方向。 正如有些同志所形容的，这里的领导关系是"倒过来的"，即社长、总编辑受制于编辑室主任，编辑室主任受制于编辑，而编辑是各自为政，各打各的，这样加起来的选题，往往是一种杂乱的混合。 而选题计划，最实际地体现着一个出版社要把自己塑造成一个什么样的形象，社领导再忙，也不应忽视抓这件事。 因而，我们这次讨论 1989 年选题计划时，以两三个月时间，用上下结合的方法，上上下下反复了好几次。 先是社里对明年的选题在指导思想上进行了研究，交全体编辑讨论；编辑结合调查研究，提出自己的选题；编辑室经过讨论比较，向社里提出编辑室的选题设想；社里同志与编辑室同志一起讨论，有所肯定，有所否定，有所要求；编辑室再调查研究，修正选题计划，再交社里通盘讨论。这样，上上下下交织在一起，较好地贯彻了领导意图，也较好地集中了编辑的智慧，使选题得到优化。

在这一过程中，走向社会，听取社会上对选题的意见是十分重要的。我们一是召开各种类型座谈会，包括读者、作者与图书发行人员的座谈会；二是寄发征求意见表；三是个别听取一些专家、行家的意见；四是从各出版社已经出版的同类图书中进行比较、研究。这样，大大扩大了我们考虑选题的思路，使我们意识到一些没有意识到的东西，克服了一些自以为是的东西。

群众路线，集思广益，提出了好多选题，最后敲定，一般都是社长、总编辑。今年，我们为了决策更慎重些，特组织了两个选题论证委员会，由社领导、经理、办公室主任与一些编审组成，分别论证文艺、文化与音乐方面的选题。论证时，有斟酌，有争论，最后以投票方式显示结果，选题得多数赞成为通过，否则即被否决。论证委员会通过的选题，即为入选的选题，社长、总编辑最后决定选题计划时，如必要，也只能作个别调整，而对论证委员会否决的选题，则无权再予肯定。这样，论证委员会也就带有一定的决策性。实践表明，这样加强了决策的民主性，也就加强了决策的科学性，达到了优化选题的目的。

选题计划一旦制定出来，就要有严肃性，要求编辑按它组稿发稿；但情况又是变化的，不断会有新选题冒出来需要及时抓住，因而我们的年度计划总是没有撑足，而是留有余额，以便编辑经过一定手续，可以填补或调换新的选题。选题计划如果没有这样的灵活性，也会作茧自缚。

八

优化选题，是出版改革的一项重要内容。这不仅因为出版改革的根本目的，在于多出好书，适应两个文明建设的需要，优化选题，是实现这一目标的基础；而且由于优化选题，有助于促进编辑水平的提高，与编辑队伍的调整优化。我们知道，编辑的工作虽是多方面的，但能否提出好的选题，则是对其学力、智力和活动能力的一个集中考验。现在有些编辑，习惯于"来料加工"，要别人提供选题、书稿。他只作些文字加工。如果没有"来料"，他就无事可做。还有些编辑，也能提出选题，但都是老一套的东西，结果编来编去都是一些平庸的书稿。鉴于目前编辑人员过多，需要精简，这次我们明确地把能提出几个为出版社首肯的选题，作为在岗编辑的一条基本职责。如不能履行这一职责，则将视情况调离编辑岗位。这样把优化选题列入竞争机制，简直可以说"立竿见影"地提高了编辑的积极性与创造性。一些原来不大动脑筋的编辑，这次为了能提出好的选题，出门调查，入门思索，一改过去那种安于平庸的混混沌沌局面。因此，我想，抓优化选题，是不是也可作为优化编辑队伍的一个突破口。

1989.10

1990年选题讨论中的几点共识

要出版繁荣，首先要出好书。

目前图书市场不甚景气，出版工作中存在诸多困难。我们在讨论1990年选题中开始对能否制定出一个比较好的发稿、出书计划，心中是不大有底的，有些畏难、畏缩情绪。从七月份开始，经过四个多月的调查研究、酝酿讨论，经过全体编辑动脑筋，想办法，还是提出了一些好的点子与选题。正如有的同志说的，当前出书虽有困难，但绝非"山穷水尽"。社会大气候的好转，归根结底，对社会主义出版事业的发展是有利的。对严肃的出版社来说，更是提供了一个大展身手的好时机。问题是我们面对困难不要泄气，而要把困难化作压力与动力，以信心、毅力、智慧与劳动，去战胜困难、超越困难，创造出一个"柳暗花明"的新境界。到十一月末，我社1990年选题讨论结束"拍板"，虽然还不能说已有什么"柳暗花明"的新境界，但确已扭转了开始讨论时那种心中少底的情况。从总体上看，1990年的计划较1989年要整齐些，在质量、结构上有所前进。当然，计划还是纸上的东西，把它变成现实，还有赖艰苦的努力。

在讨论过程中，我们达到了这样几点共识：

首先，坚持两个效益的统一，坚持把社会效益放在第一位。

这点，本是社会主义出版工作的"题中之义"，早属"共识"了。问题是，社会效益与经济效益并不总是统一的，两者不时发生矛盾。出版社实行利润承包，这一体制的导向更使人过多注意经济效益，在当前图书销售疲软的情况下，在衡量选题书稿时，就往往不是首先看内容、质量，而是首先看销路、盈亏。近年图书出版上出现的一些问题，与此有很大关系。因此，贵在"坚持"——既在认识上坚持，又在实践上坚持。

坚持两个效益的统一，首先要开拓"双效益"的图书。这方面的潜力还是不小的。一个好点子，能打开一片新天地。像上海古籍出版社影印《四库全书》，上海辞书出版社编辑《彩图成语辞典》等，都在"双效益"上取得很大成果。我社出版的

《文艺鉴赏大成》，由于在编选上有着不同于一般鉴赏书的特点与优点，即门类的综合性、选目的典范性与评析的精当性，在普及艺术知识、提高读者鉴赏水平方面起着它特有的作用，受到读者欢迎，相继印了七万多册，经济上已赢利二十多万元。我们说，编辑工作也属创造性劳动，需要在这方面更多地发挥创造性。然而，也确有一些图书，社会效益是好的，经济上却要赔的。对这些书，也应该积极安排出版。对一个出版社来说，能否坚持把社会效果放在第一位，主要是从对这类图书的态度上反映出来。如果因为赔钱而根本拒绝这类书的出版，可以说，这样的出版社从根本上违背了自己的社会主义本性，违背了为人民服务、为社会主义服务的出版方针。不过，出这类书有两点需要注意：一是量力而行。按经济上所能承担的力量，安排相应数量的图书。只算经济账，不接受这类图书，是错误的。不算经济账，盲目安排这类图书，也会压垮出版社。因此，要注意整个出书的结构、比例；二是择优安排。让有限的财力、物力，保证那些真正具有较高学术价值或艺术价值的图书得以出版。那些虽然称为学术著作或艺术著作实际并无多少"学术"或"艺术"的书稿，迟安排或不安排并无大碍。至于那些虽能赚钱，社会效果却很坏的图书，如黄色、准黄色的东西，目前人们正在扫荡它们，绝不能再让它们出笼。还有一些图书，经济上要赔，社会效果难说有什么不好，也难说有什么好，属可出可不出的平庸书。鉴于目前出版社经济困难，也鉴于目前整个图书市场数量发展过猛、过滥，对这类图书宜严格控制，不为各种关系说情所动，也不为各种诘难、指责所动。其中，对一些年轻作者的处女作，如视其有发展后劲，当可适当安排出版，以促进成长，这也是我们国家出版社的一项社会责任。总之，出书一定要有社会效果，经济上则有的盈，有的亏，但整个出版社的出书结构，则要坚持两个效益的统一，不顾社会效果，只讲经济效果，会走向邪路；不顾经济效果，只讲社会效果，也使出版社无法支撑下去，出书工作无法进行。

坚持社会效益第一位，就要努力提高图书的政治、思想、艺术、知识质量，更好地促进社会主义的思想建设与文化建设，更好地满足、丰富人民的精神文化生活。当前，特别要注意加强四项基本原则的宣传教育，加强爱国主义、集体主义、自力更生、艰苦奋斗的思想教育。对此，除了要加强这方面的专题书，如进一步做好《将帅回忆录》等丛书的编辑出版以外，就我们出版社来说，主要是将这一精神更好地贯彻与融化于各种书刊之中，化为各种书刊的"灵魂"。文艺作品，在继续注意多样化的同时，要着重加强组织与出版反映社会主义主旋律的作品，给读者以积极进取、奋发图强的精神。文艺理论著作，在继续贯彻百家争鸣方针的同时，要加强马列主义的理论指导。对一些西方学术著作的介绍，要运用马列主义的立场、观点、方法进行选择与分析。 对能弘扬爱国主义精神的优秀文化成果，要加强整理出版，如"中国珍宝鉴赏丛书"，在完成第一辑五本以后，要着手考虑第二辑的编辑出版。《中国音乐大系》原定八卷，拟再增加一卷理论卷。《中国新文学大系》第三辑（1937—1949）的二十卷，除资料卷外，拟于明年全部推出。 加上第一辑（1917—1927）、第二辑（1927—1937）的四十卷，总共五十卷大书，大致囊括了我国现代文学的优秀成果。

其次，大力抓"长命畅销书"，努力减少图书的淘汰率。

由于目前图书数量众多，读者购买力与书店资金有限，目前以至今后，初版就有大印数的图书恐怕不会太多了。 初版书，在某种意义上说，是一种样品、宣传品，如果质量真正是好的，是适销对路的，读者和书店就会要求它重版，得以"长命"；反之，初版后就会被淘汰，"短命而亡"。 今后图书的畅销，会越来越与"长命"联在一起。 因此，应千方百计多出能不断重版的"长命书"。 这些书能体现两个效益的统一。 即使初版印数不高，经济亏损，由于很快能够重版，也就会扭亏为盈。 同时，这些"长命书"，也最能体现出版社特有的文化积累作用。 从长远看，一个出版社的成就与贡献，就是看它能为读者提供多少不断重版的图书，能为祖国文化库提供多少"保留书目"。 如果书出得多，却像狗熊掰苞米一样，掰一个，丢一个，淘汰率很高，那是不应给以点头而应给以摇头的。 今年 11 月 15 日，我为《新民晚报》"读书乐"二百期题词："人类与书籍一起成长，书籍与人类一起发展。"我所说的书籍的伟大作用，主要就体现在这些有保留价值的图书上。

梳理我社的"长命畅销书"选题，主要有这样几个方面：一是重点丛书。 这类书有较高的文化积累价值，如《中国新文学大系》《中国民族音乐大系》等；二是有分有合的系列书。 这类书也有较大的文化积累或文化实用价值，从编辑工作进展与读者购买力考虑，先出分册，然后总其成。 如《中国歇后语》《中国谚语》《中国惯用语》《中国俗语》《中国俗成语》等，将汇总成一部《语海》；三是"十大"书系，即《中国十大古典悲剧集》《中国十大古典喜剧集》一类书。 这类书在对人类文化成果的整理中，比较强烈地体现了编辑的主体意识，有着独创性的编选角度，受到读者欢迎。 今年出版的《中国现代十大流派诗选》，由于比较成功地由流派着眼编选，在目前诗歌集销数一般只有两三千册的情况下，初版即达八千册，并很快重版；四是礼品书。 这类书知识密集，装帧精美，适宜作亲友间馈赠的礼品；五是教材。 主要是音乐教材。 今年，根据国家教委下达的任务，正在组织力量编写沿海发达地区的中小学音乐教材。 教材一定要编好，要对下一代负责；六是高质量的创作书。 小说、诗歌、散文等，近年有相当的书均系"过眼烟云"，随生随灭。 要压缩数量，集中精力抓一些有影响的作品，如《皖南事变》《双桅船》等；七是工具书。 包括辞典、手册、大全等。 这类书目前增多，要能在比较中为读者所赏识，需要精编精选，出类拔萃。《外国音乐辞典》《音乐欣赏手册》《家庭实用大全》等较好；八是文化实用书。 这类书也不能满足于让读者"实用"一下就销声匿迹，要长销不衰，也需要编辑的智慧与才华。《棒针花样 500 种》累计印数达一千多万，即其一例。

第三，力争多层次与高质量、多样化与高品格的统一。

由于出书数量与质量的发展不平衡，数量过滥，质量不高，就全国来说，出书的中心环节是抓质量。 对我们这个地处上海的老牌出版社来说，更应突出质量，以质量、品格取胜。"宁可少些，但要好些！"同时，对我们这个综合性出版社来说，出书又要多层次，适应不同文化层次的读者对文艺、文化、音乐的多方面要求。 高质量，不宜简单地等同于高层次。 高质量，是多层次的高质量；多层次，是高质量的多层次。

据此，我们既要精心组织高、中层次读者需要的有分量的，具有较高学术价值与艺术价值的图书，又要认真编辑中、低层读者需要的有质量的，具有愉悦精神与实用价值的图书。 对前者，要注意某些书稿华而不实，层次虽高，质量却差。 对后者，要注意名为通俗作品，实际却滑向粗俗、浅俗以至庸俗，层次低，质量也低。 要努力多出《中国新文学大系》这类层次高、质量也高的书，《故事会》这样层次不高、质量却高的书。 这样，我们出版社才能较好地肩负起建设社会主义文化与普及科学文化知识、满足人民文化需要的使命。

这其中，值得注意的是，"扫黄"一定要坚决，除"黄"务尽，但这绝不意味着对通俗文艺的轻视、忽视与鄙视。 相反，一面"扫黄"，一面要加强通俗文艺的出版。通俗文艺的读者群是很大的，我们应该尊重读者这一需要。 30 年代，"左联"倡导文学大众化，当时有一种摇头的理论，认为像连环图画"这样低级的形式还生产得出好的作品吗"？ 鲁迅则指出连环图画这样的通俗文艺也是艺术，早坐在"艺术之宫"里面了，同时强调说，他"并不劝青年艺术学徒蔑弃大幅的油画或水彩画，但是希望一样看重并努力于连环图画和书报的插图"。 因为，对于这，"大众是要看的，大众是感激的"！ 所以，我们不能削弱通俗文艺的出版，而是要努力提高它的品位、品格。通俗文艺也能出好作品，"拳头产品"。 鉴于目前青少年较少涉及中外名著，而一些大部头名著，有些读者限于时间、精力等原因，又难于涉及，明年拟通过改编、缩写等方式，将一些名著通俗化，如《世界名家小说故事总集》等。

第四，发稿要加强"立体思维"。

书籍，要通过读者才能发挥作用，实现价值。 因此，书籍总是赢得的读者愈多愈好。 而书籍作为商品在市场上出售，购买者不但考察其内容，也考察其价格。 目前图书销售疲软，与书价上涨过猛有很大关系。 这就要求我们在发稿时，对不同图书的印张、开本、封面、装帧设计等要求，也需同时从价格上作出考虑，以适应读者的不同需求。 比如礼品书，装帧、用纸好一点，价格高一点，读者还是接受的。 一般普及性读物，开本小一点，排得紧一点，经济实用，也是符合读者需要的。 最近，我们出版了一部长篇小说，作者要求用大32开本，大32开较小32开虽然要气魄些，但定价高达九元六角，以至征订数甚少，如果改用小32开，价格要减少百分之二十以上，购买者会有所增多。 这里需要我们编辑工作有一点市场观念。 市场观念也即读者观念。 1935年英国出版家艾伦·莱恩出版"企鹅丛书"，内容皆古典名著，由于改羊皮精装为纸面精装，价廉物美，大受欢迎，竟一举成功。 我们编选的"五角丛书"，所以销数大，一度形成"五角丛书热"，也与"价廉物美"有很大关系。 自然，市场观念、读者观念并不限于价格问题。 解放前，商务印书馆出版"万有文库"，计四千多册，最后奉送目录索引和图书卡片，极大地方便了读者，销路也因此见好。 所有这些，都值得我们学习与发扬。 我们编者一头联系作者，一头联系着读者，对书籍的内容、形式、价格等各个方面，宜作综合的"立体思维"。

第五，加强重版书。

这与初版时就要大力抓"长命畅销书"是一致的。 重版书的多少，是一个出版社的贡献与实力的重要体现。 目前我社年初版书为二百四十种，重版书为一百三十种，比例约为2∶1，争取逐步达到1∶1。 重版书的编辑校阅工作要认真做好，要把重版书发稿当作初版书来做。 对多有重版书的编辑，要给予适当奖励。

第六，加强图书宣传。

由于目前图书品种繁多，为便于读者了解与选择图书，有必要加强图书宣传。编辑应把宣传图书视为自己的一项职责，但宣传要实事求是。 要向读者推荐优秀图书，不要把劣品当作优品去推销，这有关出版社的信誉。 时下有一些新书发布会、讨论会，不作货真价实的介绍，而是乱捧乱吹一气，最终会丧失读者的信任感，不足为训。 图书宣传，只有和图书的质量结合在一起，才能真正形成力量。

1990.2

要打品牌这张"牌"

——关于上海出版战略的思考

品牌的问题，已经不新鲜了。 之所以要"老调重弹"，不仅由于它在实践上远没有解决，而且对上海出版业来说，更是"性命攸关"。 上海出版业要再铸辉煌，出类拔萃于全国乃至世界出版之林，非打品牌这张"牌"不可。 品牌战略，是上海出版战略的一个重要组成部分。

品牌，上海出版业的旗帜

时下出版的竞争，早已越过数量的竞争，进入质量、特色的竞争，而质量、特色的竞争，集中为品牌的竞争。 品牌，就是上"品"之牌，是商品的保质卡与信誉卡。谁拥有品牌，谁就拥有知名度和信誉度，谁就拥有读者和市场。

上海曾经是全国公认的出版中心，不仅因为它是中国近现代出版的诞生地，也不仅因为它的出版数量占全国总量的一半以上，同时还由于它拥有一批在全国具有广泛影响的著名出版机构和出版物，如商务印书馆、中华书局、开明书局、三联书店，以及《辞源》《辞海》《四部丛刊》《二十五史》《万有文库》等。 正是这些品牌社品牌书，提升了上海出版的水平与质量，效益与信誉，在全国形成了一种制高点与中心地位。 商务、中华、三联也因其品牌在解放后被保存下来，依靠一代又一代出版人的努力，它们至今仍保持品牌的魅力。 据统计，如今在海外的华文图书市场中，"商中三"在国内各家出版社中，占的份额仍然最大。 建国初期，毛泽东同志曾要有关同志搜集商务、中华出版的"所有图书"。 可见这些品牌社的影响之大。

现在，商务、中华、三联早已北移北京。 出版业在全国各地开花，生长了一些新的出版基地。 全国每年出书十几万种，其中上海一万多种，约占 1/10，数量上并不占多少优势了。 然而，由于上海是我国现代化水平最高的城市，是全国的经济、金融、贸易中心，是改革开放的前沿，是国内外文化交流的集散地，现实与历史都要求它在出版上仍然发挥突出作用，与北京一起，成为我国的出版中心。 为此，绝不是一般的去增加图书数量。 当今的图书市场，缺的不是数量，而是质量。 缺乏质量的数量，是形不成力量的。 上海出版业的作用，在于利用自己的条件，像过去曾经出现过的那样，起着一种"提升"作用，以自己的优秀出版物与优秀服务，来提高出版的水平与质量，效益与信誉。 这就是说，要求上海出版的产品能上"品"，不作一般的横向扩张，而作精心的纵向提高，不是多而平，而是少而精，从而形成出版的制高点。 这就需要营造众多有影响的品牌。 可以说，品牌是上海出版业的旗帜和生命线。

营造品牌，就上海来说，有这样三个层次：一是产品品牌，即单种商品品牌，一本书、一套书或一类书，像已经出版的《辞海》《英汉大词典》《汉语大词典》以及《十万个为什么》《中国新文学大系》等，都是有影响的品牌；二是企业的整体品牌，如商务、中华、三联等。 这种企业品牌的形成，依赖于连续生产有品牌的产品。 由于出版社的图书生产，与一般物质产品在定型后可以大量复制不同，它的每本书都要推陈出新，都是一种新产品，因而更需要注意营造出版社的整体品牌。 有了整体品牌，始能保证出版社在市场竞争中具有比较全面而稳定的优势。 就像毛泽东要搜集商务、中华的"所有图书"一样，商务、中华出的书不一定本本都很优秀，但由于统一在一个品牌之下，也就都引起注意了。 目前上海一些出版社正在形成自己的企业品牌，或者是具备了形成品牌的条件，需要有意识地在这方面加强努力；三是地域意义上的品牌，即上海的整体品牌。 上海曾经是全国最大的文化中心，上海的文化产品因"上海"的招牌倍受青睐，"上海货"成为世人信赖的"硬通货"。 上海出版业再创辉煌，需要有众多的品牌图书、名牌出版机构，同时还需要在这一基础上，将上海的出版业形成一个整体品牌。 为此，方能最有力地张扬上海出版力量，乃至上海的整体文化形象。

营造上海出版的整体品牌，自然也不是全面出击，而是根据全国的出版格局，发扬自己所长，以质量取胜，以特色取胜，形成积极的海派风格。 这就是：一、重视创新，努力得风气之先，多出独创性、原创性著作；二、重视东西文化交汇，以海纳百川的气度，精选精编各种风格流派的作品；三、重视雅俗融合，将普及和提高结合起来，将多层次和高质量结合起来，兼顾精英文化和大众文化的出版。

创造品牌的灵魂在于精心策划

创造品牌不可能一蹴而就，有个艰苦的孕育过程。《辞海》《英汉大词典》《汉语大词典》等品牌，都是十年磨一剑的结果。《十万个为什么》《中国新文学大系》等有影响的丛书、套书，则是自五六十年代乃至三四十年代开始操作长期经营的结果。而且，品牌形成后，也不可能一劳永逸。 由于时代发展的加速，市场竞争的激烈，品牌需要不断创新，与时俱进，以适应形势的发展与读者的要求。《辞海》（1999年版）与《十万个为什么》（新世纪版），老树新花，引起这两个品牌在图书市场上的再一次轰动，其诀窍正在于品牌的不断更新。

图书品牌的形成与发展，以优秀选题为基础。 同时，也有赖制作、营销、宣传等各个环节的紧密配合。 品牌意识，应是出版社各个部门的整体意识。 这其中，社长、总编首先要具有强烈的品牌意识，把组织策划品牌，放在工作的重要地位。 世界正进入知识经济时代，作为知识产业的出版业，实际上是"头脑产业"，具有"品"位的产品总是以创新和创造为特色，它们是高智能的结晶。 这里，就要求出版人首先要好好开动自己的"头脑",策划具有创意的选题,并组织社内外有见识的"头脑"加以实现。 品牌图书,是出版人策划之果。 碰运气"碰"不出品牌,随大流也"流"不出品牌。 只有"运筹帷幄之中",始能"决胜千里之外"。 策划,体现了现代出版活动较之传统出版活动,更具主体性,它要求出版人的头脑更灵,更智慧,更富创造性。

这还是从单个产品品牌来说,倘若从企业品牌、地域品牌的造就来看,就更系于策划了。 这种策划,虽然仍以产品品牌为基础,它是企业品牌、地域品牌的主要承载物;但是,企业品牌、地域品牌,又不是众多产品品牌简单相加就能形成的。 就出版社和上海出版业来说,它还要有自己特有的出版理念、出版品格、出版形象,内涵远较单个产品品牌广泛深邃。 像商务、中华、三联这些老品牌,都是因为在长期出版活动中,坚持自己的出版理念,别具一格,呈现出特有的优势。 出版社的品牌一旦形成,就表明它的创造性劳动得到了社会的承认。 这样,出版社的名称,就从一种用于区别于其他出版社的文字识别符号,转化为某种出版文化的象征,成为广大读者熟悉而又亲切的"信息代码",如提到商务就想到它的优秀工具书、学术书,提到中华就想到它的古籍"精选精编精注精校"等。 如此,正如有人指出的,"出版社的名称从其所代表的出版单位(出版物)中分离出来,成为具有潜在市场效应的物质存在,具有一定的商业附加值"。 这就是说,社的品牌成了社的无形资产,大大有利于扩大和增加出版社的社会效益与经济效益。 有一个材料说,80 年代,上海译文出版社与另一家出版社几乎同时推出了《基督山恩仇记》,销量前者超过后者许多倍,牢牢地控制着市场,这就是品牌的作用。 当《乱世佳人》的续集《斯佳丽》的出版商准备在我国寻找出版简体本出版社时,根据有关出版社的影响打星号,上海译文出版社星号最多。 遂将该书交它出版,果然业绩非凡,至今累计印数达一百余万册。 这说明,品牌不仅在国内市场,而且在国际交往中起着作用。 上海出版界有着"走出去"的任务,在我国加入 WTO 后,投入国际市场的竞争,更必须加强品牌的营造。

出版社营造品牌,除了要努力生产品牌图书外,还要有一个取得全体职工共识的出版理念,让大家都清楚社的发展目标与怎样去实现这一目标。 90 年代,上海文艺出版社曾经制定了"企业风范",其中包括"发展目标""事业精神""出书方针""经营思想""管理方式"五个部分,意图也是造就自己成为一个有特色有风格的品牌出版社,可惜这一"企业风范"虽然经过社职代会讨论通过,但后来在实践中贯彻不力,也就未能在实践中丰富提高。 现在看来,要造就企业品牌,还是需要加强这方面的整体策划。 此外,在具体措施上,要注意宣传扩大品牌的影响,要有出版社品牌标志，即使在信封、信纸、名片、马甲袋上，也都打上这样的统一标志，做到"无孔不入"，增强读者印象。 有些突然的偶然事件，如书被盗版，作品被侵权，都可以利用它来扩大自己的知名度、美誉度。 这些都有赖强烈的品牌意识进行策划。

至于上海出版业整体品牌的营造，牵涉的问题更复杂些，更需要建立整体的出版理念和文化品格，上面提到的三个"重视"，该属于这方面的内容。

总之，品牌，需要出版人精心策划。 以创新为本质的策划，是创建品牌的灵魂。

高才智是出版品牌最重要的资源

作为知识产业的出版业，其资源系人的智力与智慧。 出版品牌的创立，关键是发掘和组织好人力资源。 首先，是要拥有一支一流的作者队伍。 图书，是作者研究、创作的成果。"血管里流出的是血，水管里流出的是水"。 一流图书的产生，有赖一流的作者。 当前出版竞争所集中表现的品牌之争，从工作角度来说，源于对优秀作者这一最重要的出版资源的争夺。

上海，既"万商云集"，又"万士云集"，拥有各方面的人才。 出版资源是丰厚的。 长期以来，上海出版业能在全国领先，与这一得天独厚的条件分不开。 近些年来，外地出版界也纷纷到上海"采矿"。 上海人才资源已经为全国出版界所利用。对此，我们不应该也不可能采取"地方保护主义"，不让出版资源外流。 全国乃至全世界都是一个大市场。 问题是我们要加强这方面的争夺，尽量减少那种"墙内开花墙外香"的现象。 同时，要进一步向全国开发作者资源，特别是第一流作者的资源。 在北京、广州这些人才汇集之地，似宜设立联络站一类机构，以便加强与作者的联系，获取信息。 有些省市出版单位在北京、上海早有"窗口"，他们就较多地占有了外地的出版资源，有力地促进了自己出版水平的提高。 除了国内，对海外的优秀作者，也要多多联系。 上海的出版产业，唯有"内脑""外脑"并用，"海纳百川"，始能"有容乃大"。

过去有句话："作者是出版社的衣食父母。"此话不一定贴切。 但是，出版社的工作，确实是依靠作者维持的。 出版社要多出好书，要创品牌，就得进一步重视作者工作，特别是一流作者的工作。 要加强作者工作的规划，要组织自己的作者群，要对那些拔尖的作者与具有发展潜质的作者，给以特殊政策，从而使自己在掌握最重要的出版资源中，拥有稳定性与可持续性。

除了作者，出版智力资源就是出版人员了，包括编辑人员、经营人员、管理人员。 出书工作，出版品牌，归根结底是要出版人员策划与操练的。 我曾经把作者比喻为"孕妇"，编辑为"助产士"。 实际上，编辑不仅是"助产士"，还是"红娘"，还是"保姆"。 有些重点图书，是由编辑提出设想，再组织高水平作者共同完成的。前面说过，在现代化出版业中，出版人员的主体性与创造性显得越来越突出。 充分挖掘出版界内部的人才资源，发挥他们的聪明才智，培养大批第一流出版人才，也是造就出版品牌的必要条件。

2000.1

出版强需品牌盛

由出版大国走向出版强国，需作多方面的努力，其中重要一环，是认真推行品牌战略，大力创建出版品牌。 大而不强，是一种虚胖，尽管看来块头不小，却是虚肉，缺乏实在力量。 在愈来愈激烈的国内外竞争中，按一些经济学家对大而不强企业的评说，是"长此以往，迟早要垮"。 因此，大一定要努力走向强。

大，一般指数量的多；强，一般指质量的高。 时下出版业的竞争，早已越过数量的竞争进入质量的竞争，而质量的竞争，集中表现为品牌的竞争。 品牌，就是上"品"之牌，是商品的保质卡和信誉卡。 谁拥有品牌，谁就拥有知名度和信誉度，谁就拥有读者和市场，谁就拥有影响力和生命力。 谁的品牌愈多，谁就愈强。

就历史和现实来看，出版品牌有几个层次：一是产品品牌。 一本书、一套书或一类书，如《辞海》《十万个为什么》《中国新文学大系》《新概念英语》，以及《读者》《故事会》等；二是企业品牌。 如商务、中华等。 这些企业品牌的形成，依赖于连续生产有品牌的产品，而一旦有了企业整体品牌，就能保证出版社在市场竞争中具有比较稳定的优势。 毛泽东曾要求搜集商务、中华过去出版的"所有图书"，商务、中华出的书不一定本本优秀，但由于在一个品牌之下，也就都引起注意了；三是集团品牌。 近些年来，国际出版业经过兼并组合，形成了一些大的出版集团，如贝塔斯曼、汤姆逊、培生等，它们在不同程度上都具有品牌的影响力。 我国出版业近年在"造大船"活动中，也先后组建了27家出版集团，虽然也有内涵发展较好的，但总的说来，目前都还不具有品牌影响力；四是活动品牌。 突出的如法兰克福书展，其影响广泛地波及世界各地，各国出版人每年10月像朝圣一样纷纷去参加那里活动；五是地区品牌，主要是一些大城市。 这样的城市聚集众多有影响的出版机构，不断推出有影响的品牌产品，成为世界或区域的出版中心，如伦敦、纽约、东京等。 上海曾是中国的现代出版中心，如今则下降为"重镇"。 中国出版的发展，近些年来呈均衡发展状，各省市群雄纷起，"重镇"增多，而"中心"却没有有效地形成，因而地区品牌影响力也不大；六是人才品牌。作为知识产业的出版业，其资源是人的智力和智慧。出版品牌的创立，关键是发掘与聚集优秀人力资源。考察过去上海出版品牌的产生，多与名编辑、名出版家联在一起，像商务印书馆与张元济、生活书店与邹韬奋，以及《小说月报》与沈雁冰、《中学生》与叶圣陶、《中国新文学大系》与赵家璧，等等。当我国出版业在上述诸方面都有了一批响当当的品牌，不仅在国内，而且在国际上，都具有影响力和竞争力，在拥有高知名度的同时，伴以高市场的占有率，则可以视为我们由出版大国走进出版强国的标志。

营造品牌要拒绝急功近利，因为它不可能一蹴而就，而是有个艰苦的孕育过程。历史上的品牌书，多是"十年磨一剑"的结果。像《中国新文学大系》《十万个为什么》等有影响的丛书，则是从 20 世纪五六十年代乃至三四十年代就开始"磨"的。而且，品牌形成后，也不可能一劳永逸。《辞海》在解放前已是品牌，这些年来多次认真修订，方使它与时俱进，生命长青，永葆品牌之光。《新华字典》《现代汉语词典》等，也是在精益求精的不断修订锤炼中，延续其品牌的生命力。针对当今出书多而滥的情况，很有必要强调"宁可少些，但要好些"，少点浮躁，耐住寂寞，以"十年磨一剑"的精神，多"磨"出一些"以一当十"的富有生命力的品牌书。出版工作是文化工作，出版人应牢记文化的根本使命不是赚钱，而是传承社会文明，为全面建设和谐的文明社会提供思想保证、精神动力、智力支持和文化环境，对出版业来说，更有着积累文化的责任。出版人应当多抓有质量有价值有生命力的能成为品牌的出版物，以期成为"保留节目"留给我们的后人，不宜热衷去做那些现炒现卖的"短命书"。倘若出版界的出书，像狗熊掰苞米一样，掰一个丢一个，留不下有价值的东西，这就有违出版使命了。

品牌营造需要扬长避短。出版的每个门类，都可以出品牌，但就一个特定的出版机构来说，不宜四面出击，乱抓一阵。我国出版社多有专业分工，本有利于发扬各自的专业优势，精心打造各自的特色品牌，可惜这种专业分工近年被任意打破，一些出版社避长扬短，热衷在自己不熟悉的领域"跟风"，出了许多粗劣的书，败坏了出版声誉。实际上，一个出版社要成为品牌社，往往需要在自己的专业分工范围内，深耕细作，以一系列优秀特色图书，建立自己的信誉。商务印书馆这一老的品牌，正是依靠它的长期的大量的优秀工具书、学术书而形成的。离开自己的专业优势，随波逐流式的东一榔头，西一棒头，也许可能出一两本好书，但不可能形成品牌。牛津大学出版社为了集中精力出好自己最擅长的学术著作，停止了原本销路不错的诗集出版。培生出版集团为了专心从事教育出版，卖掉了与这一专业不相干的产业，这些很值得我们借鉴。 我国现在的出版集团都是综合性的，无所不包，也似乎无所不能，同质化又十分突出，这对要多多创造个性化极强的优秀出版物来说，利乎？ 害乎？

近些年出版业"造大船"，形成多个出版集团，规模是做"大"了，但是，做"大"，不是把多个小舢板联成一个有规模的"大船"就可，关键是要造出一个强大的发动机，能带领"大船"乘风破浪前行。 这个"发动机"，包括体制机制的创新，生产方式的转变，资源的科学配置，同时也包括品牌战略的有效实施。 如果这些方面不尽如人意，也就意味着"大船"缺少强大的"发动机"，这样的"大船"就反而不如"小船"机动灵活。 因此，大一定要走向强。 要强，就一定要重视质量和特色，多多营造有影响力、竞争力和生命力的品牌。

综如上述，出版的"大船"，不论是大社，还是大国，都要高高升起品牌的旗帜，拥有自己独特的金字招牌，方能驶入出版文化海洋的强盛疆域。

2011.2

《上海出版战略研讨论文集》序

大家都熟悉这样一句名言："没有革命的理论，就不会有革命的行动。"同样，建设事业也离不开理论的指导。 现在的世界，越来越多样，越来越精彩，同时也越来越多变，越来越复杂。 在复杂而多变的世界里，要不迷失方向，不盲目行事，更需要清醒而清晰的头脑。 单凭直觉，难于"清醒"；单靠经验，难于"清晰"。 从人的认识发展过程来说，直觉有待提升，经验有待升华，它们都有赖理论思维的搅拌与提炼。 任何时候，任何工作，都不可忽视理论的作用，都要重视加强理论建设。

出版工作也是这样。 尽管我国出版历史悠久，但长期以来，出版实践活动多，出版理论研究少，以至社会上许多行业，包括与出版邻近但比出版年轻的新闻业，都建立了自己的"学"，唯独出版学仍付之阙如。 20 世纪 80 年代以来，经过一些出版专家的呼吁与提倡，情况有所改变，出版学、编辑学的研究正逐步展开。 然而，就总的情况来看，如今仍然是理论落后于实际，其表现在：一是目前的出版理论成果比较零碎、浅薄，未能把丰富深厚的出版实践经验系统总结提高，以至还不完全具备一种"学"的形态；二是出版研究有的放矢不够，缺乏对出版事业发展中的新情况、新经验、新问题的热情关注，以致有些研究套话、老话较多，不大搔得着痒处，理论思维创造力不足；三是理论的重要性，还未化为广大出版工作者的自觉意识，不少人仍是习惯于"埋头拉车"，不重视"抬头看路"，重"行"轻"知"，重实践轻理论。 改变这种出版理论落后的情况，已成为促进当前出版事业更好发展的必要条件。

基于此，上海出版界于 7 月召开了一次规模较大的理论研讨会，就上海出版发展战略进行研讨，以期引起大家对出版理论的关注。 会议从 2 月开始筹备，在各出版单位进行了广泛的发动。 不少同志结合调查研究，写出了一批文章。 会上有 33 位同志提交了论文。 会后，又有一些同志将自己在会上的口头发言整理成文。 这样，这本论文集计收稿 36 篇。

上海的这次理论研讨，紧密结合现实，主题是：面对新千年，面对新形势，上海出版工作面临的机遇、挑战和对策，以及上海出版在全国乃至全世界格局中的地位与作用。 这些论文裹挟着时代的气息，具有强烈的当代性。 它们提出的理论问题和实际问题，主要集中在"三个面对"上：

一是面对新技术革命。 数字化与互联网技术发展很快，对传统出版业提出严重挑战，我们如何应对。

二是面对加入 WTO。 这里也是既有挑战，更有机遇，我们应持什么对策。

三是面对经济全球化、世界文化交融激荡的新世纪。 它也给出版业提出了许多新课题。 对此，一些文章从不同侧面，如创新、品牌、心态、信息、理论、经营、管理、人才等，论证了发展上海出版事业所需要重视的问题。 陈纪宁同志在对上海出版地位的论述中，第一次预测了未来十年出版格局的变动，即从社会主义计划经济下的均衡发展，过渡到适应社会主义市场经济的不均衡发展，将有助于曾经由"中心"转为"重镇"的上海出版，再变转为"中心"的可能。 一些文章还分别论述了科技、经济、古籍、医药、卡通、摄影等类图书以及高校出版社的发展战略，接触到的问题具有相当的广度与深度。

应该说，"三个面对"是上海乃至全国出版业当前所面对的三个最大现实，出版业要有新的更大发展，就不能不认真研究这三大现实，分析它们所提供的机遇，认识它们所带来的挑战，趋利避害，抓住时机，大胆改革，锐意创新，营造出版事业的新局面。 一些论文在这方面颇多真知灼见，令人眼睛一亮，心窍一开。

这些论文尽管紧扣现实，但并非一般探讨工作的工作报告。 它所以成为论文，在于有"论"贯注其中。 稍加梳理，可以看到其中有对出版规律的探讨，有对出版理念更新的论述，有对出版格局重整的研究，有对出版前景的预测，还有对以江泽民同志"三个代表"思想指导出版工作的阐释。 黑格尔说，"理论的东西本质上包含于实践的东西之中"，这些"包含于实践"之中的"理论"，使这些文章既紧扣现实，又超越现实，从而提升了文章的品格，既具有当代性、实践性，又富有普泛性、指导性。

值得称道的是，不少论文在不同程度上都具有创意。文贵创新，理论亦然。不说面对 WTO 思考一类文章，讲的是新课题，多发前人之未发；就是一些老课题，有的讲得也颇具新意。杨益萍同志的《推进企业创新，攀登印刷高地》一文，讲的是创新问题，就这个问题本身来说，并不新鲜了。但是，他结合上海攀登印刷高地的实践，将作为"民族进步的灵魂"的创新问题，不仅论述得十分实在服人，而且爆发出不少引人的火花，如"创新需要优势组合""创新需要稳定的环境"等。理论创新，说别人未说过的话，是一种；深化与发展了别人说过的话，也是一种。它们都值得欢迎。理论研究所忌的，是"只嚼别人吃过的馍"。

理论研究属于学术研究，应该鼓励不同意见的自由争论。上海这次研讨会贯彻了这一精神。会上，多数人对多数问题的看法比较一致，但也有一些意见相左。比如，新技术对传统出版的挑战，有同志认为会敲响传统出版的丧钟，有同志则觉得这样的估计有些过头，传统出版将和网络出版、电子出版并行发展。又比如，对加入WTO，有同志用"狼来了"形容，觉得要提高警惕与戒备，有同志则觉得这是把自己放在"羊"的位置，过于紧张，少了一点自信。又比如，对上海出版地位能否再度转为"中心"，有人乐观些，有人则不那么乐观。对上海出版欠缺的一面，有同志分析了近些年上海总印数、总印张的百分比在全国下跌的情况，说明它存在弱势，"只有小智慧而无大手笔"，有同志则觉得各地教材教辅读物的比重不同，这种百分比不十分科学，上海出版在全国"始终保持了领先地位"，它有弱项，但无弱势。这些不同看法，在论文中也有所反映。不同意见的争辩、争鸣，活跃了思想，深化了认识。

自然，这些论文的水平并非一致，有的好些，有的差些，呈现事物通常所具有的不平衡状。但是，总的说来，它们拥有理论联系实际的风格。有"实际"，但非一般的情况罗列。有"理论"，又非学究式的凭空论道。通过它们的撰写、宣讲、讨论、争辩，引发了更多的出版工作者研讨出版理论的兴趣与自觉。这样，也就实现了这次出版战略研讨会的原定目标："加强出版理论研究，更好地发展上海出版事业"。

当然，这个目标的出现，不可能"毕其功于一役"。这次研讨会的召开，只不过是"万里长征的第一步"。它需要今后不断地加强这方面的工作。现在，我们把这次研讨会的论文结集出版，也就是希望它继续在这方面发挥效应。

2000.7

《策划与管理》序

　　上海出版界每年都以一个主题，召开一次出版研讨会。2000年，研讨了上海出版战略，近40篇论文已于当年结集出版。2001年和2002年的研讨主题，分别为出版策划和出版管理。这本《策划与管理》，就是这两次研讨会论文的合集。

　　出版策划，之所以日益为出版界所重视，是因为图书出版已告别短缺时代，出现了阶段性过剩。图书市场的竞争，已越过数量的竞争，进入质量、品牌的竞争，它特别要求产品的创新。出版策划，就是要充分发挥出版人的创造性，在扑朔迷离的市场变化中，不随波逐流，而是主动应对，不是守株待兔，而是主动出击，以自己的聪明才智，走出自己的路子，献出符合社会需要包括社会潜在需要的创新产品。

　　出版策划，就一个出版社来说，其内涵是多方面的，其中选题策划居于中心地位。因为出版社的根本任务，是多出好书，为社会主义的两个文明建设服务，为广大读者服务。要出好书，关键是能策划出好选题。为此，编辑人员就要眼观八路，心想四方，充分了解各方面的信息，在此基础上作出正确的决策，以最有效的方式占有出版资源。过去，编辑人员做得比较多的是编辑加工。这样的案头工作是不可少的，鉴于目前书稿错误不断，这方面的工作还要更认真地去做，但是，如何策划好选题，当下更需要加强。这是出好书之"本"。没有它，后道工序的工作，在某种意义上可以说，都是在为"无本之木"作徒劳。因此，就整个编辑工作来说，重心要前移，即由后期的编辑加工，移到前期的编辑策划。当然，具体如何前移，可根据不同情况不同处理。现在有的社在原有的编辑建制以外，专门设立了策划编辑。有的社则把编辑分为两拨，一拨着重选题策划，一拨侧重编辑加工。有的社则要求所有的编辑都加强选题策划。这些办法，可因社因人而异，"百花齐放"，重要的是整个编辑工作一定要适应形势的变化，把选题策划提升到第一位。这样，今天的编辑工作才能显出个性和创意、活力和魅力。

　　出版策划，除了选题策划外，还包括营销策划、宣传策划、人才策划，等等。每个方面，都有许多文章可做。出版社的每个方面的工作，都有策划施展的空间。每个出版社人员，只要加强策划意识，多多发挥主动性创造性，都能献出有利于出版事业发展的"金点子"。这里值得提出的是，社长、总编辑的工作，在很大程度上，就是策划性的工作。毛泽东同志说过，领导者的任务有两条：一是出主意；二是用干部。出主意，可以说就是策划；用干部，也离不开策划。社长总编的策划，涵盖着这样四方面的内容：一、策划安排全社工作；二、组织全社人员进行策划；三、协调各部门的策划；四、抓重点书稿、重点工程的策划。可以这么说，社长总编是一个社的总策划师。这就要求社长总编特别具有策划意识策划能力，要掌握有关信息，洞察市场变化，果断而正确地作出各种决策。

近年来，上海各出版社在选题策划、市场策划以及建立策划机制等方面，做出了不少成绩，取得了不少经验，在此基础上，不少同志并由实到虚地进行了理论性的探讨。书中的文章，反映了这方面的成果。

管理，则是一个永恒的主题。管理，也是生产力。深入改革，在相当程度上，就是深化管理体制和机制的改革。社会的迅速发展，竞争的愈益激烈，要求出版管理加速创新。管理改善了，加强了，就会有效地提高出版社的核心竞争能力，使出版社在新形势下不断健康发展。管理，有宏观管理，有微观管理。就一个出版社来说，也涉及到选题、经营、人力、财务、信息、质量等多方面的管理。本书所收的论文，对此均有所涉及，并以"与时俱进"的精神，从当前的现实出发，对改善出版社各方面的管理，提出了不少新的见解，闪烁着启迪人的思想火花。"出版定位的文化思考""面向新时期的选题策划""人力资源管理的提升刻不容缓""谈新技术条件下的机构调整""加快企业信息建设，提高出版社管理水平"等论文题目，就透露出浓浓的新意，显示着"与时俱变的出版产业需要与时俱进的出版管理"。

值得一提的，不少论文在结合实际的论述中，洋溢着辩证的理性色彩。如按照习惯思维，要加强什么工作，想到的往往是做"加法"，增加各种各样的投入，而叶路同志在他的论文中却指出，出版社管理水平的提升，既要重视做"加法"，也要重视做"减法"。他以现代的管理理念，结合出版社现有的组织机构和出版流程的现状，有针对性地得出了需要做"加法"的部分：加强以建立学习型组织为目标的人力资源管理体系；加强以现金流为核心的财务管理体系；加强以知识管理为目标的信息管理体系；加强以现代物流为平台的发行体系；加强以市场调研、宣传推广和客户关系管理为主体的营销系统。同时，也提出了需要做"减法"的部分：充分利用社会智力资源，精简编校队伍；装帧设计社会化，减少社内美编人员；出版生产专业化，压缩出版技术部门；IT 服务和行政服务基本外包，合并或撤销原有部门。这种有加有减的思维，是一种辩证的思维。减了该减的部分，正是对该加的部分的有力保证。如果只有"加"没有"减"，出版机构会越来越臃肿，出版结构会越来越芜杂，出版流程会越来越混乱，它恰好违背了精简高效的管理要求。

在推进我们事业的发展中，需要发扬这种既"加好"又"减好"的辩证思维。因为，加与减，如同大与小、高与低、热与冷等一样，是一种矛盾的统一体。有加就有减，有减就有加，它们各以对方为自己的存在条件。一项工作要加强，应审时度势，从实际出发，增加需要增加的东西，同时也要减少需要减少的东西，才能在工作中取得新的平衡，得到新的提升。我们既要善于在"加"中求"加"，也要善于在"减"中求"加"。类似这样的辩证思维，既提升了研讨的理论水平，也增添了大家的理论情趣。出版研讨，不同于工作经验总结，也不同于学术理论争鸣，它既要感性，也要理性，是应当有实有虚，虚实相生的。

2002.9

"十年磨一剑"与"一年磨十剑"

近日，与一些出版界朋友座谈，有人谈到，时下不少出版物质量不高，错误迭出，一个重要原因，是编辑发稿量太大，没有时间和精力进行精耕细作。过去一个编辑一般一年编三四本书，百把万字；现在不少编辑一年要编十几本书甚至更多，编辑的字数翻了几倍几十倍，编辑工作就难免粗糙。

我说，为什么不少编几本呢？现在每年出书高达20多万种，从数量上说，我国早就是"出版大国"了。但是，内中充斥着平庸、跟风、雷同的书，还有相当数量的关系书、官员书、职称书、自费书，出生以后腿都不长，走不到读者当中。因而，尽管出书数量在不断增长，国民的阅读率却连年持续走低。要充分发挥出版物在经济社会发展与人的精神生活中的作用，使我国成为"出版强国"，目前症结不在数量的扩大，而在质量的提升。多而滥，不如少而精。"宁可少些，但要好些"。编辑出版者与其"一年磨十剑"，编了大量速生速朽的书，还不如以"十年磨一剑"的精神，编一些具有文化积累传承价值，富有生命力，能在读者中"活"下去的图书。

出版界朋友说，我的话虽然是对的，但是，现在出版社都有经济考核指标，一个编辑如果要"十年"才能"磨一剑"的话，那么，他前"九年"就要喝西北风。何况，现在社会变动加速，在一个岗位上能不能干十年，未知因素很多。放长线未必能钓到"大鱼"，还不如急炒急卖，多编一些能及时"兑现"的书。只要编的书不亏本，当年就多少能拿到一些奖金，编得越多，奖金自然也就越多。在这种"多多益善"利益驱动下，各种各样滥竽充数的书，就竞相出世了。

我说，当前编辑急功近利，缺乏"十年磨一剑"的精神，确与一些考核制度不当有关。所以，出版业和各行各业一样，要继续深化改革，要从制度上更好地体现社会效益为先的出版理念，要更有效地抑制违背出版规律的缺乏长远打算的短视行为。

与此同时，不应忽视出版人的工作是文化工作，作为文化人，应当牢记文化的根本使命不是赚钱，而是传承社会文明，为全面建设和谐的文明社会提供思想保证、精神动力、智力支持和文化环境。对出版业来说，更有着积累文化的责任。让一代又一代人受惠的中外名著经典，作为文化领域的"保留节目"，是通过出版工作流传下来的。作为今天的出版人，在享受我们祖宗美好遗产的同时，不是也应当抓出有生命力的当代"保留节目"，留给我们的后人吗？倘若出版界的出书，像狗熊掰苞米一样，掰一个丢一个，留不下有价值的东西，这就有违出版的使命了。

抓有质量有价值有生命力的出版物，不像抓那些现炒现卖的"短命书"那样容易，它不可能一蹴而就，而是有一个艰苦的孕育过程。别的不说，就拿上海出版的一些有影响的书来说，如《辞海》《英汉大词典》《汉语大词典》以及《中国新文学大系》《十万个为什么》等，都是多年苦心编纂的结果，有的甚至是几代编辑与几代作者前后相继共同努力的成果。近年问世的《续修四库》《古文字诂林》《中华本草》等书，也都是下了"十年寒窗"的苦功。"没有严冬寒彻骨，哪有梅花清香来"。考察编辑的工作，编出几本书并不难，难在编出有质量有生命力的书。它需要出版人热爱出版，追求质量，耐得住寂寞，在出版阵地上以"十年磨一剑"的精神矻矻以求。张元济、邹韬奋、赵家璧等出版前辈，为我们树立了光辉榜样。

当然，出版物也是多层次多元化的，提倡"十年磨一剑"，并非完全否定"一年磨十剑"。尽管唯有"十年磨一剑"，才能磨出龙泉、鱼肠、湛庐、干将这类的宝剑，但是，由"一年磨十剑"磨出来的寻常兵刃，也有社会的需要。只要这些"兵刃"没有残缺，不存在伤人的隐患，也当生产一些。特别是如今社会节奏加快，时尚需求不断变动，时尚写作与时尚出版有一些，也属正常现象。但是，"一年磨十剑，十剑用半年"的情况虽然可以有，但出版业的主心骨，应当是努力多出"十年磨一剑，一剑用百年"的书。倘若多为前者，鲜有后者，出版业就会缺钙，难于挺起腰杆了。

座谈会后几天，见到杨义先生的谈话录："给文学洗个澡"，内中有对一些作家非常"高产"的看法。杨先生说，有的作家一年能写五本书，能不能有一本书，是用五年、十年，甚至更长的时间写的呢？一年写五本，是因为要跟上潮流，我们也不能完全排斥。但你总得为这个时代留下些什么啊。作家应当有两副笔墨。一副笔墨，跟着时代节奏，尽量多方试验。另外一副笔墨，静下心来，呕心沥血，写一两本好书，一两本能够百读不厌、传之久远的上乘之作。

如今出版业的"高产"，在相当程度上，正是作者"高产"的反映。杨义先生"两副笔墨"的"药方"，也正可以为编辑出版所用。不过，用好这"两副笔墨"，前提也是要"洗个澡"，把那些浮躁、喧嚣、急功近利的东西冲洗掉。

2007.3.18

编辑的"找米下锅"

说起编辑工作，一般都认为是"来料加工"，即把作者交来的稿件，经过鉴别选择，拾遗补阙，条理规范，字斟句酌，形成内容比较完整和形式比较完美的图书。实际上，编辑工作还得有另一功，这就是"找米下锅"。它不完全依赖作者来稿，而是通过制定选题、约稿和组稿，促使作者去创作或编著一些社会所需要的"米"，然后再把这些"找"来的"米"，"下锅"煮成读者所欢迎的精神食粮。比较地说，"来料加工"主要是案头工作；"找米下锅"，则要运筹策划。前者要求静下来，认真负责，一丝不苟，防止疏漏和出错；后者则要求眼观八路，心想四方，善于发现，富有创造性活力。

应当说，这两方面工作，都属编辑的基本功。不过，过去较多强调的，是编辑加工这一块。改革开放以来，精神生产与市场经济接轨，竞争机制广泛引入出版业，而竞争很快越过数量的竞争，进入质量品牌的竞争，它特别要求产品的创新。这就要求出版人充分发挥创造性，在扑朔迷离的市场变化中，不是随波逐流，而是主动应对，不是守株待兔，而是主动出击，运筹帷幄，加强策划，以自己的聪明才智，走出自己的路子，献出符合社会需要包括社会潜在需要的创新产品。因而，出版策划越来越被重视和强调。出版策划，就一个出版社来说，其内涵是多方面的，除了选题策划以外，还包括营销策划、宣传策划、人才策划，等等，不过，由于编辑工作是出版社工作的中心环节，选题策划无疑是整个出版策划的龙头。形势的发展，要求编辑在"找米下锅"方面多多有所作为。

找吻合社会需求的好"米"

"找米下锅"，要找适合社会需求的好"米"。1979年初，"浩劫"过后不久，严重的书荒虽然有所改变，但因为是救急需要，当时的出版物大多为老书的重印重版，新写新编的较少。杂志刊物逐渐有新办的出现，但在文艺领域，大多为文学类。其时，长期被禁锢的维纳斯雕像在社会上复出，不少青年见后竟斥之为黄色东西，而有些人又把黄色照片视作宝贝。《雷雨》演出后，有人认为周朴园给鲁妈一笔钱是"有良心"，而鲁妈将支票撕去是"寿头"。 有人对"三突出"模式炮制出来的所谓"完美无缺"的人物觉得是英雄，而对内心丰富的形象总觉得有点"那个"。 种种情况表明，艺术的鉴赏力亟待提高，要帮助读者在艺术欣赏中分清真善美和假恶丑。 为此，在调查研究的基础上，我们于当年9月创办了全国第一本的艺术鉴赏刊物《艺术世界》，旨在有助于读者增加艺术知识，扩大艺术视野，提高审美修养，获得健康的艺术享受。 由于吻合了读者需求，这样的刊物又只此一家，一时"洛阳纸贵"。 不少艺术爱好者将刊物装订保存，作为"保留节目"不时翻阅。 30多年过去，《艺术世界》内容与时俱进，不断推陈出新，成为艺术鉴赏书刊中一颗富有特色的长寿"米"。

1985年夏，我们在制定出版规划时，向前辈赵家璧先生请教。 他在20世纪30年代除了主编影响很大的《中国新文学大系》外，还主编了一套深受读者欢迎的"一角丛书"。 这套小丛书的编辑方针，是以最低廉的价格，给广大平民读者以最好的精神食粮。 我们认为，这一方针也完全适合当今社会的需要，遂也着手策划一套类似的普及性读物，最初的设想叫"三角丛书"，每本售价三角，在征求意见过程中，有人提出，"三角丛书"会被误认为是讲恋爱的书，而时任上海市宣传部副部长龚心瀚则说，还可能被误读为是套数学丛书。 据此，后来将"三角"改为"五角"，这个"五角"，不仅是指售价，更是指这套丛书包含有五个方面的内容——文学、艺术、生活、体育、娱乐。 丛书要以五彩缤纷的内容，给人带来新的开拓，新的欢乐。由于适应了广大读者需求，丛书一炮打响，在上海乃至全国许多地方形成了"五角丛书热"。 在此后5年里，五角丛书普及本共计出版120本，发行量逾4 000万册，平均每本为33万多册。

找具有创新内涵的新"米"

"找米下锅"，要找优质的"米"。 策划选题时，一定要力避平庸，其关键是要标新立异。 文贵创新，每本新书的价值，就在于能提供前所未有的新东西。 18世纪中叶，英国启蒙主义时期诗人杨格说过：文艺作品要为文艺王国增添新的版图。 同理，图书也应为出版王国增添新的版图。 为此，新出的图书首先要努力于"人无我有"，做别人所未做的。 20世纪80年代初，我社的戏剧出书，在安排了《外国戏剧选》《中国话剧选》后，目光指向了中国古典戏剧。 对这套书的编法，有关编辑建议打破陈规，不再按时间顺序编选，别出心裁地提出按悲喜剧分类编选。这在当时颇有点"一石激起千重浪"的味道。因为，我国古代文艺论著中没有出现过悲剧的概念，也没有系统探讨过悲剧和喜剧的不同艺术特征，悲喜剧是西方流传的理论，我国古典戏剧从来没有这样分类过。为慎重起见，我们通过个别访谈和开座谈会形式，广泛向戏剧界行家请教，大多数专家认为，我国宋元以来的舞台演出与戏剧创作实践，表明悲喜剧是存在的，只是有着自己的特点，没有像欧洲那样总结出一套完整的悲喜剧理论，"前人未了事，留与后人补"，正可以通过这套书的编选，促进这方面的研究。最后，我们请我国戏剧专家王季思主编这套书，经过编选组同志多方工作和仔细论证，于 1982 年编成《中国十大古典悲剧集》和《中国十大古典喜剧集》，获得文化学术界高度评价。所选的《窦娥冤》《汉宫秋》等十个悲剧与《救风尘》《墙头马上》等十个喜剧，后被国内外公认为中国的十大悲剧与十大喜剧，犹如人们公认莎士比亚有四大悲剧一样。我曾接待一位捷克汉学家，特意到中国来了解这两部"十大"。两部"十大"出版后，悲喜剧的研究蜂起，我们择其佳者，又续编了一部《中国古典悲喜剧论集》，记录了这方面的研究成果。戏剧书的发行量一般不多，这两部书却一版再版，成为保留书目，它不但革新了戏剧图书的出版，而且带动了戏剧学术研究的发展，充分发挥了图书在积累传播文化和推动学术研究方面的作用。

有些方面的图书，别人已经率先做了，并不意味就不能再开发了，问题是不能踏着别人的脚印走路，在策划中一定要有"新变"，开辟出新的景象，达到"人有我异""人有我优"。20 世纪 80 年代中期，上海辞书出版社出版了《唐诗鉴赏辞典》等书，带动了一股鉴赏图书热。我们在考虑这类图书选题时，就另辟蹊径，不袭辞书社单科编选的办法，而是基于"诗中有画，画中有诗"的艺术特点，策划编选了一部综合性的文艺鉴赏大型工具书，名叫《文艺鉴赏大成》。由于它囊括了小说、诗歌、散文、戏剧、电影、音乐、舞蹈、绘画、书法、篆刻、雕塑、建筑、园林以及文艺理论各个文艺部门，由于它在各个文艺部门中各精选了 900 篇精粹之作，并作了精当的分析评说，由于它收录了视觉艺术的 300 篇原作照片，总之，由于它的"大成"，它的图文并茂，赏鉴一体，在促进人的艺术修养与艺术鉴赏力的提高上，在促进人的"艺术本性"的实现上，有其独特的作用，受到读者欢迎，长期热销。

按照这一思路，我们紧跟着策划了一部《文化鉴赏大成》。编选它的难度超过《文艺鉴赏大成》，因为，"文艺"是一块比较成熟的土地，有比较权威的资料可资参考，而"文化鉴赏"基本上是块处女地，要靠自己开荒耕耘。经过反复研讨，最后才决定用这 12 个字提挈全书，即：衣、食、住、行、用、游、藏、赏、视、听、技、乐。此书从 1989 年开始酝酿，历时 6 年到 1995 年始得完成，功夫不负有心人，由于垦荒者更多地显示了原创力和开拓性，明显地拓展了出版王国的疆土，给读者以新鲜，这在图书出版重复雷同现象日趋严重的情况下，受到业内外的广泛好评。

1996 年，我们策划出版了一套《当代文坛大家文库》，收了冰心、巴金、夏衍、施蛰存、柯灵等五人的"七十年文选"。由于作者都是公认的健在的"大家"，创作年龄也都在 70 年以上，经过专家遴选出的作品篇目，均经过作者本人过目，并亲自作序，装帧设计又极为精美，这样，这套当代"文库"就富有经典性，为其他的当代作家的选集所难有。《文库》出版时，冰心、夏衍已经逝世，如今其他三位前辈也都先后驾鹤西去，这套书更显得特别珍贵。1996 年秋，我们将其中四套编号签章本交付拍卖行拍卖，所得拍卖款 20 多万元，在大别山区石关镇捐建了一座希望小学，巴老还亲自题写了"上海文艺石关希望小学"的校名，现在成为当地一处文化景点。这表明，选题创新，出有价值的书，不仅能促进出版业的发展，也能推动整个社会文化的发展。

有胆有识方能找到精"米"

一些原创性图书，包括优秀的文艺作品和学术著作，是作者长期孕育的结果，常常是可遇而不可求，不是编辑能够策划出来的。出版社策划选题，心中最少把握的往往是这样的"米"。不过，对这类书稿，编辑并非无能为力，恰恰相反，由于这类原创性书稿，含有较大的"含金量"，编辑应用更多的精力和智慧去关注和争取。首先，应经常熟悉相关的学术研究和文艺创作情况，了解作者正在"孕育"什么，有看中的，及早约稿组稿，并尽可能为作者提供必要的帮助，把"米"预定下来。随后当作品写出后，要作出正确的判断，对作品中出现的新观点、新内容、新方法，其"新"只要是体现前进方向的，即使会引发不同意见，也要有胆有识地予以支持，如此才不会与富有原创精神的精品新作失之交臂，方能找到原创的精"米"。

1987 年，我们在与长篇小说作者的联系中，得悉军旅作家黎汝清正在创作《皖南事变》。我们觉得，皖南事变是具有重大意义的革命历史题材，写好它，对写革命悲剧将是一个突破。黎汝清有丰富的创作经验，也有史胆史识，具备写好它的条件，当即向他约稿，并表示，如需要，欢迎他到我社创作室写作。此后虽有几家出版社也向他约稿，他还是把书稿交给了我们。书稿在揭示皖南事变这一历史悲剧的成因时，除按传统的说法，着重表现了日寇和国民党顽固派的亡我之心，同时进一步审视了我党我军内部的种种因素，特别是人的因素。这种创作视角的开拓与突破，不仅有利于更全面反映这场"事变"，而且大大深化了这一悲剧的内涵。 然而，这种新的开拓与突破，在当时还属"第一个吃螃蟹的人"，可能引起异议。 但我们觉得，这是关于皖南事变的一部"卓越的现实主义历史"，人们从中"学到的东西"，也许像恩格斯称赞巴尔扎克的《人间喜剧》那样，比当时史学界提供得"要多"。 因而肯定它是一部佳作，将其列入《小说界文库》隆重推出。 出版后反映强烈，内中虽有不以为然的，但主流是赞扬作者和编者的胆与识。 它的出版，增强了长篇小说作者对我社的信任度，陆续引来不少精品力作。《小说界·长篇小说系列》荣获1990年度"庄重文文学奖"。

综如上述，做好编辑工作，在努力做好"来料加工"之外，更应善于"找米下锅"，善于策划组织富有创新精神的精品力作，提高出版水平，推进出版事业的发展。 称职的优秀编辑，绝不是"剪刀加糨糊"式的"编书匠"，而是既能整理书稿又擅策划选题的文化传播者和创造者。

2010.11

《心中要有块石头》序

读郝铭鉴先生写的关于编辑出版工作的集子，感到十分亲切。 铭鉴大学毕业后，开始做过几年机关工作，此后就长期在出版阵地驰骋，卓然成家，成就斐然。他对编辑出版的论述，不是讲一般的空洞道理，而是糅合着他的亲历亲见亲闻，有感而发，有的放矢，几乎每篇文章都有一个引人思索的"文眼"，加以知识丰赡，文笔清新，行文毫无枯燥说教气，吻合着有益而又有趣的大众阅读需求。 我和他同事30多年，同在一家出版社，同坐一间办公室，同住一幢宿舍楼，长期的亲密接触，使我在读他的这些文章中，脑海里重新闪现出他在编辑道路上的奋斗身影。 他所点头赞扬的，也就是他身体力行的；他所摇头否定的，也就是他不齿于去做的。这个集子既是他对编辑出版的理论思索，也是他多年从事出版编辑工作的实践感悟。

作者说，做编辑出版工作，"心中要有一块石头"。 这一"石头"之喻，是他从美国《读者文摘》杂志社院子里，放着刻有"编辑三问"的一块石头引来的。 铭鉴所指的"石头"，就是文化理念、文化追求。 出版是人类文明的阶梯，出版人一定要有文化意识。 不过，文化内容广泛，而且有优劣高低之别，出版不可"拿到篮里就是菜"，而是要进行文化的选择。 铭鉴说，"出版过程是一个贯穿着一连串选择的过程"。它既是思想的选择，科学的选择，也是艺术的选择，趣味的选择，选择中要防止的，是不能让赵公元帅扰乱选择的眼光。铭鉴在他的出版编辑活动中，很好地把握了这一点。他参与主编、责编或策划的图书，诸如《中国新文学大系》《文艺鉴赏大成》《文化鉴赏大成》《中国现代文学研究丛书》《文艺探索书系》《朱光潜美学文集》以及《中国茶经》《中国酒经》《中国食经》《中国衣经》，等等，都具有很高的文化"含金量"，不仅传播了优秀文化，而且实现了出版业特有的文化积累功效，其中有些书是可以"潜入历史，化作永恒"的。这样的编书，最好地体现了出版的本质要求。基于此，作者对有些出版人总是仰视电视，一味跟着电视走的做法，是摇头的。这和我可说是"心心相印"。我曾说过，电视和出版各有不同的职责和作用，那些娱乐性的一次性的消费文化，电视搞就可以了，出版不宜再浪费社会资源，去推波助澜。如果一味跟着电视走，甚至成为电视的附庸，那就会丧失出版业在文化传播上的深度使命，最终丧失自己。由此可见，文化追求这块"石头"，实在是出版人的灵魂。

作者也是他所倡导的创新精神实践者。1986年，上海文艺出版社推出了一套很有影响的《文艺探索书系》，铭鉴是策划者。他在编辑前言中写道："精神劳动具有不可重复的特点。这需要不断地进行探索。探索精神是一种开拓精神。它体现了追求真理的虔诚和执著，体现了创造意识的清醒而强烈。"这种"清醒而强烈"的创新意识，在"别了，《文化与生活》"一文中也有着体现。《文化与生活》曾经是本具有很大影响的刊物，但随着时代的发展，它的编辑方式愈来愈不适应要求，于20世纪90年代后期改为另一种杂志，作为主编的郝铭鉴，是"笑着和昨天告别"的。没有强烈的创新意识，抱残守缺，是难于发出这样的"笑"的。更能体现作者创新精神的，是他策划创办了《咬文嚼字》，这个开始并不被看好的小刊物，经过他的悉心经营，办得风生水起，成了一个有影响的出版品牌。在一次优秀出版人的评选会上，我曾说，许多刊物的主持人，这个人可以，可换一个人也行，不会有太大的影响，但是，对《咬文嚼字》来说，没有郝铭鉴，也就不会有这样的刊物。郝铭鉴为《咬文嚼字》的诞生与成长，付出的热情、学识、智慧、精力，是难于换个人来代替的。

与创新相联系，作者反对"一窝蜂"出版，反对"跟着别人脚印走路"，主张记住"我是谁"，走自己的路。这点，在"我到哪里去了？""丹麦有条海滨公路""悼'土渣渣'"等文中，都有生动表达。想当年，我们在讨论编辑工作时，铭鉴也不时会讲出个性化语言，使一些庸常的说法别开了新生面。记得20世纪90年代初，计划编纂《中国新文学大系》第四辑，这一《大系》是20世纪的世纪工程，第一、二、三辑已经出版，分别选收了新文学第一、第二和第三个十年的作品，时间段结束在1949 年，第四辑则是收 1949 至 1976 年的作品，此后还有第五辑，收 1976 至 2000 年的作品，我们当时向媒体介绍，习惯称第四辑编纂工作开始，铭鉴觉得这样说法过平，其收选作品的时间段也不大明确，遂改称为《大系》下半世纪编纂工程启动。说法经这一改，气派变大了，时间段也更加明确和科学了。 个性化东西往往能从平庸中脱颖而出，给人以新鲜的触动。

郝铭鉴博闻强记，思维敏捷，口才文才俱佳，是出版界的才子。 他编书、买书、评书、读书，也写书。 前不久出版的《文字的味道》，和这本书一样，也是随笔集，让读者嚼得津津有味。 他的随笔风格特点，如同他在《新年旧愿》一文中，对向他主编的《编辑学刊》的作者提出的写稿要求一样，有四个"点"，即：新点儿；实点儿；活点儿；短点儿。 要求别人的，自己首先做到，这也体现了他的言行一致，理论与实践的一致，不尚空谈，不作诳语。 这种实实在在、老老实实的态度，配之以生动活泼、富有才情的笔墨，使他写的书显得亲切而多味。 作者曾自谦文章缺乏深度，较浅，我想，这个浅，恰如鲁迅在《忆刘半农君》所指出的，"他的浅，却如一条清溪，澄澈见底"。 也可以说犹如一汪可赏可玩可品可饮的澄澈浅流，在书林的千万景象中，也是不可或缺的一种靓丽景色。

2010.7

山不在高，有仙则名

——《亲历学林社二十年》序

读雷群明同志的《亲历学林社二十年》，一个突出的感受是真、诚。

先说"真"。 人们常说，真实是文艺创作的生命，这里主要指的是艺术的真实，艺术的真实建立在生活真实的基础上，但不等于生活真实。 因为"创作则可以缀合，抒写，只要逼真，不必实有其事"（鲁迅语）。 但对回忆录之类的著作来说，则必须"实有其事"，生活的真实是其生命的根子所在，来不得半点弄虚作假。 近来一些回忆录遭到非议，症结大多出在失真上。 大雷（朋友们对雷群明的昵称）这本回忆学林社的书，则可以说处处有来历，事事有根据，所述内容几乎达到了新闻报道所要求的"5W"，即何时、何地、何事、何人、何因，来龙去脉十分清晰。 这自然因为书中所述为作者亲历亲为，印象深刻；同时也由于作者从大学时代开始，就养成记日记的良好习惯。据粗略统计，从 1959 年到 2009 年这五十年间，他写的日记达五百万字以上，近年经过整理，以"逝者如斯"为总名，已按时段前后刊印了十几本日记。"好记性比不过懒笔头"，使得这本回忆录内容结实、厚实、真实，不空泛、不浅浮、不虚妄。

再说"诚"。尽管回忆录是对过往生活的真实回叙，但这种回叙并非冷冰冰的、纯客观的，而总是灌注着作者的思想感情，褒其所当褒，贬其所当贬。倘若回忆录作者为私心所惑，对所述内容缺乏正确评述，就会显示"正心""诚意"的道德缺失。荀子说过："君子养心莫善于诚。"优秀个人回忆录都透露着一股诚真或者说真诚的情感温度的。尽管作者多年担任社主要领导，做了不少工作，但《亲历学林社20 年》在回顾学林社的创建与发展中，并没有把焦点只对准自己，只为自己摆功，而是实事求是地讲了其他社领导与广大职工的贡献，而对学林社在协作出版中出现的一些纰漏，作者没有回避，并且主动承认自己的失误与责任。这种不挟私、不虚饰的诚实态度，使这本回忆录公正而大气。

回忆录的价值在于保存史料，发挥以史为鉴的作用，前提要求是"信史"，《亲历学林社20 年》以真实、诚实的笔触实现了这一价值。

我与大雷相识于 20 世纪六七十年代之交，随后就同在上海出版系统工作，成了"一条战壕的战友"，由于我俩都喜欢写点东西，平时来往较一般同事更多些。我先后在学林社出过两本书，前一本由大雷经手，后一本则是与曹维劲同志联系的。曹较年轻，后接替雷的职务为社长，我与他也时有接触，因而对当时学林社的情况，多少了解一些。较上海的一些老社大社来说，学林社历史短，规模小，但小而特、小而精、小而优。它开创了全国自费出版的先河，引来各地仿效。它"小社出大书"，出了不少有质量有影响的好书，如《中国历代服饰》《金文大字典》《吕氏春秋校释》等，多次获得国家级奖励。它的出书数量在全国出书总量中占比很小，但在2013 年的一次世界图书馆馆藏中国图书的调查中，学林版图书的入藏数，竟获得位列前三十名内的殊荣。这有力地表明它出书少而精，以质量取胜，重视图书长久的生命力。20 世纪八九十年代以后，我两次搬家，舍弃了多本藏书，在留存的图书中，学林版所占比例也是较高的。其中有 1991 年出的《世界的中国观》，该书内容在当时是较新的，为我打开了一个新窗口，我为此写过一篇题为"草篟的遥看"的文章。1985 年出版的《夜读丛书》（第一辑），入选"1986 年上海青年最喜爱十本书"，我也保存下来，这不仅因为内中收有我的一本《艺林散步》，主要觉得它是具有编辑主体意识的一套优秀普及性文化读物。还有"中华传统文化观止丛书"，荣获第十届中国图书奖，因其内容耐看如今还在继续重版，我也不时会从书橱中将其拣出把玩一番。这一切表明，学林版图书，主要是人文社科方面的图书，是拥有自己的读者群的，是在中国当代出版史上留下脚印的。

古人说："山不在高，有仙则名。水不在深，有龙则灵。"学林社的出书印证了这一点。《亲历学林社二十年》的记述，虽然只是该社最初二十年走过的路，但从中可以领略到蕴含其间的创新精神、文化理念、质量意识、个性特色，以及爱岗敬业、踏实苦干的风范，正是求"仙"为"龙"之道。不论出版业业态今后如何变化发展，这些都是做好出版工作必须坚持与发扬的。这也是这册有关学林社史实的书最值得鉴赏的内核。

2016.3.18

（雷群明著《亲历学林二十年》由学林出版社于 2016 年 11 月出版）

小刊物，大影响

《咬文嚼字》，一本薄薄的 32 开的刊物，用纸普通，装帧朴素，可以说是全国当前最小的一本杂志，但它却赢来社会各方面读者的喜爱，成为一个具有相当影响力和美誉度的出版品牌。这印证了一句话："山不在高，有仙则名。"这个"仙"自然是主办《咬文嚼字》的团队，其领头人叫郝铭鉴。日前上海出版界召开了"郝铭鉴与《咬文嚼字》座谈会"，我说，郝铭鉴不仅是《咬文嚼字》的主编，同时也是它的策划者、创办者、经营者和撰稿者。《咬文嚼字》的诞生与成长，倾注了郝铭鉴的大量心血，这个刊物鲜明地刻打着郝氏风格的印记。可以说，没有郝铭鉴，就没有《咬文嚼字》；或者说，就没有成为品牌的《咬文嚼字》。在我国出版史上，一些著名刊物往往和主编或主办人的名字紧紧联在一起的，如《小说月报》与沈雁冰，《生活》与邹韬奋，《中学生》与叶圣陶，等等。《咬文嚼字》与郝铭鉴，是当代的一个显例。

小刊物所以能办出大影响，是由于郝铭鉴们有着高度事业热情与文化责任感。《咬文嚼字》创办于 1995 年，其时社会语文混乱情况日益严重，"无错不成书（报、刊）"，"双臂一举"写成"双臂一举"，"四大名旦"变成"四大名蛋"。郝铭鉴热爱母语，决心为语文的规范鼓与呼，在有关领导部门的支持下，创办了这个面向大众的语文刊物，填补了这方面的长期空缺。他兢兢业业，宵衣旰食，为求得刊物内容的准确、生动，短短的几十字、几百字的稿件，都要反复核查，反复修改。刊物的篇幅虽小，付出的劳动却特大。任何事情要做出光彩，首先需要真正的爱岗敬业，《咬文嚼字》编辑实践了这一点。

其次，是自信与勇气。《咬文嚼字》作为一本专业性的小刊物，初办时发行量只有几百份，市场前景普遍不被看好，郝铭鉴们坚信纯洁祖国的语言，既是时代的需要，也是大众的需要。只要办出水平，办出特色，为读者所喜爱，就能闯开一片新天地。他们觉得，"打铁首先得要自身硬"，语文纠错首先要求自身不要出错，"咬"别人首先要"咬"自己。一开始，他们就举办了"向我开炮"活动，声称谁如能从《咬文嚼字》上发现语文错误，就奖励若干元。这一方面促使他们编辑工作更加小心，不敢有任何一点懈怠；同时也激发了广大读者对这个刊物的关心和注目。此后，他们在纠错中，不是"柿子拣软的捏"，而是勇于"碰硬"，向那些名作家、名报刊以及央视春晚等名牌"挑错"，从而引起社会很大的反响和关注。每年公布的"十大语文差错"和"十大流行语"，更使刊物的名声大振。

再次，是丰厚的学养。郝铭鉴是语文行家，熟谙人文知识，且思维活跃，文笔与口才俱佳。《咬文嚼字》在多年发展过程中，没有满足既得的成绩，而是与时俱进，不断推陈出新。有社外编委称，在每年举行的编委会上，郝铭鉴都会提出一些新点子，使刊物永远保持前行的活力。近年举行的"迎世博咬文嚼字大赛"等活动，进一步扩大了刊物的影响，使更多的读者亲近《咬文嚼字》，重视"咬文嚼字"。

我国现已成为出版大国，可惜大而不强，如何成为出版强国，是当前出版界热议的一个话题。路自然不止一条，走品牌路，无疑是重要的一条。品牌，既包括产品品牌、企业品牌，也包括地区品牌、活动品牌，还要有人才品牌。只有全方位地实现了品牌的系列化，出版大国方能变为出版强国。小小的《咬文嚼字》，现已发展为上海文艺出版集团旗下的一个独立公司，在上述诸方面都呈现出品牌的影响。打造出版强国，就要多打造《咬文嚼字》式的品牌。小也罢，大也罢，关键是强了才好。大而不强，是虚胖，是不会有力量的。

2011.4

由《故事会》说雅、俗

古人墓葬中的陪葬品，常杂有墓主人生前喜爱的文物。像唐代李世民，酷爱王羲之的书法，临终时，特留下遗诏，将《兰亭集序》作为陪葬品，与他生死相依。从此，"茧纸藏昭陵，千载不复见"，后世所看到的这"天下第一行书"，只不过是他人的摹仿之作。

如今实行火葬，用文物进行陪葬的事很少听到了。最近却有一桩：一位老者死了，由于他生前对《故事会》爱不释手，每期必买、必读、必藏，他的老伴就将一套《故事会》与死者的遗体一道火化，让《故事会》继续陪伴与愉悦着死者的"在天之灵"。 这里，显示了《故事会》是这样的深得人心，像《兰亭集序》一样，已被人酷爱到"生死相依"的程度。 难得呵！ 可贵呵！ 虽然，在艺术价值上，《故事会》难于与稀世珍宝的《兰亭集序》相比，但是，在通俗文学的层次上，它的的确确是富有特色的美味佳肴，不可多得的精神佳品，因而才能成为当今"第一畅销刊物"。

值得注意的是，酷爱它的，感到"不可无此君"的，不像有些同志想象的，都是一些"俗"人。 实际上，其中不乏"雅"士。 证据之一，就是那位以《故事会》作陪葬品的老人，不是一般的工人、农民，也不是一般的知识分子，而是一位高级知识分子！ 这并没有什么奇怪。 因为，一方面，从《故事会》来说，它虽属通俗文学，但并非一味的俗、俗、俗，而是俗中含雅，在强烈的故事性、情节性之中，渗透与熔铸着时代性、形象性、思想性，追求和赢得了一种雅俗共赏的效果；另一方面，从读者来说，任何人的精神世界都不是单一的，其阅读的心理空间是立体的、多层次的，即使是"雅"士，虽然比较欢喜雅文学，但也会浏览通俗文学，以调节和补偿精神上的多方面要求。

时下，有同志提出，雅是雅，俗是俗，雅俗不能共赏。 应该说，文学是有雅俗之分的，各有其主要读者群，但把它绝对化，却既有悖于文理，也有违于人心。 特别是优秀的通俗文学，是可以做到雅俗共赏、老少咸宜的。 前一阵子，全国许多家庭举家围观《四世同堂》的情况，再前一阵子，许多城市行人伫街聆听《岳飞传》的情况，都说明了这一点。 美学大师朱光潜和他的孙子都共同为刘兰芳的评话引得哈哈大笑。 王震同志也曾写信给讲《三国》的评书演员袁阔成，说他和他的小孙子，都是《三国》的忠实听众。《三国》评话为学者、将军与稚子所共同喜爱，这不又是一个典型的"雅俗共赏、老少咸宜"的例证吗？ 现在，通俗文学刊物《故事会》，成为一位高级知识分子的陪葬品，更添了有力的佐证。 把雅和俗完全割裂、对立起来，只能使雅文学走向象牙之塔，俗文学趋于流俗。 这样的弊端，时下是存在的。 其结果，雅文学、俗文学将殊途同归，归于末路，不可不察。

当然，雅中有俗，俗中有雅，不同的作品，其成分、结构是不同的，但无论怎样，凡文学作品，都应该具有雅、俗这两种不同的基因。 孙犁曾说，任何文学作品，也都要有通俗性。 我要补充说，任何文学作品，也都要有文雅气。 这样的文学作品，才能成为雅俗共赏的鉴赏客体。 从读者，即鉴赏的主体来说，虽也都有雅、俗两方面因子，但其成分和结构也不是一样的。 因此，所谓雅俗共赏，也不是一样的"赏"，还是各赏其所赏，其中既会有"仁者见仁，智者见智"，也会有"深者见深，浅者见浅"。那位老者对《故事会》一定见得较"深"，但他到底是"见仁"，还是"见智"，别人不得而知，将永远是个谜了。但从这个谜中，却清楚显示出一个道理，在通俗文学的创作与出版上，要张扬雅俗共赏的旗帜。《故事会》张扬得好，尽管它属于通俗文学，但也能与《兰亭集序》这种艺术精品一样，具有那种引人梦萦魂绕、"生死相依"的魅力。

1989 年

《围城》畅销与名、优、特

《围城》成为 1999 年畅销书中的常青树，我以为，它源于"名、优、特"。

"名"，指作者钱锺书是名人。相当多的读者，都具有一种"名人情结"。他们在茫茫书海中选书，往往借助于"名"。在文学图书中，名作家的作品，较之一般作家的作品销售量普遍要高些。像上海《小说界文库》中的长篇小说，初版的印数，著名作家写的较之其他人写的，至少要多出几千册。作家的"名"，实际上成了一种品牌，赢得了读者的信任。钱锺书在学界、文界都属顶尖人物，自然引来很多人的关注。

同时，《围城》又是一部广有影响的名著。要知道，名作家的作品，并非本本都是名作，其中有些作品并不为世人所熟识。而《围城》，则是造就作者成为名作家的一部主要代表作。尽管去年有人发难，称《围城》是"中国现当代文学中的一部伪经"，但却未能动摇它的声誉，反而"歪打正着"，吸引更多的人想一看究竟。

"优"，就是说，《围城》确是一部优秀著作。《围城》问世于 20 世纪 40 年代，现在仍能"火爆"，说明它拥有艺术的生命力。这种艺术的生命力，表现在它的"围城"主题象征，高度概括了人世间的一种生存状态，使一代又一代的人读来，都发生一种心灵的呼应。同时，它的幽默、调侃的笔触，形成一种独特的风格。风格，是作家、作品成熟的标志。在许多文学作品呈现"千人一面，千声一腔"的情况下，《围城》就以自己"这一个"的鲜明面目，获得读者的喜爱。

因此，我以为，《围城》的畅销，与某些名人传记的畅销，从表面上看，似有相似处，即作者都有"名"；但从实质上看，两者是不同的。某些明星的传记或传记式作品的畅销，主要源于读者的"窥名癖"；《围城》的畅销，则来源于读者对高品位作品的追求。因为，前者的畅销来也猛，去也速，过后"烟飞灰灭"，少有痕迹，后者的畅销则是一波接着一波，有着持续的后劲，成为畅销书中的常青树。

　　"特"就是说《围城》近年的持续畅销，有着特定的外在因素，主要是媒体的传播。《围城》在沉寂了多年以后，于改革开放年代突然走红，"洛阳纸贵"，与电视剧《围城》的播映有很大关系。长篇小说，凡是经最具群众性的影视这一大众传媒的传播，销量都是明显上升。电视剧《围城》又改编得比较成功，几乎是家喻户晓，它对书的发行有着持续的影响。这两年，围绕着《围城》校注本的诉讼，也引来不少人对《围城》的关注。钱锺书先生的逝世，深切的追缅怀念之情，又使读者投向了他的著作。这些书以外的因素，每本书的情况与条件是不一样的，但是，好书要让大家知道，要利用各自的条件与机会，形成自己推广的"特"点，扩大其在社会上的影响，则是一样要注意的。"酒香不怕巷子深"这句话，不全面了。

2000 年

3. 当好出版人

造就韬奋式的出版家

在出版界的一次学习实践科学发展观的座谈会上，我说，科学发展观的核心是以人为本。这就是说，发展是为了人，发展也要依靠人。人才，是各行各业的最重要资源。出版业属"大脑"产业，不需要多少生产工具和生产资料，主要依靠人的聪明才智进行发展，更需要重视发挥人才的作用。对一个出版单位来说，有什么样人才，就会形成什么样的面貌。时下的出版人才，从业人员不少，也有一些专家专才，缺少的是作为领军人物的出版家。出版家是编辑，但不同于一般的编辑，他们全身心热爱出版事业，娴熟地掌握出版规律，勇于创新，富于创造，为出版王国有效地拓展新的疆土。出版家是经营者，但他们不同于一般的出版商，他们既有市场意识，更有文化意识，能把社会效益与经济效益很好地结合起来。出版家是出版业的脊梁。当前，无论着眼于提升出书水平，多出精品力作，传承和积累优秀文化，充分发挥出版在社会主义精神文明建设中的作用，还是着眼于适应出版企业产权制度的改革，建立与完善现代企业制度，加速我国出版产业的发展，把出版产业做大做强，都亟需一批出版家作为"脊梁"，引领出版业向前发展。时下国内外出版的竞争，早已越过数量的竞争，进入质量特色的竞争，而质量特色的竞争，集中为品牌的竞争。而上品之牌，是由上品的出版人打造的。我国出版业要有一个大的提升，在相当程度上，寄希望于能够造就一批有水平有影响的出版家。

怎样才能造就出版家呢？

正好接到韬奋研究专家雷群明先生惠赠的一本新著：《韬奋论新闻出版》，内中有着众多的启示。韬奋是我国新闻出版业的一面旗帜。如果说张元济是我国现代出版第一人的话，那么，韬奋则是我国现代革命出版的第一人。辑录了韬奋有关新闻出版言论的这本著作，首篇强调的就是要"爱岗敬业"。韬奋说，要"注其全副精神于职务之改进，于此处用其心力，在职务上必有其相当之优良成绩"。这就是说，要想在出版上做出优良成绩，必须热爱出版，全身心地投入进去。只有像韬奋那样，鞠躬尽瘁，死而后已，才能充分发挥自己的聪明才智，在出版业发出耀眼的光辉。

时下的出版队伍中，虽有着专心致志之士，但不少人只着眼于暂时的谋生，他们对出版没有激情，或是"拉郎配"走进来的，或是为将来跳槽做一临时跳板的，工作没有追求，得过且过，"做一天和尚撞一天钟"，甚至"做了和尚不撞钟"，这样的精神状态，做一个合格的出版人都难，更无法从中造就上品的出版家。因此，出版家的出现，首先要像韬奋那样，钟情出版，献身出版，永葆"痴干"精神。此其一。

其次，要像韬奋那样，正确处理"事业性"与"商业性"的关系。出版物通过市场卖出去才能发生效益，出版人要有商品意识，但出版人本质上是文化人，而不是商人，要注意出版的经济效益，更要钟情出版的文化价值。只把出版作为一种赚钱的工具，只以赚钱多少论英雄，出版人就会在精神上"矮化"，永远走不进出版家的境界。

法国有家子夜出版社，规模很小，一年出书 20 余本，但它出的书很有影响。法国新小说派的形成，与它的出书紧紧联在一起。人们称赞子夜虽小，却有"龙"有"仙"。这个"龙"与"仙"，就是它的主持人热罗姆·兰本。他切切实实把出版当作一项文化事业来办，而不是着眼于赚钱。人们称赞他不是出版商，而是真正的出版家。几年前，他去世了，有人担心，出版业越来越商业化，将来会不会没有出版家，只有出版商，成为没有出版家的出版业？这一担忧并非完全空穴来风。当前出版界那些只重"赵公元帅"，以短期经济效益考核编辑出版人员的制度，如果不改，在这样的制度环境下，恐怕是难于产生出版家的。

再次，要弘扬创造精神。出版工作事关文化积累、文化传播、文化建设，创新为其生命。韬奋强烈反对那种只知在别人屁股后头爬行的"肉麻的模仿"。他所创办的《生活周刊》与生活书店，都以鲜明的个性特色，站在时代的前列。因循守旧，只会跟着别人的脚印走路，或者只会踏着自己的脚印走路，热衷于重复出版，雷同出版，是与敢于独领风骚的出版家无缘的。

自然，还有其他种种。不过，全身心地热爱出版事业，深厚的文化意识，以及强烈的创新精神，应当是造就出版家所必需的三要素。这既有赖个人的努力，同时也需要良好制度环境的培育。但愿新世纪能涌现一批韬奋式的出版家，引领我国出版业走上新高地。

2009.5

高高举起韬奋的笔

邹韬奋先生是新闻出版业的一面光辉旗帜。革命前辈吴玉章说："近代中国文化界，在新闻事业、出版事业上，最有成就、最有创造能力的，要算邹韬奋同志。" 1936 年 10 月 24 日，在上海各界公祭鲁迅先生大会上，韬奋作了讲演，只用了一句话。韬奋说："我愿用一句话来纪念先生：许多人是不战而屈，鲁迅先生是战而不屈。"实际上，韬奋和鲁迅一样，是"战而不屈"的。在黑暗的旧中国，他坚定地站在人民大众的立场上，"横眉冷对千夫指"，与国内的邪恶势力作坚决斗争，与侵略中国的日本帝国主义作坚决斗争。他毕生办报、办刊、办书店，做记者，写文章，没有一天不拿着笔在战斗，直至生命最后一息。按他自己的话说，是"题破稿纸百万张，写秃毛锥十万管"。他所创办的《生活周刊》与生活书店，成为当时中国具有广泛影响的进步文化事业，成为人民大众的喉舌。国内外反动势力把他看作眼中钉、肉中刺，必欲除之而后快，不断地拉拢、威胁，乃至囚禁，都未能使他屈服。

韬奋的"战而不屈"，是为了争取人民的解放，为了反法西斯的胜利。因而，他在"横眉冷对千夫指"的同时，又与鲁迅一样，"俯首甘为孺子牛"。他办报纸、办刊物、办出版社，都是以读者大众为本位，全心全意地为读者服务，为社会服务，为大众服务。韬奋把"服务精神"看作是生活书店的生命。他说："'生活'的生命，就是完全大公无我的对社会服务的精神组成的！"韬奋 1944 年 7 月 24 日逝世后，毛泽东撰写的悼词是："热爱人民，真诚地为人民服务，鞠躬尽瘁，死而后已，这就是邹韬奋先生的精神，就是他之所以感人的地方。"

今天，2010 年 11 月 5 日，是韬奋先生诞辰一百一十五周年。出版人纪念韬奋，就是要学习他的"爱人民，真诚地为人民服务"的精神，爱岗敬业，忠于职守，认真做好出版工作，多出好书好刊，努力为人民群众提供优质的精神产品。为此，出版人首先要充分认识出版工作的意义，热爱出版工作。出版作为社会主义文化事业的一个重要组成部分，在发扬先进文化、促进生产力发展和满足人民群众的文化需求等方面，都有着不可或缺的重要功能。出版和新闻一样，有着传播文化的功能，同时，它还有着积累文化的职能。古今中外的优秀文化，依赖着出版这一载体方能传递。我们今天能方便地欣赏历史上的名著名作，是在享前人的福。然而，一代人有一代人的责任。我们今天的出版人，在享前人福的同时，也应为后人造福，努力为我们的后代留下一些文化精品。这就要求出版人具有强烈的文化意识和高度的责任心。出版物通过市场卖出去才能产生效益，出版人要有商品意识，但出版人本质上是文化人，而不是商人，要注意出版的经济效益，更要钟情于出版的文化价值。 出版工作是文化人精神追求的存在形式，如果忽视这点，只把出版作为赚钱的工具，或只把出版作为一种谋生的手段，那么，出版人就会在精神上"矮化"，也就焕发不出对出版业的真正激情，就不会努力去抓具有较高文化品格的精品。 现在书越出越多，精品却很稀少，能够流传下去的出版物更少，数量和质量严重失衡，这一情况亟待改变，否则，我们是有愧于当代同胞和后代子孙的，也是愧对韬奋先生的。

尽管当前爱岗敬业的出版人不少，但不必讳言，爱岗敬业精神在出版业有所弱化。 有些人进入出版业，并不是热爱出版，而只是作为一种谋生的手段。 有的更是"身在曹营心在汉"，只是将出版作为"跳槽"、高升的跳板，这样，自然不会有事业心，不会全身心投入，不会鞠躬尽瘁，不会踏踏实实作长期努力。 韬奋说："人人要有职业，职业不但是为谋生，并是尽量发展特长以服务社会。"出版人应以"服务社会"之心，热爱出版，按出版规律办事，力争多出好书精品。 做一些具有重大文化价值、有较长生命力的出版物，并非一朝一夕所能完成的，在出版岗位上要耐得住寂寞，作长期谋划，不能急功近利，不可急于求成。 出版是一种文化积累性工作，做出版的宜安营扎寨、连续奋斗，不宜三心二意、左顾右盼、跳来跳去。 邹韬奋以及张元济、赵家璧这些光彩夺目的出版大家，都非短期出版工作所能造就，而是"鞠躬尽瘁，死而后已"的结果。

韬奋说，无论做何种事业，要愿干，才有责任心。 同时，还要能干，方有效率。 就出版来说，"能干"，需要十分重视创造精神。 因为，出版物天生与创造联系在一起。 它不是通过流水线成批生产的，而是一本一本出版的。 每本书，每本刊物，都有自己独特的生命。 韬奋一贯反对跟在别人屁股后面爬行的"肉麻的模仿"，他说，"尾巴主义是成功的仇敌"。 他所主办的《生活》《新生》《大众生活》等刊物，都有鲜明的特色个性，站在时代的前列。 韬奋说："历史既不是重复，供应各时代特殊需要的精神食粮，当然也不应重复。"当前重复出版、跟风出版、雷同出版乃至克隆出版的情况严重，是明显有悖于韬奋精神的。

在出版业上的"能干"，还要求像韬奋那样，正确处理事业性和商业性的关系。 韬奋说："因为我们所共同努力的是文化事业，所以必须顾到事业性，同时因为我们是自食其力，是拿自己的收入来支持事业，而发展事业，所以必须同时顾到商业性，这两个方面应该相辅相承的，不应该对立起来的。"韬奋在指出两者统一的同时，又一再强调，"要注重为大多数民众谋福利，不以赢利为最后目的"，绝不赚"不义之财"，绝不能"专为赚钱而做含有毒菌落后的事业"。 广告是报刊的重要经济收入，韬奋的《生活》周刊却明文规定："凡不忠实或有伤风化之广告，虽出重金，亦不为之登载。"七八十年前，在旧社会，韬奋就如此正确地处理了社会效益与经济效益的问题，不能不令人景仰敬佩。

韬奋精神还表现在其他许多方面，这是一个内涵丰厚的精神宝库。让我们结合实践不断地从中吸取营养，高高举起韬奋的笔，以"战而不屈"的精神，克服前行中的一切困难险阻，按照党的教导，实现社会主义出版文化的大发展大繁荣。

2010.11

人才到位

《读者导报》编者提出一个问题：当前出版社发展中所要解决的主要问题是什么？出版社现在可谓问题成堆、矛盾成串，但要明确讲出哪个是"主要"的，却并非一下子能够看清的。如果姑妄言之，我想能否把"人才到位"看作是当前应该牵住的"牛鼻子"。

人们常说，一切竞争，归根结蒂是人才的竞争。一个单位的工作状况如何，虽受制于多种多样的因素，起决定作用的则是它的工作人员的水平与素质、积极性与创造性。用如今已经很不时髦的一句话说，就是"人的因素第一"。上海出版队伍的水平与素质，与客观要求来比，还存在不少差距，需要不断调整与提高，但相对于各地来说，还是不错的。在"位"的，绝大多数是可用之"才"。从现实出发，不可能也不必要对这支队伍进行大调整、大换班。目前突出成问题的，是这支队伍中的相当多的人，积极性、创造性发挥得不够，缺乏对工作的全身心的投入。这种情况可以用三句话来概括：一是"有劲不想使"；二是"有劲往外使"；三是"有劲无处使"。当前出版社存在的"无错不成书"，平庸书泛滥，以及人浮于事、松松垮垮等问题，都与"劲"没有很好"使"出来有关。因此，"人才到位"，当前主要是"到"这个"位"——把"劲"充分"使"出来，"认真做好出版工作"。

人的"劲"为什么没有充分"使"在出版工作上呢？并不像过去那种不安于岗位者，对本岗位工作不满意，或嫌行业"低下"，或嫌平凡琐碎，企盼"跳槽"。出版社是有一定品位的文化单位，又是有广泛社会联系的文化单位，对人们来说，还是有相当吸引力的。谁能挤进出版社，过去算是跳上了"高枝"。即使现在，除了极少数有条件"下海"者外，大多数人还是不愿意脱离出版社的。不过，人尽管仍留在出版社，有些人的心却飞出出版社，把"劲"用在"第二职业"上了。身在出版社内，"干不干，二斤半"，取得基本生活保障；心飞"第二职业"，使"劲"捞"外快"，用以改善生活。 在如今物价上涨，知识分子待遇改善缓慢的情况下，一些人这样做是有情可原的。 问题是人的精力由此分散，出版工作随之难于"到位"。 出版社也就不可避免地松松垮垮，"认真"不起来。 要想改变这一状况，首先要改变政策导向，出版社人才比较集中，中高级知识分子比重较大，要努力提高他们的生活待遇，但不是把他们推向"第二职业"。 在我国目前各种法规不健全的情况下，大力倡导"第二职业"，是一种误导。 如同教师的天职是认真教好书一样，出版者的天职，是认真出好书。 离开这一点，鼓励教师、编辑使"劲"到其他方面赚钱，将涣散我们的队伍，严重损害我国的教育、出版事业。 正确的做法，则是应该以积极的措施，引导出版工作者身心一致地放在出版事业上，为"认真做好出版工作"而拼命使劲。海外的许多出版社，对它的编辑人员，一方面给予高薪；另一方面要求全身心投入，不准再搞什么"第二职业"。 因此，他们一个人就真正顶一个人用，很少人浮于事的现象。 人比我们少，事情却做得比我们多。 我以为，我们可以借鉴这一政策。 自然，"高薪"的尺寸，要根据我国情况而定，不能简单照搬。 但是，总是应该明显地"高"于现在。 好在出版社是自负盈亏的，不但不要国家一分钱，而且要向国家上交利税，这个"高薪"的标准可让出版社根据自己的经济实力，并根据不同人的不同情况而定。 出版社给了高薪，就可以明确规定它的工作人员必须把"劲"集中使用在出版工作上，不能"不想使"，不准"向外使"。"无处使"的，也要通过调整安排，放到恰当的岗位上，让他"有处使"。 这样，劲往一处使，心往一处想，就可以大大改善工作气氛，大大提高工作效率，出版社现存的方方面面的问题，就都会因有人认真负责而得到解决。

当然，全面地说，合理的经济报酬，只是促进出版"人才到位"的一个方面；另一个方面，还需要大力弘扬敬业精神。 历来为事业的献身者，都有一种事业心，都赖一种精神力量的支持。 出版工作者待遇无论如何提高，也难于与"下海"、做生意者比肩。 靠工薪收入想发大财，是找错了门。 对真正一心投入出版事业的人来说，他所追求的，是出版事业的发展与辉煌，是生命对事业的融入。 能在编书出书中，发挥自己的聪明才智，为传播人类的思想知识，为积累人类的文化成果而服务，是比获得金钱更高的享受。 巴金做过十几年的编辑、校对，在出版工作上灌注了大量心血，从未拿过报酬，他都乐此不悔。 他在为上海文艺出版社成立 30 周年而作的文章中，讲到他当年编书的心情时说："生命的意义在于付出，在于给予，而不是在于接受，也不是在于获取。 所以做补书的工作我也感到乐趣，能够拿几本新出的书送给朋友，献给读者，我认为是莫大的快乐。"我以为，在当前商品大潮席卷神州的时候，出版工作者要具有商品意识，但人生观、事业观不能商品化。 要像巴老那样，执着于事业，执着于理想。如此，方能在出版岗位上坚定地、长期地做到"人才到位"。倘若缺乏这样的精神支柱，只靠"物质刺激"，那么，"欲壑难填"，今天增加了工资，积极性刺激了一下，明天没有增加，积极性又会疲软下来。泰戈尔说："鸟翼系上了黄金，这鸟便永不能再在天上翱翔了。"这是至理名言。因此，目前要重视改变人才不"到位"的情况，还需要强化"志当存高远"的理想教育。出版社一旦形成了巴老所说的"生命的意义在于付出，在于给予，而不是在于接受"的氛围时，那么，"人才"就会真正"到位"，充分发挥自己的积极性、创造性，解决工作中的矛盾与问题，在改革开放中，把出版工作推向一个又一个新境地。

1995 年

让激情燃烧起来

参加今天（2003 年 8 月 10 日）"三项学习教育"研讨会的同行，都是青年人。会场上充满着青春的朝气。从发言中，可以看到大家对出版工作中一些问题有着相当深邃的思考。大家虽然年轻，但并不浅薄。这是因为，同志们已经是出版单位的骨干，不少同志担任着出版社或期刊社的领导，在工作中做出了出色的成绩。上海市有个文化新人奖，专以弘扬文化界的有突出表现的年轻新人，已评选了 5 届，上海出版界先后获奖的 4 位青年俊彦，今天都在座。

会议的一个重要议题，是如何更好地忠诚党的出版事业，恪守职业精神和职业道德。关于职业道德，由于出版工作者从事的是一种精神文化工作，属于"灵魂工程师"的行列，理应在遵守《公民基本道德规范》的基础上，追求更高的思想道德目标。按照中国出版协会颁布的职业道德准则，它包括这样八个方面：为人民服务，为社会主义服务；增强使命感和责任感，力求坚持两个效益的最佳结合；树立精品意识，提高出版质量；遵纪守法，廉洁自律；爱岗敬业，忠于职守；团结协作，诚实守信；艰苦奋斗，勤俭创业；遵照外事纪律，维护国家利益。我这里只就其中"爱岗敬业"这一条，说点意见。要做好任何工作，首先都要热爱这一工作，有热情，有兴趣。只有深切的热爱、浓厚的兴趣，才能发挥出自己的积极性创造性，才能在工作中显出光和热，才能避免那种"做一天和尚撞一天钟"的被动应付状态。

怎样才算热爱呢？有同志说得好，就是要有激情。你谈恋爱，找女朋友或男朋友，一旦激情燃烧了起来，就会全力地去追求，全身心地关注对方的一颦一笑，就会无私地愿为对方贡献一切。许多科学家所以有伟大的发明，与他们对科研工作拥有巨大的激情分不开的。 牛顿、阿基米德对他们各自科研课题的兴趣已经进入痴迷状态，才能有那么敏感的联想，从日常生活现象中得到启示，发明了万有引力定律和阿基米德定理。 有了这种激情，即使在看来是程式化的工农业生产中，也能催生出绚丽的风景。 最近作为全国人民学习榜样的许振超和李斌，是两个工人，一个是青岛港的桥吊工，一个是上海工厂的机床工，但他们长年在工作中激情投入，"干一行，爱一行，钻一行"，成了各自行当中的杰出专家，在平凡的工作中创造出了不平凡的业绩。 我做过记者，在 20 世纪五六十年代，采访过杨怀远、裔式娟等老劳模，他们的一个共同特点，就是把热爱人民与热爱本职工作密切地融合在一起，以满腔的激情把平凡的劳动燃烧得特别明亮，也把他们的生命燃烧得特别明亮。

对工作的热爱，是建立在对工作意义的深刻认识上的。 应当说，我们现在的工作，都是以为人民服务、为社会主义服务作为出发点和归宿地的。 社会上的"三百六十行"，都值得去热爱。 但由于人们主客观环境的不同，机遇不一，每个人所面对的，却都是一个特定的工作。 我们面对的是出版工作，就需要认识出版工作的意义，热爱出版工作。 出版工作作为社会主义文化事业的一个重要组成部分，在发扬先进文化、促进生产力发展和满足人民群众的文化需求等方面，都有着不可或缺的重要功能。 出版和新闻一样，有着传播文化的功能，同时，它更有着积累文化的职能。 古今中外优秀文化的传递，都依赖出版这一载体。 我们今天能方便地欣赏历史上的名著名作，是前代出版工作者与学者、作家一起为我们留下了这些宝贵文化遗产，我们在享受前人的福。 然而，一代人有一代人的责任。 我们今天的出版人，在享前人福的同时，也应为后人造福，努力为我们的后代留下一些文化精品。 为此，要求出版人具有强烈的文化意识和高度的责任心。 出版物通过市场卖出去才能发生效益，出版人要有商品意识，但出版人本质上是文化人，而不是商人，要注意出版的经济效益，更要钟情出版的文化价值。 出版工作是文化人精神追求的一个很好的存在形式，是实现人生价值的一个很好形式，如果忽视这点，只把出版作为一种赚钱的工具，或只把出版作为一种谋生的手段，那么，出版人就会在精神上"矮化"，也就焕发不出对出版业的真正激情，也就不会努力去抓具有较高文化品格的精品。 现在图书市场上出版物不少，真正好的出版物却很少，能够留传下去的出版物更少，这一情况亟待改变，否则，我们是有愧当代同胞和后代子孙的。

出版工作所以会使我们热爱，生发激情，还因为它极富创造性。 出版物不是通过流水线成批生产的，而是一本一本出版的，每本书，每本刊物，都有自己独特的生命。 出版物的生命力，除了体现在质量上外，还体现在特性上。 越是富有个性的出版物，越具有生命力。 出版忌亦步亦趋地踏着别人的脚印走路，这就为出版工作者发挥自己的聪明才智提供了广阔的天地。你有创造力，你在每本书每期刊物中都可以得到体现，这与模式生产完全不同。创造性，是人的一种本质要求。人在创造中，可以得到最大的精神愉悦。20世纪70年代末，粉碎"四人帮"不久，社会审美思潮混乱，是非不清，美丑不辨，针对这一情况，我们创办了《艺术世界》杂志，以提高读者的审美水平。这样的鉴赏性杂志，是过去所没有的。我们精心编选每一期，崭新的内容受到读者的欢迎。我们也从中享受到创造的喜悦。面对我们编就的每一期新刊物，就如同面对我们的新生婴儿一样开心。有位女编辑，她总是将每期新出的样刊带回家去，放在枕边，晚上不断地翻阅抚摩。她说，闻闻新刊物的油墨香，如同闻到新生儿的乳香一样醉人。正是这种创造的喜悦，激发大家更加热爱出版工作，愿为出版事业的发展鞠躬尽瘁，奋斗不已，推动上海出版业不断前进。

有同志说，上海出版在历史上有过辉煌，但如今却呈现"江河日下"之态，原来是我国的出版中心，后来变为出版重镇，而近来这个"镇"的"重"量，也越来越轻了，与上海的国际性大都市地位不相适应。个中原因，我以为，重要的一条，是上海出版的创造力日渐萎缩，重复出版与跟风出版现象严重。在20世纪上半叶，上海出版执全国之牛耳，出书数量众多固然是个原因，更重要的是出了不少有重大影响的扛鼎之作，如《天演论》《民约论》《辞源》《共产党宣言》《大众哲学》《博物新编》等，都盛极一时或传之久远。即使在20世纪下半叶，也出版了《辞海》《中国新文学大系》《十万个为什么》《中国历代服饰》等精品读物。可近年来书并没有少出，但有特色、有质量、有重大影响的出版物却越来越少，好多图书都是急功近利的产物，没有多少文化价值，旋生旋灭，有些书因其无特色无价值根本走不进读者当中，它们的出生之日，往往也是死亡之时，带给社会不小的浪费。上海文化被称为海派文化，是一种开放的文化，勇于革新与创造，应当是它的本质性特色。创造力的弱化，是上海出版人品格的重大丢失，致使具有较大冲击力与影响力的出版物日渐稀少，应引起我们足够重视。青年人最富朝气，历来是社会创造的主体，愿大家多多释放创造之光。

有同志说，现在出的书铺天盖地，似乎能出的书都出了，再要弄出什么新花头，难矣哉！竞争越来越激烈，出书越来越难，是事实。但是，这一切并没有堵塞了创新的路。时代在发展，社会在发展，人民大众的需求在发展，为出版物创新提供了不断的源泉。我们应化压力为动力，以更大的激情投入创新活动。《十万个为什么》自20世纪60年代出版后，由于它的独创性，在少儿科普读物领域称霸几十年，不少出版者眼红它的巨大效益，也纷纷仿效，类似的出版物近年据说有100多个版本，但这些"东施效颦"的东西，并没有对儿童科普读物起了多少推动作用。今年北京少儿社引进了一套叫《可怕的科学》科普读物，由于它在编选方式上不同于《十万个为什么》，不再是用问答式方法，而是用悬念式方法，从而在图书市场引发一场新的风暴，使少儿科普书不再是"一花独放"，而是"双峰竞秀"了。这显示了出版王国又开辟了"新版图"，是件好事。问题是这个"新版图"是英国人开辟的，为什么不是我们呢？为什么我们长期只满足于做"东施"呢？可见，创新是有路走的，问题是我们要有创新的激情去发现它，开辟它。而这点，既是出版者的品性要求，也是出版者的使命所在。创新，尽管越来越难，但只要把激情燃烧起来，知难而进，我们一定会不断创造出出版的新天地、新境界。

综上所述，热爱出版，激情出版，需要发扬这三方面精神：一是文化意识；二是创新思维；三是奉献精神。

现在的青年出版工作者中，不少人是热爱出版的。他们有的对出版是"一见钟情"，因为热爱出版，才选择出版。有的则是进入以后，"先结婚，后恋爱"，开始并不怎么钟情出版，但耳濡目染久了，渐渐产生了激情。这两种人都忠于职守，在工作中有不俗的表现。还有些人是"拉郎配"走进出版的，或者是为将来"跳槽"作一临时跳板的，他们在工作中大多是得过且过，"做一天和尚撞一天钟"，甚或"做了和尚不撞钟"，这样的出版工作者，难于对出版有什么贡献。对他们，当然首先还是尽量教育引导他们进入出版角色，倘若他们坚持"人在曹营心在汉"，也只好请他们走人。因为，出版的职业道德准则，是不允许不"爱岗敬业"，不"忠于职守"的。

热爱出版，钟情出版，就能在出版岗位上耐得住寂寞。好的出版物，都是"多年生"的。做一些具有重大文化价值、能有较长生命力的出版物，并非一朝一夕所能完成的。刚才一些同志提到的《中华本草》《续修四库》等重点图书，都下了"十年寒窗"的苦功。有些同志接手这一工作时，是青春少年，完成这一工作时，已是人到中年。我以为，这样长期默默无闻的奋斗，是值得的。它既出了好书，为我国的文化出版建设添了砖增了瓦，又在实践中培养了人，造就了一些学者型编辑。出版界现在少的，正是这样的书，这样的人，其价值远远高于那些急功近利的操作。这里也提出一个问题，出版是一种文化积累性的工作，做出版的宜安营扎寨、连续奋斗，不宜三心二意、左顾右盼、跳来跳去。张元济、邹韬奋、赵家璧这样光彩夺目的出版人，不是短期出版工作所能造就的。

出版编辑，是一项值得我们为之奉献热情激情和聪明才智的职业。叶圣陶是著名编辑家，也是著名的教育家、文学家，他在讲自己的身份时，总是乐于称自己为编辑。巴金在创作的同时，也做过多年出版编辑工作。他在祝贺上海文艺出版社成立三十周年的一封信中写道："对编辑同志，对那些默默无闻、辛勤工作的人，除了表示极大的敬意外，我没有别的话说了。"

　　站在出版岗位上是幸运的，我们一定要认清出版意义，热爱出版，用激情把出版业燃亮。 同时，要在热爱出版的基础上，精通出版。 后一个问题，有机会再作交流。

2003.8

写情书似的复读者来信

　　出版界有一句行话："作者是出版社的衣食父母。"严格地推敲，这句话不尽准确，但其基本精神是可取的。 这就是说，出版者，或者说编者，要充分重视作者。出版社的基本任务是出书，书是要作者写的，没有作者，编辑就难为无米之炊。 没有好的作者，也就难于"烧"出好的精神食品来。 编辑在成书过程中自然有其不可或缺的作用，我一直称之为"助产士"的作用，促进着书稿的早生、优生，但终究不能代替作者——"孕妇"的孕育。 因此，将作者视为出版社的根本——"父母"，从而千方百计地加强作者工作，是有它的重要意义的。

　　不过，我以为，在重视作者的同时，编者也要重视读者。 编者—作者—读者，是出书过程中三个紧紧相扣的环节，一个也削弱不得。 就编者来说，不仅要好好地团结作者，更要认真地想到读者。 编者团结作者，是为了多出好书；多出好书，则是为了满足读者的文化需求。 从终极的意义上说，出版社不是为编者而存在，也不是为作者而存在，是为读者而存在的。 如果把作者说成是"出版社的衣食父母"，那么，套一句商界的话，读者则应视为"出版社的上帝"。"上帝"比"父母"的位置更高。

　　有着明确的读者观念，一切想着"上帝"，一切为了"上帝"，是进步出版事业的光荣传统。 当年邹韬奋主持的生活书店，就是以热忱地为读者服务作为书店的旗帜的。 韬奋说："生活书店是由为大众服务起家的"，"服务精神是生活书店的奠基石"。 这种服务精神，体现在书店工作的各个方面。 就拿对待读者的来信来说，韬奋坚持每信必复，"鞠躬尽瘁，写而后已"。《生活》周刊每年收到读者来信3万多封，起初由韬奋一人拆阅、回复，后因忙不过来，安排专人做此工作，但每封复信发出前，韬奋都看过，并亲笔签名。 韬奋描述他面对读者来信时的心情，"辄感负托之重，期望之殷，竭我智能，尽忠代谋"。 因而，他"答复的热情不逊于写情书，一点也不肯马虎"。 正因为这样，韬奋赢得了广大读者的衷心信赖，《生活》周刊以及生活书店越办越红火。

可惜的是，这种服务精神时下在相当多的出版单位，包括笔者所在的出版社，都有所弱化与淡化。 读者来信，不仅做不到每封必复，而且往往没有好好看，就丢到字纸篓里去了。 读者邮购图书，钱汇过来了，书却久久不寄。 编者如此冷淡"上帝"的结果，是"上帝"也冷淡编者，以致有些出版单位的读者基础越来越薄，陷入困境。 在这种情况下，最近看到一个材料，很令我激奋。 说的是我社《吉他之友》创刊以来，辟有"吉他之友"信箱，坚持"有信必复，来信必看"的承诺，5 年来，共复信 36 000 封，解决上万个学琴难题，其中一部分复信在《吉他之友》上择要选登，使更多读者受惠。 这些复信工作开始由责编吴志浩同志担任，后来聘请了一些专家协助进行。 工作量是大的，但他们手拆目诵读者来信之时，也学韬奋那样，以满腔热情，"竭我智能，尽忠代谋"。《吉他之友》，真正成了吉他爱好者的知心朋友。 几年来，主动要求加入《吉他之友》联谊会的读者日益增多，现在已达 7 000 人。 有了这 7 000 位读者作支柱，《吉他之友》在激烈的图书市场竞争中稳稳站住了脚跟。 由此可见，不能冷淡"上帝"，归根结蒂是他们制约着出版单位的盛衰荣枯。

实际上，这种尊重"上帝"，热心为读者服务的精神，在一些资本主义国家的出版社，也是十分注意发扬的。 前不久，我在荷兰参观了一家名叫布里尔的出版社。他们的图书，主要靠自己直接向读者推销。 他们积累了读者的大量资料，知道什么样的读者需要什么样的图书。 他们经常有针对性地向读者寄送出版信息。 读者来函来电提什么问题，或要什么书，他们总是"不过夜"地当天处理完毕。 因而，他们与读者始终保持着良好的联系，保证了这家出版社历经 100 多年仍具有勃勃朝气。

所以，我觉得，编者在重视对作者"助产"的同时，不可以忽视对读者的"服务"。 编者只有让作者与读者"双翼齐飞"，才能使出版工作真正飞腾起来。 因此，韬奋那种为读者服务的精神，那种写情书似的复读者来信的热情，时下特别需要张扬。

1995 年

4. 有关出版的反思

天下图书一大抄

有人说："天下文章一大抄。"这话，不能说没有一点正面肯定的味道。人间的许多事情与道理，过去的文章都说了，现在的文章，如果绝对不能重复过去的，一切从零开始，那是很难做到的。问题是，这种重复，只是手段，不是目的。目的是在重复中吸取过去文章中的营养，用以滋补与催生新的见识。也就是说，要推陈出新。出新，是文章的生命与价值所在。新写的文章若无新意，不能"启夕秀于未振"，而只是人云亦云，拾人牙慧，即使"收百世之阙文，采千载之遗韵"，也无足道哉。清代袁枚论诗："不学古人，法无一可。竟似古人，何处著我？""学古人"，是为了超越古人，不"似古人"，孕育出一个"我"来。所以，写文章的立足点，或者说制高点，就不能放在重复别人讲过的话上，或者说"抄"上，而应努力于"须教自我胸中出，切忌随人脚后行"。就这个意义上看，"天下文章一大抄"这句话，主导倾向则是对文坛上那种陈陈相因、拾人牙慧现象的揶揄与讽刺。

时下值得注意的，是"天下文章一大抄"的现象，有向"天下图书一大抄"扩展的趋势。

目前，全国年出版图书达 9 万种以上，数量发展迅速。相比之下，质量却提高不快。其中除了不少平庸书以外，重复雷同的书在增加。重复雷同的书也属于平庸书，但它较一般平庸的书，似乎更等而下之。"下"就"下"在它的特征是"抄"。如同文章不可能没有一点雷同的话一样，图书也难免要重复别人的一点内容，但这种重复雷同，不应该是简单地"随人脚后行"，而是为了更好地表述"我自胸中出"的。可惜，现在的一些书，"我自胸中出"的东西太少了，有的只是"随人脚后行"的货色。甚至连书名，也原封不动或稍加改动地"抄"来。你编××鉴赏辞典，他也紧跟搞它一部。你编棒针花样××种，他也如法炮制一册。你编365夜故事，他也东施效颦添上一种。我国幅员广阔，人口众多，图书需求量大，在整理文化的编选中，相似内容的书，不是说有了一种，就不能再编第二种了。 问题是后来的编选者，要有一种新的眼光，新的思路，使新编的书生发出一种新的光彩，成为一部有新意的书。 如同高明的厨师，面对的虽是别人也同样有的几种原料，但经过他高明的搭配与烹饪，则烧出了一盆色香味特有的好菜。 现在的一些情况，则是根本不讲究"搭配与烹饪"，只是忙于照搬照"抄"。 这种依葫芦画瓢的结果，是越画越不像，使图书整体水平下降。 更有甚者，像《语言大典》《新现代汉语词典》那样，大部分内容与文字竟沦为抄袭，直接跌落到水平线以下了。

所以，我以为，要注意克服"天下图书一大抄"的现象。 克服之道，在于发扬创造精神，勇于标新立异。 毛泽东在《同音乐工作者的谈话》中指出过："为群众所欢迎的标新立异，越多越好，不要雷同。 雷同就成为八股。"图书，作为人类的精神产品，其价值就在于它有异于前人之"新"，别于他人之"异"。 英国启蒙主义时期诗人杨格说过这样一句话："文艺作品要为文艺王国增添新的版图。"同样，新的图书要为出版王国拓展新版图。 不能拓展新版图的重复雷同的书，出了还不如不出，可以减少各方面的浪费。 为此，我想，在整理文化的编选出版上，应该贯彻"人无我有，人有我优"的原则。 同时，要大力加强创造文化的出版。

1993 年

"抄"已不是，何堪再"炒"

"抄"与"炒"，音近形似，但除了它们同可用作吵吵闹闹的"吵"外，意思是少有关联的。 近年来，文坛、书坛上的"抄"风与"炒"风都呈增强之势。 不过，凡"抄"的东西，一般都不敢"炒"；既"抄"又"炒"的事情，还是少见的。 然而，正如一位伟人所说，任何一般中都有例外。 由某先生主编的《语言大典》《新现代汉语词典》，就既有大量抄袭，又被"炒"得火热。 我开始想，这也许由于"利令智昏"，急于成为"名人""超人""奇人"，成为"二百年后只剩下……"的人，遂以为大规模的"炒"，高规格的"炒"，"炒"得它沸沸扬扬，昏天黑地，抄袭剽窃的尾巴就可以在混沌浮夸的空气中隐藏不露。 事态的发展，使我又感到，这其中还有一个"智令智昏"的情况在。 做贼难免心虚，不能不存"东窗事发"之忧。 于是，抄袭者也就运用了"智"，在"理论"上与实践上都作了一些"兵来将挡"式的谋划，预为其欺世盗名的行为遮羞。 可惜的是，白的就是白的，黑的就是黑的，硬要堵塞漏洞，结果却弄巧成拙，欲盖弥彰。

这首先表现在"理论"上，以"共识""共享"说作辩。 诚然，人类的文化、学术成果，存在"共识""共享"的情况。 正因为这样，我们常说，后人的业绩，是站在前人的肩膀上取得的。 然而，后人只能"站在前人的肩膀上"，而不能把"前人的肩膀"当作自己的"肩膀"。 倘若以"共识""共享"为由，只做"文抄公"，那么，人类的文化、学术将只有重复、雷同，而没有创造、发展，其"肩膀"不仅不能一代比一代健壮，而且会日益萎缩下去。 有价值的图书，包括优秀的辞书，都有着自己的认识与见解，自己的个性与风采，绝不会简单地把别人的东西当成"共"产，拿来拼凑一下"享"用。 有一句话，叫作"天下文章一大抄"，此话不能说一点也不含有肯定意味，即任何人的著作，都避免不了对前人成果的吸收与引用；但它的主要指向是讽刺与否定，讽刺、否定文坛上那些抄袭与剽窃行为。"文抄公"，历来是千夫所指的一种文坛消极腐败现象，任怎样涂脂抹粉，也是难于有光环闪现的。

抄袭者、剽窃者是清楚这点的。 因此，他们在实践中用"智"了。 这就是抄袭中来一点"修改及加工"，以示自己的创造与创新。 据人检查，《语言大典》抄袭《中国成语大辞典》达 75%，《新现代汉语词典》条目大部分也系抄袭。 抄袭方法有全抄与基本抄袭两种。 按有些同志的揭露材料考察，其中有着"创造"成分的"基本抄袭"，呈现这样几种情况：

一是弄巧成拙。 比方说"做事"的释文，《现代汉语词典》注为"担任固定的职务，工作"；《新现汉》"拿来"后改为"担任有固定的职务，工作"；增加了一个"有"字，反而令人读不通。 再如"真理"条，《现汉》注为"真实的道理，即客观事物及其规律在人的意识中的正确反映"。《新现汉》删去前面的"真实的道理"五字，照抄后面一句，并把"意识"两字改为"头脑"，成为"即客观事物及其规律在人的头脑中的正确反映"。 这释文包装得似乎不是抄了，但由于"即"是个系词，在《现汉》中，它是用来连接前后的判断主词与宾词的，《新现汉》既然把"真实的道理"这一判断主词删去，"即"字就成为多余，成为一条标明抄袭的尾巴。

二是食洋不化。《语言大典》有不少条目抄自美国韦伯斯特词典和其他词典，由于混淆了汉语和英语词汇与词义系统的区别，囫囵吞枣地抄，不时闹出笑话，令人忍俊不禁。 如"喝水"的释义，注为："饮水——通常用于较低等动物（在黄昏时喝水的狮子）。"按其解释，喜欢"喝水"的中国人，不都成了"较低等动物"？ 真有点岂有此理。 又如"饱和"条举例："在给一本小说写书评的时候，必须想方设法刺激而不是饱和读者的兴趣。""调整"条举例："按要击倒的树、灌木或杂草，他调整发出的雷声。"这些都是不符合汉语语法，读来佶屈聱牙的句子。 再如《语言大典》中的立目，不少照搬自英语规范，如"安"字头下，因英语有 install 与 fix 这两个同义词而对汉语的"安"也分别立了两个义项，致使汉语中本不需分项的"安电灯"与"安茶杯把儿"也硬是分为两个义项，《大典》由此显得混乱不清，芜杂不堪。

三是易是为非。像《语言大典》中"胜不骄，败不馁"条，其例为"王者之兵，胜不骄，败而不怨"，抄自《中国成语大辞典》，但此书注此语出自《商君书·战法》，而《大典》竟写为《高君书》。把中国历史上赫赫有名的商鞅的《商君书》，易为子虚乌有的《高君书》，不知是有意"标新"，还是无意抄错，无论"有意"还是"无意"，都令人为一种无知、无聊而汗颜。

这样，我倒萌发了一个想法，改头换面的抄，倒不如原原本本的抄。原原本本的抄，只要"原本"是好的，尽管是个"文抄公"，还可以做到"照抄无误"，不至于谬种流传。而改头换面的抄，由于态度不老实，总想变着法子，把别人的东西打扮成自己的，再加上水平也不济，分不清真伪优劣，不懂得取舍选择，结果变成了"谬误大全"。他们挖空心思，变着法儿想掩盖抄袭之丑，可到头来"聪明反被聪明误"，这就叫作"智令智昏"。

自然，"智令智昏"，归根结蒂还是由于"利令智昏"。成名成家、著作超身、压倒群芳、流芳百世的欲望与渴求，过于急迫与膨胀，以致不能自已，使原本一些有用之"智"，也用错了路子，不是催生了善果，而是浇注了恶果。随后，又急于推销，继"抄"之后而大"炒"，一时间"辞书大王""超韦伯斯特"等谀词满天飞，名实间的严重不符，反而使假劣的面貌迅速被揭穿，如此的"炒"，不仅不能像刘禹锡在一首咏茶诗中所说的，"斯须炒成满堂香"，而是落得"斯须炒成满坛臭"了。

因此，我认为，这可以作为文坛、书坛鉴："抄"已不是，何忍再"炒"；"利令智昏"已不可取，怎堪再添"智令智昏"。

1994.5

人无我有，人有我优

日前，听书店同志说，近来重复出版的现象比较突出。像"三十六计"一类的"智谋"书，仅上海一地，就见到 36 种。此外，有关《周易》的，养生的，礼仪的，"鉴赏"的，等等，都是竞相出版，大同小异，小异大同。至于一些生活实用的书，例如服装、编结之类，更是急剧膨胀，其中不少图样均系相互传抄，你抄我的，我抄他的，或是大家共同抄外国的。

出版物的重复泛滥，使图书的数量明显上升，似乎带来了出版工作的"繁荣"；实际上，图书的低水平重复，不仅不能为精神生产增添什么新的东西，而且造成了编辑力、印刷力以及纸张的浪费。现在，我国图书年出版品种已达8万多种，可谓"蔚然大观"，相对说来，质量的发展却显得滞后。国家有关领导部门提出当前出版要控制初版书品种，大力提高质量，这是很正确的。对初版书品种的控制，除要坚决卡住政治思想倾向不好的图书外，主要是减少两类书的出版：第一是平庸的书；第二就是重复出版的书。

应该说，平庸的书，不一定是重复出版的书；而重复出版的书，则往往是平庸的书。因为重复出版的书，大多是"吃别人嚼过的馍"。如果说别人想出一个点子，编了一本书，是新鲜的，有创造性的；那么，你跟着也编一本，就有点踩着别人脚印走路，不那么高明了。自然，这不是说，一个题目，比如说，"智谋"吧，已经出了别人就不能再出了。问题是主题相同，在具体内容与编选角度上，却需要出新，使人一看，觉得异于前者，优于前者。有出版社在出书上，提出这样一个口号："人无我有，人有我优。"这就对了。"人有我优"与"人无我有"一样，是要动脑筋的。倘若做懒汉，只是吃别人的现成饭，其结果或者"人无我无"，出不了什么"领风骚"的书，或者"人有我有"，在低水平的重复中周旋。

值得一提的，目前重复出版的书，与20世纪80年代前期有所不同。那时多系一些当代作家的作品集，现在则多是一些知识性的编选书。这自然是由于图书市场的"热点"转移所形成的。这就在一定程度上造成了一种"述而不作"的现象：整理文化多，创造文化少。因此，从减少重复的出版物的要求来说，我们在继续重视"述"的同时，更需要倡导"作"。"作"的加强，能较多地体现今人创造的成果，改变那种只是靠古人、洋人卖座的情况，并为后代留下我们这一代的遗产。这也许是出版界、知识界最重要的历史使命所在。

1994 年

"巧妙的圈套"

报载：某出版社出版的《情女豪侠》一书，实际是顾道明1928年在上海《新闻报》"快活林"连载的《荒江女侠》，只是改动了一下回目。该出版社印行此书，将作者的名字改为"全庸"，并故意以行书写，使读者误以为是"金庸"。读者上了当，还有苦说不出，因为谁叫你自己没有看清？有人说，这是一个"巧妙的圈套"，它欺骗了读者，捞了钱，却又"不犯法"，奈何它不得。

我说，这一"巧妙的圈套"，是一可耻的圈套。我是从事出版工作的，为出版界出现这一"圈套"感到自羞。

说它可耻，因为它丧失了职业道德，缺乏最起码的诚实品格。过去旧社会做生意，还讲"货真价实，童叟无欺"呢。尽管不少人做不到，但诚实这个旗号，还是要打着的。我们今天是新社会，又是在从事社会主义精神生产，怎么能公然耍圈套，搞欺骗呢？把心思用在设计这种"圈套"上，自以为很得意，很"巧妙"，实际上是搬起石头砸自己的脚，不"妙"得很。要知道，对一个社会主义出版社来说，争取读者，争取"双效益"，道路是宽广的，最根本的，是要多出好书，提高自己出版物的质量。放弃这方面的努力，热衷于搞这种鱼目混珠式的圈套，就意味着向人们宣布，自己既无意老老实实地出书，在出版工作上滑向了歪门邪道，又无力认认真真地出书，走向了穷途末路。这不是自己在砸自己的牌子吗？

故意以"全庸"混同"金庸"的圈套来蒙骗读者，在心理上恐怕有这样一个支撑，就是"不犯法"，奈何它不得。用前一时期的流行话说：就是打不出界的"擦边球"。我以为，这样做虽然在法律上不能说已经"犯法"，但蓄意欺骗读者，在道德上却已完完全全"出界"了。对一个社会主义出版工作者来说，我们的工作准则，不仅有法律的"界"，政策的"界"，而且有思想的"界"，道德的"界"，作风的"界"。在这些方面，都应打"界内球"，而不应打"界外球"。从这一标准来看，《情女豪侠》一书的出版，并非是只"擦边球"，而是只"界外球"。更何况，擅自将原作者名字改动，也是牵涉到法律上的侵权问题的。只是顾道明已过世多年，不能来计较罢了。因此，那种"奈何我不得"的心理，打"擦边球"的心理，是要不得的。而是应当自己"奈何"自己，自己要求自己，把自己的思想、道德、作风，从"界"外、"界"下提高到"界"内、"界"上来，不要再搞什么"巧妙的圈套"了。自然，在当前，这一要求绝不仅仅限于《情女豪侠》一书。

1994 年

且说"发烧书"

读一篇有关畅销书的文章，得悉这样一种看法：对有些轰动一时的"昙花性"图书，与其叫"畅销书"，不如改称"发烧书"。我以为然。

"发烧书"能够引一些人"发烧"，以致"洛阳纸贵"，自然属畅销。但它不像一般畅销书那样有着比较稳定的市场行情，而是波动性很大。今天"发烧"，能够"烧"得沸沸腾腾，昏天黑地，明天"烧"退了，则灰飞烟灭，冷寂一片。所谓"昙花性"是它的重要特征。尽管图书这种文化载体，较之讲究时效的报纸刊物，更多地强调稳定性与耐久性，但也不宜完全否定这种转瞬即逝的"昙花性"。黑格尔说过，凡是存在的，都是合理的。恩格斯指出这句话有"把现存的一切神圣化"的弊端，但是，不管怎么说，存在的东西，只要它还没有消失灭亡，总还有它一点"合理"的因素，哪怕这种合理性是微乎其微的。由此看黑格尔老人这句话，也有它的合理性在。书能昙花一现，且可引起社会上一部分人"发烧"，就有它存在的合理性。在目前全国年产图书林林总总的九万多个品种中，有一点"发烧书"，是自然的，不可避免的，不必大惊小怪，侧目而视。

　　但也不可把这种"发烧书"抬得过高。这种"烧"了一阵就成为过眼烟云的书，虽然"烧"起来总有一定的读者基础，有的也许不仅有趣，也还有点益，但总的说来，"昙花性"的短命，是有违图书的长命本性的。它们大多内容浅俗、粗俗以至庸俗、鄙俗，品位不高，价值不大，所以能够一时"烧"起来，往往由于非书籍本身质量的原因。这其中，与传播媒介有意无意地渲染与误导，有不小关系。比方说，前不久，有两部反映"洋插队"在国外生活的小说，"发烧"了一阵子。其中一部是讲怎样在国外圆了"发财梦"的，一部是讲娶个外国女人作老婆的。两部小说的水平虽有差异，但在同题材的文学作品中，都不怎么样，属中下品。但由于传播媒介热心地"炒"，被"炒"热了。其中一部，后来发生了诉讼纠纷。一些传播媒介不惜以大量的篇幅，作跟踪报道。这部书因这场官司越发扩大影响，成了"发烧书"。我曾对一位在报社工作的朋友建议，对这样的书，这样的官司，最好的办法，是不理它。你在报纸上理它了，不论持什么态度，都起了宣传推广、推波助澜的作用。而这实在不值得你去花力量的。如果你有力量有版面，最好用来宣扬真正的优秀作品。我们的传播媒介要有助于"优胜劣败"，不能促进"劣胜优败"。现在要警惕一些人，千方百计制造一些官司或其他轰动新闻，以引起社会注意，从而使自己或自己的作品"发"起"烧"来。

　　因此，我赞赏长命的畅销书，而不盲目信服短命的"发烧书"。

1994 年

编选不宜滥

不少人在感叹现在"出书难"。 我曾补充说，时下同时也存在"出书易"的情况。 这些年来图书的品种一直在不断发展，目前我国年出版总数已达八万多种，早属浃浃出版大国。 只是其中有相当数量平庸的书，可出可不出的书，广告式的书，重复出版的书。 这些书，占去了一些不应该占去的人力、物力与财力，挤掉了一些应该出的书。 说来也许人们一时难于接受："出书难"的原因之一，正在于同时有"出书易"的情况存在。 如果卡住那些平庸的、重复的、广告式的、可出可不出的书，使它们的出世由"易"成"难"，那么，就会让出一些生存空间，使若干优秀的有价值的书的诞生，由"难"成"易"。

具体扫描一下那些平庸的、重复的、广告式的、可出可不出的书，可以发现，其中一部分属于著作，相当部分则是"编"的。 不知怎的，近些年来，编书人队伍发展特快。 这其中，不乏有眼光、有水平的编家，他们的编选，是一种创造，为社会增添了不少有质量的好书。 像《中国十大古典悲剧集》《中国十大古典喜剧集》，其中所收的剧目虽然都是古已有之，但悲剧、喜剧的理论属于欧洲传统的美学范围，我国少有这方面对古典戏曲进行分类的。 编选者经过认真研究，第一次作了这样的编选，精心撰写了有创见的前言，并认真校勘了版本，作了眉批，做了前人所未做而又很需要做的工作。 这就极富开拓性与建设性。 这样的"编"，不弱于"著"。 可是，也确实混杂着一些只擅于操"剪刀加浆糊"的"编家"。 他们的本事，在于看风向，观行情，哪种书能赚钱，就拾起别人的牙慧，赶紧编哪种书。"鉴赏"走俏，他也编"鉴赏"；"大全"行时，他也编"大全"；"格言"好卖，他也编"格言"；"智谋"热门，他也编"智谋"。 要问这当中有多少新认识、新思想、新角度、新材料，对不起，找不大到，它们只不过是改头换面的拼凑罢了。 它就是市场上有那么一些大同小异、平庸寡淡图书的一个重要原因。 这样的图书编选过滥，不是繁荣的标志，那是"成灾"的信号。

因此，最近看到有同志呼吁"多一点司马光那样的主编"，十分赞成。 司马光主编《资治通鉴》，有编书的指导思想，有编书的原则与体例，在广泛收集资料的基础上，与三位助手通力合作，用了19年时间，"研精极虑，穷竭所有，日力不足，继之以夜"，才编成这部巨著。 做一个好编家，很不容易。 它需要学识、见识、智力、毅力。 编一本高质量的书，并不比写一本书要求低。 编家，并不是识几个字的人都可以做的。 那些在编选中既少主旨，又无原则，更乏"研精极虑，穷竭所有"的精神与作风，只靠东一剪刀、西一剪刀的所谓编选者，宜越少越好。 这方面，我甚至想，有关方面应有一些相应的规定，使那些不学无术，写不出东西，想用"剪刀加浆糊"，借编书以积累"学术资本"的人，以及那些醉翁之意不在酒，把编书作为牟利手段，胡编乱选的人，无法售其私。 这样，编选者的队伍会暂时缩小，但它精了，更富战斗力了。

自然，这其中，有些主编不是没有水平，而是没有时间把水平用到编书上去，他们只是挂名的主编。 对此，我以为，应该像司马光那样，在其位，就要谋其政。 否则，还是不挂名的好，以防别人在名人名义下贩劣。

1994 年

纸上反响终觉空

描写中共无极县委书记刘日事迹的报告文学《无极之路》出版后，介绍、推荐、评论、座谈的文字，不断地见诸报刊，在一定程度上，形成了一股"《无极之路》热"。 现在，报刊上的"热"虽减退，但"热"却未消失，它正在广大读者中扩散。《无极之路》一再重版，广大读者争相阅读。 有些人特意踏上无极之路，以一识主人公刘日为荣幸。 有同志据此说，《无极之路》这样在读者中引起"轰动"，才算是真正赢得了"轰动"。

我以为然。 时下在读者中引起强烈反响的作品并不多，但在报刊上的反响并不少。 这个有"突破"，那个有"创新"。 可惜，这些往往只是作者、编者圈子里的反映，报纸刊物上"轰动"一下以后，也就烟消灰灭，无声无息了。 它们在读者中的腿不长，始终走不进去。 这样的作品，与《无极之路》不一样，很难说是真正赢得了"轰动"。 因为，作品毕竟是写给读者看的，读者不买账，无论报刊上捧得多么高，终究是一种肥皂泡式的"轰动"。

自然，这并不是说不需要在报刊上推荐介绍作品。 相反，这方面的工作亟待加强。 现在全国年出书品种达九万多种，这么多的图书，不将其中优秀的作品及时地宣传推荐出来，读者如何知道？ 如何选择？ 有一句老话，"好酒不怕巷子深"。 这在终极意义上看，是对的。 但是"巷子深"毕竟影响人们对"好酒"的了解与购买，为了更快更多地推销"好酒"，很需要在巷口挂上一块"内有好酒"的招牌。 此系是否具有现代经营意识的一个重要表现。 因而，报刊上积极推荐优秀图书，以至作出"轰动"性反响，引起读者注意，是完全必要与有益的。《无极之路》所以能在读者中迅速引起"轰动"，正是与报刊的集中而有力的推荐分不开的。问题是报刊上推荐的作品，要像《无极之路》那样，是真正的"好酒"，真正的优秀作品，不能以次充好，以劣冒优。否则，报刊上的宣传，就犹如虚假广告，也许可以暂时蒙骗一些人，但终究要丧失读者，并使读者反感的。

当然，不同图书由于性质不同，读者对象有广有狭，在读者中的"轰动"程度，不能都像报告文学《无极之路》那样大，但是，凡属优秀图书，都应该在自己的读者群中引起反响，而不能只以报刊上的反响为满足，因为，"纸上得来终觉浅"——"纸上反响终觉空"呵！

1995 年

呼啦圈与扑克的随想

前一阵子，呼啦圈突然在上海形成一股热，大街小巷，随处都可见卖呼啦圈的、耍呼啦圈的，但是，其来势也猛，去势也疾，不过一两个月时间，呼啦圈风就基本过去，现在已少有问津者。有人发议论道，即使像娱乐方式，也是流行一阵子的多，历久弥新的少，那些流传了千百年，至今仍令人乐此不倦的娱乐形式，如扑克、象棋、围棋等，确有它独到的法术与魔力，值得研究。

由此，我想到目前的图书市场，也是"呼啦圈"式的读物多，"扑克"式的读物少。在某种意义上说，这符合事物规律。因为，前者虽然流行，但属"过眼烟云""一次性处理"，创造起来比较简单、容易，而后者则要求能够流传，属"耐用品""长命书"，需要凝聚更多的劳动与智慧，才能创造出来。社会上能够创造后者的人，远远比前者要少。因此，"呼啦圈"式的东西总是多于"扑克"式的东西。

这里，有个自觉的能动性问题，首先是在思想上，既要重视流行性，更要重视流传性。因为，图书出版业，具有文化积累的重大意义。我们今天仍然能享用先人们的许多优秀文化成果，一个重要途径，就是依赖历代"扑克"式的名著、经典传下来的。我们今天出版图书，也不可只着眼于眼前，只抓那些"呼啦圈"式的东西，流行一下就丢掉了，而应更多地注意那些"扑克"式的东西，可以作为今天的优秀文化成果流传下去，让我们的后人也能享用。其次，要作实际的努力，就作者来说，要树立更高的标杆，不满足于"流行"，力争"流传"，肯花力气创作"长命书"。就出版发行部门来说，则应对这样的书稿从各方面给予明显的优惠与支持。这样，整个图书出版的价值可望提高，整个图书市场的品位可以提高。

自然，流行性与流传性并非注定相互排斥的。有些具有流传性的图书，就像扑克、象棋一样，一开始也很流行。这二"流"能够结合在一起的，是上筹。这样的书，多多益善。但确有一些图书，虽有流传价值，却在开始时并不一定流行，这需要"慧眼识英雄"，扶持它，而不可扼杀它。至于那些虽然在大众中流行，但已超过大众文化的界定，走向极端，滑向"庸俗文化"或"糟粕文化"，则已不能算"呼啦圈"，而犹如各种害人的赌博活动，需要抑制一下它的"流行"了。

1995 年

请勿"借珠卖椟"

古有"买椟还珠"的故事，讽刺不识货的买主，取舍不当。当今更有卖主玩"借珠卖椟"的把戏，用以敛取钱财。

我这个"发现"，是从前几年中秋节展开的"月饼大战"中得到的。其时，一些商家为了争夺市场，拼命在包装上玩花样。月饼盒本来一般都是纸盒，现在则是塑料盒、铁盒、合金盒、竹盒、锦盒、漆盒……五花八门，应有尽有。而且，在材料、工艺上，相互攀比，力争高出他人一头，以至"水涨船高"，月饼盒的光彩远远胜过月饼本身。当时一家中外合作食品公司生产的月饼，外包装及附带物的成本，占了总成本的七成。这不是"借珠卖椟"吗？

这种热衷于以包装翻新来推销产品之风，时下也刮进精神生产领域。拿图书来说，"借珠卖椟"的现象就时有所见。应该说，图书是需要注意"椟"的包装的。好的装帧设计，能使人眼睛一亮。图书与月饼还有所不同，在某种程度上可以说，好的外包装不仅是"椟"，也是"珠"的组成部分。过去重视不够，加强这方面的工作是必要的。然而，凡事都有个"度"。包装是必要的，过度包装就走向谬误了。

有这样一种论调："卖报卖个题，卖书卖个皮。"于是，有些出版者只在"皮"上做功夫。书的包装越来越豪华，形式越来越"古怪"，而内容却越来越稀薄。我们知道，书的质量是由内容决定的，精品图书首先在于内容精湛，包装与形式，只有附丽于书的内在质量，吻合书的内容，才具有"珠"的意义。如果"金玉其外，败絮其中"，那只是一种"绣花枕头"。"绣花枕头"里面一包糠，是没有"珠"的含量的，它不过是借书的名义来谋利，即"借珠卖椟"是也。

有些书，本身还是有些内容的，但过度的包装，使书的功能异化。如今，各种高档纸张都不能满足某些书的需求，人们要用金、用银、用丝绸、用竹木制造出一些金箔书、丝绸书、竹简书。据说，一本字数不多的《论语》，用丝绸包装了一下，定价五千元。更有些套书用贵重材料一"包"，售价在五位数以上。这样的书大多已失去实用价值，异化为一种装饰，一种摆设，一种炫耀财富的工具。老实说，这样的书私人恐怕很少买的，只是为一些人利用公款购书送礼提供方便。然而，正因为花公款不心痛，一些出版商瞄准了这点，出版了这些具有"天价"的超豪华版本。由于这些书价格可以超出成本几倍、几十倍，如此"借珠卖椟"，就可以财源滚滚来。

包装风是从海外吹进来的，但海外早有人指出，商品的过度包装，"对消费者是一种变相的欺诈行为"。同样，图书的过度包装，让"椟"呈现不必要的豪华气派，不但造成了资源的浪费，而且助长了一种奢靡之风。这也是有违勤俭建国、勤俭办一切事业的精神的。

以为人民服务为宗旨的我国出版工作者，出书尽管也要注意经济效益，但不能让"赵公元帅"挂帅，要考虑人民群众的实际需要，让普通老百姓买得起、看得懂、用得上。即使不是用"借珠卖椟"的方法来欺诈读者，也不宜脱离实际地一味追求豪华的包装。书是要讲装帧设计的，但并非本本都要走"精装"之路。那些普及性图书，切不可因不恰当"包装"而增加读者的负担。英国企鹅公司的出名，就在于它考虑到一般读者的购买力，出版了一套定价仅六便士一本的平装书，在英国出版界引发了一场"平装书革命"。我国有些书刊发行量很大，长销不衰，除了内容因素外，也与它们长期保持朴素的包装，从而维持较低的定价有关。实际上，朴素也是一种美，这方面也是大有文章可做的。倘若该朴素的不朴素，一味追求豪华艳丽，反而会弄巧成拙，变得很俗气。

总之，图书这一精神产品与月饼等物质产品一样，要讲包装，却不可脱离实际"过度包装"。消费者要的毕竟是"珠"，而不是"椟"！

1998 年

功夫在书内

读到一篇文章，说"夺大奖已经越来越成为出版工作一道亮丽的风景线"。该文指出：人们奔着大奖使劲，表明精品意识增强，无疑是大好事。但同时应看到，"夺奖并非一切。任何好事热过了头都会伴生副作用，甚至可能走向反面"。

我很赞成这一看法。

出版界的评奖，如同其他方面的评奖一样，都在于评出优秀产品，树立榜样，从而带动整个行业增强精品意识，落实精品战略。应该说，近年来的评奖活动，特别是国家级的大奖，在这方面起了明显的积极作用。"奔着大奖使劲"，确已"成为出版工作一道亮丽的风景线"。值得注意的是，确也有防止"好事热过了头"的问题。其表现，就是把促进出版业多出精品的评奖活动当成终极目的，"夺奖"成了"一切"。

为此，就有了"一俊遮百丑"的论调。只要获得大奖，出版者就"俊"，即使有"百丑"，可因有这个标志性荣耀而"遮"掩掉。这种看法，有违出精品的规律。精品的产生，对一家出版社来说，并非"空穴来风"。它是建筑在良好的工作基础上的。高高的尖端总是有赖雄厚的底基。否则，即使一时勉强地造出一个"尖端"，终究也会倒塌的。同时，这种看法，也有违评奖的目的。评奖是要以先进带一般，促使整体素质的提高，不顾"百丑"而孤立地去抓"一俊"，指导思想本身就颇富"含丑量"，遑论去"遮"他"丑"？

为此，也有了各种的书外功夫。为了得奖，忙于炒作、公关、拉关系、走后门。好的书当然也需要宣传介绍，"酒香不怕巷子深"的认识略嫌陈旧了；但是，我赞同这种说法："宣传、公关之类的书外功夫只有附丽于书的内在质量才不致成为无皮之毛。"可惜的是，时下"无皮之毛"的事过多了些。陆游的示儿诗："如果欲学诗，功夫在诗外。"此话的意思是，诗不止是一种艺术技巧，更是一种思想，一种生活，一种体验，一种创造。只在艺术技巧上用功是不够的，还要在"诗外"用功。因此，他接着强调："诗为六艺一，岂用资狡狯。"编书也一样，要编出精品，也就要多方面地在书上下功夫，不可施展"狡狯"，投机取巧。

所以，应以纯正的心态对待评奖。如此，那些真正公正奖项的导向作用、示范作用、激励作用，才能切切实实地发挥出来，"夺大奖"的"风景线"就能更加"靓丽"。

1999 年

治盗先治腐

时下盗版活动猖獗。有同志说，盗版活动如不能有效制止，再过几年，出版事业有被拖垮的危险。

这绝非危言耸听。

目前，盗版勾当遍及各类图书。凡是稍微畅销的书，几乎都有盗版本出现。有的盗版本还不止一种。长篇小说《苍天在上》出版不久，仅武汉一地，就见到3种盗版本。这些盗版本，多则十几天，少则三五天，就跟随正版本上市，把出版市场搅得混乱不堪。最近，盗版者更创造了前所未有的"业绩"，即已不满足于事后盗版，而是发展到事前盗版，盗版本已在正版本之前进入市场。6月的《故事会》，就遭到这一袭击。当正版本发行前3天，盗版本已在全国16个省市抢先占滩了。这种肆无忌惮的"超前行动"，表明在高额利润的驱动下，盗版者蔑视一切法律与秩序，为所欲为地在盗版的道路上愈走愈猖狂。

这里，我想强调一点，盗版活动的组织者、策划者，固然有不少属不法游民，对他们一定要严加惩治，要重惩得他们再也不敢染指于盗版。但是，这些人能量再大，如果没有内部接应，也是难以得逞的。盗版一本书，要印刷，要运输，要销售，少了出版、印刷、发行、运输等环节的配合，盗版者能那么得心应手？事前盗版《故事会》，更要从印刷厂事先弄到样本，多少万的印数，几天内要通过铁路发到十几个省市，没有内部开"绿灯"能行得通吗？人们说，打击盗版，要综合治理。"综合"中的重要一环，就是要"治理"内部。古话说，"物必自腐而虫生之"。盗版"虫"的大量滋生，表明出版、印刷、发行、运输部门的内部必有"腐"烂之处，或者有与盗版者沆瀣一气的黑手。要有效地打击盗版，必须认真整治内部。

1997.7

莫把夜壶当茶壶

1956年春，作家赵树理在河北邢台与文学爱好者交谈，在回答了为什么只写农村题材的作品问题后，他说："为农民写的作品也要讲品位，什么品位的东西摆在什么位置上，茶壶摆在茶几上，夜壶就不能摆在茶几上。"

这句话形象而深刻，说明通俗的作品"也要讲品位"，凡是放在"茶几"上的东西，即一切面向公众的东西，都应当是"茶壶"，而不可以是"夜壶"。

时下，由于庸俗、低俗、媚俗之风的侵袭，在不少面对公众的"茶几"上，却摆了不少"夜壶"。别的不说，就说电视的综艺娱乐节目吧，这可是如今大众瞩目的一座"茶几"，上面摆着的虽然也有不缺品位的"茶壶"，但越来越多地出现了"夜壶"，有的本来是"茶壶"，却也逐渐被"夜壶"熏得变了味。一些主持人粗言脏语，庸俗调侃，搔首弄姿，打情骂俏，把肉麻当有趣，把情色作卖点，格调低下，品位全无。 有关协会曾向全国广播、电视播音主持人发出全力脱"俗"的倡议，这里要脱的"俗"，不是通俗，正是庸俗、低俗、媚俗，为的就是不让"茶几"上散发"夜壶"味，污染社会风气，污染观众心灵。

当然，"茶几"上所以摆上"夜壶"，也并非完全是主持人的"过"，一些娱乐节目的定位本身就有问题。 为了博得观众廉价的笑声，在"利润为王""眼球至上"的思想指导下，这些娱乐节目摒弃了应有的文化内涵与审美标准，不惜恶意搞笑，游离了真善美滑向了假恶丑。 因此，要让这一"茶几"不出现"夜壶"，有赖"茶几"的主政者与主持人一起，加强思想文化素养，提高职业操守。

与电视节目一样，旅游节目也是众人都要去光顾的"茶几"。 这座"茶几"上，时下也频频出现"夜壶"。 比如，近来好几个地方争相开发与《金瓶梅》有关的旅游文化项目，《金瓶梅》自然有它的文化价值，但这些地方热衷的是它的性描写，是它的被删除的 2 万字，弃其精华，取其糟粕，于是，就有了"西门庆初会潘金莲""武大捉奸"等节目，并邀请游客参与表演，而且是"钱多演主角，钱少跑龙套"。 我们知道，任何民族都有自己独特的文化记忆，"西门庆""潘金莲"在中华民族的文化系统中，历来是淫秽、好色、无耻的符号，就像"岳飞"象征忠贞爱国，"秦桧"象征奸诈卖国一样。 旅游地如此开发《金瓶梅》，是非不分，荣辱颠倒，不也是在"茶几"上摆了"夜壶"吗？

由此可见，一切在面对公众的"茶几"上摆出的文化产品，包括通俗出版物在内，都应当像赵树理所说的，是有文化品味的"茶壶"，切莫把庸俗、低俗、媚俗的"夜壶"当作"茶壶"摆上去。

2006.7

黄金书后又有丝绸书

马克思说："陈旧的东西总是企图在新生的形式中得到恢复和巩固。"

马克思所说的"陈旧的东西"，自然首先是指社会上一些大的问题，如制度、思潮之类。 尽管按照历史发展规律，"陈旧的东西"或迟或早地都要退出历史舞台，但它们并不心甘情愿，总是要千方百计地改头换面，"企图在新生的形式中得到恢复和巩固"。 因而，人类历史总是交织着后退与前进、复辟与反复辟的斗争。 历史的发展不可能像长安街那样笔直向前，而是呈螺旋式上升状。

这个情况，也可从我们日常生活景象中表现出来。

比如，前两年在书业刮起一股争出黄金书之风。《周易》《孙子兵法》以及《毛泽东诗词手书真迹典藏》等书，都有黄金版。薄薄的一本《孙子兵法》就要卖到近两万元，怎么会有这样的市场？书商当时宣传说，一是能传承文化；二是有保藏价值。

我为此说过，图书确有传承文化之功，其用以传承的材料，从甲骨、绢帛、竹简、纸张到网络，材料成本越来越趋向低廉，这里反其道而行之，用材质昂贵的黄金做金质书，有什么必要呢？这么高价钱的书，有几个真正看书人能买得起呢？它不仅无益于"传承"，相反是阻碍了"传承"。至于书的"收藏价值"，在于原本、古本、善本，黄金书不具备这样的价值。如果一定要说"收藏价值"，那也只是收藏了一些黄金，或者说黄金工艺品，在本质上与"书"是不搭界的。而且，即使从收藏黄金的角度来说，其收藏价值也是不高的。因为它用的不是纯金，时间长了会氧化变质。当时所以引起一些人争购，是"醉翁之意不在酒"，不在意这些黄金书是"书"，而是把它看作是"含金量"特高的一种礼品，可以用以"雅贿"。在贪官李真的赃物拍卖中，就出现过两本金版画册，可作例证。

鉴于上述种种，2006年4月，国家新闻出版总署发布通知，要求从2006年5月1日起，禁止出版、销售以黄金、白银、珠宝、名贵木材等高档材质为载体或进行豪华包装的奢华类图书。黄金书虽然一时被禁止了，但催生与支撑它的炫富、暴利、腐败等"陈旧的东西"仍然存在，并不肯轻易退出社会舞台，一直在窥视机会，"企图在新生的形式中得到恢复与巩固"。现在，这个"新生的形式"露面了，那就是改做丝绸书。

据报道，近来在北京、上海、杭州等城市，都有昂贵的丝绸书登场。丝绸版《中国书画双绝》定价1.28万，全真丝绸书《古兰经》8800元，一套丝绸版《金瓶梅词话》定价高达7298元。只有72页的丝绸版《孙子兵法》，标明售价也要3800元。这么高的价钱，一般读者是不大会买的。有位书商坦言，购买丝绸书的，90%是"公家"掏钱，作为商务礼品、政务礼品送人。什么"礼品"？说白了，就是用来行贿。由于它"含金量"高，又以文雅高致的"书"的形式包裹着，这就为那些"又要做婊子又要立牌坊"的腐败提供了一种新形式。同时，书的成本远远小于书的定价，书商可以从中获取暴利。丝绸版《毛泽东诗词》市场价2800元，批发价为460元，相差4倍多，可见利润空间之大。正是暴利、腐败这些"陈旧的东西"作祟，使得在黄金书后又出现了丝绸书。

因此，禁止这些以高档材料为载体进行豪华包装的图书，就事论事，出一种禁一种，虽是必要的，但根本的着眼点，还是要大力清除那些总是要兴风作浪的"陈旧的东西"，制止书商的暴利，严惩以黄金书、丝绸书行贿受贿的腐败者。

2007.12

惜纸如金

在创作上，有"惜墨如金"的成语，我觉得，在出版上，当今则有必要提倡惜纸如金。

所以要惜纸如金，是因为造纸需要耗费大量树木资源，纸张不是天上掉下来的，而是用维护生态环境的"绿金"转换过来的，需要倍加珍惜。可是，当前人们节约纸张的意识却十分淡薄，挥霍浪费纸张的现象比比皆是，可以说达到触目惊心的程度。

以用纸大户的出版业来说，就存在"挥金如土"即"挥纸如土"的情况。时下，图书品种是越出越多，用纸量是越来越大，然而，高质量高品位的图书却不见增多，国民的阅读率在不断走低。不少图书根本走不进读者当中，出生之时往往也就是死亡之时。它们的问世，除了可能给作者带来一些自娱之乐外，就是白白地浪费了大量纸张资源。

在这些图书中，粗制滥造是一大类。照理说，纸张承载了思想文化的内涵，能为社会进步提供思想保证、精神动力和智力支持的，才能变为图书。然而，那些内涵稀薄的平庸书，包括一些关系书、官员书、职称书、自费书，都竞相亮相，蔚然成风，形成一个庞大的出书数字。如此"滥竽充数"的结果，虽然有利于在数量上造成图书出版的虚假繁荣，但可贵的纸张资源却不以为非地被挥霍掉了。社会上早有呼吁，出版不要多而滥，而应少而精，"宁可少些，但要好些"。这除了是提升出版质量所必须，现在看来，也是建立资源节约型与环境友好型的出版业所必须。

出版上的重复雷同，也是浪费纸张资源的一个重要方面。某本书赢得了市场，往往会引来众多的"东施效颦"者，或者社会出现某一个热点，大家一窝蜂地围上去，又都是急就章式地草草出书，重复雷同，了无新意，结果造成积压，形成资源浪费。就连古籍出版，也往往习惯于"吃别人吃过的馍"，你出，我也跟着出，一部《红楼梦》，已经出了230多个版本，好书也形成供大于求的局面。据说，某年有200亿元卖不动的古籍库存图书被销毁化浆。

再有，是装帧编排上越来越稀松，甚至有"以白计黑"者。我看到过一本书，不少页面都只排几个字、十几个字，书的内容不多，却占用了360个页面，真是奢侈挥霍得惊人。过去我国图书装帧设计呆板，编排过紧过密，进行革新是必要的，但不能失去分寸，扶起东来又倒西。国画中的"以白计黑"，属艺术手法，是利用整个画面的已有形象引发读者作想象补充，它的空白并非空白，而是诱发读者虚中见实，"以白计黑"。图书页面上的编排，白就是白，黑就是黑，是不会生出"以白计黑"效果的。留下的大量空白，就是对纸张的糟踏浪费。此外，不根据实际需要，一味追求大开本、豪华本，也形成对纸张资源的浪费。

挥霍浪费纸张的情况，也同样存在于报纸杂志的出版中。不少杂志报纸热衷扩版，用纸量越来越大，伴之而来的，是垃圾信息与无聊内容的增多。它与图书出版面临的问题一样：多而滥，不如少而精。

鉴于此，出版业无论从自身健全发展考虑，还是从维护社会生态环境着眼，都要重视节约纸张，确立"惜纸如金"意识。要鲜明地认识到，21世纪的出版，要成为绿色出版，这是世界性的出版潮流。美国已经成立了绿色出版倡议协会，倡议保护濒危森林，节约用纸，使用可再生纸，发展无纸化网络出版，促使出版商重新思考过去生产图书的方式。这点，我们不可漠视。

近来，随着一批资源消耗大、污染严重的小造纸企业关停并转及原材料价格上涨，国内纸张供应趋于紧张，这使造纸业、出版业遭遇困难，这虽然不是好事，但用科学发展观来衡量，也许能成为促进造纸业、出版业调整结构、提高质量的一个契机。就造纸业来说，经济规模的扩大与集中，既能提高生产率，又能减少环境污染。就出版业来说，用纸短缺正可由此调整出书结构，提高图书质量，严防粗制滥造与重复雷同图书的出笼，并在用纸上精打细算，增强"节能减排"意识，走向绿色出版。"惜纸如金"，实在可以成为出版业科学发展的极为金贵的一个抓手。

2008.7.26

无知外行莫进来

随着人民生活水平的不断提高，人们越来越重视养生保健。"健康是福"的观念，已成为一种主流意识。这就带来了保健养生类图书的火爆。据报道，2007年大众保健类图书的销售量增长超过25%，远远高于图书市场的整体增速，到了今年，这类图书销售增长更直逼30%。保健类图书近年来连续进入年度畅销榜的前十名，在每30本畅销书中，健康类图书占到5本。

保健类图书的畅销，本是好事；可是，由于畅销，在利益的驱动下，这类图书呈现出鱼龙混杂状。不仅重复抄袭者众，胡说八道的也不少。什么"不能吃豆腐"

"老年人不应补钙""牛奶是给牛喝的，不是给人喝的"，以及"减肥的最好方法是大吃大喝"等奇谈怪论，纷纷作为养生知识招摇过市。这些耸人听闻的"另类"说法，虽然便于吸人眼球，以达到他们扩大销售的目的，但这些哗众取宠的离谱内容，不是"害人不商量"的伪科学，就是"无害也无用"的非科学，与应该老老实实以科学知识为依据的保健读物，完全是两股道上跑的车，非但无助于人的保健，反而有害于人的健康。

因此，我们不能只满足于保健类图书的数量繁荣，更要注意清除数量繁荣中的假冒伪劣。考察假冒伪劣之所以大量出现，一个重要原因，是在趋利的欲望引导下，一些外行人没有约束地涌入了这一需要有专业知识的领域来跑马，来淘金。首先，是有些缺乏必要医学保健知识的人，靠"剪刀加浆糊"，拼拼凑凑，编写了这方面的图书。由于不懂相关知识，"无知者无畏"，什么乱七八糟的东西，包括一些相互矛盾的悖论，都敢于抄进去。为了生动引人，显示"新"意，还常常信口开河，随意"颠覆"已有的科学性结论。其次，是出版社不论有没有医学方面的专业编辑，都一哄而上地争出这方面的书。编辑本是"把关"的，不同门类的出版社拥有不同专业素质的编辑，才能有效地把好相应图书的"关"，保证图书应有的质量。如今全国570多家出版社，不论原来分工承担哪一方面专业出版责任，为在市场上抢夺保健图书这块"肥肉"，大多均介入了这类图书出版。由于缺少应有的专业素养，难于分辨这类书稿的优劣，只好"拿到篮里就是菜"，丢掉"把关"的责任，出版了不应出版的假冒伪劣书稿。

有人就此指出现在保健类图书中"外行人"的声音过大，应加约束。我以为然。出版管理部门应提高保健养生类图书的进入门槛。这类图书只应传播科学，而科学是老老实实的，懂就懂，不懂不能装懂，缺少这方面素养的人编写这类读物不能接受出版，缺少这方面专业能力的出版社不准出版这类图书，在养生保健类图书出版的大门口，高悬一条告示：无知外行莫进来！

2008.11

出版界应当反思

张悟本这样的"神医"能迅速蹿红，为他吹喇叭、抬轿子的电视台、报刊社，不能辞其咎。此外，出版社也扮演了一个极不光彩的角色。张悟本的"著作"《把吃出来的病吃回去》一书，发行量超过百万册，长期占据畅销书榜单的前列，也不知忽悠和坑害了多少人。

随着人民生活水平的提高，自我保健意识的增强，人们对保健类图书的需求日益增长。近些年来，大众保健图书的销售量增长超过 25%，远远高于图书市场的整体增速。排名前位的畅销书，保健图书总是占据绝大多数。

在畅销、利益的驱动下，这类图书早就呈现出鱼龙混杂状。重复抄袭者众，胡说八道的也不少。不仅有"无害也无用"的非科学，更出现了"害人不商量"的伪科学。这其中一些被媒体捧红的"神医""大师"，纷纷染指出版社，用出书的形式扩大自己的影响，并捞取巨大版税，在争名夺利上更上一层楼。比如，有个触犯刑法的"刘太医"，推出过《病是自家生》《是药三分毒》的书。有个犯欺诈罪的"林大师"，出了《无毒一身轻》的书。如今"张神医"出书，也不过是袭其前辈故伎重演，老谱新用而已。

问题是今天的出版社都是国家出版社，都有严格的审稿程序。为什么会让这些"毒草"接二连三地出笼呢？我曾为此写过一篇文章，认为不少出版社缺乏卫生医学专业素养，难于分辨这些书稿的优劣，放出了不少不应放出的假冒伪劣的书稿。因而我建议，出版管理部门应提高保健养生图书的进入门槛，不让无知外行随意走进这类出版之门。

也许这是一个药方，但现在看来，远非根治之策。一些出版社之所以热衷于出这些"毒草"，主要不是由于辨识不清，而是觉得它是一条赚钱之道。有那么大的印数，是一块"肥肉"呵，为财所迷的人怎能不争着去抢呢？故而，出版社对这些书稿内容根本就无意认真审核，"出版大门八字开，有钱无理请进来"，张悟本"著作"的书号，就是花钱买来的。

出版界有些人近些年来眼睛盯着钱，一味强调经济效益，在经营管理上只重经济效益，重视经济总量的增加，忽视社会效益，不顾思想文化含量的下滑，违背文化事业本性的毛病出现得越来越多，应该好好反思一下了。

2010.6

又见伪书

又见伪书！

时下假冒伪劣横行，书业也常出"李鬼"，伪书时有所见。伪书者，盗用已有影响或畅销的图书书名，或假冒某个著名作者为写书人，鱼目混珠，误导欺骗读者上钩。 假冒的对象，中外的图书和作者都有，但伪造国外的为多。 这是因为，国外的图书，读者不大熟悉，马脚不容易暴露；同时，也是利用市场上的一种崇洋心理以售其奸。 几年前有本拼凑起来的蹩脚书，盗用美国风行的图书《没有任何借口》为书名，"狐假虎威"，疯狂地进行虚假炒作，销量一时达到 200 多万册。 在出版管理部门公布的伪书目录中，表明伪书集中在经营管理和励志两个领域，如《执行力》《大管理》《世界最杰出的十位 CEO》等。

现在，又出了一本影响不小的《西点军校 22 条军规》。 此书倒不是"伪"在盗用国外的书名和作者名字，国外并不存在这样一本书。 它"伪"在西点军校根本就没有什么"22 条军规"。 伪造者所以要如此命名炮制，在手法上仍然和李鬼冒充李逵、六耳猕猴冒充孙悟空一样，要借李逵和孙悟空的名气来包装推销自己。 因为，西点军校是世界著名的军事学府，而"22 条军规"出自美国作家约瑟夫·海勒的代表作《第 22 条军规》，也是世所共知的。 将"西点军校"与"22 条军规"连在一起，就具有更大的诱惑力和欺骗性。 果然此伪书一出，一些企业团体和经营者纷纷大批团购，企望由此受到教育启示，既作"励志"的教材，又作加强企业管理的范本。 空前叫好的市场，随后引来了更多的跟风伪造者。 从去年下半年算起，一下子就冒出来近十种，如《西点 22 条军规大全集》《右手哈佛校训，左手西点军规》《西点军规——世界 500 强企业卓越员工的 22 条黄金准则》等。 这样，"西点军规"这一伪书，就不是一种，而是出现了多种，犹如六耳猕猴有了孙悟空的本事，拔一根猴毛就能变出一个六耳猕猴，如此群"伪"乱舞，实在是书业的堕落与悲哀。

伪书的猖狂出现，受着经济利益的驱动。 伪书拼拼凑凑，剪剪贴贴，不付版税和稿费成本不高，用"国外畅伪书"等"皇帝的新衣"加以包裹，通过招摇撞骗，可赚它个盆满钵满。 而这些昧着良心的书商所以能大行其道，是买卖书号的所谓合作出版，提供了伪书生产一条龙的方便。 而一些读者的盲目崇"洋"崇"名"，不辨真伪，也助长了伪书的畅行。 制止伪书的生产与销售需要打出"组合拳"，对书业加强监督管理，对不法书商加强惩处，对读者加强教育引导。

不要以为伪书仅仅是个假书，只是出版操作上的不合法规，同时要看到"假冒伪劣"，"伪"总是和"劣"连在一起的。 伪书都是拼拼凑凑的大杂烩，内容粗劣且会有毒素。 就拿杜撰的《西点军校 22 条军规》来说，一条叫"为自己奋斗"，这与强调为祖国效劳的公认的"军规"不是背道而驰吗？ 还有一条叫"以上司为榜样"，在具体解释中，鼓吹要不顾一切向上爬，"这个世界只在乎你是否达到一定的高度，而不在乎你是踩在巨人的肩膀上上去的，还是踩在垃圾堆上上去的"。 如此赤裸裸地宣扬剥削阶级腐朽的人生观和价值观，属于含有毒素的思想文化垃圾，无论如何也不能用来"励志"的。由于着眼于销路捞钱，随后出现的一些跟风书，有的走得更远，如《浙商二十二条军规》一书，竟公开宣扬非法交易，赚取不义之财，如说"你可以行贿，但不要做污点证人，不到法庭去举证"，等等。

制造伪书，按新闻出版管理部门一位负责人的说法，"是奸商行为"。这样的书籍，不仅侵犯了图书出版法规，同时也侵犯了思想文化的纯正，应群起而攻之，严监管，严处罚，尽可能做到不要在出版市场上"又见伪书"。

2011.6

"飙车"式出书不可取

7月3日，美国摇滚巨星迈克尔·杰克逊去世后7天，北京一家出版社就将一本关于他的传记图书，放上了王府井新华书店的售书架。这本传记叫《天堂里的太空步》，13万字，写作时间只花了两天。编印发过程，包括选题制定，"三校三审"，印刷，装订，发行，上架，等等，也都在其余5天内"完成"了。

这样的写书出书速度，远远超越了常规做法，让人想起"大跃进"。然而，违反规律的"大跃进"，盲目贪快，当时结出来的是苦果。如今这样"跃进"出来的杰克逊传记，也是一本劣书。

试想，谁有本事在两天内完成13万字的作品？不要说冥思苦想地创作，就是用手去抄一遍也够呛。果然，它走的是歪门邪道。有读者写道："没想到，等来的是这么一个摘录网上现有的资料而汇集的册子。"原来，走的是摘录资料的捷径。而且，摘录时也很少动脑子。由于时间的变化，原来资料的有些叙述，现在摘录时在口气上本应有所改动，但它却没有"与时俱进"，而照抄照搬，留下一些明显的笑话。还有，"把一些传言不确实的东西也摘录进去"，成了一本"写得真垃圾"的书。

编辑的工作呢？不要说"三校三审"了，一校一审恐怕也没做好。为了赶时间，"拿到篮子就是菜"，哪还有时间与兴趣去做这些？尽管"三校三审"是出版社法定的程序，但抢市场要紧，速度至上，这一切都顾不得了。于是，错别字就让它错别字吧，逻辑不通就让它不通吧，传言不确的东西也不再核实了。面对读者的质疑，有关人员辩解说，"它是一本紧跟时事的书，所以会有这样的问题，等再版时进行修订"。说得多轻巧，紧跟时事的书，就可以马马虎虎吗？编辑工作应有的严肃性，出版人应有的责任心，跑到什么地方去了？

作者胡乱地写，编者胡乱地编，为了紧跟热点事件，不顾图书质量，不顾出版信誉，不顾文化责任，"飙车"式地超速出版应景图书，以求抢先占领图书市场，骗取读者钱财，捞它个盆满钵满，这是近年出版业出现的一种恶俗。在经济利益至上的思想支配下，有些人对此不以为非，反以为是，不以为耻，反以为荣。

我以为，该向这种"飙车"式快速出版，猛喝一声了。出版不同于新闻，在文化传播与文化积累上具有深度使命。它也要关心社会热点，不可脱离社会现实，但它不是新闻式的直接配合。较之新闻，它可以晚一点，但一定要深一点。它也要尽可能地求快，但是在有别于新闻的深度上去求的。如果丢掉自己应有的深度，与报纸杂志一样去抢速度，这就有违出版的使命，失去出版存在的价值。

出版既然担负文化积累之任，就决定图书要有一定的保留价值，一定的生命力，而不宜成为过眼烟云的"短命文章"。它不能只满足于一时的"流行"，而应力争长时期的"流传"。为此，就要花出必要的时间与精力，将书的内容搞得更充实些，表达得更深入些，叙述得更准确生动些，让其具有更多的真善美。这也是人们在报纸杂志以外，还需要图书的原因。倘若为了"抢市场"，醉心于"飙车"式的拼凑，快速出版那些杂着假恶丑因子的图书，不是显得这些人"太有才了"，而是"太缺德了"。

这样说，并非完全否定那些快速配合突发事件出版的图书。像前年汶川大地震发生后，快速出版的"抗震救灾自助手册"一类图书，就很好。但这些图书多为一些实用性图书，比较容易编写，这些书是有条件快起来的。而像杰克逊传记一类图书，要保持一定的质量，既对读者负责，也对传主负责，就不是两天能写出来的。读者需要这些传记图书，也是希望能读到比报章杂志上看到的更深入的东西。取消作者的创造性劳动，取消编辑的把关之责，乃是对出版的价值与尊严的一种玷污。

飙车，常出交通事故，危害人民生命安全。"飙车"式快速出书，则会制造出垃圾书污染社会，实不可取。

2010.7

学术期刊莫失"俊俏儒流"尊严

针对社会反映强烈的部分学术期刊"靠收版面费牟利"以及"论文买卖产业化"等问题，新闻出版总署新闻报刊司相关负责人近日表示，将对大量刊载学术论文的期刊进行监测评估，对学术质量差、经营水平低、靠收取版面费生存的期刊予以停办。

说了就做，日前新闻出版行政部门依据相关规定，已对严重违规的《中国包装科技博览》等 6 种期刊予以停业整顿、警告等行政处罚。

这样做是完全必要的，但还不能说是十分及时的。"买版面"现象不是近来出现的，早已成为国内学术界公开的秘密，以版面费为核心的"论文买卖产业链"，已发展到相当规模。 武汉市曾查处了一家名为佑达的论文公司，专为客户代写代发论文，只要按标价付款，既可为你制造论文，也可为你在合法的期刊上发论文，提供黑论文生产的一条龙服务。 业务火爆，生意兴隆，平均每天成交近 60 件。 据这家公司的创办人郭某称，论文买卖已成为一个新行当。 在这个行当里，她的公司还只是个小公司。 论文的代写，论文公司雇用写手捉刀。 论文的代发，论文公司就是借船下海，借鸡生蛋，花钱向学术期刊买版面。 佑达一家就与国内 300 多家学术期刊保持长期买卖关系。 这些学术期刊为了获取经济利益，也就是为了"一碗红豆汤"，向这些论文代发公司出卖了他们的"长子权"，即出版权。 有些作者为了能发表自己拼凑抄袭来的所谓论文，也有与期刊直接进行钱文交换的。 这样，期刊在稿件取舍上，不再是以学术质量为标准，而是以有无版面费为依据。 它在制作惊人的大量的论文垃圾的同时，严重地败坏了学术风气和出版道德。 对此，早就该狠狠地出整治之手了。 不过，"晚也未晚"，这次的出手如能有效地做到令行禁止，消除买卖版面的现象，则仍然是净化学术出版阵地的一大功绩。

这当中，我认为，重要一点是要痛切地认识到，买版面牟利是严重背弃学术出版道德的可耻行为。 对这样的学术期刊，尤其是那些打着"核心期刊"牌子的期刊，有学者指斥为"文化妓女"。"文化妓女"的称呼，似乎粗俗了一些，尖锐了一些，但是，对那些本应礼拜孔老夫子，却跪倒在赵公元帅脚下，并且日益显得麻木不仁的学术期刊来说，抛出"文化妓女"这样粗俗而尖锐的称呼，也许能刺痛一下他们的神经，以期能有所悔悟。

妓女卖的是身，有人说，"文化妓女"只是卖文。 在我看来，那些被称为"文化妓女"的学术期刊，卖的是他们的版面，也是在卖他们的身，而不是什么"文"。 作为妓女，只要你付钱，不论你高矮胖瘦，不管你娇媸美丑，不问你年老年少，她都可以委身于你，为你服务。 同样，作为"文化妓女"，只要你出版面费，不管你论文是好是坏，是抄袭的还是拼凑的，是有价值还是无价值，也可以委身于你，让你获得发表的服务。 相反，倘若你不交钱，即使再优秀的论文，也难于进入期刊之门，与版面亲近。 以收取版面费而卖身的"文化妓女"，与收钱而卖身的妓女，其卖身本质是完全相通的。 所以在前面加上"文化"的限制词，只是因为它毕竟不像妓女那样卖"肉"，而是在文化领域卖身。

文化，关系着人们的精神生活，作为学术刊物，本与卖"肉"的妓女是八竿子打不到一起的。但是，他们在赵公元帅的威力面前，却搅到一起去了。有人说，这是因为，学术刊物经济困难，不得已而为之，是客观形势在"逼良为娼"。应当说，学术刊物销量有限，营销收入较少，确有被"逼"的因素。然而，被"逼"就要为"娼"吗？海外一些权威学术刊物，从不向作者收取版面费，依靠其质量高、影响大，吸引到众多的广告与社会资助，使生存无忧。我们现有的学术期刊，一般都得到政府拨款支持，数量不一定多，但如能兢兢业业地进行编辑经营，在努力提高质量与发扬特色上下功夫，争取到读者的欢迎，进而争取到社会各方面的支持，还是可以生存下去的。当然，政府也应加强对学术期刊的扶助，在资金上予以更大的支持。但是，如今一些刊物肆意卖版面，并非迫于生存，而是想发"横财"，借刊物以牟利。他们和"妓女"一样，谁给钱就为谁服务，从根本上失去生存价值，如不改弦易辙，必须果断地"叫停"。

　　元曲大家关汉卿写过一句唱词："咱本是泼贱倡优，怎嫁得你俊俏儒流。"学术期刊本是"俊俏儒流"，切不可自甘堕落，嫁予"泼贱倡优"。学术期刊只有保持"俊俏儒流"的尊严，彻底与"泼贱倡优"拜拜，方能真正服务于学术，张扬生存的价值。

　　有人为收取版面费辩护，说国外也有刊物收取版面费的。这一情况确实也有。不过，他们在收取版面费的文章后面，一定注明"本文收了××元，请读者视同广告"。如今要求发表文章和出书的人越来越多，"自费出版"的现象在增多，为满足这些人的需求，完全取消"版面费"和"书号费"似乎也难，对那些缺乏应有学术文化质量而靠钱发表出版的文字，应像国外一样，注明"视同广告"。1996年《中共中央关于加强社会主义精神文明建设若干重要问题的决议》，在明确规定不准搞有偿新闻之后，指出"凡收取费用的专版、专刊、专页、专栏、节目等，均属广告，必须有广告标识，与其他非广告信息相区别"。这样区分和标明不同的属性，就不会使"俊俏儒流"和"泼贱倡优"相混了。

2011.4

学术期刊打假要真假期刊一道打

　　据报道，海南省最近查处的一起非法期刊大案，案犯7年非法创办20余种刊物，由只上过中学的人组成编委会"审核"论文来稿，约两万名投稿者交纳版面费超过1000万元。有人认为，必须由国家批准方能公开出版的期刊竟能伪造，又有那么多人愿意受骗上钩，有点匪夷所思。

实际上，这一现象并不鲜见，制造假期刊骗财的事件早已多次发生。去年，北京就审判过李朋阳案，案犯伙同亲属于 2010 年冒充《北京医学》《中国临床医生》《中华全科医师》《中国医药》等杂志社的工作人员，仿冒印刷上述杂志，刊登论文，向投稿人索要版面费骗取多人钱财。截至 2013 年 11 月，李朋阳等人的诈骗金额共计 200 余万元。

由于教师、医生等专业人员在职称评审中都要求有论文发表，而相应的期刊有限，形成一种"粥少僧多"的局面，一些非法分子就伪造期刊，通过卖版面收取高额费用。一些教师、医生也明明知道是假期刊，但只要自己的论文有个地方发表，可以作为申报职称的材料，也就"周瑜打黄盖，一个愿打一个愿挨"了。因此，这一制假售假的生意特别火爆，长盛不衰。

政府不止一次对此进行过整治。前年，在对教育类非法期刊专项整治中，有关负责同志明确指出，不法分子非法出版各种教育类期刊牟利现象的社会危害很大。一是导致非法出版活动猖獗；二是助长诈骗犯罪行为；三是搞乱了教育领域学术风气。整顿是严厉的，查处了一批非法期刊，制止了这方面不法活动的发展，但是，时效不长，不久又死灰复燃，以致这方面问题仍不断出现。

这需要深入查找原因。不法分子制造假期刊，是因为能卖版面骗钱。而之所以有人愿意去买，则因为这些人在职称评定中需要有园地发表学术论文，正式期刊挤不进去，就甘心买假了。这就是说，假期刊之所以屡禁难绝，是因为它有市场。有市场的东西，总是会活下去的。要让它死，需要清除这种不正常的市场。当职称的评定不是搞"唯论文论"，而是着重于实际表现，那些靠拼凑抄袭起来的百无一用的"论文"不再作为评审的必要条件了，也就对假期刊来了个"釜底抽薪"，使其失去生存的根基。好在有关的职称评定标准的改革已在进行，必将缩小不法期刊的市场，促其走向消亡。

不过，还有一点值得重视。这就是，不法的假期刊卖版面，是从合法的真期刊学来的。学术期刊本是为了发展学术，具有非营利性质。学术期刊所追求的效益，应看重论文的学术质量与品位。然而，不少学术刊物却也卖起版面来了，出现"期刊面朝作者开，有理没钱莫进来"的现象，导致学术期刊与作者之间的权钱交易，使大量没有任何价值的"垃圾论文"借助版面费而登上学术研究的大雅之堂，引发学术腐败。清华大学教授李伯重说过，"大多数中国大学的学报都是学术垃圾的生产地"。正是这些合法的期刊不顾论文质量在卖版面，引来了不法分子的仿效，搞起造假售假的勾当。因此，要清除以卖版面牟利的假期刊，必须也让那些真期刊不作假，不卖版面，使不法分子无以仿效。 学术期刊打假，既要打不法的假期刊，也要打真期刊中的假，为牟利而造假也是非法的。 就不卖版面来说，真期刊如能认真做到，使大家都知道卖版面是斯文扫地，是不法行为，假期刊也就失去市场，无法生存了。 是故我以为，学术期刊打假，要真假期刊一道打。

2015.2.12

学术可以通俗化，不可娱乐化

当下，正值高校秋季开学，于丹在9月4日晚发出一条微博，援引清朝光绪皇帝在京师大学堂的"开学讲话"，勉励今年入学的新生。 可没多久，网友就指出，这篇"光绪讲话"是假的，来源于一部网络小说。 而且此前多年，对这篇"讲话"的"证伪"在网上已热炒了好几拨。 有"学术超女"之称的于丹由此再次受到广泛质疑。

于丹因在央视《百家讲坛》主讲《论语》而一炮走红，成了社会上的"学术明星"。 她的《〈论语〉心得》等讲演文章，在受到追星族热捧的同时，也不断受到学界的批评，指出其知识有误，对孔子等先贤的思想也有曲解。 2012年11月21日晚上，于丹在北京大学看完昆曲，被邀上台发言，却被观众轰了下去。 其原因就是这些深爱昆曲的观众，不容一些人以通俗化名义破坏这一传统高雅艺术，他们觉得于丹对《论语》解读多有曲解，因而将其视为"不受欢迎的人"。

全面地看，于丹在将《论语》等经典学术著作通俗化上，是有积极作用的。 学术尽管是专门有系统的学问，需要学界人士精心研讨，但也要为广大民众所了解和接受，起到教育大众、启迪大众、唤醒大众的作用，方能最好地实现学术的改造提升社会的功能。 于丹的演讲，使千百万听众读者接近《论语》《孟子》等传统经典，是有助于儒学普及的。

不过，学术可以通俗化，但不可娱乐化。 通俗化是把高深的学术以简明的方式告诉读者，便于读者接受，而娱乐化则是消解学术的内涵，将其化为娱乐的因子，博读者一笑。 学术与娱乐在大的范围内，虽然都属于文化，但前者强调"文治教化"，后者则是要求"欢娱快乐"，两者完全不在一个层次。 将学术娱乐化，或者说被娱乐化的学术，也就失去学术的品性，不再是学术了。

作为"学术超女"的于丹，受到商业化、明星化的影响，为了吸引眼球，争夺更多的拥趸和粉丝，不顾"学术"应有的严肃性、科学性，随意编造故事，追求娱乐效果，以致谬误不断。 有人为她的《〈论语〉心得》挑错，曾写了整整一本书。 以小说家杜撰的光绪皇帝的"开学讲话"来勉励今年入学的新生，再次暴露了她缺少学术应有的真诚与功力。 实际上，真正的"学术超女"，应当追求的是学术上的超人功力，而不是着眼于有多少拥趸和粉丝。 记得1986年，我所在的上海文艺出版社出版了刘再复的《性格组合论》，一时洛阳纸贵，成为1986年"十大畅销书"之一。 刘再复说，这本书让他"暴得大名"。 当年10月，当钱锺书知道此书印数已超过30万时，特意告诫刘再复要"知止"，说"显学很容易变成俗学"，"不要再印了"。 刘再复把这一意见告诉我们，此书即止于第6次印刷，没有再印。 这说明，为了免于变成"俗学"，要"知止"，特别是不可为了追求更多的粉丝和拥趸，以娱乐化手段来伤害学术的科学性。

目前，于丹已删除了"光绪讲话"这条微博，希望于丹能真正从中吸取教训，踏踏实实做学问，努力成为名副其实的"学术超女"。

2015.9.8

个人文集要不要求"全"

近日，在《章太炎全集》出版座谈会上，有学者认为，全集出版不必求"全"。学者陈平原说："编全集的人都想越全越好，但有时好心办坏事。"什么"坏事"呢？有时会引起作者或家属的不满。

作为个人的"全集"，到底要不要求"全"，是一个值得探讨的问题。 在我看来，既然叫"全集"，对作者的文章作品，收集就应当力求其"全"，不过，这个"全"，一般只限于公开发表的文字，对属于私密性的文字，如书信之类，是否要收入，则要尊重作者或作者家属的意见。 大连出版社未经杨绛授权，擅自出版钱锺书的书信，被诉受罚，是咎由自取。 还有些文字记录，尽管注着作者的名字，但由于种种原因，并不代表作者的想法，如陈平原提到的一些鲁迅演说记录，由于记录的内容与鲁迅所要表达的意思不一致甚至相反，也就不宜收入全集。

不过，作为"全集"，除了上述两种情况，编者则应广泛收集，钩沉稽实，力求收得"全"些。 只有"全"了，方能名副其实，全面反映作者的学术文化成果及其发展轨迹。 哪怕其中有些文字，在今天看来不是十分妥当，但对历史地认识作者的全貌是有益的。 这里不必为"尊者讳"。

需要强调不宜求"全"的，不是个人全集，而是个人的文集。 能出个人"全集"的，应当是出类拔萃的学者作家，是那些真正属于大师级的人物。 至于学术文化界大多数著名人士，恐怕还是有选择地出版他们的东西为好，宜出"选集""文集"。这虽较"全集"收的东西"少"了些，但内容上却更"精"了。多而滥不如少而精，更能结结实实地显示文集的分量，发挥图书的作用。然而，如今不少文集、选集，却是贪多求全，把能够找到的东西都塞进去，想搞个"全记录"，结果使文集内容显得混乱芜杂，书本篇幅虽厚了，质量却轻了。

基于此，我以为，着眼于大力提高出版质量，改变多而滥的情况，当今要严格控制全集的出版。除非是大师级学者作家，不宜出"全集"，一般出文集、选集即可。对个人文集选集，一定要精选精编，不宜求"全"，不可求"全"。而一旦确定有必要出"全集"的，则宜力求其"全"，方能很好地显示其"全"的价值。只要收入的是公开发表的文字，不触及私密，就不会"好心办坏事"。

2014.6.12

教材选文宜经典重于流行

据报道，语文出版社最近对小学语文教材进行了"脱胎换骨"的修订，周杰伦的流行歌曲《蜗牛》入选小学三年级语文教材，歌曲《天路》则以诗歌的形式入选小学一二年级语文教材，同时也删去了一些经典作品。这样的修订到底合不合适？支持者和反对者都有。

支持者认为，这是语文教育贴合时代、与时俱进的表现。而反对者认为，过多的流行文化会让语文教育的历史积淀更加薄弱。这里，表现的是流行与经典之争。主张多选流行文化的，对周杰伦的歌词和《天路》入选，赞之以"与时俱进，耳目一新"；而身为大学语文老师的复旦小学家长左先生却表示："课文给孩子提供基础文化营养，应该是严肃的、经典的。孩子把《天路》当诗歌，其实他们哪里知道《诗经》和唐诗的经典韵味？"

在我看来，人们都是在既读经典，也读流行中成长起来的。语文教材过去对流行文化重视不够，甚至采取排斥的态度，是需要改变的。因为，流行的东西，孩子们比较容易接受，利于提高他们的学习兴趣，引导他们一步步深入学习的殿堂。不过，凡是要收入教材的流行作品，必须是高质量的，有可能经过时间的淘洗，将来成为经典的，切不可"拿到篮里就是菜"，用流行的垃圾误人子弟。

然而尽管如此，我还是认为，作为学生的教材，宜多选经过时间检验的经典作品。拿诗歌来讲，让孩子多读些唐诗，多背诵"床前明月光"之类的名句，比读一些流行歌曲更受益。 阅读有一条重要法则，就是"鉴赏力不是靠观赏中等作品，而是靠观赏最好的作品才能培育成的"。 尽管限于孩子的认知水平，他们对一些经典作品不一定完全理解，但由于他们记忆力强，接受力强，让他们读了，就能受其熏陶，化为自身的内在修养，在今后人生成长的道路上发挥作用。 古话说，"熟读唐诗三百首，不会写诗也会吟"，讲的就是这一道理。 何况，流行文化作为一种时尚，充斥在当今社会生活的方方面面，孩子们已经接触够多了，学校教材还是多讲点经典吧。

在"人教版"初中语文教材中，初一上学期课文鲁迅作品《风筝》曾被删，也引发"中学生还要不要读鲁迅"的热烈讨论。 有人认为，鲁迅文章对中小学生来说"难以消化"，主张删除。 也有人认为，鲁迅作品思想深刻，语言独特，青少年应该学习。 我看作为经典的鲁迅，中学生是一定要读的。 读书也是要动脑筋、花力气的，"消化"了鲁迅，人也就有效地成长了。 莫言的文章如有适当的，自然也可以选入教材，但不宜趋时赶浪头，急着用莫言代替鲁迅。

总之，在我看来，美丽的流行与永恒的经典可以比翼齐飞，但经典这一翼是主翼。

2014.6.16

婚恋图书"鱼"多"龙"少

"哪个少年不钟情，哪个少女不怀春"，人人都向往爱情。 因为，'人生是花，而爱是花之蜜'。 人到了花样年华，就都会去寻找爱情的"蜜"。 自古至今，莫不如是；从中到外，概莫能外。 爱情，是人生不灭的主题，也是文学的一个永恒主题。

如今，图书市场出现一种新情况，以婚恋为题材的图书，不仅有文学作品，更有过去少见的"婚恋指南"一类的东西。 一些书城、书店，为了凸显这些图书，特地开辟专柜专台加以陈列，多的有数百种，什么《嫁人经济学：天下女人必修课》《男人是野生动物，女人是筑巢动物》《女人不狠，地位不稳》《男人的伎俩，女人的道行》《女人没心计，活活被抛弃》等，五花八门，名目繁多。

婚恋发乎情，是男女间激情的燃烧，为了让激情不迷失，能长久地维持下去，需要理智的指引。 美利坚合众国第一任总统华盛顿写过《论爱情》，认为"爱情是可能而且应该受到理智的指引"。 法国大作家巴尔扎克也说过："结婚是一门学问。"因此面对当代青少年在婚恋问题上存在诸多困惑与迷惘，出版一些"指南"性质的书，授以相关的"学问"，是必要的。

不过，现在这类图书却是鱼龙混杂，"鱼"多"龙"少，非但不能成为婚恋的"指南"，反而作了逆方向的"指引"，不仅无益，反而有害。

这首先表现在这类图书的定位，并不是一种"理性的指引"，而是作为一种实用主义的"工具"，名叫"爱情工具书"，目的是为婚恋上的蝇营狗苟提供计谋和手段。像《女人不狠，地位不稳》一书，教女人耍心机、施手段："思想上的深藏不露会让男人浮想联翩，性格上的捉摸不定会让男人心痒难耐，行动上的飘忽不定会让男人牵肠挂肚。而且，对自己，对最爱的男人都要有一股狠劲。"这样的婚恋，还有多少人间可贵的真情厚爱？！

同时，传播了许多错误理念。像《嫁人经济学》一书，公然说"婚姻是一种交易行为"，视婚姻为一种投资，声称"人们在选择对象时，总是陷入周密的计算与考虑之中"，要把房子、票子、车子等因素作为婚姻是否安全的重要考量指标。这不是教育人以高尚的精神相爱，而是驱使人以卑劣的手段相欺。它完全玷污了人类爱情的内在道德，更不要说是完全违背了社会主义核心价值观了。

这些卑劣的婚恋图书，不少是出自一些号称"情感专家"之手。这让人想起前一阵子大量的劣质养生书，是出自所谓"养生专家"之手。经查明，许多所谓"养生专家"并不"专"，是"伪养生专家"，实际上，如今的一些"情感专家"，也是"伪情感专家"。为治理鱼龙混杂的养生图书，新闻出版总署规定，著书的养生专家必须有医学背景，学过医，真正懂得养生。而"情感专家"是不是真的懂情感，却难以考量。怎么办呢？也好办。这就是察其言，观其行。只要坚决不让那些胡说八道、格调低下的"婚恋指南"出笼，这些所谓的"情感专家"也就没戏唱了，婚恋图书的乱象就有望得到遏制。

2012.3.22

"微博书"为何成"短命书"

近年，微博快速崛起，写微博、看微博的人越来越多。微博作为一种快捷即时的交流方式，适应了社会快速发展的需要，它的兴起有其历史的必然性。据统计，到 2011 年年底，微博用户在网民中的比例已达 48.7%，有将近半数的网民在使用微博，按照同期网民总数 5.13 亿来计算，微博用户人数接近 2.5 亿，而且还在不断上升。

随着微博的发展，在图书市场也快速出现了一批微博图书。什么《微语录》《微书话》《大头条》《有权懦弱》《一个都不正经》《蔡澜微博妙答》等，把微博上的一些话语段子结集成书。与出版者始料不同的是，这些微博话语尽管发在网上时有不少粉丝，但成为"微博书"却遭到冷遇，即使是一些所谓名家名段，也在所难免。《蔡澜微博妙答》等书，从去年10月以来，在北京新华书店系统，销量都不过10本上下。网友与读者称这些"微博书"是"新瓶装旧酒"，"不值得看第二遍"，批评作者和出版者"不能这样出书来骗钱"！

微博为什么成于网络而败于图书呢？这是因为微博内容具有很强的时效性，在网上及时发布新鲜可人，而结集成书则已成为明日黄花。同时，微博多是片言只语的信息，适合在网上作碎片化的阅读，而这却与作为思想文化载体的图书品性有悖。此外，微博是个互动平台，其特殊优势是作者与读者可在互动中交流，而图书根本无此优势。这就表明，微博是生于网络，长于网络，其生命力是和网络连在一起的，将其从网络移植到图书，也许是想让它生命长一些，但却不是扬长避短，而是扬短避长，形成了"南橘北枳"的结果。

微博书遭冷遇，我以为有着积极的意义，这就是昭示图书的出版，是不宜"拿到篮里就是菜"的。图书，是"人类进步的阶梯"，是深度文化的传播载体。深度者，指具有人文的、科学的、艺术的含量。像娱乐性的一类浅文化，就不应作为出版传播的主打物。前几年，出版界一度热衷出选秀明星图书，让电视明星书唱"重头戏"，我曾撰文说，电视和出版各有不同的职责和作用，那些娱乐性浅文化，电视搞了就可以了，出版不宜再浪费资源去推波助澜。如果一味跟着电视走，会丧失出版业在文化传播上的深度使命，最终丧失自己。同理，微博在快速传播信息上有其独特作用，但信息不等于知识，更不等于思想、智慧，而且微博又都是"碎片细语"，缺少系统性，虽适宜在网络上生存，却与图书应有深度文化内涵的品性不合，不是出版所应积极开拓的疆土。俗话说，"道不同不相谋"。内容上的浅文化，形式上的碎片化，时效上的短命化，微博在属性上与图书的"道"相背，是难以"相谋"的。

而且，出版还具有独特的深度文化积累的使命。社会的文化积累，主要靠出版实现。出版是一种空间的传播，也是一种时间的传播。出版要"潜入历史，化为永恒"。而能"化为永恒"的，只能是充分具有思想文化含量的图书，那些浅陋应时的出版物，都不过是"过眼烟云"。它们不可能做到"书比人长寿"，往往是短命而亡，甚至是出生之日就是死亡之时。我国现在年出书高达三十多万种，好书也有，但不多，且被大量平庸的书、可出可不出的书以及大可不必出的书所淹没。数量过多，质量过差，数量与质量的严重跛脚，是当前出版业之痛。在网上用以快速传递信息但缺少文化含量的微博，大量变成"微博书"，又会为图书市场增加短命的、少价值乃至无价值的应时东西，这提醒出版人一定要不懈地重视治"滥"。

2012.4.9

"舌尖"与"脑尖"

近年来，出版图书的数量越来越多，高文化含量的图书却相对较少，数量与质量的发展呈严重跛足状，致病因素固然不少，重复出版和跟风出版的增多，则是其重要原因。

出版以"内容为王"，出版物不像工业产品，是通过流水线成批生产的，而是一本一本出版的，每本书，每本刊物，都有自己独特的内容、独特的生命。出版工作是极富创造性的工作。可是，受急功近利的急躁浮躁情绪的支配，近年却出现了大量跟风出版和重复出版的图书，这些图书不再追求"你无我有，你有我优"，而是驾轻就熟地踏着别人脚印走路，学着别人腔调唱歌，以致出现了"千书一面"的雷同局面。

当前，打着"舌尖"名号的美食类图书竞相出笼，形成跟风出版和重复出版的又一新景观。自央视纪录片《舌尖上的中国》一炮打响后，一些出版社企图跟风分一杯羹，纷纷做起"舌尖"的书，很快形成一个庞大的"舌尖"家族，诸如《舌尖上的上海》《舌尖上的江南》《舌尖上的重庆》《舌尖上的徽州》《舌尖上的河南》《舌尖上的郑州》《舌尖上的世界》以及《舌尖上的故乡》《舌尖上的城市风味》《舌尖上的大宋风华》《舌尖上的餐饮店》《舌尖上的素食养生》《舌尖上流转的四季美味营养餐》，等等。这些美食类图书也有做得较有个性特色的，但大多是大同小异，尽管介绍美食的种类因地而异，写法上却多为资料的整理汇编，再配一些照片，内容几近广告书，显然是一种模式化、复制化的生产。巴尔扎克说过，第一个形容女人像花的是聪明人，第二个形容女人像花的是傻子。跟在央视后面一而再、再而三不停地重复喊"舌尖"，就不是"聪明"而是"傻"了，出版业应有的原创力被丢掉了，搞得图书市场只是一片平庸的热闹。

同时，热衷于"舌尖"遍地，也有违出版业积累和传播文化的使命。"舌尖"自然也有文化，所谓食文化，如能将美食与人文情趣融合一起，是物质精神两相宜的。 但是，如果只重物质不重精神，引导读者"吃心太重"，形成过度的热衷美食的风气，则有失出版业提升社会精神境界的责任。 有教授激动地说，"吃心太重"不是文化，国人拿不到诺贝尔，只因吃心太重。 人除了有尝美食的"舌尖"，更有用以思考的大脑。 大脑是人体司令部，提供精神食粮的文化出版业，不同于提供食品的餐饮业，似乎应更多地关心大脑，努力在"脑尖"上做好文章，多出这方面的好书。 自然，出版有关"脑尖"的书，也不能跟风、重复，"嚼别人嚼过的馍"，而要独辟蹊径，做到"你无我有，你有我优"。 出版的生命力就在于拥有原创力。

2012.9.3

图书过度包装亟须改变

逛上海书展，犹如在花团锦簇的书林与色彩缤纷的书海中遨游，书香扑鼻，心旷神怡。 读者在赞赏之余，也有书价过高之叹。 尽管有些业内人士认为，较之于影剧票价，书价不能算贵，不过，用科学经营的尺子量一量，书价确有虚高问题。 别的不说，只要对愈演愈烈的图书过度包装加以改进，就能使书价有下降的空间。

我国内地图书先前是不大注意包装的，装帧设计水平较低，用的材料也较粗陋。改革开放初期，我到海外参加书展，当我们的书与港台地区以及国外的书放在一起时，只见别人的图书穿着硬朗，富有光彩，而我们的图书则是软塌塌的，"立不起来"，封面也往往呈"一穷二白"状。 就内容来说，我们的图书并不弱于他人，装帧简陋成为当时突出的弱项。 此后，内地出版界在这方面作了认真的努力，书籍包装很快有了明显的改进。 然而，随着市场竞争的日益激烈，以及浮华风气的影响，为争夺市场，出版者过分在外包装上用力，不计成本地为各自出版的书籍"穿衣戴帽""涂脂抹粉"，形成了矫枉过正的"过度包装"。

图书的过度包装，首先表现在精装本大量增加。 过去的图书，一般用的是平装本，精装本大多用于经典名著与工具书。 如今的精装本则是遍地开花，而且往往是豪华版。 封面纸开始用铜版纸，发展到现在，亚光铜版纸、进口艺术纸、软面精装纸、布纹纸都只能算是寻常材料，用高级布料、丝绸、皮革、金属等异形材料做封面的也不少。 有些书还要烫金、烫银、烫膜、压纹，甚至出现了整本书都用黄金打造的所谓黄金书。 不在提高图书内容质量上努力，而只是着意于图书外形的升级与奢华，这是形式主义的浮华风在作祟，不仅有害于出版业的发展，而且直接导致书价的上涨，增加了读者负担。 家长们普遍反映少儿图书贵，很大程度上就是因为这类图书印刷装帧特别奢侈豪华。

其次，图书的过度包装，表现在开本、编排上一味地求大求异。 20世纪七八十年代，课本、作业本都是32开版面，只有作文本是16开的，而课外读物一般是64开版面的小人书，而现在不仅中小学、幼儿园课本的版面实现了翻番扩张，全部变身为A4型的大课本，而且供小朋友们阅读的少儿图书也都成为大开本读物。 这就抬高了书价。 同时编排上却越来越稀松，甚至有"以白计黑"者。 我看过一本书，不少页面都只排几个字、十几个字，书的内容不多，却占了360个页面，真是奢侈挥霍得惊人。 过去我们图书编排过紧过密，进行革新是必要的，但这样扶起东来又倒西，是不可取的。

图书过度包装，与月饼等商品过度包装一样，既反映了一种奢侈浮华之风，也浪费了社会资源，有违绿色出版的追求。 至于由此抬高了书价，则更是不争的事实。出版界需要在改变过度包装上用力。

从上海书展上看，出版者这方面的意识并不十分清晰。 有家出版单位的书目广告，上面印制的图书，都是豪华精装本，未见一本平装本。 实际上，平装本虽然简朴，也是可以精心制作得很有品位的。 对广大读者来说，要多出一些价廉物美的平装书。 书的品位不是与物质的豪华连在一起的，而是与文化追求连在一起的。 在书展上，大多数展台展出的图书多为精装本，而台湾展台则有着更多一些的平装书，而它却是吸引读者较多的一个展台，这启示我们要改变图书过度包装。

2013.8.15

公款出书是要整治的"N公"之一

近年来，在贯彻八项规定、改进不正之风上，公款吃喝、公款用车、公款出国的"三公消费"中的挥霍浪费问题，为公众关注的一个热点，通过整治现已取得一定成效。 然而，公款消费中的问题，远不限于这样的"三公"，还有公款送礼、公款娱乐、公款旅游、公款培训、公款用房、公款维修等消费，可以说，在公款消费的所有领域，只要管理不严，监督不力，都会出现以权谋私的猫腻，造成国家和人民财产不应有的流失。 因此，需要整治的公款消费，不止是"三公"，而是"N公"。 针对这一情况，中央纪委抓住重要时间节点，出台了多个"禁令"，狠刹公款送月饼、送贺卡、放烟花爆竹及送各种年货节礼等不正之风，中组部则发文严禁领导干部参加高收费的培训项目。

如今，又一个公款消费问题为社会所关注，这就是公款出书。有媒体报道，有些单位、部门利用各种活动，用公款随意出版图书，图书内容粗糙、质量低下，有的只是追求装帧精美，华而不实。这一现象背离了图书的原有价值，造成公款严重浪费。某中央出版社社科图书编辑透露，他一年经手近 30 本用公款出版的图书，其中，三分之一为不动销书，按每本书出版费用两万元计算，再印刷几百册至上千册。合计下来，浪费高达百万元。某省出版社一位编辑说，最近一县政协在他们那里出版纪念册，要求用铜版纸，彩色印刷，每本书花费就要 200 多元。这样的书尽管"金玉其外"，但由于没有什么价值，可说是"败絮其中"，是对资源的极大浪费。

热情于公款出书，不顾内容质量，只求外表华丽，就有关单位和人员来说，无非是另一种的"形象工程"，用以包装自身，求得上级与舆论的青睐。对那些用个人名义出书的官员来说，更是借此附庸风雅，为自己树碑立传。总之，随意的公款出书，与不应有的"三公消费"一样，都是为了满足小团体和个人的利益，肆意造成了资源和公款的浪费。它也是一种以权谋私的不正之风，一种假公济私的隐性腐败，因此，与对待其他公款消费一样，应将其列入整肃的对象。

需要补充强调的是，这种不顾内容质量的出书，也有害于出版业的发展。近些年，出版的图书越来越多，数量过度膨胀，而高质量图书并不多见，"出生之时也是死亡之时"的无用书、垃圾书却不少，形成了出版业的畸形发展。而出版是以"内容为王"的，缺乏内容质量，出版再多的图书也只是一种病态的虚肿。如今，由于可以自费出版，只要出钱，一般书稿都能为出版社接受。由于出这样的书，既不要花组稿之力，又稳稳可以得到经济收益，自费出版的书占出版社新书的比例就越来越大。这其中，公款出书尤为出版社所欢迎。一是这些书虽然内容质量不高，但政治上不会出问题，做起来省心；二是"崽花爷钱不心疼"，可以付出远远高于市场价的高价，取得好的经济效益。因此，公款出书成了一些出版社的热馍馍。可是这些"热馍馍"，从出版的质量要求来说，大多是不应当出的。长期以往，必然引发出版业的下滑，而出版编辑人员也由此弱化了自身的创造活力。加强对公款出书的管理，不让不符合要求的书稿出笼，也是净化出版市场、维护出版业健康发展所必须的。

总之，公款出书是属于需要整治的"N 公"之一。习近平同志说，公款姓公，一分一厘都不能乱花；公权为民，一丝一毫都不能私用。我们需要按照这一精神，对所有的"N 公"都加以整治。

2014.10.16

新闻出版广电都不该"出卖长子权"

如今广播电视上的养生节目多而滥，可说是乱象丛生。随着生活水平的日益提高，人们愈来愈关心健康问题，播出一些养生节目是适应观众需求的。然而，不少养生节目以"养生"为幌子，误导观众，传播绿豆治百病等一类伪科学，并以一些患者治愈为例作忽悠术，配以隐蔽性植入广告，诱导观众掏腰包，购买劣质或无用的药品和保健品。它不但严重误导了消费者，甚至耽误了一些患者的及时就医，产生了不良的社会影响，同时也损害了广播电视媒体的公信力。

针对这一情况，国家新闻出版广电总局近期严格规范、整顿电视养生类节目的制作和播出，不仅要求各级广电播出机构停播"健康365""杏林好养生"两档养生类节目，还出台有关文件，强化对养生类节目内容和形式的审查把关，加大监管工作力度。我以为，这其中有一条规定是特别值得一说的，这就是：从明年1月1日起，电视养生类节目只能由电视台策划制作，不得由社会公司制作。凡在专家资源、节目资金、制作能力等方面不具备条件的电视台，不得盲目跟风制作养生类节目。

考察电视养生节目乱象的形成，一个重要原因就在于目前不少养生节目并非电视台策划制作，而是由社会公司制作，然后以购买时段的形式投放到多个电视频道。这就是说，节目的内容是社会公司操纵的，电视台用自己的播出平台赚了钱，却失去了对节目内容的主导权，使得一些社会制作公司得以利用国家电视平台忽悠观众骗取钱财。被叫停的"健康365"和"杏林好养生"两档节目，就都是由吉林一家传媒公司制作的。

电视台看重收取养生节目播出费，放弃了对节目内容的掌控权，以致放任一些不良社会公司蒙蔽忽悠观众，胡说八道，危害人民群众，这是有违国家电视台的职责的。这种情况在新闻出版界也同样存在。现在许多地方盛行的卖书号、卖版面现象，反映的就是出版社、报刊社在出卖国家所赋予的专有出版权。为了保证书刊质量，出书和发表文章，都需要出版社、报刊社审定把关，然而，如今，书号与版面都可以用钱来买，只要给钱，不合格的书可出，平庸乃至抄袭拼凑的所谓论文可以发表，有些报刊甚至明码标价。在这样的情况下，也催生了一些社会出版公司，靠买书号、买版面生活，其中不少人缺乏文化意识，多的是捞钱意识，乐于搞一些迎合读者的低俗的无价值的读物。一些出版单位则因为卖书号、卖版面来钱容易，放弃自身应有的把关职责，以致造成众多文字垃圾，使书刊质量严重下滑，有违出版业积累传播优秀文化的使命。

据此，新闻出版广播电视单位必须坚持社会效益第一，维护好、运用好国家所赋予的专有的广播权和出版权，多出宣扬真善美的节目，多出思想性、学术性、可读性俱佳的书刊，绝不可"为了一碗红豆汤而出卖长子权"，以致这些文化舆论阵地在一定程度上失守，出现了养生节目这样的乱象，损害了人民利益，也损害了国家媒体的公信力。

2014.10.19

"一位忧愤的小学生家长"的来信

昨天（2015 年 8 月 21 日），单位转来一份给笔者的快递邮件，寄信人是杭州魏先生，自称"一位忧愤的小学生家长"，他"忧愤"什么呢？ 他说："这几年，出版行业特别是少儿书发展迅猛，但一些出版社知法犯法、唯利是图，出版了大量恐怖低俗的图书。"他说他的女儿看了一套叫"查利九世"的系列图书，内中充满恐怖暴力血腥内容，吓得一连好几天做梦，时隔很久，仍然心有余悸。

随信附来三份材料，一是"恐怖文化肆虐童书市场，管理部门应该重拳出击"。内中列举了一些书名、标题的惊悚低俗，如"吸血鬼公墓""白骨森林""冥府之船""黑贝街的亡灵"等。 有些书的插图大多含有骷髅头、僵尸、怪虫等可怕元素；二是"相关媒体批评报道选摘"，内中有《都市快报》的一篇报道，称"宁波 12 岁孩子上吊自杀，疑似模仿小说情节"；三是"查理九世图书恐怖血腥内容选编"以及"网友关于'查理九世'评论"。

笔者并不认识这位魏先生，按他的说法是"素昧平生"，他之所以写信给我，因为知道笔者是位老出版人，写过《如何重拳整治少儿"毒物"》的文章，希望笔者为他和他的女儿再发声。

"如何重拳整治少儿'毒物'"，是笔者于 2013 年 10 月写的，当时，中宣部、教育部、国家新闻出版广电总局、全国"扫黄打非"工作小组办公室、国家互联网信息办公室联合发出通知，要求加强少儿出版管理和市场整治，严禁出版传播损害少年儿童身心健康的出版物，净化网上少儿出版环境。 此通知下达后，一场旨在重拳整治少儿出版物市场的专项活动即在全国范围内开展。

那些已被点名的不合格图书下架封存，有不合格嫌疑的图书暂时停止销售，违规出版内容违法图书的中国画报出版社、陕西师范大学出版社等出版单位受到了行政处罚。整治是取得成效的，清除了一批少儿"毒物"，少儿图书市场得到净化。

然而，整治少儿图书市场难以毕其功于一役。由于家长给孩子买书不心疼钱，少儿图书在各类图书中销量最好，它也就成了出版者争夺的一块"肥肉"。在利益驱使下，一些缺乏少儿图书专业能力又缺少文化良心的人，纷纷染指这一领域，当整治之风劲吹的时候，他们会暂时缩一缩，而当风声过去，他们也就"涛声依旧"，继续炮制色情、恐怖等低俗、恶俗的"毒物"。是故在少儿图书市场，鱼龙混杂现象比较突出。需要年年抓，时时抓。

整治之道，在于严格执法。出版管理条例明确规定："不得出版含有凶杀暴力、淫秽色情等内容的出版物，不得出版内容低俗、质量低劣的出版物，不得印刷、复制、发行含有违法违规内容的非法出版的少儿出版物。"出版管理部门不要等到专项整治时再亮出法规之剑，不论何时对违反"三不"的出版物，都应及时惩处。如此方能形成有力的"重拳"，让那些被金钱熏黑了心的人不敢制"毒"。

同时，要重视专业出版，提高少儿出版人的文化品质，强调编辑必须具有文化意识和责任意识，那些本质上是商人而不是文化人的人，是不宜让他们窃取编辑出版权的。当出版人都具有精神追求，不愿制造少儿"毒物"时，那些充斥色情、暴力、恐怖的低俗恶俗图书，也就不会出笼了。

2015.8.22

宣扬"别太老实"为哪般

见到一本名叫《别太老实，也别太不老实》的书，不由得愣了一下。"做老实人，说老实话，干老实事"，是我国传统的为人之道，与我们党实事求是的思想路线完全一致，为我们党所大力倡导，成为共产党员先进性的内在要求。现在怎么出书公开教人"别太老实，也别太不老实"呢？"别太老实"，明确要人不要过于老实；"别太不老实"，也是示意人还是可以有些不老实的。作者明确主张"做个不老实的老实人"，既然"不老实"了，还会有"老实人"吗？

粗粗翻了一下此书，它把老实与懦弱、死板、无能连在一起，认为"一个老实厚道的老实人通常很难在竞争日益激烈的社会中生存下去"，因此，"别太老实"。经商者要精明处事，打点四方，方能货通南北，日进斗金；为官者要八面玲珑，圆滑世故，才能手眼通天，平步青云。

这里的问题，一是误解。老实并不与懦弱、死板、无能等负面性格连在一起。老实人以忠实诚信为底色，实事求是，有的放矢，出实劲，做实事，讲真话，说实话，是其所是，非其所非，既勇于"俯首甘为孺子牛"，也敢于"横眉冷对千夫指"。老实不仅不同于无能，相反，唯有诚信实干，实事求是，按规律办事，按规则办事，方能有所成就。

二则是显示世界观、人生观的分歧对立。老实人心中装着他人，以社会正义为重，而不老实的人，为了追求个人"日进斗金"或"平步青云"，圆滑世故，讨好卖乖，不讲原则，不讲是非，不出实劲，投机钻营。作者说，"老实和不老实与品德无关"，错了，两者正显出品德优劣高下的不同。老实人诚信友善，道德高尚，而不老实的人则是"德之贼"。

全面深化改革，加速推进社会主义现代化建设，需要在全社会大力培育和践行社会主义核心价值观，诚信、友善，是核心价值观的重要内容，人们应当崇德向善，高扬"三老"作风。当前，在党的群众路线教育实践活动中，中央明确要求党员和干部"做老实人，说老实话，干老实事，襟怀坦白，公道正派，带头做焦裕禄式的好党员好干部"。鼓噪为人处世"别太老实"，是有违社会主义核心价值观的。

励志和修养类图书，是近年出版业的一个热门，内中有好的，正确地引导读者如何为人处世，同时也有散发着异味臭气的。一些所谓成功学图书，兜售的所谓"成功的秘诀"，往往以个人为中心，为达到个人目的，可以不择手段，突破道德底线，虚伪欺诈，损人利己。

当前社会诚信缺失，为了颠覆诚信忠实这一道德标杆，早就有人想抹黑它，但鉴于它的巨大美誉度，又不便赤裸裸地否定，于是就用折中的办法修正它，瓦解它。前几年图书市场就出过这样的图书，或叫《做个圆滑的老实人》，或叫《做个聪明的老实人》。近期出版的《别太老实，也别太不老实》，则是承其余绪，继续向老实诚信的头上喷粪。这提醒出版界出书要重视思想道德导向。

2014.6.12

5. 书市与读书

书店应有书卷气

书店，照理说应该充满着书卷气。书卷气，本来自书卷，即书籍。可是，现在跑到一些书店去，包括个体的、集体的，以至国营的，尽管它店铺里放的也都是图书，不是别的什么，但却使人感觉不到多少书卷气。

这是为什么？

我想，恐怕存在这样一个不等式：书卷气，固然来自图书；但并非任何图书，就一定具有书卷气。书籍，按《辞海》解释，是"用文字、图画或其他符号在一定材料上记录知识、表达思想并制成卷册的著作物"。这就是说，它是应该拥有"思想"与"知识"的。其思想愈深邃，知识愈丰富，就愈有文化气息、学术气息，愈有书卷气。反之，那些在内容上既无深沉、新颖的"思想"开人胸怀，又少丰富、扎实的"知识"启人心智的图书，在形式上虽"制成卷册"，也少有书卷气了。

那些缺乏书卷气的书肆，多的就是后一类书。什么"侠"呀，"情"呀，"案"呀，大多是消遣性、娱乐性的东西。还有什么"服装"呀，"食谱"呀，"化妆"呀，大多着眼于生活实用。至于"养生"呀，"气功"呀，"智谋"呀，虽有些知识，但往往是你抄我的，我抄你的，低水平的重复，缺乏新鲜度。不是说这些书不能卖，但书店的主要注意力集中在这些书上，显然只有生意眼、商业气，而少文化眼、书卷气了。

书是出版社出的，追根寻底，可以责备热衷于出这类书的出版社，缺乏书卷气；但是，在目前全国每年出版的十万多种图书中，具有书卷气的图书是大量的，为什么这些书却难于进入一些书店呢？这也就得考虑卖书人也应该有点书卷气了。如果书店的经营者只看见"店"而忽略了"书"，那么，这样的书店还能有什么书卷气呢？

然而，失去书卷气的书店，很难说是一个好书店，特别是一个好的社会主义书店。 因为，书店虽然也是做生意的，但它做的是传播"思想"与"知识"的生意，一旦离开了"思想"与"知识"，它的生意活动，也就离开它的本质属性了。

实际上，即使从生意着眼，书店的真正生命也在于它的书卷气。 现在许多读者要买一些学术、文化价值较高的书，在书店里往往买不到。 结果，近年来图书市场形成一种奇特现象，平日书店里顾客不多，但每逢举办图书展销会，则往往"爆满"。 这表明，好书还是有读者的。 但是，展销会毕竟是一种临时销售形式，它不能天天办、月月办。 图书的经营销售还是靠书店。 有远见的书店，应该充分注意与满足读者对有学术、文化价值图书的需要，由此赢得与扩大自己的顾客队伍。 为此书店需要多一点再多一点书卷气，少一点再少一点商业的俗气。

1998 年

"回回不离旧栖处"

上海有一家诚品书店，是三个年轻人于 1998 年创办的。 他们在图书市场并不景气的情况下，一年多来竟发展到拥有十三家连锁店，成为上海民营书店中小有名气的后来者。

据报道，这三个年轻人都是复旦大学毕业生，有较高的文化素养。 他们爱书，也懂书，对自己经营的书店，有比较准确的定位。 由于他们都曾在公司里当过白领，对白领的喜好有较多的了解，他们就扬自己所长，将书店服务对象定为白领阶层。 为此，首先对书店店址作了选择，不是"拿到篮里就是菜"，什么地方都可以，而是把店开到白领较多的商务区、新兴商品房社区，以及准白领较多的大学区。 其次，对图书品种作了选择，也不是顺大流，看着什么好销就销售什么，而是主要销售白领读者学习、充电需要的图书。 这样，诚品书店一开始就注意营造自己的特色。特色，在世界愈来愈多元化的情况下，是许多企业和企业产品的安身立命所在。 一味模仿别人，踩着别人脚印走路，是难以走出活路的。 特别是像"诚品"这样的小企业，更是如此。 前年我在美国，见美国图书业兼并得很厉害，大城市陆续出现了一些远较上海书城还要大的书店，品种高达十几万种、几十万种，吸引了大量顾客，迫使一些小书店纷纷倒闭。 仍能在挤压中生存发展的小书店，大多是特色书店、专业书店。 因为那些大书店无论怎么"大而全"，也不可能包罗万象，完全囊括了"特而专"。 于是，大以大的优势在发展，小也以小的特色在成长。

"诚品"的成功，除了依赖三个年轻人文化素养所滋生的特色"品"位，同时又有赖三个年轻人思想素养所派生的"诚"心服务。 做生意，包括做图书生意，当然要赚钱，但钱要"取之有道"。 这个"道"，不但拒绝奸诈欺骗，而且需要有点为顾客着想的真诚。"诚品"的经营原则中有一条，是为读者"提供适用图书"。 当他们发现读者选择了不合适的书，要劝其放弃或推荐其他图书，哪怕他们所推荐的图书价格，要远远低于读者原来要买的书。 读者为他们这种真诚所打动，去年"诚品"买书人中，回头客占了百分之八十。

百分之八十，是个了不起的数字。 它说明，绝大多数顾客，在"诚品"购书以后，还乐于再到"诚品"买书。 没有购销对路的书，没有热情良好的服务，是不会有这么多顾客"回头"的。 这就是说，正是书之"品"，人之"诚"，才使"诚品"有了那么多的"回头客"。 时下，社会上多的是"一次性"现象，少的是"回头客"景致。 店家斩客，顾客上当一次，不会"回头"再来；产品低劣，顾客被欺骗一次，不会"回头"再买；书籍平庸，读者被糊弄了一次，也不会"回头"再读……这种"一锤子买卖"，造成一些店家生意清淡，门可罗雀；一些产品无人问津，积压如山；一些图书生后即死，难以再印……它们都像"一次性筷子"那样，粗糙丑陋，人们用后即丢，不仅造成了社会的极大浪费，而且严重地败坏了社会信誉。 好的企业，好的产品，所以能永葆青春，让顾客一再"回头"，在于拥有优良的服务，过硬的质量。"诚品"的发展再一次证明了这一点。

值得高兴的是，像"诚品"这样吸引"回头客"的企业正在日益增多。 在图书业中，也是复旦大学毕业生主办的新文艺书局，也有众多读者"回回不离旧栖处"。 这样的企业，在赢得信誉的同时，也赢得了经济效益。

2000.8

贺新华书店南东店重新开张

2008 年 3 月，被誉为"远东第一书店"的上海南京东路新华书店宣告歇业，2010 年10月，南京西路石门二路路口的新华书店也关上了大门，加之静安寺新华书店动迁，作为"中华第一街"的南京路上，新华书店全线淡出。 与此同时，全国城市中的不少公营和民营书店，包括著名的北京风入松和上海的季风，也纷纷停业，越来越多的实体书店成了"消失的风景"。

这引起读书人和有识之士的忧虑。

有人说，这是网络书店崛起的必然结果，应当说，新兴的网络书店确实给实体书店带来一定的冲击，但它不可能代替实体书店。 据统计，目前网络书店的销售额仅为全部图书销售额的 15%，读者购书的主渠道还是实体书店。 实体书店不只是一个图书交易场所，更是一个文化体验享受场所。 逛书店，是一种重要的文化休闲方式；淘书乐，是许多读书人憧憬的一种乐趣。 郑振铎小说《书之幸运》，写到主人公仲清在书店淘得一本好书，生发出"占了敌国大片土地似的喜悦"。 实体书店特有的书香，是城市文化气息不可或缺的组成部分。 有影响的实体书店，往往是一座城市的文化地标，像台北的诚品书店，上海的福州路书城。

对上海南京东路新华书店在 3 年前的消失，人们感叹"繁华的商业地段容不下一家书店"，认为这是读书人之痛，上海文化之痛。 现在，人们高兴地看到，有关方面正有效地在消除这一"文化之痛"，强调为了满足读者的文化需求，为了彰显城市文化精神，需要切实落实中央确定的原则：书店必须建设在繁华地段。 经过紧张筹备，近日，位于市百一店 6 楼的新华书店南京东路店正式开门迎客，宣告了新华书店重回南京路。 这一回归行动，不仅意味着实体书店重归上海最繁华地段，更彰显着实体书店得到政府和社会的大力支持，不会成为"消失的风景"。

全面地看，实体书店的萎缩倒闭，有些源于经营不善，属于在市场经济游泳中的正常淘汰，而大多实体书店出现的经营困难，是由于书店的经营成本上升过快、成本太高所致，是他们自身所难于克服的。 对此需要政府在政策、资金、税费、占地等方面，给予必要的支持。 中宣部、新闻出版总署、住房和城乡建设部三部委联合下发的《关于加强城乡出版物发行网点建设的通知》，在这些方面作出了具体规定。 新华书店得以重归南京路，正是由于在场地租金等方面得到了优惠。 这种对实体书店的有效扶持，有助于加强生活中的书香，改善城市的文化生态，是值得赞许的。

2011.8

重视旧书交易市场的开拓

2015 年 8 月 24 日上午，在参观上海书展时，一位老年读者与笔者攀谈，他说，现在全国每年出二三十万种新书，数量是够多的了，问题是重复出版过多，为了追逐热点赚钱，非少儿社也在出少儿读物，非科技社也在出养生读物，闹得专业不专，数量上去了，质量特色却下来了。 他认为，还是要坚持专业出版，不同专业的出版社还是应深耕自己的"一亩三分地"，种出有自己特色与质量的庄稼。

此话有的放矢，我表示赞同。 他接着说，他有一个苦恼，因为爱读书，从小就不断买书，然而，居室有限，难以容纳不断增长的图书，他想"吐故纳新"，将一些看过的旧书卖掉，可是，现在找不到收购旧书的旧书店，而作为废纸论斤卖给废品回收站，不仅经济上太亏，更有损书的价值。 他说，在重视新书交易的同时，希望也能重视旧书市场的开拓。

我说，上海的旧书买卖，现在也还有一些，比如文庙的旧书市场，每星期日开放一天，而位于瑞金二路上的"新文化服务社"，是上海目前较有规模的旧书店。 不过，较之过去，旧书交易，确实受到了不应有的忽视。 解放后，上海除了有大量的综合性书店外，同时还有不少老牌专业书店，其中一个名角就是上海旧书店。 解放前，上海的旧书铺更是众多。 阿英于 1935 年写过一篇题为《城隍庙的书市》的文章，讲他去城隍庙，不是去买小商品，不是去喝茶散心，也不是去向菩萨求财乞福，而是到旧书铺和旧书摊上去"访书"。 他左转一个弯，右转一个弯，先入"饱墨斋"，继访"粹宝斋"，再入"菊舲书店"，复进"学海书店"，在轻轻松松的徜徉中享受着"淘书乐"。

是的，旧书铺能带给人们一种"淘书乐"。 发展旧书买卖，不仅有利于充分发挥图书的作用，促进书业交易的发展，更可以让人们在"淘书"中得到一种享受、一种喜悦，丰富社会文化生活。 20 世纪 50 年代，上海的"淘书"风还颇盛，当时我在《新民晚报》工作，记得副刊上辟有一个"工余拾趣"专栏，来稿中写"淘书乐"的就很有一些。 如今醉于"淘书乐"的人也许没有过去多，但仍大有人在，何况，这是一种富有文化内容的"乐"，值得鼓励更多的人"工余"在这方面"拾趣"。

因此，当前发展图书市场，在努力扩大新书销售的同时，也要重视旧书买卖，旧书肆有别于新书店的特殊魅力。 有几百年前的旧书当然好；倘若没有，几十年前、十几年前的旧书，只要有价值，也会有主顾的。 如今民间藏书颇多，像前面提到的那位老年读者那样，不少人苦于手中的旧书无渠道出售，如果能像过去旧书肆那样积极经营，对有价值的旧书，一面大力收购，一面热情推销，既可为整个图书市场增色添彩，也能为"淘书乐"提供重要场所。 这方面工作，国营的新华书店要做，更要在政策上支持鼓励民间书店去做。 愿淘旧书之乐，能为城市的书香增添浓度。

2015.8.25

书 展 二 记

加　与　减

书展年年形相似，年年书展貌不同。

上海书展创办于 2004 年，15 年来，无论是参展图书、参展单位，还是参观人数、交易码洋，都是"芝麻开花节节高"。这一脱胎于沪版图书订货会的上海书展，由一个行业内的交易会转变为向大众开放的地方书展，再由地方书展发展为全国性的文化出版盛会与全民阅读示范平台，其影响力、辐射力与年俱增，如今已成为上海与全国的一个重要的文化品牌。

它依然叫上海书展，其规模、质量、内涵却不断在攀升，"形相似"而"貌不同"，一年有着一年的新景象。

主办者成功地运用了加法，让书展中的图书更精彩、活动更多样、布置更出色、服务更到位，从而为书展不断加分。

不过，它也同时运用了减法。给我印象比较深刻的，是从 2013 年开始，它取消了开幕式。当时的各种展览会，几乎没有不举行开幕式的，而且一味追求豪华和规格。鲜艳的主席台，站成一排的各级领导，身披绶带的礼仪小姐，铺天盖地的鲜花、彩球和气球。冗长乏味的充满套话的领导讲话，一片阿谀吹捧多为空话的嘉宾致辞，白白浪费了参观者的宝贵时间。我曾陪同一位外地作家参加一次书展开幕式，约半小时的时间让他有点不耐烦，他说这是劳民伤财的形式主义。2013 年是上海书展十周年的"大年"，为了发扬求真务实作风，做实事，务实效，不搞形式主义，不做表面文章，书展在这方面非但没有用加法，而是用了减法，把开幕式以及招待晚宴在内的一些以示庆祝的活动，统统全免了。14 日上午 9 时许准时开门迎客，没有锣鼓，没有剪彩，没有领导讲话，没有嘉宾致辞，以最质朴的方式，迎接首批读者的到来。由此节省下来的人力物力财力，用到改善为读者的服务上。为应对高温天气，当年开始在上海展览中心 2 号、3 号和 6 号购票排队区域增设了多个喷雾降温装置，为参观者降温，给人们身体带来凉意，心头带来暖意。同时，书展在为读者提供问询、寄书、快递、医疗服务等方面，也均有很大的改进与提高。这可说是"减中加"了。

还有一种"减"，就是明星签售一类活动越来越少了。上海书展初期，也许是为了招揽人气，明星签售往往成为热点，引来不少的追星粉丝，他们并非前来亲近书籍文化，只不过是为了一睹偶像真容。 那些明星的自传之类，大多并无什么文化学术含量，让它成为热点，将一场文化盛会娱乐化，是与书展的文化追求相左的。 而将签售会变成了一场线下的粉丝见面会，更成了一种喧宾夺主、喧"星"夺"书"的错位。 对此，上海书展随后大量减少了明星的签售活动，重点推荐那些富有思想文化内涵与具有生命力的新书，让书展的书香与年俱浓。

加是一种成长，减是一种成熟，上海书展在成长成熟的道路上大步向前。

闹　与　静

2011 年 8 月 19 日下午，我到上海书展参加《话说人生》的签售活动。 原定 2 时半开始，2 时不到开始有人排队等候。 为免除读者久等，签售提前于 2 时 10 分开始，近一小时签了近 300 本书。 主持者原打算在签售前，要我与读者就《话说人生》一书内容，与读者做些交流，鉴于展厅参观者熙熙攘攘，来往不断，走路声、说话声以及各种电器传出的声音，交织一片，混乱嘈杂，缺少对话的安静环境，经商量，最后取消了。

签售后，我到各个展厅转了一圈。 人气都很旺，这是好事，只是"走路声、说话声、电器声"声声入耳，破坏着访书、寻书、阅书、品书中应有的安静从容心态。 有些正在举行的新书发布会，作者对着话筒大声与读者对话，话仍然听不大清楚，却又增添了环境的嘈杂。

我对陪同的出版同行说，书展人多，在热闹热烈的气氛中，要防止嘈杂喧哗，注意营造安静宁静的环境。 因为，书展展出的是书，是文化精神产品。 作为展示图书的书展，就不宜像电器展、土特产展等商品展览会一样，只着眼于钱物交易，弄得闹哄哄的、急吼吼的，而应营造一个安静的环境，让读者能从容地寻书、购书、品书，享受书香，享受在书海中遨游的欢快。 国内外一些优秀的书店，就是既以有好书出名，也以恬静、安静、寂静的美好环境出名。 在店堂里，没有说话声，更没有高谈阔论，一切静悄悄。 读者到此买书也好，翻书也好，都一样受到欢迎。 店员职工只有在读者需要的时候，才前来为读者服务；否则，读者尽可以随意阅读，他们绝不会进行干扰。 这样的书店，如读者所赞扬的，不再是单纯做买卖的，而是成了传播书香的基地，成了人们走进图书殿堂、提升精神文化的场所。 上海书展主旨不在单纯做图书交易，而是大力传播书香，让人们享受更多的阅读快乐。 书展内的环境营造，更需要注意在"静"字上多下功夫。

同行朋友想听听我的建议。 我说，上海书展已注意了这一问题，喧哗嘈杂的环境逐届有所改善。弱化减少场内娱乐明星的活动，防止粉丝们把书展当作追星的场所，就有效地减少了书展环境的混乱嘈杂。同时，在展厅内提倡文明观展，禁绝喧哗，不说话、少说话、小声说话。业内的各种广告促销活动也要"低声下气"，不要高调喊叫。这些都起了有效的作用，只是需要继续深入的推行。

如今展厅环境还热闹有余，安静不足，在很大程度上，是由于 2.3 万平方米的展厅，已经无法满足越来越多读者参与各种活动的需要。单说各种签售、讲座、论坛活动，书展平均每天都有一百多场，大家都挤在有限的展厅里，"走路声、说话声、电器声"，就难免互相干扰，形成嘈杂一片。为缓解这一情况，书展已两次在大厅外广场搭建"阳光篷"，并在其他地方设立分会场，扩大空间，减少相互干扰。今年全市的分会场将大幅增至 100 个，市新闻出版局局长徐炯说，这就是要"做到动静分割，让大家有更安静的环境，静心参与阅读活动"。

完全可以期待，上海书展的氛围既是十分热闹的，环境又会是极为安静的。

2018.8

全面看待"读不下去作品排行榜"

据媒体报道，广西师大出版社根据近 3000 名读者微博微信留言，统计出一个"死活读不下去前十名作品排行榜"，《红楼梦》高居榜首，依次为《百年孤独》《三国演义》《追忆似水年华》《瓦尔登湖》《水浒传》《不能承受的生命之轻》《西游记》《钢铁是怎样炼成的》《尤利西斯》。因为我国古代四大名著全部入榜，其他入榜作品也都是经典之作，引起舆论的普遍关注。

不少人就此感叹读者素质的下降，经典阅读的式微，似乎《红楼梦》等经典名著已经没人看了。实际上，这个"死活读不下去作品排行榜"，依据的是不到 3000 人次的网上调查，尽管它可以反映一些人的阅读兴趣，但难以展现社会的整体阅读情况。《红楼梦》还是有人在读的。何况，被调查者将《红楼梦》等名著列在其中，正说明他们接触过这些书，甚至不止一次读过它。如果他们不知道这些书，也就无法让其上榜。美国电影界有个金酸梅奖，是个评劣的奖项，但被提名的一般都是当年比较热门的影片。虽然还有不少比它们更烂的影片，但因为不热门，不知名，谁也不会提到它们。这些经典名著上了"读不下去"榜，说明它们在社会上还是有"名"的，是受到读者关注的。再说，对名著的喜爱，不同人关注的作品并不一样。不喜欢《红楼梦》的，也许热爱唐诗宋词。不读《尤利西斯》的，也许读《不能承受的生命之轻》。 因此，也就不能依据这一小小的"排行榜"，说明当今名著已经遭弃，经典阅读不再了。

时下经常有各种各样的网络调查出炉，其中有些调查局限性很大，所得的结论并不具有普泛性，作为参考是可以的，但不宜太当真。

自然，就这一"死活读不下去"的排行榜来说，也确实反映了在阅读多元化的当下，存有"去经典化"的倾向。"浅阅读""快阅读""碎片化阅读"，乃至用"读图"代替读书，在青少年中越来越挤压着对经典名著的阅读。 经典名著，内蕴深厚，"流耀含英"，能给读者带来最大的熏陶。 但需要读者静下心来，花时间花气力去读。《瓦尔登湖》译者徐迟在其译本序中开篇第一句话就提醒读者说："你也许最好是先把你的心静下来，然后再打开这本书，否则你也许会读不下去。"如今这本书真的让一些人"读不下去"，这是急功近利的浮躁之气对阅读的侵袭。 引导人们多读经典名著，需要加强对名著经典的宣传介绍，同时也要清除浮躁的阅读心态。 如此，就会有多一些的深阅读、慢阅读、整体性阅读，经典名著就会有更多的人"死活"都会"读下去"。

2013.6

明年政府报告还要写全民阅读

在今天（2015 年 3 月 15 日）上午的记者招待会上，有记者问李克强总理最近网购过什么没有，总理回答在网上买过几本书。 随后，有记者就此提了一个与书有关的问题。 他说，《政府工作报告》要写的东西很多，每年都有变化，但是却连续两年都把"全民阅读"写入了《政府工作报告》，请问总理为什么对这件事那么看重?

李总理回答说，记得去年起草《政府工作报告》，他在听取各方意见的时候，不仅是文化界、出版界的人士，而且经济界和企业家都向他提出要支持全民阅读活动，报告要加上"全民阅读"的字样。 而且还有人担忧，说现在我们国家民众每年的阅读量还不到有些国家人均的十分之一。 这些建议让他深思，说明人们不仅在追求物质财富的增加，而且希望有更丰富的精神生活。

李总理说，书籍和阅读可以说是人类文明传承的主要载体，希望全民阅读能够形成一种氛围，无处不在。 我们国家全民的阅读量能够逐年增加，这也是我们社会进步、文明程度提高的十分重要的标志。 把阅读作为一种生活方式，把它与工作方式相结合，不仅会增加发展的创新力量，而且会增强社会的道德力量。这也就是为什么他两次愿意把"全民阅读"这几个字写入《政府工作报告》的原因，明年还会继续。

在全国两会上，有些代表委员针对我国阅读率过低的情况，也在呼吁要加强对阅读的倡导。其中一位来自湖南农村的向平华代表，谈及他所在的村子有75%的家庭没有一本书的情况，建议建设"书香社会"，丰富农民精神生活。李总理关于全民阅读的讲话，呼应了民众的要求，并且对全民阅读的意义，作了完整而深刻的阐述。

"书籍和阅读可以说是人类文明传承的主要载体"。是的，人本质上是文化动物。人要成为合格的人，就得有文化滋养。人的品位品格，往往是从有没有文化中显露出来的。而书是人所必须吸收的文化滋养品，是"人类进步的阶梯"，对人的健康成长具有很大的作用。古罗马哲人西塞罗说："没有书籍的屋子，就像没有灵魂的躯体。"不读书，缺少文化的人，就会成为"没有灵魂的躯体"。宋人黄山谷说："士大夫三日不读书，则面目可憎，言语无味。"

阅读"不仅会增加发展的创新力量，而且会增加社会的道德力量"，更点明了阅读在推动社会物质创造与社会精神提升方面的巨大作用。因为一个民族的精神境界在很大程度上决定于国民的阅读水平。培根说："知识就是力量。"而知识需要通过艰苦的阅读学习方能获得，从而形成创新的力量。而人的精神发展史与阅读史是紧密联系在一起的。过去稍有文化的人家大多喜欢贴这样的春联："忠厚传家久，诗书继世长"。家庭、社会、世道，要想长久地传下去，离不开忠厚与诗书。忠厚诚信是立身之本、处世之基，诗书则是引导人生走向光明的灯烛。

因此，无论从个人文明成长和社会发展进步来说，都需要加强全民阅读，如李总理所说，"把阅读作为一种生活方式"，让"全民阅读能成为一种氛围，无处不在"。当前，不少人手机不离手，喜欢在网上浏览，说这也是阅读，在网络时代，自然这也是一种吸取知识的形式，但是，上网是以"看"代"读"，"看"，多属碎片化的浏览，虽也能广见闻，但人在接受文化的滋润上，"读"较之直观性的"看"，更具思辨性，更具深度。古人说："俯而读，仰而思"，读是要和思联系在一起的。全民阅读，主要还是要多读书。李总理是把阅读和图书放在一起讲的。

2015.3.15

努力促进有质量的阅读

2015年上海书展暨"书香中国"上海周定于8月19日至25日举行。作为一项重要文化活动的上海书展已成功举办了12届,有力地推动了社会阅读风气的形成与发展。今年书展的主题依然是"我爱读书,我爱生活",但提出了"努力促进有质量的阅读"的口号,这一口号显示了在倡导全民阅读上的与时俱进。

所以强调"有质量的阅读",目的在于提升阅读效益。前些年,针对国民阅读率连年下降的情况,首先需要大力倡导多读书、多阅读,让大家愿意亲近"书香"。近几年,伴随着经济社会的进一步发展,人们对阅读重要性的认识得到了加强,国民阅读率已止跌变升,人均纸质图书阅读量在增长,新兴的数字化阅读更呈井喷式的发展。由于数字化阅读简便,许多年轻人即使在地铁车厢里也抓紧时间进行手机阅读,不阅读或者说少阅读的情况明显得到改变。

不过,时下年轻人热衷的数字化阅读,摄取的都是一些信息和知识,虽然也有益于扩大视野,但往往是碎片化、浅俗化的,缺乏阅读所需的深度,难以使阅读成为"进步的阶梯",提升人的精神文化品质。即使纸质图书的阅读,图书市场表明,最热销的也是那些养生保健、投资、炒股一类实用性的书与一些休闲娱乐的书。这类书当然也可以读,但真正拥有"书香"的书,是那些拥有思想文化含量、能让人"气自华"的"诗书"。这表明,为了更好地亲近"书香",让阅读取得更好的效果,需要进一步倡导"有质量的阅读"。

阅读要提升质量,首先要"读好书",多读经典名著,多读精品佳作。歌德说过:"鉴赏力不是靠观赏中等作品而是靠观赏最好作品才能培育的。"读好书,可"以少少许胜多多许",以最经济的时间,取最大的效益。阅读切忌"随大流",盲目跟着社会的炒作走,要静心,要有选择。同时,不能急功近利。实用性读物自然可以读一些,但作为文化载体的图书,更是要在提升人的精神境界上发挥作用,正如习近平同志所指出的:"读书可以让人保持思想活力,让人得到智慧启发,让人滋养浩然之气。"因此要重视"无用之用",多读些看来虽"无用",却富有意义、能充实灵魂"之用"的书。

阅读要提升质量,还要发扬"苦学"精神。有副著名的劝学对联:"书山有路勤为径,学海无涯苦作舟",表明读书是需要"勤"和"苦"的。如今碎片化、浅俗化阅读盛行,实用性、娱乐性图书畅销,反映了人们在阅读上贪图省力,害怕费力。而要读内容深邃、意蕴丰厚的读物,就需要开动脑筋,深入思索,方能有所得。仅仅满足于电视网络上的浅阅读，虽然不费力，轻松惬意，直观而不必动脑筋，带来的却是对思考力的窒息。古话说，"俯而读，仰而思"，读和思连在一起，方能取得最好的效果。《说文解字》："读，诵书也。"按清代学者段玉裁考证，"诵书"应是"籀书"之误。"籀"字也就是"抽"字，就像从蚕茧中抽出真丝一样，善读书者能从书籍中抽出丰富的内涵意蕴来。这就是说，要深阅读，在阅读中多动脑筋，反复思考，方能有所收获，有所生发，有所创造，取得阅读的最大效果。

当今，提倡"有质量的阅读"是适时的，在阅读中要多读好书，多用脑读书。

2015.8

多些书迷

上海有一位老作家，叫柯灵，他嗜书如命，一生读书、编书、写书，年届耄耋，仍终日与书为伴。他写过一篇文章，抒发他对书的感情。他说，书是他的恩师，他的良友，他青春期的恋人，中年的知己，暮年的伴侣。有了书，他就成为精神世界的富翁，他就不再愁寂寞，不再怕人情冷暖，世态炎凉。他一天也离不开书，真的是"不可一日无此君"。他愿意成为十足的"书迷"，但又自谦说："可惜还不够条件。"

实际上，柯灵这位文坛大家，他的成就的取得，正源于他从青少年时代就是个"十足的书迷"。书本像太阳、空气、雨露一样，哺育他成长。

综观古往今来一切有建树的人，在不同程度上，都是"书迷"。作家、翻译家冯亦代自称"书痴"，老来还是保持青少年时那种对书的痴劲儿，一旦有新书到手，总要放在枕边，过些时日，反复阅读鉴赏。自然，其中也有人"还不够条件"说成是"十足的书迷"，但无一例外的都是爱闻书香的，都是依靠书这一"人类进步的阶梯"，攀登上成就的高峰的。因此，我以为，青少年在成长过程中，要像柯灵、冯亦代等前辈那样，从小爱书、迷书，使自己成为一个"书迷""书痴"。

应该说，时下青少年中也有不少"书迷"。在书店里，在图书馆里，乃至在公园里、地铁里，随时都可以见到不少青少年学子手不释卷地在读书。然而，无可否认，现在更多的，或者说更红火的，是电视迷、球迷乃至卡拉 OK 迷。

不是说不能"迷"电视、"迷"球、"迷"卡拉 OK，电视、球赛、卡拉 OK，对青少年的身心成长都有其积极作用；但是，比较起来，书更是人生旅途的必需品，按照奥地利作家茨威格的说法，书是"走向世界的入口"。对世界和人生的深入了解，是要通过书来获得的。

因此，我以为，在青少年学子中，要提倡多出些"书迷""书痴"。元朝有位才子叫翁森，他热爱生活，热爱读书，在充分领略了书在生命中的意义之后写下了一首"四时读书乐"的诗，以喜悦的心情，告诉天下人，人生中滋味最好的一件事，便是读书："蹉跎莫遣韶光老，人生唯有读书好。"这种"唯有读书好"的体味，只有成为"书迷""书痴"后才能真正体会。

1999.2

附　录

"东方之子"江曾培

刘小林

提起江曾培，人们并不陌生，网上有他 1 万多条信息。 他是出版人，又是知名学者、作家。 中央电视台"东方之子"栏目曾介绍过他。 为探索他的事业之路，2006 年春天一个阳光灿烂的早晨，我们敲开了江曾培办公室的门。 面前的他，精神矍铄、笑容和蔼，浓眉下一双炯炯有神的眼睛透着深邃。 他声音洪亮、乡音未改，热情地把我们迎进办公室。

"小林放"之称

1933 年，江曾培出生于吴敬梓的家乡安徽全椒。 他从小就喜爱读书，立志做吴敬梓那样的文人，用笔写下天下事。 那时，抗日战争爆发，国破山河在，学好知识报效祖国是江曾培最大的理想。 11 岁时，江曾培以优异的成绩考入全椒中学。14 岁他考入南京二中，因家道中落，他栖身于南京的安徽会馆，早上中午只吃一顿饭，刻苦学习。 1949 年 4 月南京解放后，因为思想进步、成绩优秀，16 岁的江曾培于当年 7 月加入了中国新民主主义青年团，并被选派到华东团校学习。 后因为学习优秀而留校任职。 每当回忆起这段经历，江曾培总是说这段时间的学习，培养了他的独立学习与思考能力，让他以后长期受用。

1956 年年初，江曾培调《新民晚报》任记者。 那时他勤思索，笔头快，不仅写新闻，也写言论，有时几乎一天一篇佳作。 他的杂文短小精悍、笔锋犀利、思想敏锐，深得乃师林放（即《新民晚报》原社长、著名杂文家赵超构）的神韵，于是便有了"小林放"这个雅号。 1958 年，江曾培应约为著名作家周立波的长篇小说《山乡巨变》写评论。 接受任务后，江曾培以此为契机，冒着酷暑，天天挑灯夜战，阅读了大量文艺方面的著作，终于写出了他第一本书《〈山乡巨变〉变得好》，时年 25 岁。1961 年，周立波发表了《山乡巨变》续篇，江曾培又继续写出评论。 周立波看了，认为评论有见解，在征得江曾培同意后，将该评论作为附录收入《山乡巨变》一书之中。周立波的欣赏与鼓励极大地鼓舞了年轻的江曾培，促使他走上文艺评论的道路。 新时期以来他对《危楼记事》《彩虹坪》《皖南事变》《汽车城》《壮士中华行》《旧址》《金融家》《苍天在上》等多部作品，作了精当的评论，并结集为《小说虚实录》出版。

一个总编辑的手记

20世纪70年代中期以后，江曾培转到上海出版部门工作。 出版较之新闻，少一点敏锐，多一点学问。 为了适应出版工作的需要，江曾培又加紧了学习，以填补自己学识上的缺陷。 人们经常可以看到，他在等人、等车、等看病、等开会的空闲，手中都捧着一本书，不让这些时间空空"等"掉。 他结合组织《中国十大古典悲剧集》和《中国十大古典喜剧集》的编选，对中国古典戏剧作了一番考究；结合编选《中国新文学大系》第二、三辑，对20世纪三四十年代的中国现代文学作了系统探察；结合编选《世界微型小说大成》，又对微型小说这一新兴文体作了分析。

江曾培是改革开放初期《艺术世界》《小说界》的创办者。 当我们问到他创办《小说界》《艺术世界》的经历时，江曾培陷入了回忆。 那是在1979年，粉碎"四人帮"后，饱经"文革"摧残的文艺界一片萧条，社会上一些人的艺术欣赏能力十分低下，美丑颠倒，真假难辨，善恶不分。 他萌生了创办一本刊物来提高读者的审美情趣、文化修养的念头，《艺术世界》因此诞生。《艺术世界》也成了新时期最早创办且富有特色的刊物之一。

"1981年上海文艺出版社决定创办《小说界》时，《收获》《当代》《十月》都已经创办，怎么样才能让《小说界》脱颖而出呢？"江曾培深思熟虑之后提出了一个"错位经营"的理念："不模仿其他刊物走小说、散文、诗歌、理论四大块的模式，而是专发最受广大读者欢迎的小说。"这一想法令《小说界》一炮打响，很快成为了中国文学大地上一方姹紫嫣红的小说百花园。 一些后来广受大众欢迎的小说品种，如微型小说、留学生文学，都是江曾培在办《小说界》的过程中发展起来的。 在推荐微型小说的同时，江曾培还写出了《微型小说初论》一文，推动了微型小说的研究。 此外，江曾培与《小说界》同仁一起，组织了具有国际影响的世界华文微型小说大赛，并与新加坡作协负责人一起，发起组织了首届世界华文微型小说研讨会。 1992年6月，经民政部批准，中国微型小说学会成立，江曾培任会长。 今天，微型小说已成为深受广大群众喜爱的小说品种之一。

20世纪90年代，中国出版界兴起"造大船"之风，各地纷纷组建大型出版集团，以适应市场竞争。 时任上海文艺出版社社长、总编辑兼党委书记的江曾培，虽已年过花甲，但仍保持着大胆思索、敢于创新、与时俱进的劲头，向自身、向上海文艺出版社的体制发起了一次新的挑战。

"我觉得在新的形势下，出版社需要做大、做强，其中关键是在做强上！ 从文艺社的情况来看，与其走'聚变'的道路，不如走'裂变'的道路。"说这句话时，江曾培的手挥了一下，一如当年决断时那般有力。 既能高瞻远瞩地提出不同见解，又敢于坚持正确观点，这就是江曾培有胆有识的英雄本色！

经上级批准，上海文艺出版总社成立了。 这次改革获得了巨大的成效。 短短的一年时间里，书刊总码洋增至 2.7 亿元，利润增至 2 000 万元，广告利润增至 400 万元，国有资产增至 2 亿元，增幅从 12.5% 到 33% 不等。 这项改革不仅对上海文艺出版社的发展有着不可估量的价值，对整个中国出版业的改革来说，也提供了一个"内涵发展"的模式。

繁忙的工作之余，江曾培仍坚持学习与创作。 他撰写了《艺林散步》《春夏秋冬集》《艺术鉴定漫笔》《小说虚实录》《一个总编辑的手记》《抬轿人语》等专著、论文20 多部。 在《一个总编辑的手记》里，他总结了编辑工作"三十字诀"："多层次，高质量；多样化，主旋律；长命书，重积累；双效益，重方向；讲认真，争一流。"一时成为编辑行业里的佳话。

情 系 故 乡

1998 年 9 月 26 日是岳西县石关乡人民难忘的一天。 那一天下了倾盆大雨，可是石关乡的乡亲们却都冒雨去迎接来自上海文艺出版社的客人江曾培。 原来为了改变故乡的穷困面貌，使大别山孩子们受到教育，江曾培经过文艺社领导班子研究同意，将《当代文坛大家文库》拍卖所得的 22 万元，全部捐献给大别山区的安徽省岳西县石关乡，在那里建立了一座希望小学。 应当地的请求，江曾培还请病中的巴金题写了"上海文艺石关希望小学"校名，这十个大字传递着浓浓的爱，温暖着贫寒学子的心。 对于家乡全椒他更是魂牵梦绕。 20 世纪 80 年代，江曾培就十分关心吴敬梓纪念馆的建设，曾向全椒县委宣传部建议，设法找回流失民间的吴家门前的旗杆石。现在这四个巨大的旗杆石，已成为吴敬梓纪念馆弥足珍贵的原物。 他在《故乡全椒行》一文中，深情地介绍了吴敬梓纪念馆。 在故乡的一次文学讲座上，他曾对在座的家乡的文学爱好者说："要在'吴学'的研究上多下点功夫，让世人更多了解吴敬梓。"江曾培尽管很忙，但对全椒的文学爱好者每函必复。 他曾委派编审左泥、张森专程到全椒组稿。 全椒作家曹治泉重病时，江曾培特地到曹家看望，给曹治泉带来了关爱和慰藉。 曹去世后，江曾培应曹治泉夫人之请，为曹治泉的遗文写了序。 江先生的人格魅力感染了家乡许多人。

1999 年，我们《安徽老年》杂志社去上海组稿采访，请江曾培先生帮忙。 那天我们到达他家时，江曾培先生已站在小区大门口迎接我们。 他热情地帮我们联系了杨澜、王安忆、张瑞芳等名家采访，使我们圆满地完成了采访任务。 江曾培先生对故乡的感情，他谦和儒雅的大家风范对于晚辈的我们，无疑是一次深刻的教育和激励。

夕阳红似火

1999 年 6 月，江曾培从上海文艺出版总社离任，开始担任上海市出版工作者协会主席。 和以往一样，江曾培要么不做，要做就要做得有想法、出成绩！ 在他的领导下，出版协会显示出了活力，开展了一系列活动，如 1999 年的建国 50 周年大型座谈会，2000 年上海出版发展战略研讨会，2001 年出版策略研讨会，2002 年出版管理研讨会……还创立了上海出版人奖，建立了版协个人会员制度，等等，很好地发挥了出版协会在政府与群众之间的桥梁作用，进一步扩大了版协在出版界的影响力。

在江老家里，我们看到 73 岁的他能熟练地在电脑上写作，他说："我 1999 年退居二线后，被东方网聘为特约评论员，一两天写一篇杂文或时评，供东方网与报刊刊用，这也算是练'脑'吧。 脑子不动要生锈，而今老年人患老年痴呆症的甚多，这与不动脑、少动脑有关。"退休并未使他感到失落，反而给他学习创造了更多空间。 几年来，江曾培已结集出版了《网上杂谭》《三题集》《世态百相》等 3 本杂文时评集。以他那样旺盛的生命力和顽强的意志，相信他肯定能写出更多更好的文章。

谈到养生，江曾培说：老年人要搞好养生，一定要摆脱"年龄恐惧症"。 有些老年人认为自己已日落西山，死亡将至，于是精神恍惚，寝食不安，办什么事都没有劲。 这种精神状态是很不好的。"生老病死是自然规律，是不以人们意志为转移的。老年人应该正视这个现实。 生理上的年龄无法阻止其增长，但心理上的年龄不应衰老。"退居二线后，江曾培仍保持着年轻的心态，坚持学习，参加一些聚会和社会活动。 除了老友外，他还喜欢与年轻人交"忘年交"。 年轻人朝气蓬勃，奋发向上，头脑敏捷，接受新事物快，多和年轻人交朋友，能使老年人萌发童心，保持愉快心情，消除孤独、寂寞、烦躁、忧郁等不利于健康的情绪。 江老一直坚持晨练，还自编了一套健身操，每天早上用 30 分钟做一次。 几年来，从不间断。 江老的晚年生活可谓是夕阳红似火。

从一个稚嫩的高中生成长为一位当代有影响的学者，采访即将结束，我问江老成功的秘诀是什么，他笑着摇摇头说："我算不上什么成功，只是相信一分耕耘，一分收获。"江曾培先生就是这样一步一个脚印走向人生的成功。

2015.3

创新是他的"天命"

张 磊

2000 年春天，北京人民大会堂举办了盛大的韬奋出版奖颁奖仪式。 在此起彼伏的闪光灯聚焦之下，人们把无数热烈的赞誉和诚挚的敬意，献给了一位眉宇轩昂、目光炯炯的长者江曾培。

作为第六届中国韬奋出版奖当之无愧的得主，当记者问起他"成功的秘诀"时，他只平平淡淡说了一句："一分耕耘，一分收获。"

其实，江曾培在新闻出版行业"耕耘"，一生的"收获"又岂是"一分"所能形容的！

让我们随意浏览一下他的成就：早在二十多岁时，江曾培就因经常有文章见报而有"小林放"之称；进入上海出版部门工作以后，他就创办了《艺术世界》和《小说界》这两本著名的刊物；他是按"悲剧"和"喜剧"分类出版中国古典戏剧作品的首创者；他是"微型小说"和"留学生文学"这些崭新小说形式和题材的倡导者；他还继赵家璧在 20 世纪 30 年代主编《中国新文学大系》第一辑后，积极参与倡导、主编了煌煌巨制的《中国新文学大系》第二、三、四辑；他提出的编辑工作"三十字诀"，是受到出版界人士推崇的行业规范；他担任上海文艺出版社社长时推行的出版社体制改革，破天荒地将一个大社"裂变"为相对独立的三个社，赢得了令人瞩目的经济效益和社会效益；除此之外，他还是一位著作颇丰的知名杂文家和文艺评论家，创作了二十部杂文集和文艺评论专著。

没有一个出版人会怀疑，这些成就已足以将"江曾培"这个名字载入中国出版史册。

那么，在江曾培从事耕耘的土壤上，他究竟是如何收获那累累硕果的呢？ 他又是如何形成自身的才干和品格的呢？

一、"小林放"笔快如神

20 世纪五六十年代的上海，只怕还没有多少骑摩托车上下班的人吧。

可二十多岁的江曾培当时就已经是摩托车一族了。

风驰电掣的摩托车上，神采飞扬的青年，这是何等的意气风发！

不过，江曾培之所以骑上摩托车，可不是为了出风头，而是为了以最快的速度为《新民晚报》采访撰稿。

他在《新民晚报》任职期间，那股拼命劲头在报社里是出了名的。

1956 年，苏联舰队到上海访问时，江曾培作为记者随东海舰队前往长江口迎接。苏联舰队预计在下午 2 点过后抵达外滩码头，但是晚报发稿的截止时间一般是中午 12 点，因此，他事先与东海舰队有关同志讲好，让他搭乘一艘小船从东海先行返回。不料这艘小船驶离时没找着他就自行走了。江曾培这下急得像热锅上的蚂蚁，赶紧找人想办法，东海舰队领导特意调派一艘快艇送他到吴淞口，随即换乘汽车赶到报社，正好 12 点。12 点 30 分左右，苏联舰队驶进吴淞口，江曾培为了使当天这篇新闻更充实，一边通过电话了解吴淞口的欢迎情况，一边将新的材料加入已经排出校样的稿件。等苏联舰队驶到外滩，刊有迎接苏联舰队全部行程现场报道的晚报，已在上海街头叫卖了。

像这样使出浑身解数的采访，对江曾培来说是家常便饭，因此他被认为是报社记者中的一把"快手""好手"。而他文章的深刻和敏锐，又为他赢得了"小林放"的称号。

"林放"何许人也？当时《新民晚报》头版上有个著名言论专栏，叫"未晚谭"，作者名曰"林放"，实际上是报社社长赵超构的笔名。江曾培在《新民晚报》做记者时，林放每逢外出开会，"未晚谭"就由江曾培等人临时顶上一篇。到了 20 世纪 60 年代初，江曾培越顶越多，加上他在别的报刊上发表的杂文，有段时间也像他的前辈林放一样，达到一天一篇，这样，他就有了"小林放"之称。

有人问他怎么有那么多题目可写，他回答说，多问，多思，头脑里总装着一些问题。哪个问题思索得差不多了，一篇杂文也就成形了。

而他在记者生涯中练就的思索的习惯和灵敏的反应，成为他后来在编辑岗位上取得丰硕成果的"秘诀"。

二、出版阵地前沿的"弄潮儿"

1972 年，当江曾培调入上海出版部门工作时，已是三十九岁的中年人了。江曾培自我感觉已经差不多"定型"了。

然而事实上，他一生中将要步步攀上巅峰的事业，才刚刚开始。

正是在出版领域，江曾培把自己在记者岗位上积淀的素质和创造才能发挥到了极致。尽管他同意人们的说法：做编辑就要安于坐冷板凳，这是职业使然，但他更意识到，编辑是作家的助产士，出版工作是一项创造性的事业，创新是出版人的灵魂。

如果你不同意这种说法，他还会举例说服你：工人生产茶杯，只需有个模子，生产出来的茶杯都是同一个样子；而出版工作者出的每本书都是新产品。

在这样的理念下，1979年，他提议创办了《艺术世界》。当时，饱经"文革"摧残的文艺界一片萧条，许多人的艺术欣赏能力十分低下。"有人把艺术珍品维纳斯雕像当作黄色的东西，有人则把一些黄色照片当作珍品，这就有点美丑不分。再，有人认为周朴园给鲁妈一笔钱是'有良心'，而鲁妈将支票撕去是'寿头'，这就有点善恶不分。又，有人对'三突出'模式炮制出来的所谓'完美无缺'的人物觉得是英雄，而对内心丰富的形象总是觉得有点'那个'，这就有点真假不分"。江曾培的这番描述就是当时情形的真实写照。为此，他创办的《艺术世界》就致力于培养人们具有"欣赏音乐的耳朵，感到形式美的眼睛"。《艺术世界》从而成为新时期最早创办且最富特色的刊物之一。

而1981年创办《小说界》的时候，情况就不太一样了。当时正是文学期刊如雨后春笋般涌现的时候，已经有了像《收获》《当代》《十月》《花城》这样有影响的刊物。那么，还有必要再办《小说界》吗？江曾培相信有这个必要，因为办文学期刊有助于加强出版社与作者、读者的联系，手头没有这样一个刊物，就会信息不通，周转不灵。于是《小说界》这块文学新囿就这样诞生了。至于为什么要专门在小说这一文学品种上做文章，江曾培后来干脆用了一个现代化的术语来解释他当时的理念，叫作"错位经营"。也就是说，《小说界》要与其他文学刊物经营不同的文种，才能在竞争中脱颖而出。在那个年代，创办一份专发小说的刊物绝对是首创之举，《小说界》就此一炮打响，很快成为当时的中国文学大地上深耕细作的一块重要园地。一些后来广受欢迎的小说品种，如微型小说、"留学生文学"，都是江曾培在主编《小说界》的过程中一手扶持和发展起来的。没有江曾培用他的远见和魄力来发现、推广它们，就没有微型小说和长篇、中篇、短篇小说并列为小说"四大家族"的格局，就没有"留学生文学"在中国大地上风靡一时的热潮。可以说，江曾培是新时期文学大潮涌起时，领先一步站在潮头的"弄潮儿"。

参与编辑《中国新文学大系》第二辑，主持第三辑的编选，担任第四辑的主编，则可谓是江曾培编辑生涯的光辉成就。这是一项跨世纪的中国现代文学整理工程，对资料收集工作的要求之严格达到了史无前例的程度。江曾培按照前辈赵家璧、丁景唐最初制定的原则，坚持《大系》收录作品的初版本，保持了作品原来的历史面貌。

但江曾培并不满足于资料的整理收集，在所收作品的选择上，他同样大胆贯彻创造性原则，既坚持作品的主流方向，坚持收录体现各种流派风格的代表性作品，又把一些不为当时"左"的观点所接受的优秀作品也收进《大系》中。例如，沈从文的

《边城》在今天是很多文学爱好者推崇备至的作品，当时却因为浪漫感伤的情调而颇受非议，在《大系》中也有了位置；又如一篇名叫《出身论》的文章，作者遇罗克因为在文中反对"老子英雄儿好汉，老子反动儿混蛋"的血统论而被害，是"文革"时期令人震惊的社会悲剧，江曾培和有关责任编辑决定把它收进书中。

迄今《中国新文学大系》已出满七十卷，并荣获首届国家图书奖提名奖、中国图书奖一等奖。 江曾培为建造中国新文学历史长廊而付出的心血和智慧，足堪载入史册！

三、锐意改革之举，运筹帷幄之功

江曾培 1985 年担任上海文艺出版社总编辑，兼任社长是 1992 年的事。 这时他已五十九岁，过了古人说的"知天命"之年了。

对于大多数人，"知天命"的结果，也就是让自己抱残守缺、安于现状罢了。

然而对江曾培来说，他的"天命"，却注定了是永不停歇地去创新！

江曾培的创新之举，仿佛是无穷尽的。 在担任上海文艺出版社的社长时，他推行了一项改革，对中国出版业的发展具有深远的意义。

当时，中国出版界有一个热门的话题，叫"造大船"，也就是组建大型出版集团，以便能适应市场竞争的风浪，乃至"漂洋过海"，走向世界。

这一热门话题的提出，自然是反映了出版改革进展中的一种要求。 一时之间，一个个集团筹建了起来。

但江曾培可不是一个习惯跟风的人，他自有他的主张。

他在一次做报告时，用这样一个事例来说明问题："南京路上什么生意最赚钱？不是老庙黄金，也不是中百一店、新世界。 最赚钱的是泰昌公司门口一个两平方米的小吃店，卖粽子、卖牛肉串等，它一天最高的销售额是七万元，只有三个人，每平方米的利润有三万多。 ……这个生意在南京路上是非常小的生意，但是利润最高，这就说明小企业可以做出大文章来。"

江曾培认为，出版社也是一样。 出版业的结构就应该是大、中、小并存。 拥有强大出版集团的美国、德国、日本，也还有众多中小出版社的存在。 要"做大"并没有错，但"做大"的根本目的在于"做强"。

这时候就显示出了江曾培运筹帷幄、有胆有识的实干家本色来。 他从上海文艺出版社的实际出发提出的体制改革方案，走着另一条"造大船"的路子。 他要将文艺社分成文艺、文化、音乐三个社，各设总编辑，社长为企业法定代表人，全面负责社里的工作。 这一改革的目的，就是更好地发挥文艺、文化、音乐三块社牌的作用，同时进一步发挥全社整体的经营效应，通过自身"裂变"和今后的兼并，争取逐步形成一个集团性的现代出版企业。

从 1997 年 8 月开始，经过一年多的实践，改革果然取得了巨大成效。短短一年时间里，书刊总码洋增至 2.7 亿，利润增至 2 000 万，广告利润增至 400 万，国有资产增至两个亿，增幅从 12.5%到 33%不等。

中央电视台的《东方之子》节目记者采访他时曾问道，为什么你在离开一线工作岗位的前两年，还要对出版社动这么大的手术？他是这样回答的："如果我知道快下来了就什么事都不做，我觉得这样的人生没什么意义。我写过一篇文章叫《享受工作》，你在工作中得到成就，得到乐趣，这就是一种享受。"

四、永远和书籍在一起

在中国出版界，众所周知的一件事是：江曾培是一个"工作狂"。然而当他用"享受工作"来概括自己对出版事业的热爱时，你也就会明白，这个"工作狂"在工作时获得的乐趣，是很多人无法体味和享受到的。

同样众所周知的是，江曾培不只是一个"工作狂"，还是一个"读书狂"。

江曾培取得的很多成就，要是没有深厚的文化底蕴和学养功底，根本就是不可想象的。但你一定想不到，江曾培却只有高中学历。

江曾培自己笑言，相对于有着正式的高等学历的人来说，他还是个"白丁"。可这个"白丁"却从小就有"手不释卷"的习惯。十四岁时，江曾培只身赴南京投考高中。没钱住旅馆，只得栖身在靠近夫子庙的安徽会馆（原李鸿章的公馆），晚上一张草席在走廊上一铺就是床了，早上草席一卷就跑到公园里温课。为了节省饭钱，中午一餐总是到小饭店吃客饭，因为客饭的饭可以无限量吃，江曾培总是依赖中午这餐饭把肚子撑得饱饱的，早上和晚上可以不吃或少吃。

为了能读书，少年江曾培就这样艰难度日。他十七岁时受组织之命参加了工作，之后就没能跨入高等学府。不过，读书自学的习惯，他这一生再也没有改变过。

对书籍的迷恋，长年的笔耕不辍、勤奋写作，终于使江曾培成为一位知名杂文家和文学评论家。

至今他已出版了二十部杂文集和文学评论专著，如《艺术鉴赏漫笔》《小说虚实纪录》《缪斯的眼睛》《海上乱弹》《春夏秋冬集》《微型小说面面观》《说钱集》《海外游思》《读人札记》《乱花迷眼》《红情绿意》《交交集》等。其中有激浊扬清的社会批判，有入木三分的艺术洞见，也有旨趣高远的人事记志。所有这些作品，都记叙着他一以贯之地追求真善美的心路历程。

在总结一生的职业生涯时，他这样说："年轻的时候，我喜欢风风火火的记者工作；当了报社中层干部以后，虽然我算是领导了，可还是喜欢身先士卒，奔走在第一线；等到年纪大了，我就比较喜欢运筹帷幄的角色了。 不过要说内心深处最想当的，还是一个看看书、写写文章的作者。"

2003.5

中国大陆微型小说的倡导者

姚朝文

上海文艺出版社原社长、现任上海市出版工作者协会主席的江曾培先生，是中国内地最早倡导"微型小说"这一文体的人。 1981 年，上海文艺出版社创办了大型综合性文学刊物《小说界》。 他和左泥先生等人一起，在这家刊物上开辟了"微型小说"专栏。 尽管这家刊物发表过许多当代著名文学家后来获奖或受到好评的大作，但是，在许多人的眼里，刊物给人们最突出的印象还是它廿年如一日地刊登"微型小说"。 在他的带动下，上海文艺出版社聚拢了一批客串从事微型小说创作的名作家和一大批从事微型小说创作的"专业户"。 他还与国内的大企业搞文学征文与产业支持相联系的大奖赛。 他又把这种新兴的文体传向海外。 在新加坡、泰国、马来西亚等国的华文文学界，不仅兴起了微型小说创作热潮，而且这种文体成为这些国家华文创作的主要文体之一。 他进而与新加坡、泰国、马来西亚、英国的华文作家协会联合举办世界华文微型小说创作大奖赛，成为一时盛事。 连续举办多届的"春兰杯·世界华文微型小说大奖赛"就是其中最有影响的赛事之一。 他在编辑工作之余，又写下了大量的作品点评文字，进而再写出对创作非常有针对性、指导性的评论文章。 这些文章后来汇编成《微型小说面面观》一书出版，成为中国微型小说创作界"雪中送炭"的入门手册。 其中，他以晓江的笔名发表于《小说界》1981 年第 3 期上的《微型小说初论》一文，可以说是他从事该文体理论研究的发轫之作。 该文被著名微型小说评论家凌焕新教授誉为"从理论上系统地、深刻地阐述微型小说的方方面面，为当代微型小说的研究奠定了理论基础，在微型小说发展长河中，具有开创性意义"（凌焕新:《微型小说艺术探微》，南京师范大学出版社 2000 年版，第 272 页）。 他在文中从文体发展演化的历史轨迹着眼，断定微型小说"顺乎文情，应运而生"；从古今中外对比的角度研究，得出"古已有之，今有发展"的判断；从自身特性着手，认为这一文体"从小见大，以少胜多"；他又能广览博取，采用他人的研究成果，将这一文体的审美特性总结为"纸短情长，言不尽意"。 他能够从所编辑的大量作品出发，有针对性地论述问题。 比如他以较早发表的《在远离北京的地方》为例，说明了"没有'弦外之音'和'言外之意'，就难以有真正的微型小说"。

但是，他的立论并不因为强调一方面就不及其余，他紧接着指出："当然，含蓄不等于晦涩，不能片面追求含蓄，叫人看不懂。"（江曾培主编:《世界华文微型小说大成》，上海文艺出版社，第 676 页）这体现出他运用辩证思维的自然和纯熟。 尽管我们当前的理论研究已经在某些方面、某些层次、某些立论与语境上，超越了江先生针对当时的某些具体创作现象所作出的论断，但是，他的基本理论思想一直给我们以启迪，他开拓进取的理论创新精神一直激励着我们后来者不甘平庸、不满足于现状，鞭策我们去努力做出哪怕是仅有一点点新意的探索。

再往后，就是他亲手创建了至今依然活跃着的中国微型小说学会。 这家学会发现并培养了一大批至今活跃在中国文坛的小说（尤其是微型小说）作家和相当数量的微型小说理论家、批评家。 其中的若干秀出于众者，现在已经成为中国乃至世界华文微型小说界的中坚人物。 现在江先生不仅依然是中国微型小说学会的会长，而且在 1999 年 11 月底于马来西亚吉隆坡成立的世界华文微型小说研究会筹备委员会上，他又被这一领域内的世界同行们公推为世界华文微型小说研究会名誉会长。

据笔者所知，1997 年，江先生获得了中国出版界最高荣誉奖项——韬奋出版奖。 今年在南昌召开的中国微型小说学会第四届年会后，他先于笔者两天飞赴北京去接受又一项国家奖项。 这些成就足可以令他引以为豪了。

江先生的业绩还不止这些，每当人们提到中国当代微型小说界的成绩，总会提到他主编的《世界华文微型小说大成》初版及修订增补本。 这部著作之于中国微型小说发展历程的重要性，有类于茅盾、朱自清、周扬等在新文学发轫期过后编就的《中国新文学大系》之于中国新文学史。 这本书和他主编的其他"微型小说大联展"，推动了新一代创作者和批评者的崛起。 这种开创之举为人所称道，其筚路蓝缕之功，又当令同侪与后人景仰。

江先生为许多微型小说作家出版的作品集写序，更是一项兼具批评、指导和奖掖意义的文学事业。 从他为韩英的《韩英微型小说选评》一书所作的序中，可以看出他的学养和文字功底。 他为《世界华文微型小说大成》一书写的序，本身就是对这一题目的严格解读。 至于为凌焕新教授的专著所写的序和给刘海涛教授的三部微型小说专著所写的三篇序言，更能显示出他对理论的宏观视野。 尤其是给刘海涛《规律与技法》一书写的序言，强调"既要作家，也要理论家"，对现在的中国乃至世界华文文坛都依然有针对性。

尤其值得一提的是，1995 年第三届中国微型小说学会年会在佛山市举行的时候，笔者将自己早先的硕士学位论文之中英文打印稿送江先生审阅，他带到了飞机上阅读。 1997 年 2 月，当我们在广州国际金融大厦再次相见的时候，他竟能一眼认出笔者。 当天的研讨会结束时，笔者又将自己自 1996 年 1 月以来论述"微篇小说"理论的文章送他审阅，他竟然是那样地乐于接受。 他对笔者说："'微篇小说'，这个名称更好，更可取。 从学理上看，我也觉得你的这个提法更恰当一些。至于将来这种文体到底将怎样称呼，就交给大众来选择。 也许，将来你的这种提法会让比较多的人接受。 不管是叫'微型小说'还是叫'微篇小说'，我们都是在为这种新兴文体做有益的工作。"笔者不禁被江先生良好的修养、儒雅的举止谈吐和谦谦君子之风所折服。 江曾培先生有一种让人喜爱的性格魅力：亲切中透出聪颖，儒雅里透着随和。 他在微型小说事业方面的成就，或许也得益于他所特有的亲和力吧！

现在，尽管他已经退出了出版系统，但他仍然关心着我们的微型小说事业，并坚持不懈地为微型小说事业而尽心竭力地奔走。

2002.3

老江，又一位老将

吴兴人

新民晚报社社长兼总编辑赵超构，笔名林放。 在报社里，他有一个外号叫"老将"，上上下下都这样叫他（几乎没有人叫他赵总）。 20世纪60年代，赵超构先生在主持报社笔政时，我见过他一面，不过五十岁左右。 用今天的眼光来看，根本算不上是一位老人。 但是，因他办报之成就和文章之老辣，记者编辑都尊称他为"老将"。"老将"作"未晚谭"，形成"林放式杂文"的风格，成为一代报纸言论文章的楷模。

林放的嫡传弟子，至今只存一位，那就是经常活跃在报纸、网络媒体上的政论家和杂文家江曾培。 他在20世纪50年代中期，开始在晚报上写言论，受到林放先生的亲授和点拨，初露头角，有"小林放"之称，笔名用的是"晓江"（小江）。"晓江"当时不过二十出头，在上海新闻界已引起人们注目。 他在新闻、出版业耕耘六十多年，现已成为老江。 老江，现在成为不加引号的、名副其实的老将。 老江八十六岁，长我七岁，是我敬重的一位兄长，至今笔耕不辍，佳作迭出，不愧为上海评论界、杂文界写作年龄最长的一位"单打冠军"。

江曾培先生初涉报坛，老将林放告诉"晓江"，报纸言论"要避免言论老生式的干瘪说教"。 这一指点，影响了江曾培写作政论和杂文六十多年。

言论老生式的干瘪说教，是令人讨厌的。 民国初年，上海流行文明戏，老生中有一种叫"言论老生"的角色，拿手好戏便是空口说白话，发议论。 上得台来，满口"官话"，总是长长一大篇。 鲁迅先生1927年作考证：中国的清谈风源于曹魏时期的玄学家何晏、夏侯玄等人，都是著名的空谈家。 他们崇尚老子、庄子学说中的无为思想，排弃世务，专谈"名理"。 魏末，又有阮籍等七位名士兴起，号称"竹林七贤"，不但空谈，且能饮酒。 后来，这股风逐渐蔓延，于是，按鲁迅先生的说法，社会上"许多人只会无端的空谈和饮酒，无力办事，也就影响到政治上，弄得玩'空城计'，毫无实际了"。 在时下的各种媒体上，这一类"言论老生"的身影，我们仍不时见到，这一类"言论老生"的干瘪说教，我们仍不时听到。

《江曾培六十年杂文选》的一个最大特点，就是文章没有八股腔。 且看一篇他的早期作品《双峰竞秀》，此文署名"晓江"，刊于 1963 年 8 月 6 日的《新民晚报》。文章说的是第六人民医院医生陈中伟，为切断右手的工人王存柏成功实施断肢再植一事。 这一手术惊动了全世界，陈中伟被誉为"世界断肢再植之父"。 作者对此事发表议论道："在他们开辟的道路上，我们看到的就是'双峰竞秀'——郁郁葱葱的思想峰峦与技术峰峦相互辉映。 面对这种峰峦，我们不仅看到医务工作者精神面貌的巨大变化和技术水平的迅速提高，而且也鲜明地看到社会主义制度下人与人的新关系，以及党和政府对普通劳动者的爱护；这是一首社会主义医师的赞歌，也是一首新社会的赞歌。""双峰竞秀"，思想峰峦与技术峰峦相互辉映，比喻形象生动。 这篇言论有思想，又有文采，也是"双峰竞秀"。"小林放"名不虚传。 徐中玉先生评价他的文章说："曾培同志的文章，发议论却没有套话，有亲近感却不搞花哨，很坦率而不严厉责人。 老老实实，实实在在，对人有益，于事有补，他有原则，也较灵活，务求实效。"这段文字，是为至评。

从 20 世纪 80 年代至世纪末，这二十多年，是江曾培杂文创作的一个高峰期。拨乱反正，思想解放，许多新议题被一一端上报纸版面。 话题交关多，不是嘎讪胡。 在四个边框的运动场里打篮球，江曾培身手敏捷，投进了许多三分球，新论点层出不穷。 读一读下述题目，可见其一个时期内杂文写作的总体面貌，好似一个色香味俱全的拼盘，涉及社会生活的各个不同侧面：《作品鉴赏的"正""反"观》《"瓦釜雷鸣"与恶俗污漫——由恶炒某些"另类作品"想起》《全球成"一村"》《穷得只剩下钱》《想起华威先生》《娱乐、文化不宜"一锅煮"》《摘取花瓣的人得不到花的美丽》《性爱≠性本能》《丑得如此精美》《甘于寂寞与不甘寂寞》，这些题目都非常引人注目。 白居易写道："转轴拨弦三两声，未成曲调先有情。"杂文之杂，杂文之有味，首先在于题目。 题目是杂文的眼睛，题目出跳，"三两声"开篇动听，读者就有兴趣读下去了。

有道是，"职位不能给人以智慧"。 这话有一定的道理。 职位提升了，当事人不见得一定会变得更聪明、更有水平。 但也不可一概而论。 对于善于学习的领导干部来说，职位的变更和提升可以促使他的学识和智慧倍增，呈正面的叠加效应。 老江便是一例。 从 20 世纪 80 年代中期开始，他出任上海文艺出版社（后为总社）领导十五年。 这个领导岗位压力很大，要审读许多重要书稿，要判别许多候选作品的水平，更要应对各种复杂的矛盾。 但这不是坏事，逼着他读了文史哲经的大量著作，提高自己的识别能力；尤其可贵的是，他的写作一直没有间断，他是动口又动手，有感而发，经常抽空写杂文、评论文章。 善于学习的老江，与许多忙于事务而不得分身的领导不一样，从读书中吸取丰富的知识营养，在写作时化成自己文章的血肉。

这样一来，他的知识面得以拓展，分析各种问题的水平有了极大的提高。职位也可以给人以智慧，他的学问和智慧，就是通过不断学习和观察社会生活积累起来的，终生受用不尽。

从 20 世纪末到现在，则是江曾培先生杂文、政论创作的第二个二十年，也是他的杂文创作喷发的二十年。值得一提的是，他从领导岗位上退下来后，与时俱进，从 2000 年始，"鸟枪换炮"，学会了电脑写作，担任了东方网的特约专家评论员，学会了微信，满腔热忱地投入了网络评论的写作。官可以不做，文章不可不写；行政权力没有了，学习和写作的权利却没有废弃，而且可以大大强化。写网络评论，老江一发而不可收，一写又是十四年。他闲里找忙，平均每月有十多篇文章问世，分别见诸上海各大媒体。网评写作促进了老江的思考，促进了他的身体健康，成为他晚年生活中不可缺少的组成部分。近十年来，他先后出版了《人诞生在道里》《三题集》《话说官场》《八十后杂谈》（三册）等多部杂文集。如此高产，在上海新闻出版界也是找不出第二人。

因为勤于思考、密切关注生活，老江的文章能做到与时代的脉搏同步，思想观点鲜明。其敏锐程度和分析的深度，为一般网评作者所不及。从 2016 年元旦开始，上海与国内许多城市禁止燃放烟花爆竹，过去那种"爆竹声声一岁除"的景观在城市中心区不再。老江立即抓住这个题目，在 2016 年 2 月 6 日发表《向该消失的旧俗笑别》一文。这是一个应景式的题目，很容易写得流于俗套。但作者不是一般地赞扬移风易俗，而是抓住"民俗的最大特征就是稳定性"的对立面，从民俗的变异性入手，从理论上说明"风俗当随时代"。老江指出，民俗中有良俗，也有恶俗。对良俗要大力发展继承，对恶俗要变革废除，对放爆竹这样的旧俗，则要"笑着告别"。老江接着引用民俗学家钟敬文主编的《民俗学概论》中的一段话："变异实际是民俗文化机能的自身调适，也是民俗文化生命力所在。没有变异性的民俗文化是不存在的。"这样分析禁止燃放烟花爆竹，就有了新意和高度，也是《向该消失的旧俗笑别》的高明之处。

《江曾培六十年杂文选》全书杂而有味、弹中时弊、锋芒不减、文采斐然，他的文章观点明快而不晦涩，思想新锐却不偏颇，典故运用巧妙，叙说娓娓动听，是学者型杂文的典范，易为老中青读者所接受。他传承了鲁迅、林放杂文的传统，开创了一代时评、杂文的新文风。一言以蔽之：曾培文章老更成。

2019.5

谁来研究江曾培？

陈云发

接到沪上著名杂文家江曾培先生寄来的 44 万字杂文新作集《话说人生》（上海外语教育出版社 2011 年 6 月出版），我的反应先是一愣：江先生年近八十，但写作生命力如此旺盛，犹如燃烧着的一团青春火焰，新作不断，实堪我辈后学钦佩！ 而后又马上在脑海中跳出一个问题：谁来研究江曾培？

自 1959 年《〈山乡巨变〉变得好》评论集问世以来，曾培先生已先后出版了三十一部专著，绝大部分为杂文集，另一部分是文艺评论集。 无论是杂文还是文艺评论，他的文章皆属上品，其特点：一是多产，写得很勤奋；二是质量高，善于抓问题，思辨性强；三是讲究时效性，联系实际，紧扣时代脉搏；四是妙语如珠，不仅流畅，而且富于文采与哲理。 以上这几个特点，决定了他的杂文和文艺评论是一种艺术性的创作，是作家、学者对历史的忠实记录，因此，他的杂文、文艺评论，似可展现当代社会历史和近五十年来文艺发展的轨迹，具有"类文献"性的意义。

曾培先生数十年如一日，耕耘在杂文园地上，并成为当今上海"诗哲杂文"（此处不展开，拟另文探讨）作家中的佼佼者，绝不是偶然的。 上海是出过杂文大师鲁迅的地方，当年，与鲁迅"同一战壕"的大师级战友就不少，"左联"中许多主将如瞿秋白、茅盾、夏衍等就都是，还有一些虽非"左联"出身、但亦是进步文化人的大杂文家，影响也很大，如邹韬奋、易水（艾寒松）、严独鹤等。 20 世纪五六十年代，林放、罗竹风、何满子、楚云飞（吴云溥）、冯英子、唐海、虞丹（蒋文杰）、黄裳、柯灵、徐震、郑拾风和江曾培等成为沪上杂文队伍的主力军，这些杂文大家中，就产量而言，曾培先生是绝对可名列前茅的。 在近五十年上海杂文的发展历史中，曾培先生则既是主将之一，又是一位见证人。

杂文界虽然出过鲁迅、瞿秋白、林放等一大批大家，但是，除少数几位大家以外，杂文在整个文化领域总是得不到应有的重视，似乎是"小儿科"，是"时效性应景"文章，不算"创作"，这对杂文家和杂文而言是不公平的。 其实就历史渊源而言，杂文的"年龄"不知比小说、戏剧年长了多少岁。 戏剧是元代才成形的。 小说是南北朝时出现的，至唐代，短篇小说始兴旺，评话类长篇小说出现于宋代，文学性的长篇小说则要到明代才正式诞生。而杂文，则在先秦时期就繁荣了，差不多与诗歌是"同龄人"，所以，杂文作家完全不必自惭形秽。

关于杂文的作用，我想大家都知道，随便举点例子：孟子的《齐人》，庄子的《胠箧》，韩愈的《师说》，易水的《闲话皇帝》，罗竹风的《杂家》等，无不是引领时代或掀起社会波涛的雄文，其影响，不知比一部平庸的长篇小说大多少倍。当然，坏的杂文对国家、人民的破坏性亦不能小看，如姚文元在 1957 年写的《录以备考》就是。所以，杂文在文化领域，绝对不是"小儿科"。但文化界对小说作家、诗人、剧作家等很注意研究，对导演、演员的艺术成果研究也很多，唯独对杂文家的研究，一直受不到应有的重视，对曾培先生这样坚持数十年高产的杂文作家进行研究的问题，好像尚未被提上"议事日程"。至今也没有听说有哪位学者正在给他撰写评传，更未有学者成为江曾培杂文研究专家。而就作品的数量、价值而言，我认为曾培先生的杂文，是完全应该列到大学文科或人文学术机构的研究课题中去的，完全应该出一些研究江曾培（或其他杂文家）杂文的博士、硕士。同时，我还主张给他和一些当代著名杂文家撰写个人传记，这对上海的杂文创作事业将是一个很大的促进。

上海是个有杂文传统的城市，即使是现在，杂文作家的队伍依旧不弱，上海的杂文水准于全国而言，总体上也是不低的，但是，目前上海杂文界的状况却又总让人觉得"气势"不够。为此，我想呼吁一下，学界能否从研究江曾培先生的杂文开始，重视对上海杂文和众多杂文家的研究？

2011.7.26

跋

我十七岁参加工作后，先后就职于教育、新闻、出版部门，其中干出版时间最长，达三十四年。如今年方"二八"——八十八岁，荣登"米寿"，虽然仍有落日的残照，但已是正在消失的黄昏。为使出版生涯留下些许"屐痕鸿爪"，特编写此书，由经历和论述两部分组成，前者侧重述行，后者主要记言。

感谢上海文化出版社接受此书的出版。感谢姜逸青同志为此书作序。感谢吴志刚同志在责编此书中付出的辛劳和智慧。

2021 年 5 月

上海文化发展基金会资助项目

图书在版编目(CIP)数据

鸿爪屐痕：我与出版 / 江曾培著. —上海：上海
文化出版社，2022.9
ISBN 978-7-5535-2584-6

Ⅰ. ①鸿… Ⅱ. ①江… Ⅲ. ①出版工作－中国－文集
Ⅳ. ①G239.2-53

中国版本图书馆 CIP 数据核字(2022)第 163611 号

出 版 人：姜逸青
责任编辑：吴志刚
装帧设计：王　伟

书　　名：鸿爪屐痕：我与出版
著　　者：江曾培
出　　版：上海世纪出版集团　上海文化出版社
地　　址：上海市闵行区号景路 159 弄 A 座 3 楼　邮编：201101
发　　行：上海文艺出版社发行中心
　　　　　上海市闵行区号景路 159 弄 A 座 2 楼 206 室　www.ewen.co　邮编：201101
印　　刷：上海颛辉印刷厂有限公司
开　　本：720×1000　1/16
印　　张：23　插页：10
印　　次：2022 年 10 月第一版　2022 年 10 月第一次印刷
书　　号：ISBN 978-7-5535-2584-6/G.432
定　　价：98.00 元

告读者：如发现本书有质量问题请与印刷厂质量科联系　T:021-56152633